Ergänzende Unterlagen zum Buch bieten wir Ihnen unter **www.metzlerverlag.de/webcode** zum Download an.
Für den Zugriff auf die Daten verwenden Sie bitte Ihre E-Mail-Adresse und Ihren persönlichen Webcode. Bitte achten Sie bei der Eingabe des Webcodes auf eine korrekte Groß- und Kleinschreibung.

Ihr persönlicher Webcode:  **02373-j7ZTB**

Nanna Fuhrhop/Jörg Peters

# Einführung in die Phonologie und Graphematik

Mit Abbildungen und Grafiken

Verlag J. B. Metzler Stuttgart · Weimar

**Die Autorin/der Autor**
Nanna Fuhrhop ist Professorin für Deutsche Sprache unter Einschluss von Sprachtheorie und Sprachgeschichte an der Universität Oldenburg.
Jörg Peters ist Professor für Germanistische Linguistik (Linguistische Pragmatik und Soziolinguistik/Niederdeutsch) an der Universität Oldenburg.

Gedruckt auf chlorfrei gebleichtem, säurefreiem und alterungsbeständigem Papier

Bibliografische Information Der Deutschen Nationalbibliothek
Die Deutsche Nationalbibliothek verzeichnet diese Publikation in der Deutschen Nationalbibliografie; detaillierte bibliografische Daten sind im Internet über <http://dnb.d-nb.de> abrufbar.

ISBN 978-3-476-02373-5

Dieses Werk einschließlich aller seiner Teile ist urheberrechtlich geschützt. Jede Verwertung außerhalb der engen Grenzen des Urheberrechtsgesetzes ist ohne Zustimmung des Verlages unzulässig und strafbar. Das gilt insbesondere für Vervielfältigungen, Übersetzungen, Mikroverfilmungen und die Einspeicherung und Verarbeitung in elektronischen Systemen.

© 2013 J. B. Metzler'sche Verlagsbuchhandlung
und Carl Ernst Poeschel Verlag GmbH in Stuttgart
www.metzlerverlag.de
info@metzlerverlag.de

Umschlaggestaltung und Layout: Ingrid Gnoth | www.gd90.de
Satz: DTP + TEXT Eva Burri, Stuttgart · www.dtp-text.de
Druck und Bindung: C. H. Beck, Nördlingen
Printed in Germany
Juni 2013

Verlag J. B. Metzler Stuttgart · Weimar

# Inhaltsverzeichnis

| | | |
|---|---|---|
| Ergänzende Unterlagen zum Download | | VIII |
| Einleitung | | IX |
| **I.** | **Phonologie** | **1** |
| 1. | **Einleitung** | 2 |
| 1.1 | Phonetik und Phonologie | 2 |
| 1.2 | Phonologische Einheiten | 2 |
| 1.3 | Teilgebiete der Phonologie | 5 |
| 1.4 | Aufbau von Teil I | 7 |
| 2. | **Phonetische Grundlagen des Sprechens** | 10 |
| 2.1 | Grundlagen | 10 |
| 2.1.1 | Gesprochene Sprache | 10 |
| 2.1.2 | Wovon handelt die Phonetik? | 10 |
| 2.1.3 | Lautliche und prosodische Eigenschaften | 11 |
| 2.2 | Der Sprechvorgang | 13 |
| 2.2.1 | Beteiligte anatomisch-physiologische Systeme | 13 |
| 2.2.2 | Phasen des Sprechvorgangs | 15 |
| 2.2.3 | Akustische Merkmale des Sprechschalls | 18 |
| 2.3 | Phonetische Laute | 21 |
| 2.3.1 | Die Vokale | 21 |
| 2.3.2 | Die Konsonanten | 29 |
| 2.4 | Phonetische Transkription | 34 |
| 3. | **Phonologische Laute** | 38 |
| 3.1 | Grundlagen | 38 |
| 3.2 | Vokale | 45 |
| 3.2.1 | Vokalklassen | 45 |
| 3.2.2 | Vollvokale | 46 |
| 3.2.3 | Reduktionsvokale | 58 |
| 3.3 | Konsonanten | 61 |
| 3.3.1 | Lautinventar | 61 |
| 3.3.2 | Phonembestimmung | 65 |
| 3.4 | Phonologische Prozesse | 70 |
| 4. | **Phonologische Silbe** | 76 |
| 4.1 | Die Silbe als prosodische Einheit | 76 |
| 4.2 | Silbentypen | 77 |
| 4.3 | Silbenstruktur | 79 |
| 4.4 | Phonotaktik | 88 |
| 4.5 | Silbifizierung | 93 |
| 5. | **Phonologischer Fuß** | 98 |
| 5.1 | Grundlagen der Metrischen Phonologie | 98 |
| 5.2 | Phonologische Füße und Fußtypen | 106 |
| 5.3 | Der Fuß als prosodische Domäne | 112 |

| | | |
|---|---|---|
| 6. | **Phonologisches Wort und phonologische Phrase** | 117 |
| 6.1 | Das phonologische Wort | 117 |
| 6.1.1 | Motivation des phonologischen Wortes | 118 |
| 6.1.2 | Klitische Wortformen | 124 |
| 6.2 | Die phonologische Phrase | 126 |
| 7. | **Intonation** | 129 |
| 7.1 | Grundlagen | 129 |
| 7.2 | Repräsentation von Intonationskonturen | 133 |
| 7.3 | Akzentzuweisung und Akzentstruktur | 137 |
| 7.4 | Intonationskonturen | 142 |
| 7.5 | Pränukleare Konturen | 148 |
| 7.6 | Akzentmodifikationen | 151 |
| 8. | **Intonationsphrase** | 157 |
| 8.1 | Selbständige Intonationsphrasen | 157 |
| 8.2 | Klitische Intonationsphrasen | 161 |
| 8.3 | Prosodische Parenthese | 163 |
| 8.4 | Phrasaler Downstep | 166 |
| 9. | **Äußerungsphrase und Paragraph** | 168 |
| 9.1 | Äußerungsphrase | 168 |
| 9.2 | Prosodischer Paragraph | 173 |
| **II.** | **Graphematik** | 179 |
| 1. | **Einleitung** | 180 |
| 1.1 | Graphetik vs. Graphematik | 181 |
| 1.2 | Graphetik vs. Phonetik | 182 |
| 1.3 | Orthographie vs. Graphematik | 186 |
| 2. | **Buchstaben** | 189 |
| 2.1 | Schrift und Schriftarten | 189 |
| 2.2 | Buchstaben und Buchstabensegmente | 191 |
| 2.3 | Bezug zur Lautung | 200 |
| 3. | **Grapheme** | 202 |
| 3.1 | Grapheme im Deutschen | 203 |
| 3.2 | Bezug zur Phonologie: Phonem-Graphem-Korrespondenzen | 208 |
| 4. | **Graphematische Silbe** | 216 |
| 4.1 | Allgemeines | 216 |
| 4.2 | Die Längenhierarchie | 217 |
| 4.3 | Allgemeines Graphematisches Silbenbaugesetz | 218 |
| 4.4 | Besonderheiten des Silbenkerns | 221 |
| 4.5 | Graphematische Silbe – Phonologische Silbe | 228 |
| 5. | **Graphematischer Fuß** | 229 |
| 5.1 | Schwere und nicht-schwere graphematische Silben | 229 |
| 5.2 | Graphematische Fußstrukturen | 232 |
| 5.3 | Graphematische und phonologische Füße | 236 |
| 6. | **Morphologische Schreibungen** | 239 |
| 6.1 | Stammkonstanz | 240 |
| 6.2 | Affixkonstanz | 244 |
| 6.3 | Graphematische Füße und Morphologie | 247 |

| | | |
|---|---|---|
| 7. | **Graphematisches Wort** | 251 |
| 7.1 | Einfaches graphematisches Wort | 251 |
| 7.2 | Wortzeichen | 252 |
| 7.3 | Komplexes graphematisches Wort | 257 |
| 8. | **Satzinterne Großschreibung** | 269 |
| 9. | **Die syntaktischen Zeichen** | 276 |
| 9.1 | Das Inventar der syntaktischen Zeichen | 278 |
| 9.2 | Das Komma im *Amtlichen Regelwerk* | 280 |
| 9.3 | Die Kommaregel – ein linguistisches Fazit | 284 |
| **III.** | **Anhang** | **287** |
| 1. | Literaturverzeichnis | 288 |
| 2. | Sachregister | 295 |

## Ergänzende Unterlagen zum Download

Für dieses Lehrbuch bieten wir ergänzende Unterlagen zum Download an. Den zum Abruf der Daten notwendigen Webcode finden Sie auf der ersten Seite des Buches. Mit diesem Webcode können Sie sich in Kombination mit Ihrer E-Mail-Adresse einloggen und die Dateien abrufen.

Verfügbar sind:
Lösungen und Lösungshinweise zu den Aufgaben sowie
Tondokumente zu den Beispielsätzen in Kapitel I.7-9

# Einleitung

Sprache begegnet uns in gesprochener und geschriebener Form. Beide Formen nutzen wir, und wir sind auch in der Lage, sie aufeinander zu beziehen. Wenn wir zum Beispiel zu unserem Mitbewohner sagen: »Schreib mal bitte auf, dass wir Butter brauchen«, dann sind wir uns einig, dass unsere Bitte mit dem Schreiben der Buchstabenfolge *Butter* erfüllt ist. Wir meinen also, dass die Luftdruckschwankungen, die wir mit unserer Äußerung von *Butter* verursacht haben, und die Kringel, die unser Mitbewohner auf das Papier gebracht hat, eigentlich ›das Gleiche‹ sind. Zu dieser Gemeinsamkeit kommt es trotz des unterschiedlichen Mediums. Andererseits lassen wir aufschreiben, dass wir Butter brauchen, weil wir es uns merken wollen. Schrift macht die eigentlich flüchtige gesprochene Sprache dauerhaft; sie macht sie unabhängig von der zeitlichen Dimension und das auch schon seit vielen Jahrhunderten.

**Lautsystem und Schreibsystem:** Gesprochene und geschriebene Äußerungen sind die beiden Ausdrucksformen, die Sprache für uns erst erfahrbar machen. Sie bilden den Gegenstand der **Phonologie** und der **Graphematik**. Beide Disziplinen befassen sich mit sprachlichen Teilsystemen, dem Lautsystem (im weitesten Sinne) und dem Schriftsystem. Somit gehören auch beide Disziplinen in den Bereich der Grammatik. Für die Phonologie ist das schon lange anerkannt; für die Graphematik etabliert sich diese Sicht erst seit relativ kurzer Zeit.

Dieses Lehrbuch ist keine klassische Einführung in die Phonologie und Graphematik, die sich auf das beschränkt, was im jeweiligen Bereich als gesichertes Wissen gelten kann. Sie führt auch in Gebiete ein, die nur unzureichend erforscht sind, die aber für das Verständnis der Phonologie und Graphematik und ihrer Beziehung zueinander von zentraler Bedeutung sind. Ziel dieser Einführung ist es, sowohl grundlegende Einsichten im Bereich der Phonologie und Graphematik zu vermitteln als auch in aktuelle Forschungsfragen einzuführen, um so bereits in den frühen Phasen des Studiums ein forschungsnahes Lehren und Lernen zu ermöglichen. Diese Forschungsnähe zeigt sich in Teil I zur Phonologie spätestens dort, wo neben einer lautbasierten Phonologie eine tonbasierte Phonologie umrissen wird (zum Verhältnis beider Disziplinen s. Kap. I.1). In Teil II zur Graphematik ist diese Forschungsnähe allgegenwärtig, sie reicht von der Behandlung der Buchstaben über das Konzept der graphematischen Silbe, des graphematischen Fußes und des graphematischen Wortes bis hin zur Beschreibung der syntaktischen Zeichen aus Sicht der Sprachverarbeitung.

## Mündlichkeit und Schriftlichkeit

Sprechen und Schreiben unterscheidet sich zum einen **medial** – mündliche Äußerungen manifestieren sich in Schallereignissen, ›bewegter Luft‹, schriftliche Äußerungen in graphischen Zeichen auf einem materiellen Hintergrund. Sprechen und Schreiben unterscheiden sich zum anderen auch **konzeptionell**. Diese konzeptionellen Unterschiede zeigen sich an grammatischen Strukturen, lexikalischen Einheiten usw. Das wird besonders deutlich in Äußerungen wie »das würde ich zwar so sagen, aber niemals so schreiben« oder umgekehrt »geschrieben ist das gut, gesprochen klingt es abgehoben«.

Ein Gespräch zwischen vertrauten Menschen kann als **konzeptionell mündlich** gelten; ein Gesetzestext als **konzeptionell schriftlich** (vgl. Koch/Österreicher 1985). Das Gespräch kann transkribiert werden – damit wird es medial schriftlich, es bleibt aber konzeptionell mündlich. Ein Gesetzestext kann vorgelesen werden, er bleibt aber konzeptionell schriftlich, auch wenn er medial mündlich ist. Man kann die konzeptionelle Dimension als Skala sehen – am Extrempunkt der konzeptionellen Mündlichkeit steht der Dialog zwischen vertrauten Personen; der Dialog zwischen weniger vertrauten Personen (z. B. als Radiointerview) steht dann schon nicht mehr am Ende, und vorgelesene Gesetzestexte sind konzeptionell nicht mündlich. Auf der anderen Seite ist ein wissenschaftlicher Aufsatz konzeptionell schriftlicher als ein schriftlich fixierter, wissenschaftlicher Vortrag; ein vorgelesener Vortrag tendiert stärker in Richtung konzeptionelle Schriftlichkeit als ein frei gehaltener, und die typische Mail zwischen vertrauten Personen ist noch weniger konzeptionell schriftlich.

Abb. 1: Konzeptionelle Mündlichkeit, konzeptionelle Schriftlichkeit (nach Koch/Oesterreicher 1985: 18)

Konzeptionelle Mündlichkeit und Schriftlichkeit lassen sich auch an konkreten sprachlichen Phänomenen festmachen. Im vertrauten Gespräch kommen zum Beispiel die erste und zweite Person Singular vor (*komm ich ins Kino, treff ich doch Uta an der Kasse*), wenig ineinander verschachtelte Sätze, häufig *und*. Im wissenschaftlichen Aufsatz erwartet man dagegen eher Nebensatzkonstruktionen, die eine oder andere Passivkonstruktion, 3. Person Singular usw. Die Untersuchungen darüber bilden inzwischen ein eigenes Forschungsfeld. In der vorliegenden Einführung wird die konzeptionelle Seite nicht weiter betrachtet; es geht um die mediale Seite – wie etwa gesprochen und wie es geschrieben wird (bzw. gehört und gelesen). Dabei finden sich Gemeinsamkeiten und Unterschiede – die hier behandelten Unterschiede ergeben sich aus dem Medium und nicht aus der Konzeption.

## Variation und Norm

**Variation der Aussprache:** In der gesprochenen Sprache ist die Variation allgegenwärtig, sie ist Ausdruck regionaler, sozialer und situativer Differenzierung im Sprachgebrauch. Die regionale Differenzierung betrifft nicht nur die dialektale Gliederung. Sie reicht bis in die Standardlautung hinein und ist selbst in der standardsprachlichen Leseaussprache nachweisbar (vgl. König 1989; zur allgemeinen Problematik vgl. Schmidt/Herrgen 2011). Beim Erwerb einer Sprache lernen wir ferner, unsere Aussprache situationsgebunden anzupassen, und wir lernen, durch Änderung der artikulatorischen Präzision unterschiedliche Grade der Formalität oder Explizitheit zu erreichen. Solche unterschiedlichen Sprechlagen führen zu Realisierungen von Wortformen, die sich als Produkte systematischer Reduktionsprozesse beschreiben lassen. Eine Illustration typischer Reduktionsprozesse auf äußerungsphonologischer Ebene gibt Kohler (1995: 201) anhand der Aussprache von *einen* im Beispiel *Hast du einen Moment Zeit*, die je nach Grad der Reduktion von *einen* über *ein*, *en* zu *'n* reicht, wobei mit Hilfe einer phonetischen Transkription, wie sie in Kapitel I.2 vorgestellt wird, noch feinere Ausspracheunterschiede erfasst werden können.

Es wäre ein Irrtum zu glauben, dass eine Abnahme der artikulatorischen Präzision allein ökonomisch motiviert sei. Eine formelle Sprechweise wirkt in informellen Situationen, etwa in einem Gespräch auf dem Pausenhof unter Jugendlichen, genauso unangemessen wie eine formelle Schreibweise in einer Mail zwischen Mitschüler/innen. Wir reduzieren die Präzision der Aussprache, um situationsangemessen zu sprechen. Im vorliegenden Fall bedeutet das, dass in einer medial mündlich geprägten Sprechsituation auch konzeptionell mündlich gesprochen wird. Wir versuchen, nicht ›wie gedruckt‹ zu reden, sondern wir bedienen uns einer Alltagssprache oder ›Umgangssprache‹, in der Laute bis hin zu Silben oder Wortformen abgeschwächt oder ganz ›verschluckt‹ werden. Die Fähigkeit, Wortformen auf Äußerungsebene in reduzierter Form zu realisieren, ist eine wichtige Kompetenz, die auch für den Fremdspracherwerb eine große Rolle spielt, wenn es darum geht, authentisch, situativ angemessen und unauffällig zu sprechen.

**Standardlautung:** Gegenstand der vorliegenden Einführung in die Phonologie ist die deutsche Standardlautung, d.h. die Aussprache des Standarddeutschen. Im deutschen Sprachraum gibt es drei kodifizierte, d.h. in Wörterbüchern oder Regelwerken erfasste Standardlautungen: die Standardaussprache in Deutschland, Österreich und in der deutschsprachigen Schweiz (vgl. Krech et al. 2009). Diese Einführung bezieht sich auf die Standardaussprache in Deutschland, insbesondere auf die in Norddeutschland gesprochene Form, die in redaktionellen Beiträgen norddeutscher Medienanstalten zu hören ist. Damit wird nicht nur eine Aussprache gewählt, die eine regionale Zuordnung ihrer Sprecher erschwert, sondern auch eine Aussprache, die aufgrund ihrer medialen Vermittlung in Rundfunk und Fernsehen einen höheren Formalitätsgrad aufweist als unsere gewöhnliche informell gebrauchte Alltagssprache.

**Explizitlautung:** Sofern es um die Beschreibung segmentaler, lautlicher Phänomene geht, den Kernbereich der klassischen Phonologie (s. Kap. I.3), bezieht sich diese Einführung auf eine besondere Form der Aussprache, die als Explizitlautung bezeichnet wird. Es handelt sich um die Aussprache von Lauten in isoliert gesprochenen Wortformen, wobei alle Laute mit den sie kennzeichnenden artikulatorischen Merkmalen realisiert werden (vgl. Eisenberg 2009: 51 ff.). Diese Aussprache bildet die primäre Bezugslautung für traditionelle Einführungen in die Phonologie und für die Aussprachewörterbücher des Deutschen (Siebs 1969; Duden Aussprachewörterbuch 2005; Krech et al. 2009). Sie prägt auch unseren eigenen Zugang zur Aussprache des Deutschen, denn wenn wir darüber nachdenken, wie eine Wortform ausgesprochen wird, reproduzieren wir diese Wortform in der Regel isoliert, um uns über unsere eigene Aussprache klar zu werden.

Die Aussprache einer Wortform in Isolation kann sich deutlich von der Aussprache der gleichen Wortform im Äußerungszusammenhang unterscheiden. Eine Aussage wie die, dass der *s*-Laut am Wortanfang in der nördlichen Standardaussprache stimmhaft ausgesprochen wird, geht sicherlich auf die Betrachtung von Wortformen wie *Salz, singen, sauber* in isolierter Aussprache zurück. Wenn wir aber eine Wortform wie *Salz* im Kontext betrachten, bekommen wir neben stimmhaften Realisierungen des anlautenden *s* wie in *nimm Salz* auch stimmlose wie in *das Salz*.

Das Beispiel der Aussprache des *s*-Lauts zeigt auch, dass es durchaus sinnvoll ist, die Explizitlautung als primäre Bezugslautung zu wählen, auf die die Aussprache in anderen Kontexten bezogen wird; denn die Abwesenheit vorangehender und nachfolgender Wortformen verringert die Variabilität der Aussprache beträchtlich. Ferner hat die isolierte Aussprache nichts Künstliches an sich. Wir äußern nicht Wortformen als solche, sondern immer als Bestandteile einer lautlichen Äußerung. Wenn wir *Salz* isoliert äußern, handelt es sich um eine Äußerung, die nur eine Wortform umfasst. Solche Einwortäußerungen sind in Alltagsgesprächen sogar recht häufig, insbesondere bei Frage-Antwort-Sequenzen wie *Wann fährst du? – Morgen*. Allerdings wird im Rahmen dieser Einführung deutlich werden, dass die isolierte Äußerung von Wortformen letztlich doch eine Besonderheit darstellt, weil in diesem Fall die Grenzen der Wortformen mit den Grenzen zahlreicher weiterer sogenannter ›prosodischer‹ Einheiten zusammenfallen. Die isolierte Äußerung von *Salz* ist nicht nur die Äußerung einer Wortform, sondern auch die Äußerung einer Silbe, eines (einsilbigen) Fußes, einer phonologischen Phrase, einer Intonationsphrase und einer Äußerungsphrase. Der Zusammenfall der Wortgrenzen von *Salz* mit den Grenzen jeder dieser größeren Einheiten hat potentiell Einfluss auf die Realisierung der Laute am Beginn und Ende dieser Wortform.

**Norm:** Für die Schreibung des Deutschen gibt es eine Orthographie, eine von einer Instanz gesetzte Norm, zurzeit ist es das *Amtliche Regel-*

*werk* von 2006 mit dem dazugehörigen Wörterverzeichnis. Etwas Vergleichbares gibt es für die Lautung nicht. Mitunter wird für die ›Korrektur‹ der Lautung die Schreibung herangezogen, was zu Äußerungen führt wie »es heißt *schwimm* und nicht *schwümm*, man würde das Wort ja sonst mit *ü* schreiben«; oder jemand sagt: »Man sagt *Käse* und nicht *Kese*, sonst würde man das Wort ja mit *e* schreiben«. Beides ist der Sache aber nicht angemessen. Die Lautung ist nicht normiert; die Schreibung hingegen schon. Die Orthographie legt bestimmte Schreibungen fest. Systematische Fragen stellt eine Orthographie in dem Sinne nicht, das *Amtliche Regelwerk* erklärt auch nicht das System, sondern es ist am ehesten als Gesetzestext zu verstehen.

Auch für die Aussprache gibt es Normierungsversuche, etwa die Siebs'sche ›Hochlautung‹ (Siebs 1969), mit der versucht wurde, eine bestimmte Zielnorm für das Deutsche zu etablieren. Insofern gibt es neben der **Orthographie** auch eine **Orthoepie**, eine Regelung für die ›richtige Aussprache‹. Im Unterschied zu den orthographischen Regeln werden entsprechende Aussprachregeln allerdings nicht von breiten Bevölkerungsgruppen als verbindliche Norm angesehen, und sie sind auch nicht in ein amtliches Regelwerk überführt worden, das für Schule und Verwaltung rechtsverbindlich ist.

Diese Regelinstanz gibt es auch für andere Bereiche der Sprache nicht; weder für morphologische, syntaktische oder semantische Phänomene und schon gar nicht für pragmatische Phänomene. Dennoch haben die meisten Sprecher/innen eine Intuition über richtige und falsche Formen – so ist die Pluralform von *Lampe Lampen* und nicht etwa *\*Lampes* (der Asterisk steht hier – wie auch sonst in der Sprachwissenschaft üblich – für ›ungrammatisch‹). Aber: Wenn die Form *Lampes* heißen würde, könnte auch keine Instanz verbieten, das so zu schreiben. Der Rechtschreibrat regelt nicht, welche Formen gebraucht werden dürfen. Er regelt allein den Teilbereich der Schreibung.

Das Wissen über diese Regelung hat weitreichende Folgen für die Methodik und auch für das Verständnis der vorliegenden Einführung. So werden wir bei der Aussprache durchaus auch Varianten betrachten. In der Schreibung werden wir uns hingegen zunächst mit dem standarddeutschen Schriftsystem und so auch mit der geregelten Schreibung beschäftigen. Dabei wird an einzelnen Regeln auch Kritik geübt; grundsätzlich wird aber erkannt, dass auch der geregelten Schreibung ein natürlich gewachsenes System zugrunde liegt, und dass im Bereich der Schreibung Einheitlichkeit einen anderen Stellenwert hat als im Lautsystem.

**Variantenschreibung:** Es gibt inzwischen eine recht rege Forschung über Variantenschreibung. Zum einen wird bei der Erforschung des Schriftspracherwerbs sehr genau darauf geachtet, welche Varianten zu welchem Zeitpunkt auftreten, um aus dieser Variation auf Erwerbsverläufe zu schließen. Zum anderen wird die Variantenschreibung, die auch bewusst eingesetzt wird, zunehmend selbst zum Forschungsgegenstand – so insbesondere im Chat, weil hier eine relativ ausgeprägte konzeptionelle Mündlichkeit medial schriftlich auftritt. So kann sich in Chatrooms durchaus ein eigenes System herausbilden bzw. einzelne Phänomene wie Großschreibung können systematisch umgedeutet werden, zumindest können sich neue Systemzüge herausbilden.

**Nativer und fremder Wortschatz**

Im Bereich der Aussprache und Schreibung ist es sinnvoll, zunächst einen Kernbereich des deutschen Wortschatzes zu beschreiben. Das heißt insbesondere, dass hier weder Eigennamen noch Fremdwörter behandelt werden.

**Eigennamen** sind in der Schreibung eindeutig ›konservativ‹ – hier werden Schreibungen beibehalten, die historisch lange verschwunden sind. So ist das <e> in <Soest> ein Dehnungszeichen ebenso wie das <c> in <Mecklenburg>.

**Fremde Wörter** weisen häufig Schreibungen auf wie <th> und <ph> z.B. in <Orthographie>; durch diese Schreibungen zeigen viele Wörter geradezu ihre fremde Herkunft. Auch in der Lautung bekommen wir mit Wörtern wie *Laser*, *crazy* usw. neue interessante Lautverbindungen (vgl. Eisenberg 2012). Der erste Schritt ist aber die Beschäftigung mit dem nativen Kernbereich.

**Fremde Wörter verhalten sich fremd.** In der heutigen Wortgrammatik ist der folgende Fremdwortbegriff angemessen: Fremde Wörter sind Wörter des Deutschen, sie verhalten sich aber in wenigstens einer Hinsicht fremd. Es kommt also nicht primär auf die Herkunft der Wörter an, sondern auf ihren Stand der Integration in das sprachliche System des Deutschen. So ist *Fenster* von der Herkunft her ein Fremdwort, denn es stammt ursprünglich aus dem Lateinischen (*fenestra*). Grammatisch verhält es sich aber nicht ›fremd‹, sondern es verhält sich phonologisch, morphologisch und auch graphematisch wie ein natives Wort des Deutschen, d. h. wie ein Wort, das das Deutsche aus dem germanischen Wortschatz übernommen hat. In grammatischer Hinsicht ist es somit kein Fremdwort.

Das Wort *Showmaster* ist hingegen im Deutschen als Kompositum gebildet. Damit ist es nach der Herkunft kein fremdes Wort. Nichtsdestotrotz sind fremde Eigenschaften an dem Wort zu erkennen, sowohl in der Lautung als auch in der Schreibung. Es verhält sich also in wenigstens einer Hinsicht fremd und ist damit grammatisch ein Fremdwort.

Eine solche Bestimmung des Fremdwortbegriffs birgt die Gefahr eines Zirkelschlusses: Ein Wort ist fremd, weil es sich fremd verhält. Und woran erkennen wir das fremde Verhalten? In der Tat ist es so, dass die meisten Wörter, die unter der Überschrift ›Fremdwörter‹ behandelt werden, eine fremde Herkunft haben und dadurch bestimmte Eigenschaften mitbringen (Eisenberg 2012). Aber die fremde Herkunft ist weder notwendige noch hinreichende Bedingung für die Einordnung als ›Fremdwort‹.

**Kernwortschatz:** In diesem Buch beschäftigen wir uns vorwiegend mit dem Kernwortschatz des Deutschen, also mit Wörtern, die sich weder in der Lautung noch in der Schreibung fremd verhalten. Ausgehend von den phonologischen und graphematischen Regularitäten dieser Wörter versuchen wir, systembildende Aspekte der Aussprache und Schreibung des Deutschen zu verstehen. Auch im nativen Kernwortschatz kann es auffällige Verhaltensmuster geben – solche beschreiben wir aber nur am Rande.

## Aufbau des Buches

Diese Einführung ist aus der gemeinsamen Idee entstanden, dass sich Sprechen und Schreiben in gleichem Maße systemhaft verhalten, und dass sich dieser Systembezug am besten anhand unterschiedlicher Einheiten der gesprochenen und geschriebenen Sprache verdeutlichen lässt. Zugleich ist sie aus dem Bedürfnis entstanden, ein Lehrbuch zu schreiben, das es erlaubt, die Parallelen und Unterschiede beider Ausdrucksformen des Deutschen bereits im einführenden Unterricht sichtbar zu machen und so der immer noch verbreiteten Sichtweise entgegenzutreten, wonach die Schrift eine Abbildung des Lautlichen sei.

Das Buch umfasst zwei gleichberechtigte Teile. Teil I enthält eine Einführung in die Phonologie (verfasst von Jörg Peters), Teil II eine Einführung in die Graphematik (verfasst von Nanna Fuhrhop). Um das Erkennen von Gemeinsamkeiten und Unterschieden in der Strukturierung gesprochener und geschriebener Sprache zu erleichtern, orientieren sich beide Teile an zunehmend komplexer werdenden phonologischen und graphematischen Einheiten: Teil I beginnt mit den phonetischen und phonologischen Lauten und endet mit der phonologischen Äußerung und dem prosodischen Paragraphen. Teil II beginnt mit den Buchstaben und den Graphemen und endet mit den syntaktischen Zeichen, die letztendlich den graphematischen Satz konstituieren.

Phonologie und Graphematik verstehen wir somit in einem sehr weiten Sinne. Die Phonologie bezieht sich nicht nur auf die Laute als kleinste distinktive Einheiten der gesprochenen Sprache, sondern auch auf lautbasierte Einheiten wie Silben, phonologische Wörter und lautliche Äußerungen und in einem noch weiteren Sinne auch auf Töne und tonbasierte Einheiten wie Tonhöhenakzente. Die Graphematik bezieht sich entsprechend nicht nur auf Grapheme als die kleinsten distinktiven Einheiten der Schrift, sondern auch auf größere, graphembasierte Einheiten wie die graphematische Silbe oder das graphematische Wort.

Wir hoffen, dass dieses Buch eine Idee davon vermittelt, wie komplex, aber auch wie systematisch die gesprochene und geschriebene Sprache aufgebaut ist. Es ist diese Systemhaftigkeit, die ihre Komplexität begreifbar macht.

Für zahlreiche wertvolle Kommentare danken wir Kristian Berg, Ursula Bredel, Franziska Buchmann, Jan Michalsky, Svea Norden, Karsten Schmidt, Heike Schoormann und Niklas Schreiber sowie Ute Hechtfischer, der Lektorin des J.B. Metzler Verlags. Heike Schoormann danken wir ferner für die Erstellung der Grafiken in Kapitel I.2 und des Registers sowie Darja Appelganz für ihre Hilfe bei der Endkorrektur.

# I. Phonologie

# 1. Einleitung

1.1 Phonetik und Phonologie
1.2 Phonologische Einheiten
1.3 Teilgebiete der Phonologie
1.4 Aufbau von Teil I

## 1.1 | Phonetik und Phonologie

Teil I dieser Einführung gibt einen Überblick über die Phonologie des Deutschen und ihre phonetischen Grundlagen. Die Phonetik und die Phonologie sind diejenigen Teilgebiete der Sprachwissenschaft, die sich mit der Aussprache von Wörtern und Sätzen beschäftigen.

**Zum Begriff**

> Die → **Phonetik** befasst sich mit Eigenschaften gesprochener Äußerungen, die ihre akustische Gestalt, ihre Produktion mithilfe der Sprechorgane und ihre Wahrnehmung mithilfe des Gehörs betreffen.
> Die → **Phonologie** befasst sich mit denjenigen phonetischen Eigenschaften gesprochener Äußerungen, die für eine gegebene Sprache **distinktiv** sind, d. h. mit deren Hilfe zwischen sprachlichen Einheiten der betreffenden Sprache unterschieden werden kann.

Die Phonetik und Phonologie befassen sich nicht nur mit sprachlichen **Lauten**, sondern auch mit größeren Einheiten, die mehr als einen Laut umfassen können, wie der **phonologischen Silbe**. Sie beschäftigen sich ferner mit Einheiten, die den melodischen Eigenschaften gesprochener Äußerungen zugrunde liegen. Zu diesen Einheiten zählen wir **Töne** sowie größere tonale Einheiten, die mehr als einen Ton umfassen können, nämlich **Tonhöhenakzente** und **Intonationskonturen**.

## 1.2 | Phonologische Einheiten

Die folgende Darstellung konzentriert sich auf phonologische Einheiten, die sich als Bestandteile gesprochener Äußerungen oder Äußerungssequenzen auffassen lassen. Im Einzelnen werden wir uns mit folgenden Einheiten befassen:

**Laute:** So wie wir geschriebene Wörter in Buchstaben zerlegen, können wir gesprochene Wörter in Laute zerlegen, auch wenn nicht immer genau ein Laut einem Buchstaben entspricht und umgekehrt. Auf diese Weise lassen sich Laute gewinnen, aufgrund derer sich einzelne Wortformen unterscheiden. So führt z. B. die Ersetzung des *t* in *Tisch* durch *f* zu einer anderen Wortform, *Fisch*. Ebenso kann die Wegnahme oder Hinzufügung eines Lautes zu einer anderen Wortform führen. So gewinnen wir aus der Wortform *baute* durch Wegnahme des *t* die Form *baue*, und durch Hinzufügung von *n* die Form *bauten*. Alle drei Formen, *baue*, *baute* und *bauten*, sind Wortformen des Deutschen. Laute, die zur Unterscheidung von Wortformen dienen, heißen **phonologische Laute** oder **Phoneme** (s. Kap. I.3).

Phonologische Laute müssen nicht immer gleich ausgesprochen werden. Ihre Aussprache hängt von der lautlichen Umgebung ab, kann aber auch frei variieren. So kann der Laut *p* in *Pol* mit oder ohne Behauchung ausgesprochen werden, ohne dass sich dadurch ein anderes Wort des Deutschen ergibt. In diesem Fall lässt sich feststellen, dass *Pol* mit dem phonologischen Laut *p* beginnt, der durch zwei phonetische Laute realisierbar ist, das behauchte *p* und das unbehauchte *p*. Generell lässt sich sagen, dass ein phonologischer Laut durch unterschiedliche **phonetische Laute** realisiert werden kann.

**Phonologische Silbe:** Laute lassen sich zu Lautgruppen zusammenfassen, die wir als **Silben** kennen. Der Aufbau von Silben weist zahlreiche Regularitäten auf, etwa die, dass Konsonanten eher an den Rändern von Silben auftreten, Vokale eher im Kern, wie bei *Tal*, *Gras* oder *Pfeil*.

**Phonologischer Fuß:** Tritt in einer Äußerung mehr als eine Silbe auf, lässt sich die Tendenz feststellen, einzelne Silben zu betonen und andere unbetont zu lassen. Je nach Betonung nehmen wir Silben entsprechend als metrisch stark oder schwach wahr. So bestehen typische Wortformen des Deutschen aus einer betonten und einer unbetonten Silbe, wie z. B. *Lehrer*, *lange*, *leiden*. Eine Silbengruppe, die eine betonte Silbe und eine oder mehrere unbetonte Silben enthält, wird als **Fuß** bezeichnet. Jede mehrsilbige Äußerung lässt sich so als eine Abfolge von Füßen analysieren. Auch Füße als ganze können metrisch stark oder schwach sein und bilden so die Grundlage für die rhythmische Gestaltung einer Äußerung.

Das **phonologische Wort** ist eine phonologische Einheit, die Morphemen oder Morphemverbindungen entspricht und den Bezugsbereich für phonologische Regularitäten bildet, die sich an der morphologischen Struktur orientieren. Auch wenn nicht jedes phonologische Wort immer genau einem morphologischen Wort entspricht, so handelt es sich bei phonologischen Wörtern doch meist um ›wortartige Einheiten‹. Bei der Äußerung *hast du Hunger* entspricht jedem morphologischen Wort (*hast*, *du*, *Hunger*) ein phonologisches Wort. Die Äußerung *haste Hunger* weist demgegenüber nur zwei phonologische Wörter auf, *haste* und *Hunger*. *Haste* bildet lediglich ein phonologisches Wort, weil die beiden einsilbigen Wörter *hast* und *du* so stark verschmolzen sind, dass sie sich phonologisch wie ein zweisilbiges Wort verhalten. Sie weisen nur eine betonte Silbe auf und bilden zusammen einen phonologischen Fuß.

Die **phonologische Phrase** ist eine phonologische Einheit, die syntaktischen Phrasen entspricht, und die zugleich den Bezugsbereich für phonologische Regularitäten bildet. Die Einteilung einer Äußerung in phonologische Phrasen ist variabler als die in phonologische Wörter, worin zum Ausdruck kommt, dass wir eine Äußerung rhythmisch in unterschiedlich große Wortgruppen gliedern können. So lässt sich die Äußerung *Mark und Paula wohnen in Paris* in nur einer Phrase realisieren, sie lässt sich aber auch auf zwei Phrasen verteilen: *Mark und Paula* und *wohnen in Paris*; oder auf drei Phrasen: *Mark*, *und Paula* und *wohnen in Paris*.

**Phonologische Töne:** Gesprochene Äußerungen weisen neben lautlichen und rhythmischen Eigenschaften auch melodische Eigenschaften auf. Diese Eigenschaften betreffen den Tonhöhenverlauf von Äußerungen. In der **Autosegmental-Metrischen Phonologie** (s. Kap. I.7) werden Tonhöhenverläufe auf **phonologische Töne** zurückgeführt. Phonologische Töne lassen sich wie die musikalischen Töne als diskrete Einheiten auffassen, die lokale Tonhöhenniveaus spezifizieren. So lässt sich z.B. ein fallender Tonhöhenverlauf auf die Abfolge eines Hochtons und eines Tieftons zurückführen, und ein steigender Tonhöhenverlauf auf die Abfolge eines Tieftons und eines Hochtons. Phonologische Töne werden im Rahmen der Autosegmental-Metrischen Phonologie ebenso wie die Laute als Segmente aufgefasst, die allerdings auf einer eigenen Ebene, der Tonebene, repräsentiert werden.

**Lautbasierte und tonbasierte Einheiten:** Silben, Füße, phonologische Wörter und phonologische Phrasen sind Äußerungsabschnitte, die Lautfolgen umfassen. Wir bezeichnen sie deshalb als **lautbasierte Einheiten**. Es gibt auch Einheiten, die aus mehreren Tönen bestehen, und die wir entsprechend als **tonbasierte Einheiten** bezeichnen. In Kapitel I.7 werden zwei Typen tonbasierter Einheiten unterschieden, Tonhöhenakzente und Intonationskonturen. **Tonhöhenakzente** sind Einheiten, die einen oder mehrere Töne umfassen, und über die der Tonhöhenverlauf einer Äußerung an Akzentsilben verankert wird. **Intonationskonturen** sind Einheiten, die wir als Melodieverläufe von Äußerungen wahrnehmen. Sie umfassen Tonhöhenakzente und andere Töne.

**Phonologische Einheiten als tonale Bezugsbereiche:** Die phonologische Silbe, der phonologische Fuß, das phonologische Wort und die phonologische Phrase dienen als Bezugsbereiche für lautliche Regularitäten, sie spielen aber auch für die tonale Gestaltung eine Rolle. So fungieren betonte Silben im Deutschen auch als ›Träger‹ von Tönen, und es sind diese Silben, an denen die Intonationskontur einer Äußerung über ihre Tonhöhenakzente verankert wird. Ferner gibt es weitere lautbasierte Einheiten, deren primäre Funktion darin besteht, als Bezugsbereich für die tonale Gestaltung zu dienen: die Intonationsphrase, die Äußerungsphrase und der prosodische Paragraph.

Die **Intonationsphrase** bildet den Abschnitt einer Äußerung, in dem eine vollständige Intonationskontur realisiert wird. Eine Äußerung kann eine oder mehr solcher Intonationsphrasen umfassen.

Die **Äußerungsphrase** entspricht dem Redeabschnitt, den wir üblicherweise als Äußerung bezeichnen. Eine Äußerung kann lediglich ein Wort umfassen, wie die Antwort *ja* oder *nein*, sie kann aber auch mehrere Intonationsphrasen umfassen.

Der **prosodische Paragraph** bildet einen Redeabschnitt, in dem mehrere Äußerungsphrasen zu einer größeren thematisch kohärenten Einheit gruppiert werden können. Im Bereich der Schrift entspricht dieser Einheit am ehesten der Absatz, woher auch der Name Paragraph stammt (zu engl. *paragraph* ›Absatz‹).

## 1.3 | Teilgebiete der Phonologie

### Segmentale und suprasegmentale Phonologie

Phonologische Eigenschaften einzelner Laute werden auch als **segmentale Eigenschaften** bezeichnet. Sie sind Gegenstand der **segmentalen Phonologie**. Eigenschaften der phonologischen Silbe, des phonologischen Fußes, des phonologischen Wortes, der phonologischen Phrase, der Intonationsphrase, der Äußerungsphrase und des prosodischen Paragraphen werden **suprasegmentale** oder **prosodische Eigenschaften** genannt. Sie sind Gegenstand der **suprasegmentalen** oder **prosodischen Phonologie**. Die Gesamtheit der prosodischen Eigenschaften wird auch allgemein als **Prosodie** bezeichnet.

> **Prosodie und Akzent**
>
> Der Begriff **Prosodie** (griech. *prosōdía*) bezeichnet ursprünglich das ›Hinzugesungene‹, das, was zum Gesang oder allgemein zur Rede hinzukommt. Der Begriff **Akzent** (lat. *accentus*) stellt eine lateinische Lehnübersetzung des griechischen Wortes dar und hat die gleiche wörtliche Bedeutung. In der sprachwissenschaftlichen Terminologie bedeuten Prosodie und Akzent aber Verschiedenes. In der Phonologie bezeichnet Akzent ein einzelnes prosodisches Phänomen, die Hervorhebung einer Silbe oder einer anderen sprachlichen Einheit, oder das Potential, in dieser Weise hervorgehoben zu werden, während Prosodie die Gesamtheit der prosodischen Phänomene bezeichnet.

**Zur Vertiefung**

Die Begriffe **segmental** und **suprasegmental** lassen sich nun analog auf die tonale Ebene anwenden. Während die phonologischen Laute als segmentale Einheiten auf der lautlichen Ebene fungieren, bilden die phonologischen Töne segmentale Einheiten auf der tonalen Ebene. Und so wie Silben, Füße, phonologische Wörter, phonologische Phrasen, Intonationsphrasen, Äußerungsphrasen und prosodische Paragraphen suprasegmentale Einheiten auf der Lautebene darstellen, so stellen Tonhöhenakzente und Intonationskonturen suprasegmentale Einheiten auf der Tonebene dar. Im ersten Falle handelt es sich um **lautbasierte Einheiten**, im zweiten Falle um **tonbasierte** Einheiten.

**Einleitung**

**Zur Vertiefung**

> **Suprasegmental**
>
> Der Begriff **suprasegmental** bedeutet allgemein ›segmentübergreifend‹. Je nachdem, welche Segmente angesetzt werden, nimmt der Begriff unterschiedliche speziellere Bedeutungen an. Im Falle prosodischer Einheiten wie der Silbe oder dem Fuß, die mehr als einen Laut umfassen, bedeutet suprasegmental ›lautübergreifend‹. Im Falle prosodischer Einheiten wie dem Tonhöhenakzent oder der Intonationskontur, die mehr als einen Ton umfassen, bedeutet suprasegmental ›tonübergreifend‹.

### Lautbezogene und tonale Phonologie

Unter Bezug auf die Unterscheidung zwischen lautbezogenen und tonalen Einheiten lässt sich nun zwischen einer lautbezogenen und einer tonalen Phonologie unterscheiden, die jeweils segmentale und suprasegmentale Einheiten zum Gegenstand haben. Die **lautbezogene Phonologie** befasst sich auf der segmentalen Ebene mit den phonologischen Lauten und auf der suprasegmentalen Ebene mit lautbasierten prosodischen Einheiten wie der Silbe, dem Fuß, dem phonologischen Wort, der phonologischen Phrase, der Intonationsphrase, der Äußerungsphrase und dem prosodischen Paragraphen. Die **tonale Phonologie** befasst sich auf der segmentalen Ebene mit Tönen und auf der suprasegmentalen Ebene mit tonbasierten prosodischen Einheiten wie dem Tonhöhenakzent und der Intonationskontur. Tabelle 1 verdeutlicht das Verhältnis zwischen lautbezogener und tonaler Phonologie auf der einen Seite und segmentaler und suprasegmentaler Phonologie auf der anderen Seite.

|  | **Lautbezogene Phonologie** | **Tonale Phonologie** |
|---|---|---|
| **Segmentale Phonologie** | lautliche Einheiten | tonale Einheiten |
| **Suprasegmentale Phonologie** | lautbasierte Einheiten | tonbasierte Einheiten |

Tab. 1: Die Objektbereiche der lautbezogenen Phonologie, der tonalen Phonologie, der segmentalen Phonologie und der suprasegmentalen Phonologie

Tabelle 2 fasst die Zuordnung der hier berücksichtigten phonologischen Einheiten zu den betreffenden phonologischen Teilgebieten zusammen.

|  | Lautbezogene Phonologie | Tonale Phonologie |
|---|---|---|
| Segmentale Phonologie | phonologischer Laut | phonologischer Ton |
| Suprasegmentale Phonologie | phonologische Silbe<br>phonologischer Fuß<br>phonologisches Wort<br>phonologische Phrase<br>Intonationsphrase<br>Äußerungsphrase<br>prosodischer Paragraph | Tonhöhenakzent<br>Intonationskontur |

Tab. 2: Phonologische Einheiten, die in Teil I berücksichtigt werden

## 1.4 | Aufbau von Teil I

Um analoge Strukturierungsprinzipien in der Phonologie und Graphematik erkennbar zu machen, orientieren sich beide Teile dieses Lehrbuchs in ihrem äußeren Aufbau an den grundlegenden Beschreibungseinheiten ihres Objektbereiches, den phonologischen und den graphematischen Einheiten. Der vorliegende Teil I zur Phonologie des Deutschen gliedert sich in fünf Teile:

**Kapitel 2** stellt einige phonetische Grundlagen phonologischer Beschreibungen vor;

**Kapitel 3** behandelt die phonologischen Laute und damit segmentale Einheiten der lautbezogenen Phonologie;

**Kapitel 4–6** behandeln die phonologische Silbe, den phonologischen Fuß, das phonologische Wort und die phonologische Phrase, d. h. suprasegmentale Einheiten der lautbezogenen Phonologie;

**Kapitel 7** behandelt phonologische Töne, Tonhöhenakzente und Intonationskonturen, d. h. segmentale und suprasegmentale Einheiten der tonalen Phonologie;

**Kapitel 8–9** behandeln mit der Intonationsphrase, der Äußerungsphrase und dem prosodischen Paragraphen weitere suprasegmentale Einheiten, die zwar lautbasiert sind, die aber primär als Bezugsbereich für die tonale Gestaltung dienen.

Der Aufbau von Teil I dieses Buches erinnert äußerlich an die klassische Darstellung der prosodischen Einheiten von Nespor/Vogel (2007), die Evidenz für die Silbe, den Fuß, die phonologische Phrase, die klitische Gruppe, die Intonationsphrase und die Äußerungsphrase in verschiedenen Sprachen gesammelt haben. Dieses Werk steht in der Tradition einer Forschungsrichtung, die eine mehr oder weniger universelle Hierarchie prosodischer Einheiten annimmt, wobei Einheiten einer höheren Ebene vollständig in Einheiten der nächsttieferen Ebene gegliedert sind und umgekehrt jede Einheit einer tieferen Ebene in einer Einheit der nächsthöheren Ebene enthalten ist (Selkirk 1984). Abbildung 1 illustriert die prosodische Hierarchie schematisch in Orientierung an Selkirk (1984) und Nespor/Vogel (2007) unter Ausschluss der klitischen Gruppe anhand der Phrasierung einer fiktiven Äußerung, die zwei Intonationsphrasen umfasst.

# I.1.4 Phonologie

**Einleitung**

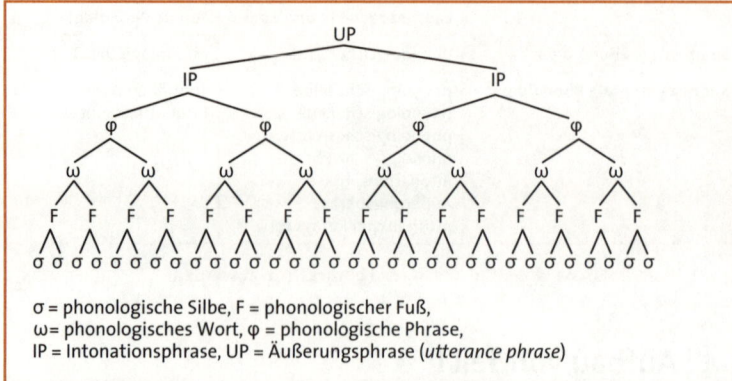

**Abb. 1:** Prosodische Hierarchie lautbasierter Einheiten

σ = phonologische Silbe, F = phonologischer Fuß,
ω = phonologisches Wort, φ = phonologische Phrase,
IP = Intonationsphrase, UP = Äußerungsphrase (*utterance phrase*)

Alle Einheiten in Abbildung 1 werden im Folgenden auch für das Deutsche in Betracht gezogen. Hinzu kommt der prosodische Paragraph, womit auch Einheiten erfasst werden, die mehr als eine Äußerung umfassen. In manchen Modellen wird eine weitere Einheit zwischen Laut und Silbe angesetzt, die **More** (s. Kap. I.5.1). Die Annahme, dass alle Einheiten einer höheren Ebene vollständig in Einheiten der nächsttieferen Ebene gegliedert werden können, und dass umgekehrt jede Einheit einer tieferen Ebene in einer Einheit der nächsthöheren Ebene enthalten ist, sollte als Hypothese verstanden werden, die für jede Varietät einer Sprache zu überprüfen ist. Ob sie auf das Standarddeutsche zutrifft, muss an dieser Stelle offen bleiben.

Abbildung 1 erfasst lediglich diejenigen suprasegmentalen oder prosodischen Einheiten, die lautbasiert sind – es handelt sich ja um Abschnitte lautlicher Äußerungen, und jede dieser Einheiten umfasst eine mehr oder weniger umfangreiche Lautfolge. Die Lautbasiertheit der betreffenden Einheiten lässt sich anhand der Klammernotation im folgenden Beispiel verdeutlichen. Nach welchen Kriterien die Einteilung in diesem Beispiel erfolgt, wird erst in den nachfolgenden Kapiteln deutlich werden.

**Beispiel**   **Prosodische Gliederung von *Mandarinen oder Äpfel***

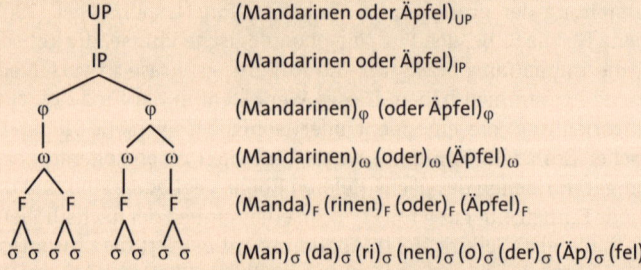

(Mandarinen oder Äpfel)$_{UP}$

(Mandarinen oder Äpfel)$_{IP}$

(Mandarinen)$_\varphi$ (oder Äpfel)$_\varphi$

(Mandarinen)$_\omega$ (oder)$_\omega$ (Äpfel)$_\omega$

(Manda)$_F$ (rinen)$_F$ (oder)$_F$ (Äpfel)$_F$

(Man)$_\sigma$ (da)$_\sigma$ (ri)$_\sigma$ (nen)$_\sigma$ (o)$_\sigma$ (der)$_\sigma$ (Äp)$_\sigma$ (fel)$_\sigma$

**Zur Vertiefung**

**Tonbasierte Hierarchie**

Neben der lautbasierten prosodischen Hierarchie in Abbildung 1 ließe sich auch eine tonbasierte Hierarchie postulieren, die allerdings viel weniger komplex wäre. Tonbasierte Einheiten sind die erwähnten Tonhöhenakzente, die einen oder mehrere phonologische Töne umfassen, sowie Intonationskonturen, die einen oder mehrere Tonhöhenakzente umfassen. Intonationskonturen umfassen allerdings neben Tonhöhenakzenten auch sog. Grenztöne, deren Auftreten von der Präsenz von Phrasengrenzen abhängig ist, und die im Unterschied zu den Tonhöhenakzenten der segmentalen Ebene angehören, nämlich der Tonebene (s. Kap. I.7).

# 2. Phonetische Grundlagen des Sprechens

2.1 Grundlagen
2.2 Der Sprechvorgang
2.3 Phonetische Laute
2.4 Phonetische Transkription

## 2.1 | Grundlagen

### 2.1.1 | Gesprochene Sprache

**Sprechen** bedeutet, sprachliche Einheiten wie Laute oder Wörter mithilfe von Schall hörbar zu machen. Die gesprochene Sprache ist somit an Schallereignisse gebunden. Der beim Sprechen erzeugte **Sprechschall** besteht aus sich wellenförmig ausbreitenden Luftdruckschwankungen, die von Hörern im Ohr empfangen und in neuronale Signale umgesetzt werden. Beim Sprechen erzeugen wir also mithilfe unserer Sprechorgane Schallereignisse, die so gestaltet sind, dass sie **auditiv**, d. h. über das Gehör, als Realisierungen sprachlicher Einheiten wahrgenommen werden können.

Die Schallereignisse, mit denen Sprachliches auditiv wahrnehmbar gemacht wird, bezeichnen wir als **sprachliche Äußerungen**. Genau genommen handelt es sich dabei um **mündliche Äußerungen**, von denen **schriftliche Äußerungen** abzugrenzen sind. Bei letzteren handelt es sich um grafische Ereignisse oder Objekte, die sprachliche Einheiten visuell, d. h. über den Sehsinn, wahrnehmbar machen.

Wörter können in verschiedener Weise ausgesprochen werden. Tatsächlich sind wir nicht imstande, das gleiche Wort zwei Mal in exakt derselben Weise auszusprechen. Was wir bei der Wiederholung eines Wortes produzieren, sind unterschiedliche phonetische Realisierungen dieses Wortes. Dabei ist das Ausmaß der möglichen Variation durch die lautliche Form des Wortes festgelegt. So mag die Aussprache von *Pass* und *Bass* in vielfältiger Weise variieren, jedoch werden wir das *p* in *Pass* stets so realisieren, dass es nicht verwechselt wird mit *b* in *Bass*, und umgekehrt, weil der Unterschied zwischen *p* und *b* am Beginn einer Wortes für die Unterscheidung von Wortformen im Deutschen von Bedeutung ist.

## 2.1.2 | Wovon handelt die Phonetik?

Die Phonetik umfasst drei Teildisziplinen, die sich mit drei unterschiedlichen Aspekten der gesprochenen Sprache beschäftigen.
- **Die Artikulatorische Phonetik** untersucht die Produktion sprachlicher Äußerungen mithilfe der Sprechorgane. Sie fragt z. B., welche Rolle die Zungenstellung für die Realisierung unterschiedlicher Vokale spielt.
- **Die Akustische Phonetik** untersucht die akustischen Eigenschaften sprachlicher Äußerungen. Sie fragt z. B., aufgrund welcher akustischer und somit physikalischer Eigenschaften sich die Vokale *a, e, i, u* und *o* voneinander unterscheiden, oder wodurch sich der *sch*-Laut vom *s*-Laut und vom *ch*-Laut unterscheidet.
- **Die Auditive Phonetik** untersucht die Wahrnehmung sprachlicher Äußerungen durch das Gehör. Sie fragt z. B. danach, welche mechanischen und neurophysiologischen Vorgänge im Gehör dafür verantwortlich sind, dass wir Äußerungen der Vokale *a, e, i, u* und *o* auch tatsächlich als Realisierungen unterschiedlicher Vokale wahrnehmen.

Die artikulatorischen, akustischen und auditiven Eigenschaften sprachlicher Äußerungen lassen sich als **phonetische Eigenschaften** bezeichnen, die den **graphetischen Eigenschaften** von Schriftobjekten gegenüberstehen. Der Schwerpunkt der folgenden Abschnitte liegt auf den artikulatorischen Eigenschaften, denn für die Beschreibung von Sprachlauten und für die phonetische Transkription haben sich die artikulatorischen Merkmale als besonders geeignet erwiesen.

## 2.1.3 | Lautliche und prosodische Eigenschaften

Die Phonetik beschäftigt sich sowohl mit lautlichen Eigenschaften als auch mit prosodischen Eigenschaften sprachlicher Äußerungen.

**Lautliche Eigenschaften** sind Eigenschaften, die sich den kleinsten Abschnitten von Äußerungen zuordnen lassen, die wir als ›Teile‹ eines Wortes wahrnehmen. So nehmen wir die Äußerung der Wortform *Tal* als Folge der Laute *t, a* und *l* wahr. Man sagt auch, eine solche Äußerung lasse sich in drei Abschnitte ›segmentieren‹, die wir mit den entsprechenden Lautqualitäten wahrnehmen.

Die Auffassung von Wortformen als ›Lautketten‹ entspricht unserer herkömmlichen Wahrnehmung von Äußerungen, die aber möglicherweise durch das Erlernen einer Alphabetschrift geprägt ist, bei der sich einfache oder komplexe Schriftzeichen auf sequentiell angeordnete Laute oder Lautverbindungen beziehen (Lüdtke 1969). Aus der Akustischen Phonetik wissen wir, dass nicht immer einfach zu entscheiden ist, wo ein Segment, das wir als Realisierung eines Lautes wahrnehmen, beginnt, und wo es aufhört. In vielen Fällen legt die akustische Analyse die Annahme nahe, dass entsprechende Segmente einander überlappen.

**I.2.1**

Phonologie

Phonetische
Grundlagen
des Sprechens

Zur Vertiefung

> **Segmentierung**
>
> Ein besonderes Problem stellt die Segmentierung von Verschlusslauten wie *p t k* oder *p d g* dar. Im akustischen Signal lassen sich die zugehörigen Verschluss- und Öffnungsphasen zwar relativ gut identifizieren, auditiv reichen diese Abschnitte aber nicht zur Differenzierung der Konsonanten aus. Maßgeblich für die auditive Unterscheidung zwischen *p t k* sowie zwischen *b d g* ist vielmehr die unterschiedliche Auswirkung des Verschlussortes (an den Lippen, am Zahndamm oder am weichen Gaumen) auf die benachbarten Vokale, die im akustischen Signal als Formantbewegungen (Transienten) beschrieben werden (vgl. Reetz 2003: 140 f.).

Die Artikulatorische Phonetik lehrt uns ferner, dass auch die Artikulationsbewegungen, mit denen solche Segmente produziert werden, zeitlich einander überlappen. Wenn wir die Wortformen *Schübe* und *schiebe* aussprechen, so stellen wir fest, dass der *sch*-Laut einmal mit Lippenrundung ausgesprochen wird und einmal ohne Lippenrundung. Der Grund liegt in der Qualität des nachfolgenden Vokals. Bei *Schübe* setzt die vom Vokal geforderte Lippenrundung bereits ein, während wir den Konsonanten im Anlaut aussprechen. Der Vokal von *schiebe* erfordert hingegen keine Lippenrundung. Der Effekt auf die Aussprache des *sch*-Lautes ist mit einiger Übung hörbar, insbesondere wenn die beiden Wortformen geflüstert werden. Solche Auswirkungen werden allgemein als **koartikulatorische Effekte** bezeichnet.

Trotz dieser Einsichten aus der Akustischen und Artikulatorischen Phonetik lassen sich sprachliche Äußerungen als Abfolgen linear angeordneter Lautsegmente wahrnehmen. Diese Fähigkeit stellt letztlich auch eine Voraussetzung für die Verwendung einer Alphabetschrift dar.

**Prosodische Eigenschaften** sind Eigenschaften von Äußerungsabschnitten, die mehr als einen Laut umfassen. Diese Einheiten nennt man **prosodische Einheiten**. Zu den prosodischen Einheiten gehören die phonologische Silbe, der phonologische Fuß, das phonologische Wort, die phonologische Phrase, die Intonationsphrase und die Äußerungsphrase.

Als prosodische Eigenschaften gelten Eigenschaften von Äußerungsabschnitten, die die akustischen Parameter Dauer, Frequenz und Intensität betreffen, oder ihre auditiven Entsprechungen: Länge, Tonhöhe und Lautheit. Viele prosodische Eigenschaften betreffen alle drei Merkmalsdimensionen. Ein Beispiel hierfür ist die Eigenschaft einer Silbe, betont zu sein. Wortformen wie *Leute*, *Mütter* oder *bauen* nehmen wir als zweisilbige Wörter wahr, deren erste Silbe betont ist, und deren zweite unbetont ist. **Betontheit** ist eine prosodische Eigenschaft, weil sie nicht nur einem einzelnen Laut zukommt, sondern einer größeren Einheit, der Silbe. Ferner erfolgt die Hervorhebung einer Silbe durch Betonung in der Regel relativ zu anderen benachbarten Silben. Eine betonte Silbe muss nicht in einem absoluten Sinne lang, hoch oder laut sein, sie kann aber länger, höher oder lauter als diejenigen Silben sein, gegenüber denen sie hervorgehoben wird (s. Kap. I.5.1).

## 2.2 | Der Sprechvorgang

### 2.2.1 | Beteiligte anatomisch-physiologische Systeme

Die Produktion mündlicher Äußerungen umfasst die Sprechplanung und den Sprechvorgang im engeren Sinne. Zur Sprechplanung gehört die Konzeptualisierungsphase, in der festgelegt wird, was gesagt werden soll, und die Phase der sprachlichen Kodierung, in der die syntaktischen, morphologischen und lautlichen Formeigenschaften einer Äußerung bestimmt werden. Der Sprechvorgang im engeren Sinne, mit dem sich die **Artikulatorische Phonetik** befasst, umfasst die Produktion von Schallereignissen, die so gestaltet werden, dass sie mit den im Rahmen der Sprechplanung enkodierten sprachlichen Eigenschaften wahrnehmbar sind.

**Drei anatomisch-physiologische Systeme** sind am Sprechvorgang beteiligt: das respiratorische System, das laryngale System und das artikulatorische System (s. Abb. 1).
- Das **respiratorische System** umfasst das **Zwerchfell**, die **Lunge** und die **Luftröhre**.
- Das **laryngale System** umfasst den **Kehlkopf** (Larynx), der die **Stimmritze** (Glottis) enthält.
- Das **artikulatorische System** umfasst den **Vokaltrakt** und die **Artikulationsorgane**.

Der Vokaltrakt, der in der Akustischen Phonetik auch als **Ansatzrohr** bezeichnet wird, umfasst die **Rachenhöhle**, die **Mundhöhle** und die **Nasenhöhle**. Als (bewegliche) **Artikulationsorgane** oder **Artikulatoren** gelten die Zunge, die Lippen, der Unterkiefer, das Gaumensegel mit dem Zäpfchen, die Rachenwände und die Stimmritze.

## Phonetische Grundlagen des Sprechens

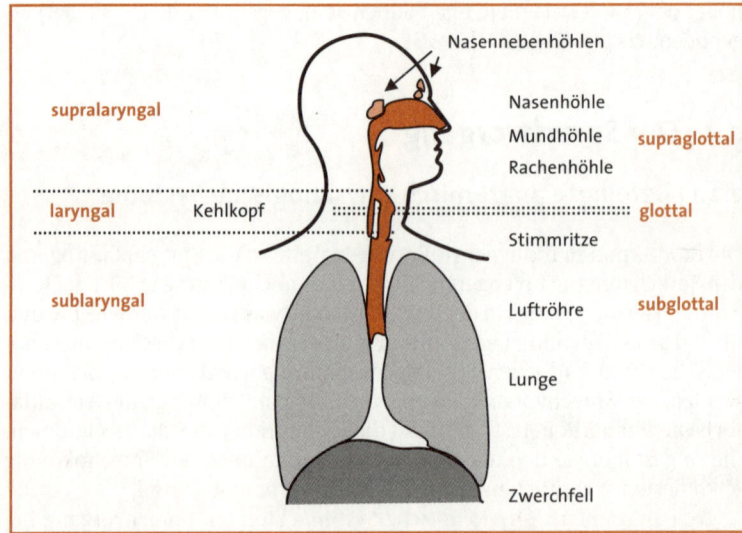

Abb. 1: Am Sprechvorgang beteiligte Organe und Körperhöhlen

Der Gebrauch der in Abbildung 1 dargestellten Organe als Sprechorgane ist nur eine sekundäre, evolutionsgeschichtlich jüngere Funktion. Primär haben diese Organe lebenserhaltende Funktionen.

**Das respiratorische System** dient primär der Atmung. Seine sekundäre Funktion besteht darin, den für die Stimmerzeugung im Kehlkopf erforderlichen Luftdruck sicherzustellen.

**Das laryngale System** dient primär zum Verschluss der Luftröhre. Hierzu kann die Stimmritze innerhalb des Kehlkopfes geschlossen werden, womit der Atemstrom reguliert wird (glottale Ventilfunktion), und der Kehlkopf kann nach oben gegen den Kehldeckel gedrückt werden (supraglottale Ventilfunktion). Beim Schlucken wird auf diese Weise das Eindringen von Nahrung und eingeatmeten Fremdkörpern in die Lunge verhindert. Als sekundäre Funktion des Kehlkopfes kommt die Erzeugung des **Rohschalls** hinzu.

**Das artikulatorische System** dient primär der Weiterleitung und Filterung der Atemluft sowie der Zerkleinerung und dem Transport der Nahrung. Seine sekundäre Funktion ist die Modifikation des glottal erzeugten Rohschalls, woraus der **Sprechschall** resultiert.

Unter Bezug auf die Lage des laryngalen Systems, das den Kehlkopf umfasst, wird das respiratorische System auch als **sublaryngales** System bezeichnet und das artikulatorische System als **supralaryngales** System. In der Akustischen Phonetik ist es meist sinnvoller, auf die Lage der **Stimmritze** (griech. *glottis*) innerhalb des Kehlkopfes Bezug zu nehmen statt auf den Kehlkopf als ganzen. So erfolgt der Aufbau des für die Stimmerzeugung notwendigen Drucks unterhalb der Stimmritze, d. h. **subglottal**, die Stimmerzeugung selbst erfolgt **glottal**, und als akustischer Filter dient der **supraglottale** Bereich. In Abbildung 1 sind beide anatomisch-funktionalen Einteilungen berücksichtigt.

## 2.2.2 | Phasen des Sprechvorgangs

Gewöhnliche Sprachlaute werden in drei Phasen produziert: Initiation, Phonation und Artikulation.

### Initiation

**Initiation** bezeichnet die Anregung des Luftstroms zur Schallerzeugung. Für die Laute des Deutschen wird der erforderliche Luftrom **pulmonal** initiiert, d. h. mithilfe der Lunge. In anderen Sprachen, z. B. im westafrikanischen Hausa, gibt es auch Laute, bei denen der Luftstrom **glottal** initiiert wird, nämlich durch Hebung oder Senkung des Kehlkopfes. Ferner gibt es **oral initiierte** Laute, d. h. Laute, bei denen der Luftstrom in der Mundhöhle initiiert wird. Hierzu gehören die sog. **Schnalz-** oder **Klicklaute** (s. u.).

Sprachlaute lassen sich ferner in egressive und ingressive Laute unterteilen. **Egressive Laute** werden mithilfe herausströmender Luft gebildet, **ingressive Laute** durch hereinströmende Luft. Diese Unterscheidung lässt sich auf pulmonal, glottal und oral initiierte Laute anwenden. Die gewöhnlichen Laute des Deutschen gehören zu den pulmonalen egressiven Lauten, d. h. sie werden mithilfe eines Luftstroms gebildet, der in der Lunge initiiert wird und durch den Kehlkopf und den Vokaltrakt hinausströmt. Pulmonal ingressive Laute treten im Deutschen auf, wenn wir Wörter beim Einatmen sprechen. In informellen Gesprächen findet man bisweilen eine ingressive Realisierung von *ja*.

Im Bereich der Interjektionen findet man im Deutschen ferner die erwähnten **Schnalz** oder **Klicklaute**. Es handelt sich dabei um oral initiierte ingressive Laute, bei denen zunächst mit der Zunge am weichen, hinteren Gaumen, dem **Velum**, und an einer weiteren Artikulationsstelle vor dem Velum (etwa an den Lippen oder am Zahndamm) ein Verschluss gebildet wird. Durch Absenkung der Zunge entsteht in der so gebildeten Luftkammer ein Unterdruck, der bei Öffnung des vorderen Verschlusses zu dem typischen Schnalz- oder Klickgeräusch führt.

### Phonation

> Als → **Phonation** wird die Stimmgebung oder generell die Erzeugung des Rohschalls mithilfe der Stimmlippen im Bereich der Stimmritze bezeichnet. Sie ist nur an der Produktion der pulmonalen Laute beteiligt.

**Zum Begriff**

Die **Stimmlippen** bilden einen Verbund aus Muskelfasern und elastischen Fasern (den sog. ›Stimmbändern‹), der von einer Schleimhaut bedeckt ist. Sie sind im Kehlkopf quer zur Richtung des Luftstroms angeordnet. Der Spalt zwischen den beiden Stimmlippen bildet die **Stimmritze** (griech. *glottis*). An der Vorderseite sind die Stimmlippen am Schildknorpel befes-

## Phonetische Grundlagen des Sprechens

tigt, der bei Männern auch von außen als sog. Adamsapfel sichtbar ist. An der Rückseite ist jede Stimmlippe an einem **Stellknorpel** befestigt. Mithilfe der Stellknorpel kann die Spannung der Stimmlippen und der Abstand zwischen ihnen verändert werden.

**Phonationsarten:** Je nach Verhalten der beiden Stimmlippen können mehrere **Phonationsarten** unterschieden werden. Beim Atmen ohne Phonation sind die Stimmlippen **abduziert**, d.h. voneinander wegbewegt. Bei der Phonation sind die Stimmlippen in unterschiedlichem Grade **adduziert**, d.h. aneinander angenähert. Abbildung 2 zeigt die Stellung der Stimmlippen (a) bei Glottisverschluss, (b) bei der Produktion stimmhafter Laute, (c) bei der Produktion stimmloser Laute, (d) beim Flüstern, und (e) bei Atmung ohne Phonation (e).

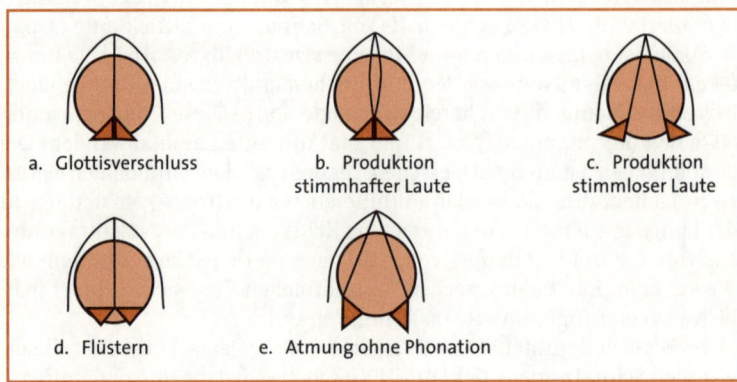

Abb. 2: Die wichtigsten Phonationsmodi. Stilisierte Zeichnungen der Querschnitte durch den Kehlkopf in horizontaler Ebene (Draufsicht). Die Dreiecke stellen die beiden Stellknorpel dar

- Beim **Glottisverschluss** (Abb. 2a) werden die Stimmlippen adduziert und so stark angespannt, dass keine Luft aus den Lungen entweicht.
- Bei der Produktion **stimmhafter Laute** (Abb. 2b) werden die Stimmlippen adduziert und nur so stark angespannt, dass der durch das respiratorische System erzeugte subglottale Druck zur Öffnung des Verschlusses führt. Die Rückstellkräfte der elastischen Stimmlippen sowie der durch die durchströmende Luft erzeugte Unterdruck (Bernoulli-Effekt) sorgen dafür, dass der Verschluss nach kurzer Zeit wieder hergestellt wird. Dies führt zu einem erneuten Ansteigen des subglottalen Drucks unter erneuter Lösung des Verschlusses, ein Prozess, der sich wiederholt, bis die Luftströmung unterbrochen wird oder die Stimmlippen abduziert werden. Diese periodische Öffnungs- und Schließbewegung der Stimmlippen führt zur Produktion eines stimmhaften Schallsignals. Der Vorgang ist schematisch in Abbildung 3 dargestellt.

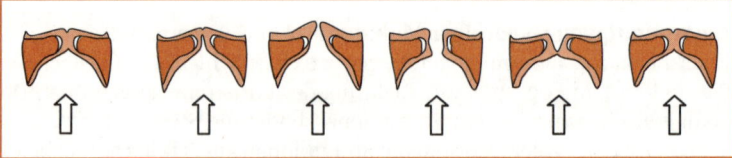

Abb. 3: Bewegung der Stimmlippen bei der Phonation (Frontalschnitt)

- Bei **stimmlosen Lauten** (Abb. 2c) bleiben die Stimmlippen geöffnet, so dass die Luft aus der Lunge entweder ungehindert hindurchströmt oder bei leichter Adduzierung verwirbelt wird.
- Beim **Flüstern** (Abb. 2d) sind die Stimmlippen adduziert, die Stellknorpel aber so ausgerichtet, dass sie eine kleine Öffnung bilden. Die durch dieses ›Flüsterdreieck‹ hindurchströmende Luft wird so stark verwirbelt, dass ein Rauschen entsteht, das den für das Sprechen relevanten Frequenzbereich abdeckt, und das ähnlich wie der Rohschall bei stimmhaften Lauten durch den Vokaltrakt ›geformt‹ werden kann.
- Bei der **Atemstellung** werden die Stellknorpel so weit nach außen gedreht, dass die Stimmlippen weit geöffnet sind (Abb. 2e).

## Artikulation

Die Artikulation ist die dritte Phase des Sprechvorgangs. Sie umfasst die Umwandlung des Rohschalls in den Sprechschall, den wir in Form sprachlicher Äußerungen hören. Abbildung 4 zeigt die Artikulationsorgane, die am Sprechvorgang beteiligt sind.

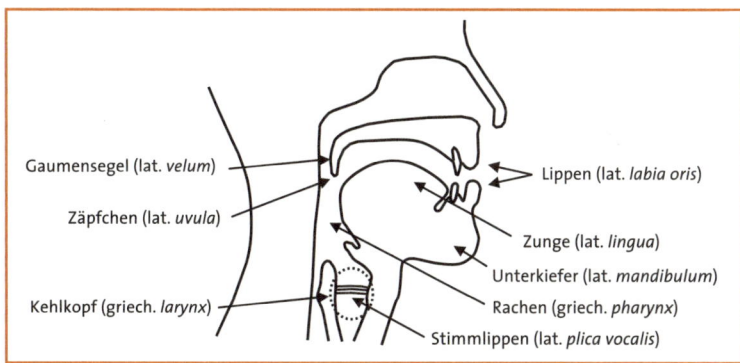

Abb. 4: Artikulationsorgane im Sagittalschnitt

**Artikulationsorgane:** Zu den **Artikulationsorganen** oder **Artikulatoren** werden nur die beweglichen Teile im Vokaltrakt gezählt.
- Die **Zunge** (lat. *lingua*) ist der beweglichste Artikulator. Es lassen sich fünf Teile der Zunge unterscheiden, mit denen sie artikulatorische Bewegungen ausführen kann: die **Zungenwurzel** (lat. *radix*), der **Zungenrücken** (lat. *dorsum*), das **Zungenblatt** (lat. *lamina*), der **Zungenkranz** (lat. *corona*) und die **Zungenspitze** (lat. *apex*). Der Zungenrücken ist der Bereich der Zunge, der dem weichen und harten Gaumen gegenüber liegt. Entsprechend wird zusätzlich zwischen einem **post-dorsalen** Bereich (weiter hinten) und einem **prä-dorsalen** Bereich (weiter vorn) unterschieden. Wird die Zungenspitze im Luftstrom zum Schwingen gebracht, entsteht das sog. gerollte Zungenspitzen-*r*.
- Auch die **Lippen** (lat. *labia oris*) können zum Vibrieren gebracht werden. Auf diese Weise können labiale **Vibranten** erzeugt werden. Außer-

dem können die Lippen vorgestülpt werden. Diese sogenannte Lippenrundung hat den Effekt, dass das Ansatzrohr verlängert wird.
- Die Bewegung des **Unterkiefers** (lat. *mandibulum*) unterstützt den Lippenverschluss sowie die Variation des Abstands des Zungenrückens zum Gaumen.
- Von der Lage des **Gaumensegels** (lat. *velum*) hängt es ab, ob orale oder nasale Laute gebildet werden. Orale Laute entstehen bei angehobenem Gaumensegel. Die Nasenhöhle ist in diesem Fall verschlossen, so dass der Rohschall allein durch die Mundhöhle austritt. Bei den nasalen Lauten ist das Gaumensegel gesenkt, so dass der Rohschall durch die Nasenhöhle austritt.
- Das **Zäpfchen** (lat. *uvula*), das die Spitze des Gaumensegels bildet, dient zur Produktion des hinteren gerollten *r*-Lautes.
- Der **Rachen** (griech. *pharynx*) ist das am wenigsten bewegliche Artikulationsorgan und dient der Veränderung von Resonanzeigenschaften der Rachenhöhle.
- Die **Stimmlippen** (lat. *plica vocalis*) fungieren einerseits als Schallquelle bei der Phonation, können aber zusätzlich auch als Artikulatoren angesehen werden, etwa bei der Produktion glottaler Verschlusslaute.
- Auch der **Kehlkopf** (griech. *larynx*) als ganzer kann die Eigenschaften des Vokaltrakts verändern und somit als Artikulator angesehen werden, denn durch seine Hebung oder Senkung wird ähnlich wie durch Vorstülpung der Lippen die Länge des Ansatzrohres verändert.

## 2.2.3 | Akustische Merkmale des Sprechschalls

### Schallsignale

**Ton, Klang und Geräusch:** Aus akustischer Sicht lassen sich drei Typen von Schallsignalen unterscheiden: Töne, Klänge und Geräusche.
- Ein **Ton** ist ein Schallereignis, das durch eine einzelne Sinusschwingung darstellbar ist. Töne im akustischen Sinne werden deshalb auch als Sinustöne bezeichnet.
- Ein **Klang** lässt sich als Summe mehrerer Töne auffassen. Die Töne eines Klanges werden als **Teiltöne** oder **Partialtöne** dieses Klanges bezeichnet.
- Ein **Geräusch** enthält keine periodischen Anteile, d.h. das Signal weist keine Wiederholungen auf.

Man kann zwei Arten von Geräuschen unterscheiden: das Rauschen und den Knall. Das **Rauschen** ist ein Geräusch, das sich über einen gewissen Zeitraum erstreckt. Ein **Knall** ist ein Geräusch, das impulsartig auftritt, wie bei einem Peitschenschlag. Man kann das Rauschen auch als kontinuierliches Geräusch und den Knall als nicht-kontinuierliches Geräusch charakterisieren.

Die hier verwendeten physikalischen Begriffe für Ton und Klang sind nicht mit den entsprechenden musikalischen Begriffen zu verwechseln. Ein gesungener **musikalischer Ton** ist physikalisch gesehen ein Klang, da er mehr als einen physikalischen Ton enthält. Ein **musikalischer Klang** ist physikalisch gesehen ein **Klanggemisch**, d. h. eine Vereinigung mehrerer Klänge, denn er umfasst mehr als einen musikalischen Ton und damit mehr als einen physikalischen Klang.

**Aufbau von Klängen:** Klänge, deren Teiltöne in einem ganzzahligen Verhältnis zueinander stehen, gelten als **harmonisch**. Im Sprechschall stehen alle Teiltöne in einem ganzzahligen Verhältnis zum untersten Teilton, der den größten gemeinsamen Teiler der Teiltöne des Klanges darstellt. Dessen Frequenz ist die **Grundfrequenz** ($f_0$). Alle anderen Frequenzkomponenten bilden Vielfache der Grundfrequenz. Wenn wir einen Vokal mit einer Grundfrequenz von 100 Hz produzieren, können wir also erwarten, dass das Sprechsignal zusätzlich die Frequenzen 200 Hz, 300 Hz, 400 Hz, 500 Hz usw. aufweist. Der Ton, dessen Frequenz der Grundfrequenz entspricht, heißt auch **Grundton**, alle weiteren Teiltöne eines harmonischen Klangs heißen **Obertöne**.

---

**Eigenschaften des natürlichen Sprechschalls**

**Zur Vertiefung**

Im Hinblick auf die physikalischen Eigenschaften des natürlichen Sprechschalls müssen mindestens dreierlei Einschränkungen gemacht werden. Erstens weisen natürliche Schallereignisse niemals absolute Periodizität auf. Deshalb gibt es in der Natur auch keine reinen Töne oder Klänge. Andererseits weisen viele natürliche Schallereignisse innerhalb gewisser Zeitfenster eine annähernde Periodizität auf, die auch als Quasi-Periodizität bezeichnet wird. Diese Quasi-Periodizität reicht aus, damit wir akustische Signale mit einer temporären Tonhöhe wahrnehmen können. Deshalb werden die Begriffe Ton und Klang meist in einem weiteren Sinne verwendet, der auch Quasiperiodizität mit einschließt. Zweitens lassen sich natürlich produzierte Schallereignisse niemals eindeutig der Klasse der Töne bzw. Klänge zuordnen. Natürlich produzierte Töne oder Klänge weisen fast immer mehr oder weniger ausgeprägte Geräuschanteile auf. Das betrifft insbesondere den Sprechschall. Drittens weisen natürliche Klänge niemals absolute Harmonizität auf. Entsprechend ist die Beschreibung von Sprechschallereignissen unter Bezug auf diese physikalischen Begriffe in der Regel eine Idealisierung. Wenn wir dies im Blick behalten, können wir Vokale wie *a, e, i, u, o* idealisiert als harmonische Klänge beschreiben, stimmhafte Konsonanten wie *w, b* als harmonische Klänge mit Geräuschanteilen und stimmlose Konsonanten wie *f, p* als Geräusche. Sprechschall lässt sich entsprechend idealisiert als Abfolge von harmonischen Klängen mit oder ohne Geräuschanteile und von Geräuschen beschreiben.

### Rohschall und Sprechschall

Das respiratorisch-laryngale System produziert in der Glottis den sogenannten **Rohschall**. Der Vokaltrakt dient als **Ansatzrohr**, das aufgrund seiner anatomischen Eigenschaften den Rohschall in den **Sprechschall** umwandelt, der aus Mund und Nase austritt.

**Akustische Modellierung der Sprachproduktion:** Im Rahmen des **Quelle-Filter-Modells** (Fant 1960) wird die Erzeugung des Sprechschalls durch eine Quelle, die den Rohschall erzeugt, und einen akustischen Filter modelliert, der den Rohschall der Quelle ›formt‹, indem Frequenzanteile des Rohschalls, die nahe bei den Resonanzfrequenzen des Ansatzrohres liegen, verstärkt werden, während andere gedämpft werden. Der Vokaltrakt fungiert hier als Filter, der mit dem Kehlkopf als Schallquelle gekoppelt ist. Rachenhöhle, Mundhöhle und Nasenhöhle fungieren als Resonanzräume, die die akustischen Eigenschaften des Rohschalls aufgrund ihrer spezifischen Gestalt verändern. Zusätzlich lassen sich diese Eigenschaften durch Bewegung einzelner Artikulationsorgane verändern.

Der Rohschall, der in der Glottis erzeugt wird, ist ein Klang, dessen Grundfrequenz der Schwingungsrate der Stimmlippen entspricht, und der zusätzlich Vielfache dieser Grundfrequenz aufweist, die als Obertöne fungieren. Die Intensität der Teiltöne des Rohschalls nimmt mit zunehmender Frequenz ab. Diese Intensitäten sind in Abbildung 5 oben links in Form eines sogenannten Frequenzspektrums dargestellt, das alle Frequenzen im Schallsignal zu einem gegebenen Zeitpunkt wiedergibt.

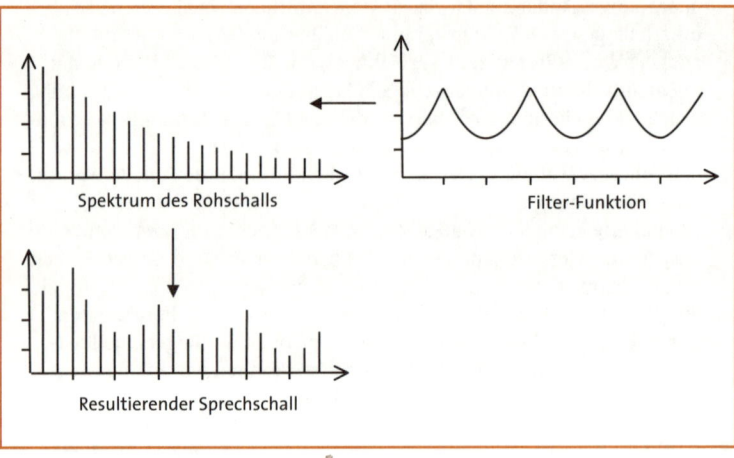

Abb. 5: Quelle-Filter-Modell. Horizontale Achsen: Frequenzen in Hz (beginnend bei 0 Hz); vertikale Achsen: Schallintensität (in dB) (nach Pompino-Marschall 2009: 103)

Die Filterfunktion des Ansatzrohres verändert dieses Spektrum, indem die Intensität der Teiltöne nahe den Resonanzfrequenzen des Ansatzrohres verstärkt und die Intensität ferner liegender Teiltöne verringert wird. Das rechte Bild in Abbildung 5 zeigt in idealisierter Form die Filterfunktion des Ansatzrohres, und das untere Bild das Spektrum, das aus der

Anwendung der Filterfunktion auf den Rohschall resultiert, und das dem Sprechschall beim Austritt durch die Lippen entspricht.

**Formanten:** Die Frequenzbereiche um die Resonanzfrequenzen des Ansatzrohres, in denen die Teiltöne die stärkste Intensität aufweisen, werden als **Formanten** bezeichnet. Sie spielen insbesondere für die Produktion unterschiedlicher Vokale eine wichtige Rolle. Bei den Vokalen bestimmt die Lage der Zunge und der Lippen (vorhandene oder fehlende Lippenrundung) maßgeblich die Formanten und damit die Vokalqualität.

## 2.3 | Phonetische Laute

### 2.3.1 | Die Vokale

Vokale lassen sich aus phonetischer Sicht wie folgt charakterisieren:

> → **Vokale** sind Laute, bei denen der Luftstrom weitgehend ungehindert durch den Vokaltrakt strömt.

Zum Begriff

Diese Begriffsbestimmung verzichtet auf das Merkmal der Stimmhaftigkeit. Tatsächlich scheint Stimmhaftigkeit kein notwendiges Merkmal von Vokalen zu sein, denn Vokale lassen sich auch in geflüsterten Äußerungen realisieren.

**Klassifikation der Vokale nach IPA**

Vokale werden traditionell mithilfe eines sog. Vokaldreiecks oder Vokalvierecks dargestellt. Ein Vokalviereck wird auch als Bezugsrahmen für das **Internationale Phonetische Alphabet** (IPA) verwendet, das heute als Standard für das phonetische Transkribieren anerkannt ist. Das Vokalviereck in der aktuellen Fassung des IPA ist in Abbildung 6 zu sehen.

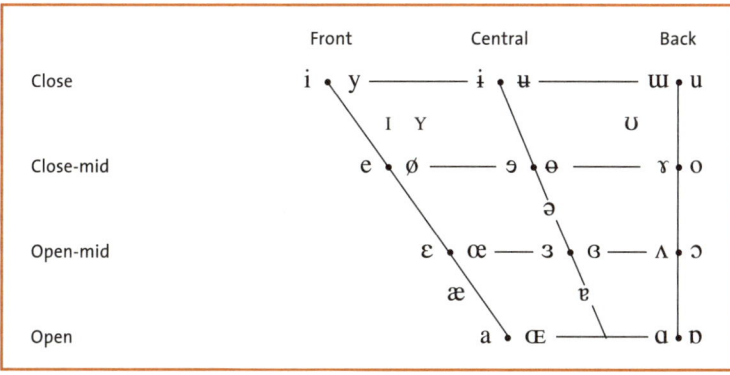

Abb. 6: Vokalviereck des IPA in der Fassung von 2005

## I.2.3 Phonologie

**Phonetische Grundlagen des Sprechens**

Das IPA klassifiziert die Vokale mithilfe von drei Parametern: Zungenhöhe, Zungenlage und Lippenrundung.

**Die Zungenhöhe** ergibt sich aus dem Abstand zwischen Zungenrücken und Gaumen. Im IPA-Viereck sind die Vokale umso höher angeordnet, je höher die Zunge für ihre Realisierung angehoben wird. Die Vokale werden entsprechend in **hohe**, **halbhohe**, **halb-tiefe** und **tiefe** Vokale eingeteilt, oder – mit Bezug auf den daraus resultierenden Öffnungsgrad der Mundhöhle – als **geschlossen**, **halb-geschlossen**, **halb-offen** und **offen** (in Abbildung 6 entsprechend *close*, *close-mid*, *open-mid* und *open*).

**Die Zungenlage** ergibt sich aus der Lage desjenigen Teils des Zungenrückens, der sich dem Gaumen am stärksten annähert. Im IPA-Vokalviereck wird die Zungenlage durch die horizontale Anordnung der Vokalzeichen wiedergegeben. Entsprechend wird zwischen **vorderen**, **zentralen** und **hinterer** Vokalen unterschieden.

- Bei den geschlossenen vorderen Vokalen [i] und [y] nähert sich der vordere Zungerücken dem Zahndamm an,
- bei den geschlossen zentralen Vokalen [ɨ] und [ʉ] nähert sich der mittlere Zungenrücken dem harten Gaumen an,
- bei den hinteren Vokalen [ɯ] und [u] nähert sich der hintere Zungenrücken dem weichen Gaumen (Velum) an.

In der älteren Literatur werden die hohen und halbhohen vorderen Vokale auch als **palatale Vokale** bezeichnet. Abbildung 7 illustriert die Zungenhöhe und Zungenlage bei den Vokalen [a], [i] und [u].

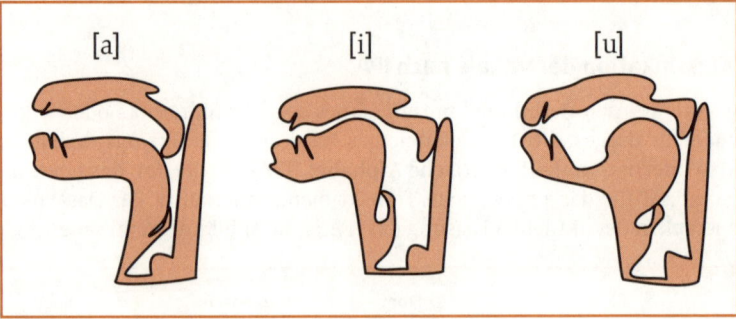

Abb. 7: Zungenstellung bei den Vokalen [a], [i] und [u] (nach Daten von Fant 1960: 107 zum Russischen)

Die **Lippenrundung** beruht auf einem Vorstülpen der Lippen. Der besondere Klang gerundeter Vokale ergibt sich aus dem Umstand, dass durch die Lippenrundung das Ansatzrohr verlängert wird, insbesondere der Abstand zwischen dem Ende des Ansatzrohres im Bereich der Lippen und dem Bereich der größten Engebildung zwischen Zunge und Gaumen. Zwischen ungerundeten und gerundeten Vokalen wird im IPA-Vokalviereck durch die paarweise Anordnung der meisten Vokale Rechnung getragen. Jeweils links stehen die ungerundeten Laute, rechts die gerundeten. So bilden z. B. [y], [ʏ], [ø], [œ], [ɶ] die gerundeten Entsprechungen zu [i], [ɪ], [e] [ɛ] und [a].

**IPA-Viereck und Formantwerte:** Das IPA ordnet die Vokale nach artikulatorischen Merkmalen an. Ein Vorteil dieser Vorgehensweise besteht darin, dass wir artikulatorisch charakterisierte Vokale aufgrund der Transkription näherungsweise reproduzieren können, auch wenn wir sie nie zuvor gehört haben. Zum Erfolg der Anordnung in einem Vokalviereck dürfte aber auch beigetragen haben, dass sich diese Anordnung gut unter Bezug auf relevante akustische Merkmalsdimensionen interpretieren lässt. Die relevanten Merkmalsdimensionen sind die in Kapitel I.2.2.3 erwähnten **Formanten**. Es handelt sich um Frequenzbereiche, in denen die Teiltöne, die im Sprechsignal vorhanden sind, besonders starke Intensität aufweisen. Die unterschiedliche Lage des ersten und zweiten Formanten (F1 und F2) sind maßgeblich für die Wahrnehmung unterschiedlicher Vokalqualitäten verantwortlich.

Abbildung 8 zeigt Mittelwerte für die ersten beiden Formanten deutscher Vokale (Pompino-Marschall 2009: 126, nach Daten von Rausch 1972). Auf der vertikalen Achse sind die F1-Werte abgetragen (in Hz), wobei niedrigere Werte höher liegen als höhere Werte. Auf der horizontalen Achse sind die F2-Werte abgetragen. Wiederum sind die Werte entgegen der üblichen Leserichtung aufgetragen. Die Werte steigen von rechts nach links an, nicht von links nach rechts.

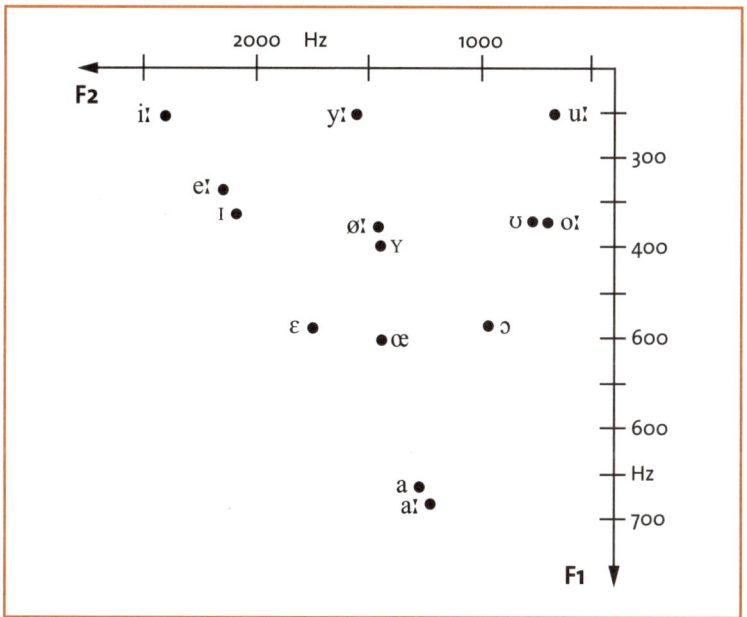

Abb. 8: Gemittelte Formantwerte deutscher Vokale (nach Pompino-Marschall 2009: 126)

Bei dieser Form der Darstellung erkennt man eine große Ähnlichkeit der Werte der (gemessenen) Formantwerte mit der Anordnung der Vokale nach artikulatorischen Merkmalen im Vokalviereck in Abbildung 6. Man erkennt, dass F1 umso größer ist, je tiefer die Lage der Zunge ist, und dass

F2 umso größer ist, je weiter vorn sich der Zungenrücken an den Gaumen annähert. So weist [i] einen tiefen F1-Wert und einen hohen F2-Wert auf, weil dieser Laut mit hoher Zungenlage und einer Verengung im vorderen Bereich realisiert wird. Von [i] gelangt man zu [u], indem die Engebildung nach hinten verlagert wird, was zur Absenkung von F2 führt. Von [u] gelangt man zu [a], indem man die Zunge absenkt und den höchsten Punkt des Zungenrückens etwas nach vorn verschiebt, was mit einer Erhöhung von F1 und F2 einhergeht.

Die traditionelle Anordnung der Vokale ist eng mit der Anordnung der sogenannten **Kardinalvokale** verbunden, die auf den britischen Phonetiker Daniel Jones (1881–1967) zurückgehen. Jones bestimmte nach Gehör 8 primäre und 10 sekundäre Kardinalvokale, die in Abbildung 9 dargestellt sind.

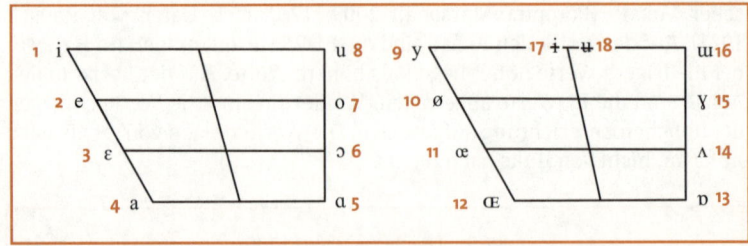

Abb. 9: Primäre (links) und sekundäre Kardinalvokale (rechts)

Die primären Kardinalvokale sind sehr viel häufiger in den Sprachen der Welt vertreten als die sekundären. Das Hochdeutsche wie auch das Niederdeutsche gehören zu einer Minderheit von Sprachen, die im Bereich der vorderen Vokale bis auf [œ] vollständige Reihen ungerundeter und gerundeter Vokale aufweisen.

Die Kardinalvokale sollen sprachunabhängigen Referenzvokale darstellen. Während der theoretische Status der Kardinalvokale umstritten ist, hat sich das Konzept der Kardinalvokale doch als praktisch erwiesen, einerseits für den Phonetikunterricht und andererseits als Bezugsrahmen für die phonetische Transkription fremder Sprachen.

Aufnahmen der Vokale in der Aussprache der vielleicht bekanntesten Phonetiker des 20. Jahrhunderts, Daniel Jones und Peter Ladefoged, finden sich unter www.phonetics.ucla.edu/course/chapter9/cardinal/cardinal.html.

### Die Vokale des Deutschen

Abbildung 10 zeigt, welche Vokale aus dem IPA-Vokalviereck gewöhnlich für das Standarddeutsche angesetzt werden. Im Bereich der offenen Vokale setzen wir nur *eine* Vokalqualität an, die hier durch das zentral angeordnete [a] vertreten wird. Damit wird angedeutet, dass die Zungenlage (vorn-hinten) für das [a] im Deutschen keine Rolle spielt. Tatsächlich ändert sie sich stark in Abhängigkeit von den benachbarten Lauten. So wird das [a] in *Vater* eher vorn realisiert, das [a] in *Lager* eher hinten.

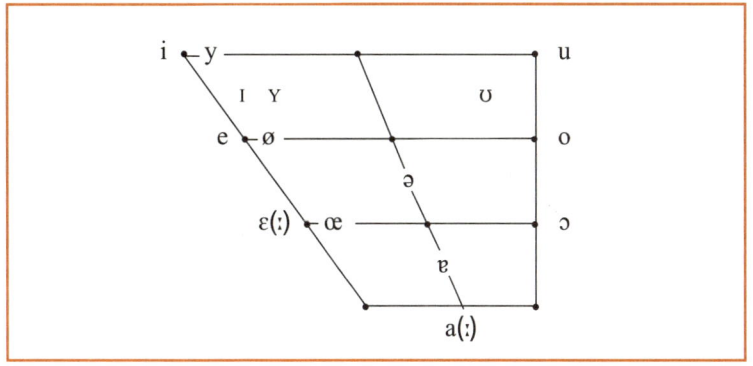

Abb. 10: Vokale des Deutschen (phonetische Laute)

Tabelle 1 listet Beispiele für die Vokale des Deutschen auf, die zum großen Teil der Darstellung von Kohler (1990a) entnommen sind, und fügt die klassifikatorischen Merkmale, die im Vokalviereck Verwendung finden, hinzu, unter Einschluss der Kennzeichnung der Dauer.

| IPA-Zeichen | Beispiel | offen – geschlossen | vorn – hinten | ungerundet – gerundet | lang – kurz |
|---|---|---|---|---|---|
| iː | bieten | geschlossen | vorn | ungerundet | lang |
| ɪ | bitten | geschlossen/ halb geschlossen | vorn | ungerundet | kurz |
| eː | beten | halb geschlossen | vorn | ungerundet | lang |
| ɛ | Betten | halb offen | vorn | ungerundet | kurz |
| ɛː | bäten | halb offen | vorn | ungerundet | lang |
| yː | hüten | geschlossen | vorn | gerundet | lang |
| ʏ | Hütten | geschlossen/ halb geschlossen | vorn | gerundet | kurz |
| øː | röter | halb geschlossen | vorn | gerundet | lang |
| œ | Götter | halb offen | vorn | gerundet | kurz |
| uː | sputen | geschlossen | hinten | gerundet | lang |
| ʊ | spucken | geschlossen/ halb geschlossen | hinten | gerundet | kurz |
| oː | roten | halb geschlossen | hinten | gerundet | lang |
| ɔ | rotten | halb offen | hinten | gerundet | kurz |
| aː | Bahn | offen | zentral | ungerundet | lang |
| a | Bann | offen | zentral | ungerundet | kurz |
| ə | Lehre | zentral | zentral | ungerundet | kurz |
| ɐ | Lehrer | halb offen/offen | zentral | ungerundet | kurz |

**Tab. 1: Beispiele für die Vokale des Deutschen**

**Voll- und Reduktionsvokale:** Die Vokale [ə] und [ɐ] werden auch als **Schwa** und **a-Schwa** bezeichnet. Das Schwa gehört zu den am häufigsten auftretenden Vokalen des Deutschen. Es hat eine Sonderstellung, weil die Zunge bei seiner Produktion in der Ruhelage verbleiben kann. Schwa und a-Schwa treten nur in Silben auf, die nicht betonbar sind (s. Kap. I.5.1). Sie werden auch als **Reduktionsvokale** bezeichnet. Alle anderen Vokale gelten demgegenüber als **Vollvokale**. Vollvokale treten in betonbaren Silben auf, unabhängig davon, ob diese Silben tatsächlich betont werden oder nicht.

**Gespanntheit:** Neben der Klassifikation nach Zungenhöhe, Zungenlage und Lippenrundung gibt es weitere Einteilungsmöglichkeiten für die Vokale des Deutschen. So können Vokale danach unterschieden werden, ob sie eher zentral oder eher peripher realisiert werden. Als zentraler Vokal gilt das Schwa, [ə], das mit mittlerer Zungenlage und Zungenhöhe realisiert wird. Ferner werden [ɪ] und [ʏ] zentraler realisiert als [i] und [y], ebenso ist [ʊ] zentraler als [u]. Je weniger zentral ein Vokal realisiert wird, umso weiter ist der Weg, den die Zunge von der Ruheposition zur Zielposition zurücklegen muss. Unter Bezug auf die Zentralität oder die Muskelspannung der Zunge und anderer Artikulationsorgane werden zentralere Vokale als **ungespannt** bezeichnet und weniger zentrale Vokale als **gespannt**. So gelten [ɪ], [ʏ], [ɛ], [ʊ] und [ɔ] als ungespannt, [i], [y], [e], [u] und [o] im Vergleich hierzu als gespannt. Reduktionsvokale sind stets ungespannt. Wir kommen auf diese Merkmalsdimensionen in Kapitel I.3.2 zurück.

**Vokaldauer:** Im Deutschen weisen gespannte Vokale unter sonst gleichen Umständen eine längere Dauer auf als ungespannte Vokale. Diese Dauerunterschiede sind umso größer, je betonter die betreffende Silbe ist. Sie sind in Tabelle 1 nicht notiert.

In zwei Fällen ist der Bezug zwischen Dauer und Gespanntheit weniger klar. Zum einen gibt es neben kurzem [ɛ] auch ein langes [ɛː] (*Betten – bäten*), das trotz teilweise unterschiedlicher Schreibung in der Standardaussprache meist mit gleicher Vokalqualität, d. h. mit gleicher Zungenhöhe und Zungenlage, ausgesprochen wird. Ebenso gibt es neben kurzem [a] auch ein langes [aː] (*Bann – Bahn*). In beiden Fällen kann man bezweifeln, ob sinnvoll zwischen einer gespannten und einer ungespannten Variante unterschieden werden kann. Tatsächlich scheint aber auch hier der lange Laut etwas gespannter zu sein als der kurze. Diesen Unterschied kann man auf den Umstand zurückführen, dass die Zunge mehr Zeit hat, eine periphere Zielposition zu erreichen. Der Unterschied ist aber so klein, dass er nicht zur Wahrnehmung einer deutlich unterschiedlichen Vokalqualität führt. Deshalb kann aus phonetischer Sicht für beide Varianten jeweils das gleiche Vokalzeichen verwendet werden (zur phonologischen Analyse s. Kap. I.3.2).

**Nasalierte Vokale:** Das Vokalviereck in Abbildung 10 erfasst nur die Vokale, die in den Wörtern des Kernwortschatzes vertreten sind (s. Einleitung). Berücksichtigt man Wörter fremden Ursprungs, die lautlich nicht oder nur teilweise Wörtern des Kernwortschatzes angeglichen werden, kommen weitere Vokale hinzu. Zu nennen sind hier insbesondere die **nasalierten Vokale** [ã], [ɛ̃], [œ̃] und [õ] in französischen Lehnwörtern wie in *Nuance*, *Teint*, *Parfum* und *Pardon*.

**Monophthonge und Diphthonge:** Im Vokalviereck in Abbildung 10 werden ferner nur Monophthonge, keine Diphthonge erfasst.

> → **Monophthonge** sind lautliche Einheiten, die keine bedeutsame Änderung der Lautqualität aufweisen. Sie lassen sich phonetisch als einzelne Vokale auffassen, die nicht zusammen mit weiteren Vokalen in einer Silbe auftreten.
>
> → **Diphthonge** sind lautliche Einheiten, die eine bedeutsame Änderung der Lautqualität aufweisen. Sie lassen sich phonetisch als Folgen zweier Vokale auffassen, die innerhalb einer Silbe realisiert werden.

*Zum Begriff*

*Lied* [liːt] enthält demnach einen Monophthong, *Leid* [laɪt] enthält einen Diphthong. Die Form *naiv* [na.iːf] enthält keinen Diphthong, sondern zwei Monophthonge, da die beiden Vokale auf zwei Silben verteilt sind. Es gibt auch Sprachen mit **Triphthongen**, die entsprechend als Abfolgen dreier Vokale innerhalb einer Silbe beschrieben werden können.

**Diphthonge des Deutschen:** Für den Kernwortschatz des Deutschen werden üblicherweise drei Diphthonge angenommen: [aɪ], [ɔɪ] und [aʊ] wie in *Bein*, *Bäume* und *Baum*. Weitere Diphthonge wie [uɪ] sind im Kernbereich auf Interjektionen wie *hui*, *ui* und *pfui* beschränkt. Dass es sich bei den Diphthongen des Deutschen um Lautfolgen handelt, die einsilbig und nicht zweisilbig realisiert werden, kann im IPA durch Platzierung des diakritischen Zeichens [ ̯] unter den zweiten Diphthongbestandteil verdeutlicht werden: [aɪ̯], [ɔɪ̯] und [aʊ̯].

Abbildung 11a zeigt die Lageveränderung des Zungenrückens für die drei Diphthonge beim Übergang vom ersten zum zweiten Diphthongbestandteil. Da die Zunge beim spontanen Sprechen meist nicht die durch den zweiten Laut bezeichnete Endposition erreicht, werden die drei Diphthonge bisweilen auch als [aɛ], [ɔɛ] und [aɔ] notiert.

**Schließende und zentralisierende Diphthonge:** [aɪ], [ɔɪ] und [aʊ] gehören zur Klasse der **schließenden Diphthonge**, da der zweite Bestandteil geschlossener ist als der erste. Neben diesen Diphthongen weist das Standarddeutsche 15 weitere Diphthonge auf, die auf die vokalisierte Aussprache von *r* zurückgehen. Sie enden alle auf [ɐ], das bereits erwähnte *a*-Schwa (s. Abb. 11b). Da das *a*-Schwa wie Schwa als zentraler Vokal gilt, handelt es sich um **zentralisierende Diphthonge**. **Öffnende Diphthonge** fehlen im Kernwortschatz des Deutschen. Tabelle 2 fasst die beiden Diphthonggruppen zusammen.

## Phonologie

**Phonetische Grundlagen des Sprechens**

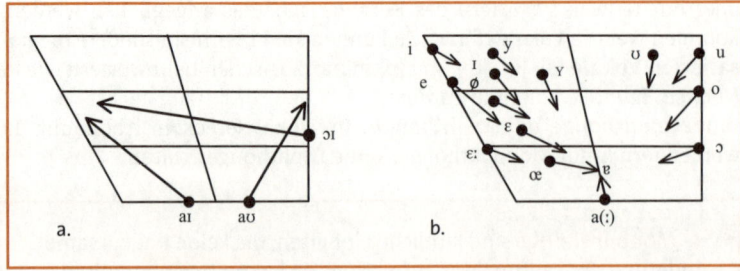

Abb. 11: Diphthonge des Deutschen. (a) Gewöhnliche Diphthonge; (b) ɐ-Diphthonge (nach Kohler 1990a: 87f.)

| Schließende Diphthonge | | Zentralisierende Diphthonge | |
|---|---|---|---|
| IPA-Zeichen | Beispiel | IPA-Zeichen | Beispiel |
| aɪ | Bein | iːɐ | wir |
| ɔɪ | Bäume | ɪɐ | wirr |
| aʊ | Baum | eːɐ | Heer |
| | | ɛːɐ | Bär |
| | | ɛɐ | Herr |
| | | yːɐ | Tür |
| | | yɐ | dürr |
| | | øːɐ | hör |
| | | œɐ | dörr |
| | | aːɐ | Star |
| | | aɐ | starr |
| | | uːɐ | Schnur |
| | | ʊɐ | schnurr(e) |
| | | oːɐ | Moor |
| | | ɔɐ | schnorr(e) |

Tab. 2: Phonetische Diphthonge des Deutschen

**Fallende und steigende Diphthonge:** Die Unterteilung in schließende und öffnende Diphthonge ist nicht mit der Unterteilung in fallende und steigende Diphthonge zu verwechseln. Als **fallend** gelten Diphthonge, deren ›Schwerpunkt‹ auf dem ersten Bestandteil liegt. Als **steigend** gelten Diphthonge, deren ›Schwerpunkt‹ auf dem zweiten Bestandteil liegt. Diese Unterscheidung kann durch den Verlauf der Tonhöhe, der Intensität oder Dauer zum Ausdruck gebracht werden. Alle in Tabelle 2 berücksichtigten Diphthonge gehören zur Klasse der fallenden Diphthonge, da der Schwerpunkt auf dem ersten Bestandteil liegt. In einigen Lehn- und Fremdwörtern des Deutschen wie *Guano* und *Memoiren* finden sich auch steigende

Diphthonge. Die hier verwendeten Diphthonge [u̯a] und [ɔ̯a] sind zugleich Beispiele für öffnende Diphthonge. Hier wird das Diakritikum [ ̯ ] verwendet, um sowohl die Zugehörigkeit der beiden Diphthongbestandteile zu einer Silbe auszudrücken als auch, um den Diphthong als steigend zu kennzeichnen. Als steigende Diphthonge könnte man auch Lautverbindungen aus [i] und Vollvokal analysieren wie [i̯o] in *Nation* oder auch Verbindungen aus [i] und Reduktionsvokal wie [i̯ə] in *Lilie*. Wir kommen darauf in Kapitel I.3.2 zurück.

## 2.3.2 | Die Konsonanten

### Klassifikation der Konsonanten nach IPA

> → **Konsonanten** sind Laute, bei denen der Luftstrom im Vokaltrakt durch Engebildung oder temporäre Verschlussbildung behindert wird.

**Zum Begriff**

Abbildung 12 zeigt das Konsonantenschema für diese Laute nach IPA.

| CONSONANTS (PULMONIC) | Bilabial | Labiodental | Dental | Alveolar | Postalveolar | Retroflex | Palatal | Velar | Uvular | Pharyngeal | Glottal |
|---|---|---|---|---|---|---|---|---|---|---|---|
| Plosive | p b | | | t d | | ʈ ɖ | c ɟ | k g | q ɢ | | ʔ |
| Nasal | m | ɱ | | n | | ɳ | ɲ | ŋ | ɴ | | |
| Trill | ʙ | | | r | | | | | ʀ | | |
| Tap or Flap | | ⱱ | | ɾ | | ɽ | | | | | |
| Fricative | ɸ β | f v | θ ð | s z | ʃ ʒ | ʂ ʐ | ç ʝ | x ɣ | χ ʁ | ħ ʕ | h ɦ |
| Lateral fricative | | | | ɬ ɮ | | | | | | | |
| Approximant | | ʋ | | ɹ | | ɻ | j | ɰ | | | |
| Lateral approximant | | | | l | | ɭ | ʎ | ʟ | | | |

Das Konsonantenschema nach IPA ordnet die Konsonanten nach drei Merkmalsdimensionen an: horizontal nach dem **Artikulationsort**, vertikal nach der **Artikulationsart** und paarweise pro Spalte nach dem Merkmal der **Stimmhaftigkeit**, wobei jeweils die stimmlosen Konsonanten links stehen, die stimmhaften rechts.

**Abb. 12:** Konsonantenschema für pulmonal-egressive Konsonanten nach IPA in der Fassung von 2005

**Artikulationsorte** sind diejenigen Stellen im Vokaltrakt, an denen eine Engebildung oder ein temporärer Verschluss hergestellt wird. Nach IPA werden 11 Artikulationsorte unterschieden:
- **Bilabial:** im Bereich von Ober- und Unterlippe
- **Labiodental**: zwischen Unterlippe und oberer Zahnreihe

## Phonetische Grundlagen des Sprechens

- **Dental:** zwischen oberer und unterer Zahnreihe
- **Alveolar:** am oberen Zahndamm (dem Wulst hinter den oberen Schneidezähnen)
- **Postalveolar:** zwischen Zahndamm und hartem Gaumen
- **Retroflex:** mit zurückgebogener Zunge (die Zungespitze nähert sich dem harten Gaumen)
- **Palatal:** am harten Gaumen
- **Velar:** am weichen Gaumen
- **Uvular:** am Zäpfchen
- **Pharyngal:** im Bereich des Rachens
- **Glottal:** im Bereich der Stimmritze

Abbildung 13 zeigt die Lage der Artikulationsorte außer für retroflexe Laute.

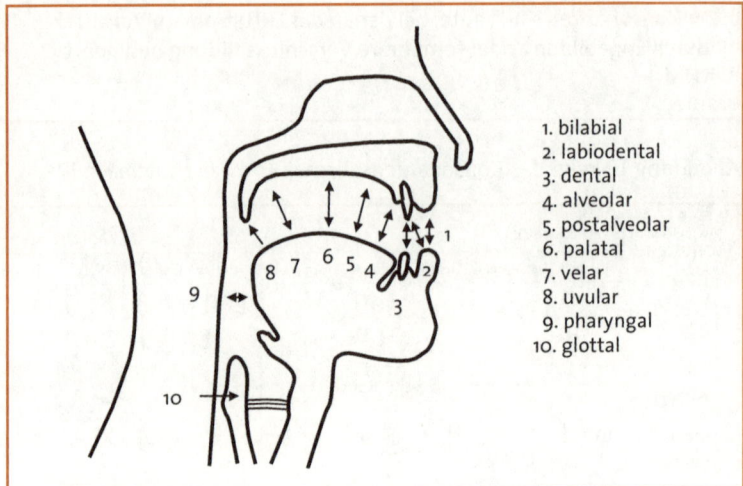

Abb. 13: Sagittalschnitt mit Lage der Artikulationsorte

**Die Artikulationsart** legt fest, welche Art von Verschluss- oder Engebildung vorliegt.
- Bei den **Plosiven** wird ein Verschluss gebildet, der kurze Zeit später geöffnet wird, es sei denn, es folgt ein weiterer Plosiv. Die Plosive heißen deshalb auch **Verschlusslaute**.
- Die **Nasale** sind Konsonanten, die mit abgesenktem Gaumensegel produziert werden. Die hierdurch hinzugeschaltete Nasenhöhle mit ihren eigenen Resonanzeigenschaften verleiht den Nasalen ihren typischen Klang. Nasale sind stets stimmhaft (außer in der Flüstersprache).
- **Vibranten** (engl. *trills*) sind Laute, die durch Vibration der Lippen, der Zungenspitze oder des Zäpfchens im Luftstrom gebildet werden. Der alveolare Vibrant [r] wird auch gerolltes Zungenspitzen-*r* genannt, der uvulare Vibrant [ʀ] gerolltes Zäpfchen-*r*. Bei Vibranten führen die betroffenen Artikulatoren eine mehrfache Schwingungsbewegung aus.

Erfolgt nur ein einziger Schlag, spricht man von engl. **Tap** oder **Flap**. Ein solcher Laut findet sich z. B. in der norddeutschen umgangssprachlichen Aussprache von *Vater* als *Vadder*, phonetisch [faɾɐ].

- Die **Frikative** oder **Reibelaute** bilden die umfangreichste Konsonantengruppe. Sie entstehen, wenn der Vokaltrakt so stark verengt wird, dass die Luft an der betreffenden Stelle verwirbelt wird, wodurch die für diese Laute typische Geräuschbildung entsteht. Die Plosive und Frikative werden zur Gruppe der **Obstruenten** zusammengefasst.
- Die **Approximanten** beruhen wie die Frikative auf einer Engebildung im Vokaltrakt, allerdings ist die Engebildung nicht so stark, dass dabei ein Reibegeräusch entsteht. Die **lateralen Frikative** und die **lateralen Approximanten** sind Konsonanten, bei denen die Zunge die Mundhöhle in der Mitte verschließt und die Luft seitlich vorbeiströmt, wobei nur im Falle der Frikative ein Reibegeräusch entsteht.

**Stimmhaftigkeit:** Konsonanten gelten als **stimmhaft**, wenn periodische Schwingungen im Sprechsignal nachweisbar sind, die auf die Beteiligung der Stimmlippen bei der Phonation schließen lassen. Nasale, Vibranten und Approximanten sind in der Regel stimmhaft (zu Ausnahmen s. Kap. I.3.3). Frikative können stimmhaft oder stimmlos produziert werden. Ferner lässt sich beobachten, dass Frikative häufig nur partiell stimmhaft realisiert werden. Ein Frikativ kann z. B. stimmlos einsetzen und stimmhaft enden. Stimmlose Plosive unterscheiden sich in prävokalischer Stellung von stimmhaften unter anderem aufgrund der Zeit, die vergeht, bis nach Öffnung des Verschlusses die Stimme einsetzt. Dieser Zeitraum wird auch **Voice Onset Time** (VOT) genannt.

---

**Mögliche und unmögliche Laute**

Das Konsonantenschema in Abbildung 12 weist eine Anzahl leerer Felder auf, die unterschiedlich eingefärbt sind. Die weißen leeren Felder zeigen an, dass davon ausgegangen wird, dass entsprechende Laute nicht für die Beschreibung der Lautinventare der bekannten Sprachen benötigt werden. Das gilt z. B. für die labiodentalen Plosive, also Plosive, die wie [f] und [v] mithilfe der oberen Zahnreihe und der Unterlippe gebildet werden. Solche Laute sind aber grundsätzlich realisierbar, und bei der Beschäftigung mit abweichenden Realisierungsweisen, etwa im sprachtherapeutischen Bereich, kann es durchaus einen Bedarf geben, auch solche Laute zu notieren (s. hierzu Kap. I.2.4). Hiervon zu unterscheiden sind Laute, die wir aus anatomisch-physiologischen oder akustischen Gründen nicht realisieren können. Dazu gehören z. B. pharyngale Nasale, die einen Verschluss des Vokaltrakts verlangen, der es nicht zulässt, die nachgeordnete Nasenhöhle als Resonanzraum zu nutzen. Die Felder für entsprechende Laute sind im Konsonantenschema dunkel gefärbt.

*Zur Vertiefung*

## Die Konsonanten des Deutschen

**Konsonanteninventar:** Abbildung 14 listet diejenigen Konsonanten auf, die typischerweise für das Deutsche angesetzt werden. Es handelt sich um eine Auswahl der Konsonanten aus dem IPA-Schema in Abbildung 12. Wie die Vokale in Kapitel I.2.3.1 sind sie als phonetische Laute aufzufassen, bei denen zunächst offen bleibt, ob sie allein ein Phonem des Deutschen realisieren oder nur eine von mehreren Realisierungsvarianten darstellen (s. hierzu Kap. I.3).

|  | bilabial | labio-dental | alveolar | post-alveolar | retro-flex | palatal | velar | uvular | pharyngal | glottal |
|---|---|---|---|---|---|---|---|---|---|---|
| Plosiv | p  b |  | t  d |  |  |  | k  g |  |  | ʔ |
| Nasal |  m |  |  n |  |  |  | ŋ |  |  |  |
| Vibrant |  |  | r |  |  |  |  | ʀ |  |  |
| Tap, Flap |  |  |  |  |  |  |  |  |  |  |
| Frikativ |  | f  v | s  z | ʃ  ʒ |  | ç  j | x | χ  ʁ |  | h |
| Lateraler Frikativ |  |  |  |  |  |  |  |  |  |  |
| Approximant |  |  |  |  |  |  |  |  |  |  |
| Lateraler Approximant |  |  | l |  |  |  |  |  |  |  |

**Abb. 14:** Konsonanten des Deutschen (phonetische Laute)

Es fällt auf, dass nicht alle Artikulationsorte und Artikulationsarten des IPA-Schemas genutzt werden. So werden z. B. weder retroflexe noch pharyngale Konsonanten als Laute des Deutschen angesetzt. Während solche Laute abwesend sind, weil entsprechende Artikulationsorte im Standarddeutschen nicht systematisch zur Lautunterscheidung genutzt werden, fehlen andere Lautvarianten, weil sie nur als Reduktionsvarianten oder in regionalen Umgangssprachen zu erwarten sind wie z. B. die Taps oder Flaps. Schließlich fehlen auch einige Lautvarianten, die eher unsystematisch miteinander alternieren oder sprecherspezifisch oder sprechlagenspezifisch verwendet werden. Das betrifft den palatalen Approximanten [j] als Realisierungsvariante zum palatalen Frikativ [j].

**Alternative Klassifikationen:** Die Charakterisierung der Konsonanten des Deutschen unter Bezug auf Artikulationsort, Artikulationsart und Stimmhaftigkeit ist aber nicht die einzig mögliche, und möglicherweise nicht die angemessenste. Man kann z. B. fragen, ob die Klassifikation nach Stimmhaftigkeit für das Standarddeutsche sinnvoll ist. Alternativ zu stimmlosen und stimmhaften Lauten wird gerade im Bereich der Obstruenten häufig zwischen **Fortis**- und **Lenis**-Lauten unterschieden, eine Unterteilung, die in der historischen Phonologie und in der Dialektologie des Deutschen weit verbreitet ist. Die Unterscheidung zwischen Fortis und Lenis bezieht sich auf die ›Artikulationsstärke‹: Fortis-Laute gelten als

›stark‹ artikuliert, Lenis-Laute als ›schwach‹ artikuliert. Unter den Plosiven gelten [p t k] als Fortis-Laute und [b d g] als Lenis-Laute. Als Lenis-Laute gelten aber auch stimmlose Plosive, wenn sie schwach oder weich realisiert werden. Sie werden als Lenis-Plosive [b d g] notiert, deren Stimmlosigkeit durch einen Kreis unter bzw. über dem Lautzeichen angezeigt wird: [b̥ d̥ g̊].

**Artikulator:** Bei der phonologischen Betrachtung der Konsonanten in Kapitel I.3.3 wird sich ferner herausstellen, dass es sinnvoll ist, die Konsonanten des Deutschen nicht nach Artikulationsort, sondern nach dem artikulierenden Organ, dem **Artikulator** zu klassifizieren. So lassen sich die stimmlosen palatalen, velaren und uvularen Frikative [ç], [x] und [χ] als Varianten eines einzigen Lautes auffassen, deren Wahl aufgrund der lautlichen Umgebung vorhersagbar ist. Unter Bezug auf den Artikulator lässt sich hierfür ein ›dorsaler‹ stimmloser Frikativ ansetzen.

Unter Bezug auf die unterschiedlichen Artikulatoren werden folgende Merkmale unterschieden:

**Labial:** Als labial gelten Laute, die mit den **Lippen** gebildet werden. Um die bilabialen und die labiodentalen Laute einheitlich zu erfassen, wird im Folgenden unter dem Merkmal labial ›mit der Unterlippe gebildet‹ verstanden (vgl. Eisenberg 2013: 55). Die bilabialen Plosive [p] und [b] werden mit Ober- und Unterlippe gebildet, die labiodentalen Frikative /f/ und /v/ mit den Schneidezähnen und der Unterlippe.

**Koronal:** Als koronal gelten Laute, die unter Beteiligung der **Zungenspitze** oder des **Zungenblatts** gebildet werden. Hierzu gehören die Plosive [t d], die alveolaren und postalveolaren Frikative [s z] und [ʃ ʒ], der Nasal [n], der laterale Approximant [l] und das gerollte ›Zungenspitzen-r‹ [r]. Auf die Differenzierung zwischen den koronalen Frikativen [s z ʃ ʒ] kommen wir in Kapitel I.3.3 zurück.

**Dorsal:** Als dorsal gelten Laute, die unter Beteiligung der **Hinterzunge** gebildet werden. Je nachdem, ob sich der Zungenrücken dem harten Gaumen oder dem Zäpfchen annähert, werden auf diese Weise **palatale**, **velare** oder **uvulare** Konsonanten gebildet. Palatale Konsonanten sind [ç j], velare Konsonanten [k g x ŋ] und uvulare Konsonanten [χ ʁ ʀ].

**Glottal:** Als glottal gelten Laute, die durch Engebildung im Bereich der Stimmritze mithilfe der **Stimmlippen** gebildet werden, sei es durch einen zeitweiligen Verschluss wie bei [ʔ] oder durch eine Geräuschbildung an den Rändern der leicht geöffneten Stimmlippen wie bei [h].

Tabelle 3 illustriert die Konsonanten des Deutschen durch Beispielwörter und ergänzt die Klassifikation nach Artikulationsort, Artikulationsart und Stimmhaftigkeit im Sinne des IPA um die Klassifikation nach Artikulator.

| IPA-Zeichen | Beispiel | Artikulationsort | Artikulator | Artikulationsart | Stimmhaftigkeit |
|---|---|---|---|---|---|
| p | Pein | bilabial | labial | plosiv | stimmlos |
| b | Bein | bilabial | labial | plosiv | stimmhaft |
| t | Teer | alveolar | koronal | plosiv | stimmlos |

**Phonetische Grundlagen des Sprechens**

| IPA-Zeichen | Beispiel | Artikulationsort | Artikulator | Artikulationsart | Stimmhaftigkeit |
|---|---|---|---|---|---|
| d | der | alveolar | koronal | plosiv | stimmhaft |
| k | kalt | velar | dorsal | plosiv | stimmlos |
| g | galt | velar | dorsal | plosiv | stimmhaft |
| ʔ | alt | glottal | glottal | plosiv | stimmlos |
| m | mein | bilabial | labial | nasal | stimmhaft |
| n | nein | alveolar | koronal | nasal | stimmhaft |
| ŋ | bang | velar | dorsal | nasal | stimmhaft |
| r | Rad | alveolar | koronal | vibrant | stimmhaft |
| ʀ | Rad | uvular | dorsal | vibrant | stimmhaft |
| f | fahr | labiodental | labial | frikativ | stimmlos |
| v | war | labiodental | labial | frikativ | stimmhaft |
| s | reißen | alveolar | koronal | frikativ | stimmlos |
| z | reisen | alveolar | koronal | frikativ | stimmhaft |
| ʃ | schießen | postalveolar | koronal | frikativ | stimmlos |
| ʒ | genieren | postalveolar | koronal | frikativ | stimmhaft |
| ç | Bäche | palatal | dorsal | frikativ | stimmlos |
| j | Jahr | palatal | dorsal | frikativ | stimmhaft |
| x | Buch | velar | dorsal | frikativ | stimmlos |
| χ | Bach | uvular | dorsal | frikativ | stimmlos |
| ʁ | Rad | uvular | dorsal | frikativ | stimmhaft |
| h | Haar | glottal | glottal | frikativ | stimmlos |
| l | lang | alveolar | koronal | lateral | stimmhaft |

Tab. 3: Konsonanten des Deutschen

## 2.4 | Phonetische Transkription

**Ziele der phonetischen Transkription:** Wie in Teil II. deutlich werden wird, lässt sich unsere herkömmliche Schrift nicht als einfaches Abbild der Lautung auffassen. Nicht jedem Buchstaben lässt sich genau ein Laut zuordnen, und nicht jedem Laut genau ein Buchstabe. Phonetische Transkriptionssysteme haben jedoch genau diesen Anspruch: Jedes Schriftzeichen dient zur Bezeichnung eines einzelnen phonetischen Lautes.

Von phonetischen Transkriptionssystemen wird aber noch mehr erwartet als eine eindeutige Abbildung von Lauten durch Schriftzeichen. Zum einen gehört hierzu die Sprachunabhängigkeit. Man möchte gleich klingende Laute in ganz verschiedenen Sprachen auch mit den gleichen Schriftzeichen bezeichnen. Zum anderen gehört hierzu die Möglichkeit,

## Phonologie

**Phonetische Transkription**

auch feine Nuancen der Aussprache zu kennzeichnen, die für die Unterscheidung von Wortformen nicht relevant sein mögen, aber als solche wahrgenommen werden und es erlauben, Äußerungen verschiedenen Sprechern, verschiedenen Varietäten einer Sprache oder verschiedenen Sprechstilen zuzuordnen.

**IPA-Transkription:** Das bekannteste phonetische Transkriptionssystem ist das **Internationale Phonetische Alphabet (IPA)**, das bereits in den vorangegangenen Abschnitten angewendet wurde. Das IPA strebt eine eindeutige Beziehung zwischen Lauten und Lautsymbolen an, die aus einem einfachen Buchstaben bestehen und durch ein weiteres diakritisches Zeichen wie das nachgestellte [ʰ] für das Merkmal +aspiriert ergänzt werden können.

---

**Eindeutigkeit der phonetischen Transkription** — *Beispiel*

Die eindeutige Beziehung zwischen Schriftzeichen und Lauten lässt sich anhand der Transkription von *schrieb* verdeutlichen. *schrieb* sprechen wir als Folge von vier Lauten aus. Jedem dieser Laute entspricht ein IPA-Zeichen (im Falle des Vokals mit Längenzeichen), nämlich [ʃ], [ʁ], [iː] und [p]. Diese 1-zu-1-Beziehung gilt hingegen nicht für die normale Verschriftung. So entspricht dem postalveolaren stimmlosen Frikativ [ʃ] die Buchstabenfolge *sch* und dem Vokal [i], dessen relative Dauer durch den Doppelpunkt angezeigt wird, die Buchstabenfolge *ie*.

Das Beispiel zeigt ferner, dass das IPA imstande ist, Lautnuancen zu kennzeichnen, die für die Wortbedeutung nicht relevant sind. Dazu gehört die Aussprache von *r*, das in der gegebenen Position als Vibrant ([r, ʀ]) ausgesprochen werden kann oder als Frikativ [ʁ]. Ferner zeigt die Transkription [p] an, dass der auslautende Plosiv stimmlos ausgesprochen wird.

---

**Weitere und engere Transkription:** Phonetische Laute können mehr oder weniger präzise charakterisiert werden. Für sprachwissenschaftliche Zwecke wird man sich normalerweise auf solche artikulatorischen Merkmale beschränken, deren Einfluss auf das Schallsignal auch wahrnehmbar ist. Zumindest wird man diejenigen Merkmale erfassen, die auch für die phonologische Beschreibung relevant sind. Dabei gibt die Transkription nach IPA mit den Alphabetzeichen bereits ein Minimum vor. In jedem Falle werden also z. B. bei den Konsonanten Artikulationsort, Artikulationsart und Stimmhaftigkeit erfasst.

Generell unterscheidet man zwischen einer weiteren und einer engeren phonetischen Transkription. Bei der **weiteren Transkription** werden in der Regel nur lautliche Unterschiede berücksichtigt, die auch phonologisch relevant sind. Bei der **engeren Transkription** können gerade noch hörbare Unterschiede berücksichtigt werden, die von Interesse sind. Hierzu werden je nach Bedarf zusätzliche Grundzeichen des IPA und zusätzli-

**Phonetische Grundlagen des Sprechens**

che diakritische Zeichen verwendet, die die Bedeutung einzelner Grundzeichen einschränken.

Die **diakritischen Zeichen** des IPA sind Zeichen, die nicht selbständig auftreten und zur Unterscheidung zwischen Lautvarianten verwendet werden, die in der Mehrzahl der Sprachen nicht unterschiedliche Phoneme realisieren. Die diakritischen Zeichen werden in der offiziellen IPA-Tafel separat erfasst. In der folgenden Tafel sind einige für die Transkription des Deutschen besonders nützliche diakritische Zeichen aufgeführt.

**Nützliche diakritische Zeichen**

[ʰ] zur Bezeichnung von Aspiration (Behauchung), z. B. [pʰɛpʰ] für *Pep*.
[˺] zur Bezeichnung des Fehlens eines hörbaren Öffnungsgeräuschs, z. B. [ʃʁaɪp˺papiːɐ] für *Schreibpapier*.
[̥] zur Bezeichnung von Stimmlosigkeit, z. B. [das z̥alts] für *das Salz*.
[˜] zur Bezeichnung von Nasalierung, z. B. [paʁfœ̃] für *Parfum*.
[̩] zur Bezeichnung von Konsonanten, die den Silbengipfel bilden, z. B. [n̩] in [leːsn̩] für *les(e)n*.

Hinzu kommen als wichtige ›suprasegmentale‹ Zeichen:
['] (vorangestellt) zur Bezeichnung einer Silbe, die hauptbetont ist (eine Silbe mit *primary stress*).
[ˌ] (vorangestellt) zur Bezeichnung einer Silbe, die nebenbetont ist (eine Silbe mit *secondary stress*).
[ː] (nachgestellt) zur Bezeichnung von Länge.

Im Folgenden werden mit ['] und [ˌ] auch Silben markiert, die einen primären oder sekundären Wortakzent tragen (zum Begriff s. Kap. I.5.1).

**Zur Vertiefung**

**Alternative und erweiterte Transkriptionssysteme**

Besonders präzise phonetische Transkriptionen sind für die dialektologische Forschung von Interesse. Das in der älteren Dialektologie entwickelte Transkriptionssystem **Teuthonista** (Teuchert 1924/25) lässt noch feinere Transkriptionen als das IPA zu, konnte sich in der Allgemeinen Phonetik allerdings nicht durchsetzen. Daneben gibt es andere Anwendungsgebiete, die eine Erweiterung des IPA erfordern, um ungewöhnliche Artikulationsweisen zu erfassen. Zu diesen Gebieten gehört die Diagnostik von Sprechstörungen. Die *International Clinical Phonetics & Linguistics Association* (ICPLA) hat hierzu eine ergänzende Tafel von Transkriptionszeichen herausgegeben, die *Symbols for Disordered Speech*, die in Anhang 3 des *Handbook of the Phonetic Association* (1999) abgedruckt ist. Diese IPA-Erweiterung erlaubt z. B. die Erfassung ungewöhnlicher Realisierungsweisen von Plosiven durch die Berücksichtigung zusätzlicher Artikulationsorte. Während die klassische IPA-Tafel im vorderen Bereich nur zwischen bilabialen und alveolaren Plosiven unterscheidet ([p, b, t, d]), erlaubt die IPA-Erweiterung auch die Transkription labiodentaler, dentolabialer, labioalveolarer, linguolabialer und interdentaler Plosive.

# Phonologie

**Aufgaben**

## Weiterführende Literatur

Gute Einführungen in die Phonetik des Deutschen sind Kohler (1995) und Eisenberg (2013, Kap. 2). Empfehlenswerte Einführungen in die Allgemeine Phonetik sind Laver (1994), Catford (2001), Reetz (2003), Pompino-Marschall (2009), Ladefoged/Johnson (2011), Johnson (2012). Interessante Informationen zur phonetischen Transkription bietet das *Handbook of the Phonetic Association* (1999). Die Webseite der *International Phonetic Association* (http://www.langsci.ucl.ac.uk/ipa/) stellt weiteres Material zur IPA-Transkription zur Verfügung sowie den Zugang zu phonetischen Zeichensätzen.

## Aufgaben

1. Transkribieren Sie folgende Einsilber nach IPA.
   - (a) Tal
   - (b) Fall
   - (c) viel
   - (d) faul
   - (e) Dolch
   - (f) dich
   - (g) doch
   - (h) Tuch
   - (i) Ring
   - (j) hart
   - (k) stur
   - (l) fährst

2. Transkribieren Sie folgende Mehrsilber nach IPA.
   - (a) Flöte
   - (b) Posaune
   - (c) Klavier
   - (d) Klarinette
   - (e) Gitarre
   - (f) Saxofon
   - (g) Triangel
   - (h) Balalaika

3. Klassifizieren Sie die Vokale folgender Wortformen in Ihrer eigenen Aussprache nach Geschlossenheit, Zungenlage (vorn – hinten) und Gerundetheit unter Zuhilfenahme des IPA-Vokalvierecks. Klassifizieren Sie die Vokale ferner nach Gespanntheit und Dauer.
   - (a) B<u>ee</u>t
   - (b) sp<u>ä</u>t
   - (c) F<u>e</u>lle
   - (d) F<u>ä</u>lle
   - (e) <u>i</u>m
   - (f) <u>ih</u>m
   - (g) B<u>i</u>tte
   - (h) Sp<u>ie</u>l
   - (i) B<u>ü</u>chse
   - (j) B<u>ü</u>cher
   - (k) T<u>y</u>p
   - (l) B<u>u</u>dget

4. Geben Sie Artikulationsort, Artikulator, Artikulationsart und Stimmhaftigkeit für die Konsonanten folgender Wortformen an:
   - (a) Bad
   - (b) Gang
   - (c) Höhe
   - (d) Würze
   - (e) Sklave
   - (f) Lachs
   - (g) Axt
   - (h) struppig

5. Finden Sie Wortformen des Deutschen, die Konsonanten im Anlaut, Inlaut oder Auslaut mit folgenden Artikulationsorten enthalten:
   bilabial – labiodental – alveolar – postalveolar – palatal – velar – uvular

   Beispiel: bilabial: <u>p</u>aar – e<u>b</u>en – a<u>m</u>.

6. Finden Sie Wortformen des Deutschen, die Konsonanten im Anlaut, Inlaut oder Auslaut mit folgenden Artikulationsarten enthalten:
   plosiv – frikativ – nasal – lateral

# 3. Phonologische Laute

3.1 Grundlagen
3.2 Vokale
3.3 Konsonanten
3.4 Phonologische Prozesse

## 3.1 | Grundlagen

Bei der phonetischen Transkription zerlegen wir gesprochene Wortformen in Folgen phonetischer Laute. Durch eine weitere oder engere Transkription können wir dabei unterschiedlich viele Details der Aussprache wiedergeben. Wir können z. B. festhalten, ob das *r* in *rau* als Frikativ ([ʁ]) oder als Vibrant realisiert wurde, und ob im letzteren Falle der Vibrant alveolar ([r]) oder uvular ([ʀ]) produziert wurde.

Beim Gebrauch unserer herkömmlichen Schrift sehen wir von solchen Varianten ab. Wir schreiben *rau* mit dem Buchstaben *r*, unabhängig davon, ob der so verschriftete Laut als [ʁ], [ʀ] oder [r] realisiert wurde. Umgekehrt denken wir beim lauten Lesen einer Buchstabenfolge wie *rau* gewöhnlich nicht weiter darüber nach, wie wir die einzelnen Laute aussprechen sollen. Wir sprechen das Wort so aus, wie wir das in unserer Aussprache gewöhnlich tun, und wir akzeptieren es, wenn *rau* von manchen Sprechern als [ʁaʊ] gelesen wird und von anderen als [ʀaʊ] oder [rau]. Für uns bleibt es das gleiche Wort mit der gleichen Bedeutung.

Ein anderes Beispiel sind die Wortformen *ich* und *ach*. *ich* sprechen wir mit dem palatalen Frikativ [ç] aus, *ach* mit einem velaren oder uvularen Frikativ [x] oder [χ]. Bei einer phonetischen Transkription werden wir zwischen diesen Lauten unterscheiden. Bei der normalen Schreibung geben wie diese Laute einheitlich durch die Buchstabenfolge *ch* wieder. Sie bilden für uns Varianten desselben Lautes.

Wie beim Gebrauch der gewöhnlichen Schrift richten wir unseren Blick auch bei der phonologischen Analyse primär auf Laute, die zur Unterscheidung von Wörtern oder Wortformen dienen, und nicht auf die phonetischen Realisierungen solcher Laute. Die Laute im ersten Sinne werden in der Phonologie als **Phoneme** oder **phonologische Laute** bezeichnet. Die Laute, mit denen die phonologischen Laute realisiert werden, heißen **Phone** oder **phonetische Laute**.

# Phonologie

## Grundlagen

**Was ist ein Phonem?**

> → **Phoneme** sind die kleinsten distinktiven Einheiten der gesprochenen Sprache. Sie werden auch als → **phonologische Laute** bezeichnet. Phoneme werden zwischen Schrägstrichen (/… /) notiert.

**Zum Begriff**

Die Lautgestalt von Wörtern kann somit auf zweierlei Weise wiedergegeben werden: als Folge *phonetischer* Laute und als Folge *phonologischer* Laute. Äußerlich können sich beide Notationen ähneln. Zum Beispiel transkribieren wir die Form *was* phonetisch als [vas] und phonologisch als /vas/. Die Ausdrücke /v/, /a/ und /s/ als Namen für entsprechende phonologische Laute bedeuten aber nicht dasselbe wie die Ausdrücke [v], [a] und [s] als Namen für phonetische Laute. Später werden wir noch genauer betrachten, worin dieser Unterschied besteht.

**Distinktivität:** Phoneme sind ›distinktiv‹ insofern, als mit ihrer Hilfe zwischen Realisierungen größerer sprachlicher Einheiten wie Morphemen oder Wortformen unterschieden wird, die Träger von Bedeutungen sind. Phoneme sind somit Laute, die der Unterscheidung von Wortformen dienen. So dient z. B. die Wahl des Nasals /n/ anstelle des Frikativs /v/ im Wortanlaut der Unterscheidung zwischen *Vase* und *Nase*.

Phoneme werden traditionell als kleinste ›bedeutungsunterscheidende‹ Einheiten bezeichnet. Dabei ist allerdings zweierlei zu beachten. Zum einen ist ›bedeutungsunterscheidend‹ nicht in dem engen Sinne zu verstehen, dass Phoneme stets zwischen **lexikalischen Bedeutungen** unterscheiden, wie im Falle von *Vase* und *Nase*. Phoneme können auch zur Differenzierung zwischen zwei grammatischen Formen eines Wortes dienen. So wird mit dem Wechsel des Vokals in *fahren* und *fuhren* lediglich die **grammatische Bedeutung** verändert (Präsens vs. Präteritum), während die lexikalische Bedeutung (›fahren‹) konstant bleibt.

Zum anderen ist zu beachten, dass die bedeutungsunterscheidende Funktion eines Phonems nur eine Folge davon ist, dass die unterschiedenen sprachlichen Formen in der Regel auch unterschiedliche Bedeutungen tragen. Dieser Umstand ist zumindest dann von Bedeutung, wenn wir davon ausgehen, dass es in einer Sprache strikte Synonyme gibt, d. h. unterschiedliche Wörter mit genau der gleichen Bedeutung. Angenommen, *Apfelsine* und *Orange* hätten für uns stets die gleiche Bedeutung. Dann diente die Wahl unterschiedlicher Lautfolgen in diesem Fall der Unterscheidung zwischen zwei Wörtern des Deutschen, die zwar eine unterschiedliche Form haben, aber die gleiche Bedeutung aufweisen. Distinktiv wären die gewählten Lautfolgen in diesem Fall also nur bezüglich der Form der Wörter, nicht bezüglich ihrer Bedeutung.

**Identifizierung von Phonemen:** Ein klassisches Verfahren zur Identifizierung der Phoneme einer Sprache ist die **Minimalpaaranalyse**. Als **Minimalpaar** gelten zwei Wortformen einer Sprache, die sich nur bezüglich *eines* Lautes unterscheiden. In der folgenden Tabelle unterscheiden sich

## 1.3.1 Phonologie

**Phonologische Laute**

*wann* und *dann* nur bezüglich des anlautenden Konsonanten, *wann* und *wenn* nur bezüglich des Vokals, *wann* und *was* nur bezüglich des auslautenden Konsonanten.

**Minimalpaaranalyse**

|  |  |  | Beleg für |  |
|---|---|---|---|---|
| wann | dann | [van] | [**d**an] | → | /v/ – /d/ |
| wann | wenn | [v**a**n] | [v**ɛ**n] | → | /a/ – /ɛ/ |
| wann | was | [va**n**] | [va**s**] | → | /n/ – /s/ |

Laute, deren Austausch zu unterschiedlichen Wortformen des Deutschen führt, sind in dem von uns geforderten Sinne distinktiv. Wir können sie deshalb als Phoneme des Deutschen ansetzen.

**Zur Vertiefung**

**Opposition vs. Kontrast**

Wenn eine Wortform durch Austausch eines Lautes in eine andere Wortform überführt werden kann wie *wann* in *wenn* durch Ersetzung von /a/ durch /e/, spricht man davon, dass die beiden Phoneme in **Opposition** zueinander stehen. Phoneme unterscheiden sich aber nicht nur von solchen Phonemen, die an ihrer Stelle stehen können, sondern auch von unmittelbar benachbarten Phonemen. So unterscheidet sich /a/ in *wann* nicht nur von /e/ in *wenn*, sondern auch von /v/ und /n/, die vor bzw. nach /a/ auftreten. Während /a/ in *wann* mit /e/ in *wenn* in Opposition steht, steht /a/ mit seinen Nachbarlauten in **Kontrast**. Generell werden Austauschbeziehungen wie die Oppositionsbeziehung zwischen zwei Lauten als **paradigmatische Relationen** bezeichnet und Nachbarschaftsbeziehungen wie der Kontrast zwischen zwei Lauten als **syntagmatische Relationen**. Die Unterscheidung zwischen Opposition und Kontrast geht auf den **Prager Strukturalismus** (Trubetzkoy, Jakobson) zurück. In vielen neueren Darstellungen wird für beide Relationen der Begriff ›Kontrast‹ verwendet.

### Phonetische und phonologische Laute

**Abstraktheit von Lauten:** Den **Phonemen** als Gegenstand der segmentalen Phonologie werden gewöhnlich **Phone** als Gegenstand der Phonetik gegenübergestellt. Dabei findet man bisweilen die Aussage, Phoneme seien ›abstrakte‹ Einheiten, während Phone ›konkret‹ seien und sich auf die ›phonetische Substanz‹ bezögen. Wenn wir Laute als Mengen von Merkmalen bestimmen, wie wir das bereits in Kapitel I.2 getan haben, ist eine solche Aussage jedoch irreführend. Sowohl Phone als auch Phoneme sind Laute und damit abstrakte Einheiten. Zur Verdeutlichung dieses Sachverhalts sprechen wir im Folgenden meist nicht von Phonen und Phonemen, sondern von **phonetischen Lauten** und **phonologischen Lauten**. Phonetische und phonologische Laute lassen sich jeweils als Merkmalsmengen auffassen, etwa von artikulatorischen Merkmalen wie [±plosiv], [±labial] usw. Wie aber unterscheiden sich dann phonologische von phonetischen Lauten?

**Phonologischer Gehalt:** Dieser Unterschied lässt sich unter Rückgriff auf den von Trubetzkoy (1939/1989: 59) verwendeten Begriff des phonologischen Gehalts erfassen. Unter dem phonologischen Gehalt eines Phonems versteht Trubetzkoy »den Inbegriff aller phonologisch relevanten Eigenschaften eines Phonems, d. i. jener Eigenschaften, die allen Varianten dieses Phonems gemeinsam sind und es von allen anderen, vor allem von den nächstverwandten Phonemen derselben Sprache unterscheiden«. Der phonologische Gehalt eines Phonems oder phonologischen Lautes umfasst somit genau die Menge der **distinktiven Merkmale** eines Phonems. Laute mit Phonemstatus sind distinktiv aufgrund der distinktiven Merkmale ihres Gehalts.

**Phonetischer vs. phonologischer Gehalt:** Wir wollen den Begriff des Gehalts nun dazu verwenden, um den Unterschied zwischen phonetischen und phonologischen Lauten weiter zu verdeutlichen. Zu diesem Zweck bezeichnen wir die Merkmalsmengen, mittels derer wir einen beliebigen Laut definieren, als den **Gehalt** dieses Lautes. Zwei Arten des Gehalts lassen sich unterscheiden:

> Der → **phonetische Gehalt** eines Lautes umfasst diejenigen seiner Merkmale, die ihn von mindestens einem anderen phonetischen Laut der gegebenen Sprache (oder beliebiger Sprachen) unterscheidet.
>
> Der → **phonologische Gehalt** eines Lautes umfasst die in der betreffenden Sprache distinktiven Merkmale dieses Lautes.

**Zum Begriff**

Der phonologische Gehalt umfasst alle Merkmale des phonetischen Gehalts oder nur einige davon. Der phonologische Gehalt eines Lautes bildet somit eine unechte oder echte Teilmenge seines phonetischen Gehalts. Während aber der phonologische Gehalt aufgrund des Kriteriums der Distinktivität seiner Merkmale in der Regel genau bestimmbar ist, hängt die Bestimmung des phonetischen Gehalts eines Lautes von der Untersuchungsperspektive ab. So wie man gesprochene Wortformen unterschiedlich eng phonetisch transkribieren kann (s. Kap. I.2.4), kann man auch für die Bestimmung des phonetischen Gehalts unterschiedliche Maßstäbe anlegen. Zum phonetischen Gehalt kann man wie hier geschehen alle Merkmale zählen, die zur Abgrenzung von phonetischen Lauten der gleichen Sprache oder beliebiger Sprachen erforderlich sind. Man könnte hierzu aber auch alle Merkmale zählen, die überhaupt wahrnehmbar oder messbar sind. Trotz dieser Unbestimmtheit des Konzepts des phonetischen Gehalts erweist sich die Differenzierung zwischen dem phonetischen und dem phonologischen Gehalt eines Lautes doch als nützlich, um

## I.3.1 Phonologie

**Phonologische Laute**

zwischen phonetischen und phonologischen Lauten und damit zwischen Phonen und Phonemen zu unterscheiden:

**Zum Begriff**

> Ein → **phonetischer Laut (ein Phon)** ist ein Laut, der vollständig durch seinen phonetischen Gehalt bestimmt ist.
> Ein → **phonologischer Laut (ein Phonem)** ist ein Laut, der vollständig durch seinen phonologischen Gehalt bestimmt ist.

Diese begrifflichen Bestimmungen machen deutlich, dass wir auf zwei unterschiedliche Merkmalsmengen Bezug nehmen können, wenn wir von Lauten sprechen: im Falle phonetischer Laute auf Mengen, die distinktive und nicht-distinktive Merkmale umfassen, und im Falle phonologischer Laute auf Mengen, die nur distinktive Merkmale umfassen.

**Beispielanalyse**

**Unterscheidung zwischen phonetischen und phonologischen Lauten**

Im Deutschen findet man mindestens zwei Realisierungen von /p/, nämlich [p] und [$p^h$]. Im letzteren Fall geht die Verschlussöffnung von [p] mit Aspiration einher. Alle drei Laute, [p], [$p^h$] und /p/ lassen sich nun aufgrund ihres Gehalts unterscheiden. Angenommen, wir definieren /p/ unter Bezug auf die Merkmale [±bilabial], [±plosiv] und [±stimmhaft], nicht aber unter Bezug auf das Merkmal [±aspiriert], da es im Deutschen nicht für die Unterscheidung zwischen Wortformen relevant ist, dann erhalten wir folgende Spezifikationen für den Gehalt der drei Laute:

[p]   [+bilabial, +plosiv, -stimmhaft, -aspiriert]
[$p^h$]  [+bilabial, +plosiv, -stimmhaft, +aspiriert]
/p/   [+bilabial, +plosiv, -stimmhaft]

In unserer Darstellung sind Phone ebenso wie Phoneme abstrakte Einheiten. Sie werden beide über ihren Gehalt definiert, der als Menge von Merkmalen aufgefasst wird. Wenn wir entsprechend von phonetischen und phonologischen Lauten sprechen, verwenden wir den gleichen abstrakten Lautbegriff. Und doch kann ein phonologischer Laut abstrakter sein als ein phonetischer Laut. Das ist der Fall, wenn der Gehalt eines phonetischen Lautes auch nicht-distinktive Merkmale aufweist wie bei [p] und [$p^h$]. /p/ ist abstrakter als [p] und [$p^h$], weil für die Definition von /p/ von mehr phonetischen Merkmalen abgesehen und somit ›abstrahiert‹ wird als für die Definition von [p] und [$p^h$].

### Phoneme und Phonemnamen

Es ist wichtig, zwischen dem Phonem, das durch seinen phonemischen Gehalt bestimmt ist, und dem Namen eines Phonems zu unterscheiden. Wenn wir sagen, dass zwei Sprachen das Phonem /p/ haben, ist damit keineswegs gesagt, dass sie das ›gleiche‹ Phonem aufweisen. Die jeweiligen Phoneme können sich immer noch in ihrem phonologischen Gehalt unterscheiden. Im Standarddeutschen umfasst der phonologische Gehalt von /p/ nicht das Merkmal [±aspiriert], da im Deutschen [p] nicht in Opposition zu [pʰ] steht. Im Koreanischen hingegen gehört das Merkmal [±aspiriert] zu den distinktiven Merkmalen von /p/, da hier /p/ in Opposition zu /pʰ/ steht (/pal/ *saugen* vs. /pʰal/ *Arm*) (Lee 1999). Wenn wir sagen, dass das Deutsche und das Koreanische das Phonem /p/ aufweisen, so benutzen wir zwar den gleichen Namen für das jeweilige Phonem, beziehen uns damit aber auf unterschiedliche Phoneme, denn /p/ im Koreanischen und /p/ im Deutschen weisen einen unterschiedlichen Gehalt auf. Dieses Beispiel zeigt, dass wir beim Vergleich von Phonemen verschiedener Varietäten immer die Gesamtsysteme betrachten müssen, denn erst aufgrund des Gesamtsystems lässt sich zuverlässig der Gehalt eines einzelnen Phonems bestimmen.

## Allophone

Phonetische Laute, die den gleichen phonologischen Laut realisieren, heißen → **Allophone** dieses Lautes.

**Freie und komplementäre Verteilung:** Allophone können frei variieren oder komplementär verteilt sein. **Freie Variation** liegt vor, wenn ein Phonem im gleichen Kontext durch unterschiedliche phonetische Laute realisiert werden kann.

### Variation von /ʀ/

Freie Variation liegt im Deutschen bei der Realisierung von /ʀ/ vor. In prävokalischer Stellung (d. h. vor einem Vokal) wird /ʀ/ als Vibrant (›gerolltes r‹) realisiert oder als uvularer stimmhafter Frikativ, d. h. als [ʁ] (›geriebenes r‹). Der Vibrant kann ferner alveolar, als ›Zungenspitzen-r‹ [r] realisiert werden oder uvular, als ›Zäpfchen-r‹ [ʀ]. Für *rot* erhalten wir somit mindestens drei Aussprachevarianten: [ʁot], [rot] und [ʀot]. Das ›vokalisierte r‹ [ɐ] ist demgegenüber eine Realisierungsvariante von postvokalischem /ʀ/ (s. hierzu Kap. I.3.2.3).

## I.3.1 Phonologie

**Phonologische Laute**

Wenn von freier Variation gesprochen wird, ist zu überlegen, ob man sich auf Varietäten einzelner Sprecher oder von Gruppen von Sprechern, etwa aus einer bestimmten Region oder einer bestimmten sozialen Gruppe, bezieht. Im Falle von /ʀ/ variiert [ʀ] mit [ʁ] häufig bei einzelnen Sprechern. d. h. manche Sprecher, die [ʀ] benutzen, benutzen in gleicher Position auch die geriebene Variante [ʁ]. Weniger klar ist, ob [ʀ] und [r] bei einzelnen Sprechern frei variieren, oder ob sie nur zwischen unterschiedlichen Sprechern variieren.

Der Gebrauch freier Varianten eines Lautes kann durchaus informativ sein. Er kann z. B. Information über einen Sprechstil oder eine Gruppenzugehörigkeit liefern. Ferner kann die Aussprache auch bei einzelnen Sprechern abhängig von der Sprechsituation variieren.

Eine **komplementäre Verteilung** liegt vor, wenn ein Phonem je nach Kontext durch verschiedene phonetische Laute realisiert wird. Der wohl bekannteste Fall komplementär verteilter Allophone im Deutschen ist die Variation zwischen den sog. *Ich*- und *Ach*-Lauten, wobei nach vorderen Vokalen (i ɪ y ʏ e ɛ ø œ) der palatale Frikativ [ç] auftritt, nach den übrigen Vollvokalen der velare oder uvulare Frikativ [x] bzw. [χ] (für weitere Auftretensbedingungen s. Kap. I.3.3).

Allophone, die in freier Variation auftreten, werden auch als **fakultative Varianten** bezeichnet, solche, die komplementär verteilt sind, als **kombinatorische Varianten**.

**Zur Vertiefung**

### Eingeschränkte Variation

Nicht immer lassen sich die Allophone eines phonologischen Lauts uneingeschränkt als fakultative oder kombinatorische Varianten klassifizieren. Betrachten wir hierzu nochmals die Allophone [p] und [pʰ] von /p/. Tritt /p/ als einziger Konsonant vor dem Vokal einer betonten Silbe auf wie in *Pudel*, steht [p] in freier Variation mit [pʰ]. Geht allerdings dem [p] ein Frikativ voraus oder folgt ein Sonorant nach, unterbleibt in der Regel die Aspiration.

| [pʰ]aaren | [pʰ]aste | [pʰ]udel |
| s[p]aren | [p]laste | S[p]rudel |

Das Auftreten von [pʰ] ist demnach nicht völlig frei, auch nicht im vorderen Silbenrand. Es hängt von der konsonantischen Umgebung ab. Man kann solchen Fällen gerecht werden, indem man von freier Variation zweier Allophone spricht, die auf bestimmte Positionen in der Silbe oder im Wort eingeschränkt ist.

**Allophone und phonetische Ähnlichkeit:** Die Bedeutung der allophonischen Variation zeigt sich bei der Phonembestimmung. Es scheint sinnvoll zu sein anzunehmen, dass der Gehalt eines phonologischen Lautes im Normalfall nur Merkmale umfasst, die auch im phonetischen Gehalt seiner Realisierungsvarianten enthalten sind. Die Allophone eines phonologischen Lautes weisen somit im Regelfall immer eine minimale **phonetische Ähnlichkeit** auf, die auf der Übereinstimmung der distinktiven Merkmale beruht, wie das z. B. bei den Allophonen [p] und [pʰ] der Fall ist. Würde man phonetische Laute allein nach ihrer Distribution, d. h. ihrem Stellungsverhalten, als allophonische Varianten eines phonologischen Lautes klassifizieren, könnte man zu der Ansicht gelangen, dass der glottale Frikativ [h], der nur *vor* einem Vokal auftritt, und der velare Nasal [ŋ], der nur *nach* einem Vokal auftritt, Allophone des gleichen phonologischen Lautes bilden, da sie offensichtlich komplementär verteilt sind. [h] und [ŋ] sind aber einander nicht ähnlich genug. Sie weisen zu wenige gemeinsame Merkmale auf, die man für die Konsonanten des Deutschen als distinktiv ansehen möchte.

## 3.2 | Vokale

### 3.2.1 | Vokalklassen

Um das Vokalsystem des Deutschen zu bestimmen, ist zu klären, welche der in Kapitel I.2.3 für das Deutsche angesetzten phonetischen Laute zugleich als Phoneme fungieren, und welche nur allophonische Varianten eines Phonems bilden. Da zunächst nicht klar ist, ob Diphthonge als **monophonematisch** oder als **diphonematisch** zu werten sind, d. h. als einzelne Phoneme oder als Folgen zweier Phoneme, werden wir zunächst die Monophthonge betrachten, anschließend die Diphthonge.

**Vollvokale und Reduktionsvokale:** Für die phonologische Analyse der Vokale ist es sinnvoll, zwischen **Vollvokalen** und **Reduktionsvokalen** zu unterscheiden. Vollvokale treten in betonten und unbetonten Silben auf, Reduktionsvokale nur in unbetonten Silben.

Als Reduktionsvokale des Deutschen können [ə] und [ɐ] gelten, denn diese Vokale treten normalerweise nicht in betonten Silben auf. Besonders häufig treten sie in den Endsilben nativer zweisilbiger Wörter des Deutschen auf, [ə] z. B. in *Lehre* und *lehren*, [ɐ] in *Lehrer*.

Für die phonetischen Vokale, die in Kapitel I.2.3.1 für den Kernwortschatz des Deutschen angesetzt wurden, ergibt sich folgende Einteilung:

| | |
|---|---|
| **Vollvokale:** | [iː], [ɪ], [eː], [ɛː], [ɛ], [yː], [ʏ], [øː], [œ], [aː], [a], [uː], [ʊ], [oː], [ɔ] |
| **Reduktionsvokale:** | [ə], [ɐ] |

Die Diphthonge [aɪ], [ɔɪ], [aʊ] können als Verbindungen aus zwei Vollvokalen gelten, die Diphthonge, die [ɐ] als Diphthongbestandteil enthalten (*wir, wirr, Heer, Herr* usw.), als Verbindungen aus Vollvokal und Reduktionsvokal.

### 3.2.2 | Vollvokale

**Monophthonge**

Abbildung 1 zeigt 15 monophthongische Vollvokale, die sich mithilfe von Minimalpaaren als Phoneme des Deutschen identifizieren lassen. Es handelt sich um die gleichen Vollvokale, die bereits in Abbildung 10 in Kapitel I.2.3.1 erfasst wurden. Dabei berücksichtigen wir nur Vokale aus dem Kernwortschatz des Deutschen, sehen also z. B. von den nasalierten Vokalen in französischen Lehnwörtern ab (s. Kap. I.2.3.1; für weitere Vokale des peripheren Wortschatzes vgl. Eisenberg 2012, Kap. 4).

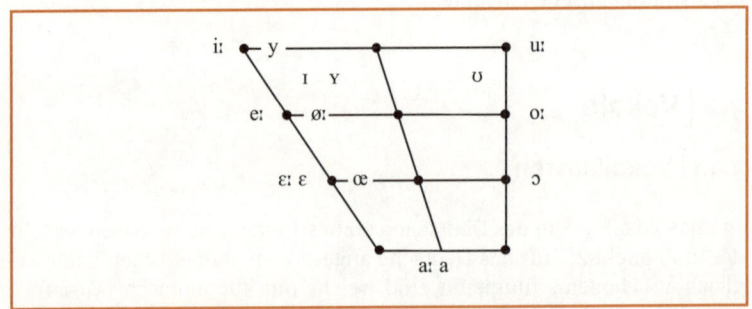

Abb. 1: Vollvokale des Deutschen mit Phonemqualität (Monophthonge)

**Distinktive Merkmalsdimensionen:** Die Kennzeichnung der in Abbildung 1 erfassten Vokale als Phoneme ist erst vollständig, wenn auch der phonemische Gehalt der entsprechenden Laute bestimmt ist, d. h. wenn die distinktiven Merkmale bestimmt sind, aufgrund derer sich die angesetzten Phoneme unterscheiden. Der Gehalt von Phonemen lässt sich nicht aus ihrer Notation gemäß IPA entnehmen. Die verwendeten IPA-Zeichen sind nur als Benennungen für potentielle Phoneme zu verstehen. Dabei verwenden wir zunächst eine sog. ›phonetisch-phonematische‹ Schreibweise (Kohler 1995: 140), die es erlaubt, auch solche phonetischen Merkmale mitzunotieren, die letztlich nicht als distinktive Merkmale angesehen werden sollen. Dies betrifft im vorliegenden Fall die Dauer, die durch das Längenzeichen bei /iː yː uː eː øː oː ɛː aː/ angezeigt wird.

Die Anordnung im Vokalviereck des IPA legt nahe, folgende artikulatorische Merkmalsdimensionen für die Bestimmung der distinktiven Merkmale heranzuziehen:
- **Zungenhöhe** (hoch – tief) bzw. **Öffnungsgrad** (geschlossen – offen)
- **Zungenlage** (vorn – hinten)
- **Gerundetheit** (gerundet – ungerundet)

Im Folgenden prüfen wir, wie weit sich der Gehalt der Vokalphoneme sinnvoll unter Bezug auf diese Merkmalsdimensionen bestimmen lässt.
**Zungenhöhe/Öffnungsgrad:** Tabelle 1 gibt Minimalpaare für solche Paare von Vokalen an, die sich nur bezüglich der Zungenhöhe unterscheiden. Dabei bleibt unberücksichtigt, dass sich der Vokalraum in der Dar-

stellung nach IPA mit zunehmender Zungenhöhe verbreitert und entsprechend bei den vorderen Vokalen mit zunehmender Geschlossenheit auch eine Lageänderung einhergeht.

| Phoneme | Minimalpaare |
|---|---|
| /iː/ /eː/ | biete – bete |
| /yː/ /øː/ | Grüße – Größe |
| /uː/ /oː/ | Rute – rote |
| /ɪ/ /ɛ/ | bitte – bette |
| /ʏ/ /œ/ | Hülle – Hölle |
| /ʊ/ /ɔ/ | Russe – Rosse |
| /eː/ /ɛː/ | lese – läse |

Tab. 1: Minimalpaare für Vollvokale des Deutschen, die sich nur aufgrund der Zungenhöhe bzw. dem Öffnungsgrad nach unterscheiden

/iː yː uː/ unterscheiden sich bzgl. der Zungenhöhe bzw. Geschlossenheit nicht nur von /eː øː oː/, sondern auch von /ɪ ʏ ʊ/. Allerdings unterscheiden sich /iː yː uː/ und /ɪ ʏ ʊ/ zusätzlich aufgrund der Zungenlage. /ɪ/ und /ʏ/ werden im Vergleich zu /iː/ und /yː/ weniger geschlossen und weniger weit vorn realisiert. /ʊ/ wird im Vergleich zu /uː/ weniger geschlossen und weniger weit hinten realisiert. Da /ɪ ʏ ʊ/ dem Zentrum des Vokalvierecks näher stehen als /iː yː uː/, gelten sie auch als stärker **zentralisierte** Vokale.

**Zungenlage:** Aufgrund der Zungenlage unterscheiden sich /yː/ – /uː/, /ʏ/ – /ʊ/, /øː/ – /oː/, und /œ/ – /ɔ/. Die ersten Vokale werden jeweils **vorn** produziert, d.h. mit vorverlagertem Zungenrücken, die zweiten **hinten**, d.h. mit zurückgezogenem Zungenrücken. /iː/ – /uː/, /ɪ/ – /ʊ/, /eː/ – /oː/ sowie /ɛ/ – /ɔ/ unterscheiden sich ebenfalls aufgrund der Zungenlage, aber nicht ausschließlich. Hier kommt die Merkmalsdimension der Gerundetheit hinzu. Tabelle 2 gibt Minimalpaare für diejenigen Paare von Vokalen an, die sich nur aufgrund der Zungenlage unterscheiden.

| Phoneme | Minimalpaare |
|---|---|
| /yː/ /uː/ | Brüder – Bruder |
| /ʏ/ /ʊ/ | wüsste – wusste |
| /øː/ /oː/ | löse – lose |
| /œ/ /ɔ/ | könnte – konnte |

Tab. 2: Minimalpaare für Vollvokale des Deutschen, die sich nur aufgrund der Zungenlage unterscheiden

Das IPA zeichnet zwei *a*-Laute als Kardinalvokale aus, ein vorderes [a] und ein hinteres [ɑ]. Für die phonemische Beschreibung der entsprechenden Vollvokale des Deutschen wird nur *ein* Vokalzeichen benötigt, da die horizontale Lage der Zunge in der Standardlautung phonemisch nicht relevant ist. Die Lage der Zunge variiert beim kurzen und langen *a*-Laut je nach lautlicher Umgebung. Bei Lautfolgen wie *da* /daː/ und *dann* /dan/ wird /a/ tatsächlich eher vorn realisiert, bei *Gas* /gaːs/ und *Gang* /gaŋ/ aber weiter hinten, worin sich der Einfluss des Artikulationsortes des vorangehenden Konsonanten (alveolar vs. velar) bemerkbar macht. Typische phonetische Realisierungen von *da* und *dann* wären entsprechend [daː] und [dan], typische Realisierungen von *Gas* und *Gang* hingegen [gɑːs], [gɑŋ]. Im Folgenden benutzen wir das Zeichen /a/ und kennzeichnen damit einen offenen a-Laut, der allophonische Varianten zwischen [a] und [ɑ] aufweist. Da aber /a/ auch in Formen wie *da* und *dann* nicht mit vorverlagertem Zungenrücken artikuliert wird wie die vorderen nicht-offenen Vokale, werden wir /a/ im Folgenden als nicht-vorn charakterisieren.

**Gerundetheit:** Tabelle 3 gibt Minimalpaare für solche Paare von Vokalen an, die sich nur bezüglich ihrer Gerundetheit unterscheiden. Das Merkmal der Gerundetheit ist in der Standardlautung nur bezüglich der vorderen Vokale distinktiv. Die hinteren Vokale sind alle gerundet.

| Phonem | Minimalpaare |
|---|---|
| /iː/ /yː/ | liege – lüge |
| /ɪ/ /ʏ/ | Gerichte – Gerüchte |
| /eː/ /øː/ | lese – löse |
| /ɛ/ /œ/ | kennen – können |

Tab. 3: Minimalpaare für Vollvokale des Deutschen, die sich nur aufgrund der Gerundetheit unterscheiden

**Gespanntheit:** Zusätzlich zu den für die Darstellung im IPA-Vokalviereck maßgeblichen Dimensionen werden die Vollvokale des Deutschen häufig aufgrund ihrer *Gespanntheit* (engl. *tenseness*) klassifiziert. So wird zwischen /iː eː yː øː uː oː/ als **gespannten Vokalen** des Deutschen und /ɪ, ɛ, ʏ, œ, ʊ, ɔ/ als **ungespannten Vokalen** unterschieden.

Gespanntheit lässt sich als artikulatorisches Merkmal von Vokalen auffassen, das mit der Muskelspannung in der Zunge und evtl. weiterer Artikulationsorgane korreliert. Gespannte Vokale werden nach dieser Auffassung mit größerer Muskelspannung produziert als ihre ungespannten Korrelate. Alternativ kann Gespanntheit als Maß der ›Zentrierung‹ aufgefasst werden. Ungespannte Vokale sind zentraler als ihre gespannten Korrelate. Dabei wird Zentrierung nicht als absolutes Merkmal verstanden, sondern relativ zu einem anderen Vokal. So ist /ɪ/ zentraler als /i/, /ʏ/

zentraler als /y/, usw. Artikulatorisch ist Zentriertheit in diesem Sinne auf die Zungenlage beziehbar. Umso weiter sich die Zunge aus ihrer Ruhelage, der Position des neutralen Schwa-Lautes, entfernt, desto weniger zentriert und desto gespannter ist der Vokal.

Im Deutschen geht Gespanntheit zumindest in betonten Silben mit einer längeren Vokaldauer einher. Dieser Unterschied wird durch die phonetisch-phonologische Notation aller gespannten Vokale mit Längenzeichen angedeutet. Auditiv werden Gespanntheitsunterschiede bei den betreffenden Vokalen als Unterschiede in der Vokalqualität *und* der Dauer wahrgenommen.

**Gespanntheitsunterschiede bei *e*- und *a*-Lauten:** Für die Unterscheidung zwischen /ɛː/ und /ɛ/ sowie /aː/ und /a/ erscheint der Bezug auf Gespanntheit zunächst problematisch, da sich diese Vokale zwar aufgrund ihrer Dauer unterscheiden, aber kein bedeutsamer Unterschied in der Vokalqualität wahrnehmbar ist. Das ungespannte /ɛ/ scheint /eː/ als gespanntem Vokal gegenüberzustehen, so wie das ungespannte /œ/ dem gespannten /øː/ gegenübersteht. /ɛː/ bleibt dann von der Paarbildung ausgeschlossen. Ferner scheint der Unterschied zwischen /aː/ und /a/ lediglich auf einer unterschiedlichen Dauer zu beruhen. Im Folgenden wird angenommen, dass die Vokalpaare /ɛː ɛ/ und /aː a/ gleichwohl an der Gespanntheitsrelation teilhaben. Dafür gibt es mindestens zwei Gründe.

1. Artikulatorisch dürfte auch zwischen /ɛː/ und /ɛ/ sowie zwischen /aː/ und /a/ zumindest ein geringer Gespanntheitsunterschied bestehen. Tatsächlich dürften /ɛ/ und /a/ unter sonst gleichen Bedingungen etwas zentraler realisiert werden als /ɛː/ und /aː/, da die Zunge weniger Zeit hat, eine extreme Position einzunehmen. Wenn in anderen Darstellungen /ɛː/ als ungespannter Vokal klassifiziert wird, dürfte das daran liegen, dass /ɛː/ mit /eː/ verglichen wird. /ɛː/ mag im Vergleich zu /eː/ tatsächlich ungespannter sein (z. B. *sähe* vs. *sehe*), im vorliegenden Kontext ist aber interessanter, dass /ɛː/ artikulatorisch gespannter ist als /ɛ/ (z. B. *Räte* vs. *rette*). Entsprechend ist auch /aː/ gespannter als /a/ (*Bahn* vs. *Bann*).

2. Auch wenn artikulatorisch kein Gespanntheitsunterschied im Sinne von Muskelspannung oder Zentriertheit vorliegen sollte, lässt sich die Einteilung aller Vollvokale in gespannte und ungespannte rechtfertigen, indem Gespanntheit als Merkmalsdimension aufgefasst wird, die bei den geschlossenen und mittleren Vokalen als Unterschied in der Zentralisierung und Dauer realisiert wird, bei den offenen Vokalen, zumindest aber bei /aː/ und /a/, allein aufgrund von Dauerunterschieden. Die Besonderheit der Vokalpaare /ɛː ɛ/ und /aː a/ besteht dann also darin, dass der Gespanntheitsunterschied nicht als Unterschied der Vokaldauer *und* der Vokalqualität wahrnehmbar ist wie bei /iː eː yː øː uː oː/ gegenüber /ɪ ɛ ʏ œ ʊ ɔ/, sondern nur als Unterschied der Vokaldauer.

Eine weitere Besonderheit von /ɛ:/ besteht darin, dass dieser Vokal als gespanntes Korrelat zu /ɛ/ mit /e:/ konkurriert, das ebenfalls ein gespanntes Korrelat zu /ɛ/ darstellt. Es ist interessant, dass die fehlende Symmetrie in diesem Teil des Vokalsystems von vielen norddeutschen Sprechern dadurch beseitigt ist, dass /ɛ:/ im Vokalsystem fehlt. Dies zeigt sich bei der Aussprache von Wörtern wie *Sägen*, das wie *Segen* ausgesprochen wird.

**Minimalpaare:** Tabelle 4 gibt Minimalpaare für solche Paare von Vokalen an, die sich nur bezüglich der Gespanntheit unterscheiden, womit jeweils ein Dauerunterschied und außer bei /ɛ: ɛ/ und /a: a/ aufgrund der Zentrierung auch ein Qualitätsunterschied verbunden ist.

| Phonem | Minimalpaar |
| --- | --- |
| /i:/ /ɪ/ | biete – bitte |
| /e:/ /ɛ/ | bete – bette |
| /ɛ:/ /ɛ/ | Täler – Teller |
| /a:/ /a/ | lasen – lassen |
| /u:/ /ʊ/ | spuke – spucke |
| /o:/ /ɔ/ | Ofen – offen |

Tab. 4: Vollvokale des Deutschen mit Minimalpaaren (Monophthonge)

**Silbenschnitt:** Mit der Gespanntheitsrelation gehen nicht nur Dauerunterschiede einher, sondern auch distributionelle Unterschiede, d.h. Unterschiede bezüglich des Vorkommens der Vokale in der Silbe und im Wort. Die gespannten Vokale können mit oder ohne folgenden Konsonanten in der gleichen Silbe auftreten, die ungespannten Vokale nur mit folgendem Konsonanten. So findet sich das gespannte /i:/ in *ihm* mit Folgekonsonanz, aber auch in *nie* ohne Folgekonsonanz, das ungespannte /ɪ/ hingegen nur mit Folgekonsonanz wie bei *in* oder *mich*. Diese Regularität wird traditionell auf zwei Arten des **Silbenschnitts** zurückgeführt: Gespannte Vokale treten bei **sanftem Silbenschnitt** auf, ungespannte bei **scharfem Silbenschnitt**. Das Konzept des Silbenschnitts eröffnet die Möglichkeit, die Unterscheidung zwischen /i: e: y: ø: u: o: ɛ: a:/ gegenüber /ɪ ɛ ʏ œ ʊ ɔ a/ nicht auf segmentale Merkmale zurückzuführen, sondern auf einen Unterschied in der Silbenstruktur (wir kommen darauf in Kap. I.4.3 zurück).

**Distinktive Merkmale:** Wenn der Öffnungsgrad, die Zungenlage, die Gerundetheit und die Gespanntheit als relevante artikulatorische Merkmalsdimensionen für die monophthongischen Vollvokale angesetzt werden, kann der phonologische Gehalt der einzelnen Vokale vorläufig wie in Tabelle 5 bestimmt werden. Dabei wird zunächst nur das ›norddeutsche‹ System betrachtet, in dem nicht zwischen /e:/ und /ɛ:/ unterschieden wird.

| | /iː/ | /yː/ | /uː/ | /ɪ/ | /ʏ/ | /ʊ/ | /eː/ | /øː/ | /oː/ | /ɛ/ | /œ/ | /ɔ/ | /aː/ | /a/ |
|---|---|---|---|---|---|---|---|---|---|---|---|---|---|---|
| ±vorn | + | + | − | + | + | − | + | + | − | + | + | − | − | − |
| ±geschlossen | + | + | + | + | + | + | − | − | − | − | − | − | − | − |
| ±gerundet | − | + | + | − | + | + | − | + | + | − | + | + | − | − |
| ±gespannt | + | + | + | − | − | − | + | + | + | − | − | − | + | − |

Tab. 5: Distinktive Merkmale der Vollvokale ›norddeutscher‹ Sprecher

In Tabelle 5 werden auf der Basis der vier Merkmalsdimensionen vier **binäre** Merkmale gewonnen, d. h. Merkmale mit jeweils zwei Merkmalsausprägungen: [±vorn], [±geschlossen], [±gerundet] und [±gespannt]. Diese Merkmale reichen aus, um alle Vokalphoneme voneinander im erwähnten norddeutschen System zu unterscheiden, in dem /ɛː/ fehlt. In der Standardlautung, in der zwischen /eː/ und /ɛː/ unterschieden wird, ist ein weiteres distinktives Merkmal erforderlich, denn /ɛː/ erhielte sonst die gleiche Merkmalsspezifikation wie /eː/. Mindestens zwei Möglichkeiten kommen infrage.

Zum einen könnte der Gespanntheitsunterschied zwischen /eː/ und /ɛː/, der geringer ist als der zwischen /e/ und /ɛ/, doch über das Merkmal [±gespannt] erfasst werden. Dann würden sowohl [ɛ] als auch [ɛː] als ungespannt gelten. Zur Unterscheidung zwischen /ɛ/ und /ɛː/ müsste dann allerdings doch die Dauer als eigene distinktive Merkmalsdimension eingeführt werden.

Zum anderen könnten drei statt zwei Öffnungsrade als distinktiv ausgezeichnet werden. Wir wählen hier die zweite Möglichkeit und fügen zu diesem Zweck dem Merkmal [±geschlossen] das Merkmal [±offen] hinzu. Geschlossene Vokale werden entsprechend durch [+geschlossen] und [-offen] gekennzeichnet, offene Vokale durch [-geschlossen] und [+offen], und halbgeschlossene Vokale durch [-geschlossen] und [-offen]. Die halb-offenen Vokale /ɛː/, /ɛ/, /œ/ und /ɔ/ können dann wie /aː/ und /a/ als [-geschlossen] und [+offen] gekennzeichnet werden. /ɛː/ unterscheidet sich dann von /eː/ durch das Merkmal [+offen], von /ɛ/ durch das Merkmal [+gespannt] (das sich wie bei den a-Lauten in einer unterschiedlichen Dauer manifestiert) und von /aː/ durch das Merkmal [+vorn]. Wir gelangen nun zur Darstellung in Tabelle 6.

| | /iː/ | /yː/ | /uː/ | /ɪ/ | /ʏ/ | /ʊ/ | /eː/ | /øː/ | /oː/ | /ɛː/ | /ɛ/ | /œ/ | /ɔ/ | /aː/ | /a/ |
|---|---|---|---|---|---|---|---|---|---|---|---|---|---|---|---|
| ±vorn | + | + | − | + | + | − | + | + | − | + | + | + | − | − | − |
| ±geschlossen | + | + | + | + | + | + | − | − | − | − | − | − | − | − | − |
| ±offen | − | − | − | − | − | − | − | − | − | + | + | + | + | + | + |
| ±gerundet | − | + | + | − | + | + | − | + | + | − | − | + | + | − | − |
| ±gespannt | + | + | + | − | − | − | + | + | + | + | − | − | − | + | − |

Tab. 6: Distinktive Merkmale der Vollvokale des Standarddeutschen

**Phonologische Laute**

In den Tabellen 5 und 6 werden nur solche distinktiven Merkmale aufgelistet, die erforderlich sind, um die Vokale untereinander abzugrenzen. Um sie von den Konsonanten abzugrenzen, ist ein zusätzliches Merkmal vom Typ [±konsonantisch] erforderlich. Auf die Abgrenzung von den Reduktionsvokalen kommen wir in Kapitel I.3.2.3 zurück.

**Notation der Vokalphoneme:** Wird der phonemische Gehalt der monophthongischen Vollvokale unter Bezug auf diese Merkmale bestimmt, könnte die bisher verwendete phonetisch-phonematische Notation durch eine einfache phonemische ersetzt werden, bei der aus ökonomischen Gründen die Dauer nur dort notiert wird, wo sie als einziges Merkmal den Gespanntheitsunterschied aufrechterhält. So könnten /iː yː uː ɪ ʏ ʊ eː øː oː ɛː ɛ œ ɔ aː a/ auch als /i y u ɪ ʏ ʊ e ø o ɛː ɛ œ ɔ aː a/ notiert werden. Zur Erleichterung des Verständnisses werden wir im Folgenden dennoch die phonetisch-phonematische Notation beibehalten.

**Dauer als distinktives Merkmal:** Wenn die Vokale /ɛː/ und /aː/ zu den gespannten gezählt werden und die Vokale /ɛ/ und /a/ zu den ungespannten, dann unterscheiden sich alle gespannten Vokale von ihren ungespannten Korrelaten durch größere Dauer. Man könnte nun überlegen, anstelle des Merkmals der Gespanntheit die Dauerunterschiede selbst in Form von Quantitätsunterschieden zwischen Lang- und Kurzvokalen als distinktive Merkmalsdimension einzuführen (vgl. z. B. Ternes 1999, Kap. 6.1). In Tabelle 6 wäre entsprechend in der untersten Zeile [±gespannt] durch [±lang] zu ersetzen. Die Qualitätsunterschiede zwischen den gespannten Vokalen /iː yː uː eː øː oː ɛː aː/ und den ungespannten Vokalen /ɪ ʏ ʊ ɛ œ ɔ a/ wären entsprechend als phonetische Mittel zur Kontrastverstärkung interpretierbar (vgl. Kingston/Diehl 1994), die vor allem dann von Bedeutung sind, wenn Dauerunterschiede aufgrund geringer metrischer Prominenz der betreffenden Silbe gering ausfallen. Bei dieser Analyse würde das Deutsche im Bereich der Vollvokale als **Quantitätssprache** behandelt, also als eine Sprache, in der die Lautdauer potentiell wortunterscheidende Funktion hat. Im Unterschied zu echten Quantitätssprachen wie den finno-ugrischen Sprachen Finnisch, Ungarisch oder Estnisch wäre das Deutsche dann allerdings eine Quantitätssprache, die Quantitätsunterschiede außer bei /ɛː ɛ/ und /aː a/ fast immer durch Qualitätsunterschiede verstärkt.

**Vokaldauer und Betonung:** Ohne Bezug auf Qualitätsunterschiede ließe sich auch nicht dem Vokalismus der Vollvokale in unbetonten Silben Rechnung tragen. In dieser Position treten in Fremdwörtern bei den geschlossenen und mittleren Vokalen sog. ›gespannte Kürzen‹ auf, die die gleiche Dauer wie ihre ungespannten Korrelate aufweisen können. Relevant ist hier die Vokalqualität, nicht die Quantität:

## Vokale

### Gespannte Kürzen

| | | | |
|---|---|---|---|
| [kriˈtiːk] | Kritik | [krɪtəˈlaɪ] | Krittelei |
| [ˌpyʀəˈnɛːən] | Pyrenäen | [pʏɡˈmɛːən] | Pygmäen |
| [kuˈlants] | Kulanz | [kʊlˈtuːɐ̯] | Kultur |
| [seˈtsiːɐ̯ən] | sezieren | [zɛksʊˈɛl] | sexuell |
| [poˈkaːl] | Pokal | [pɔˈɡroːm] | Pogrom |

Der Wechsel zwischen phonetischer Länge in betonter Stellung und phonetischer Kürze in unbetonter Stellung lässt sich viel besser bei Annahme von Gespanntheit als distinktivem Merkmal erfassen, indem für die gespannten Vokale lange und kurze allophonische Varianten angesetzt werden. Wenn wir nur zwei Betontheitsstufen unterscheiden, erhalten wir folgende Verteilung:

| Stellung | /i/ | /y/ | /u/ | /ɪ/ | /ʏ/ | /ʊ/ | /e/ | /ø/ | /o/ | /ɛː/ | /ɛ/ | /œ/ | /ɔ/ | /aː/ | /a/ |
|---|---|---|---|---|---|---|---|---|---|---|---|---|---|---|---|
| betont | [iː] | [yː] | [uː] | [ɪ] | [ʏ] | [ʊ] | [eː] | [øː] | [oː] | [ɛː] | [ɛ] | [œ] | [ɔ] | [aː] | [a] |
| unbetont | [i] | [y] | [u] | [ɪ] | [ʏ] | [ʊ] | [e] | [ø] | [o] | [ɛ] | [ɛ] | [œ] | [ɔ] | [a] | [a] |

Tab. 7: Allophonische Varianten in betonter und unbetonter Stellung

### Zur Vertiefung

**Binäre und privative Merkmale**

Für die Charakterisierung der Vokale und der Konsonanten beschränken wir uns der Einfachheit halber auf **binäre Merkmale**. Diese Merkmale verfügen über zwei Merkmalsausprägungen + und –. Manche Darstellungen verwenden neben binären Merkmalen auch **privative Merkmale**. Dabei handelt es sich um Merkmale, die nur *eine* Merkmalsausprägung haben. Privative Merkmale werden einem Objekt zugesprochen oder nicht. Anstelle von [±gerundet] in Tabelle 5 wird in Hall (2011: 131) z. B. das privative Merkmal LAB für *labial* (›mit den Lippen gebildet‹) verwendet. Gerundete Vokale weisen das Merkmal LAB auf, ungerundete weisen dieses Merkmal nicht auf. Während mit dem Merkmal [±gerundet] in Tabelle 5 zwei Klassen spezifiziert werden, die Klasse der gerundeten Vokale und die Klasse der ungerundeten Vokale, führt der Gebrauch des privativen Merkmals LAB zur Bildung nur einer Klasse, der der gerundeten Vokale. Der Grund, warum in manchen Fällen privative Merkmale anstelle binärer Merkmale verwendet werden, liegt darin, dass negative Ausprägungen binärer Merkmale zu einer Bildung ›unnatürlicher‹ Klassen führen können, d. h. von Klassen, deren Laute wenig Gemeinsamkeiten aufweisen. Zwei oder mehr Laute bilden eine **natürliche Klasse**, wenn zur Kennzeichnung dieser Klasse weniger Merkmale benötigt werden als für die Unterscheidung eines Lautes von den anderen Lauten innerhalb dieser Klasse. Eine natürliche Klasse bilden z. B. die in älteren Darstellungen häufig erwähnten **palatalen Vokale**. Als palatale Vokale gelten die Vokale, bei denen sich der Zungenrücken in Richtung des harten Gaumens (des Palatums) hebt. Hierzu gehören im Deutschen /iː yː ɪ ʏ eː øː ɛ œ/. Nach Tabelle 6 bilden diese Vokale eine natürliche Klasse, weil sie durch nur zwei Merkmale von den übrigen Vokalen abgegrenzt werden können: [+vorn] und [-offen]. Währenddessen sind mehr als zwei Merkmale erforderlich, um jeden einzelnen Vokal von den übrigen zu unterscheiden (für eine Beschreibung der Laute des Standarddeutschen mithilfe binärer und privativer Merkmale vgl. Wiese 2000 und Hall 2011).

## Diphthonge

**Phonemische Diphthonge:** Für den Kernwortschatz des Deutschen werden üblicherweise die drei schließenden Diphthonge /aɪ/, /aʊ/ und /ɔɪ/ als distinktiv betrachtet (s. Abb. 2).

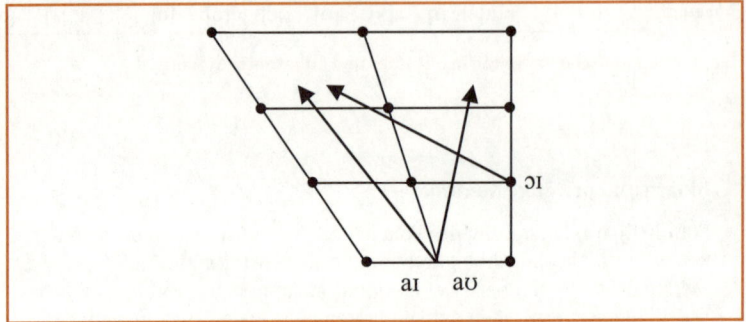

Abb. 2: Diphthonge des Deutschen

Im Rahmen der Minimalpaaranalyse erweisen sich diese Diphthonge sowohl als untereinander austauschbar als auch als austauschbar mit gespannten (langen) Vokalen und mit Sequenzen aus ungespanntem Vokal und Konsonant (s. Tab. 8). Wie in Kapitel I.2.3.1 erwähnt tritt im Deutschen ferner marginal der Diphthong /ʊɪ/ in Interjektionen wie *hui*, *ui* und *pfui* auf.

| Phoneme | Minimalpaare | Phoneme | Minimalpaare | Phoneme | Minimalpaare |
|---|---|---|---|---|---|
| /aɪ/ – /aʊ/ | leiter – lauter | /aɪ/ – /aː/ | reise – rase | /aɪ/ – /an/ | leide – lande |
| /aɪ/ – /ɔɪ/ | Reihe – Reue | /aʊ/ – /aː/ | bauten – baten | /aʊ/ – /an/ | kaute – Kante |
| /aʊ/ – /ɔɪ/ | schaue – scheue | /ɔɪ/ – /oː/ | zeugen – zogen | /ɔɪ/ – /ɔn/ | käute – konnte |

Tab. 8: Minimalpaare für die Diphthonge des Deutschen

**Phonetische Diphthonge:** Bei den in Kapitel I.2.3.1 aufgelisteten Diphthongen, die mit [ɐ] enden, handelt sich um phonetische Diphthonge, nicht um phonologische Diphthonge. Phonologisch lassen sie sich als Realisierungen einer Sequenz eines Vokalphonems + /R/ auffassen. Für die Klasse der Diphthonge, deren erstes Glied ein Vollvokal ist, ergeben sich die Phonemfolgen in Tabelle 9.

| IPA-Zeichen | Phonemfolgen | Beispiele |
|---|---|---|
| [iːɐ] | /iːR/ | wir |
| [ɪɐ] | /ɪR/ | wirr |
| [eːɐ] | /eːR/ | wer |
| [ɛːɐ] | /ɛːR/ | Bär |
| [ɛɐ] | /ɛR/ | Herr |
| [yːɐ] | /yːR/ | Tür |
| [ʏɐ] | /ʏR/ | dürr |
| [øːɐ] | /øːR/ | hör |
| [œɐ] | /œR/ | dörr |
| [aːɐ] | /aːR/ | Star |
| [aɐ] | /aR/ | starr |
| [uːɐ] | /uːR/ | Uhr |
| [ʊɐ] | /ʊR/ | schnurr(e) |
| [oːɐ] | /oːR/ | Moor |
| [ɔɐ] | /ɔR/ | schnorr(e) |

Tab. 9: Diphthonge, die auf Vokal und /R/ zurückgehen

**Phonologische Wertung der Diphthonge:** Strittig ist die Frage, ob die Diphthonge /aʊ/, /aɪ/ und /ɔɪ/ **monophonematisch** oder **diphonematisch** zu werten sind, d.h. als einzelne Phoneme oder als Sequenzen zweier Phoneme. Distributionell lassen sich sowohl Gründe für eine monophonematische als auch für ein diphonematische Wertung finden. So spricht die Austauschbarkeit der Diphthonge mit gespannten Längen für eine monophonematische Wertung, die Austauschbarkeit der Diphthonge mit Sequenzen aus ungespanntem Vokal und Konsonant allerdings für eine diphonematische Wertung (s. Tab. 8). Bei /ɔɪ/ zeigt sich ferner, dass die Austauschbeziehung mit der gespannten Länge auch einen Wechsel der Vokalqualität des ersten Diphthongbestandteils involviert (z[ɔɪ]gen – z[oː]gen). Der erste Diphthongbestandteil verhält sich demnach nicht wie die erste Hälfte eines gespannten Vokals, sondern wie ein ungespannter kurzer Vokal vor Konsonant. Dies spricht für eine diphonematische Wertung (zur weiteren Diskussion s. Kap. I.4.3).

**Phonologischer Gehalt der Diphthonge:** Wenn eine diphonematische Wertung zugrunde gelegt wird, ist es nicht erforderlich, den Diphthongen global einen phonemischen Gehalt zuzuschreiben. Ihre Distinktivität ergibt sich dann vielmehr aus dem Gehalt der Vokalphoneme, die ihre Bestandteile bilden, also aus dem Gehalt von /a/, /ɔ/, /ɪ/ und /ʊ/. So ergibt sich für die Diphthonge /aɪ/, /aʊ/ und /ɔɪ/ folgende Merkmalstabelle:

|  | /aɪ/ | /aʊ/ | /ɔɪ/ | (/ʊɪ/) |
|---|---|---|---|---|
| ±vorn | − + | − − | − + | − + |
| ±geschlossen | − + | − + | − + | + + |
| ±offen | + − | + − | − − | − − |
| ±gerundet | − − | − + | + − | + − |
| ±gespannt | − − | − − | − − | − − |

Tab. 10: Distinktive Merkmale der phonemischen Diphthonge des Deutschen

Aus dem Umstand, dass die Diphthonge aus zwei ungespannten Vokalen bestehen, darf nicht geschlossen werden, dass die Diphthonge als ganze den Status ungespannter Vokale aufweisen. Sie bilden vielmehr Sequenzen zweier ungespannter Vokale, die sich zusammen wie die gespannten Vokale des Deutschen verhalten. So können sie wie die gespannten Vokale im Auslaut einer Silbe stehen, und bei Betonung werden sie in ähnlichem Umfang wie die gespannten Vokale gedehnt.

**Weitere Diphthonge:** In Fremdwörtern treten weitere Diphthonge auf. Interessant sind hier insbesondere die **steigenden Diphthonge**, deren Schwerpunkt auf dem zweiten Diphthongbestandteil liegt (s. Kap. I.2.3.1). Die Diphthonge, deren erster Bestandteil ein *i*-, Laut ist wie /i̯a:/, /i̯ɛ/, /i̯e:/ und /i̯o:/ in *spezial*, *speziell*, *Hygiene* und *Region* werden häufig an das Lautsystem des Kernwortschatzes angepasst, indem [i] durch den Approximanten [j] ersetzt wird. Bei steigenden Diphthongen /y̑i/ und /u̯a:/ in *Etui* und *Guano* wird der erste Laut häufig durch den labiodentalen oder den labialen Approximanten [ʋ] bzw. [β] ersetzt. Bei *Quark* und *Quelle* dürfte die Aussprache mit Approximant, eventuell auch mit Frikativ, der nach [k] entstimmt sein kann, den Regelfall darstellen: [kvaːʁk] und [kvɛlə] oder [ky̑aːʁk] und [ky̑ɛlə].

Die Vokalfolgen in *Etui*, *Guano* können auch auf zwei Silben verteilt werden. In diesem Fall scheint *Etui* bisweilen mit [u] anstelle von [y] realisiert zu werden ([ɛtu'(ʔ)iː]). Eine Verteilung der Diphthonge /i̯a:/, /i̯ɛ/, /i̯o/ auf zwei Silben findet man allenfalls im Rahmen der sog. **Überlautung** (vgl. Eisenberg 2009: 51 ff.).

**Phonologie**

**Vokale**

| | | | | | |
|---|---|---|---|---|---|
| /i̯aː/ | spezial | [speˈtsi̯aːl] | [speˈtsjaːl] | | **Steigende Diphthonge** |
| /i̯ɛ/ | speziell | [speˈtsi̯ɛl] | [speˈtsjɛl] | | |
| /i̯eː/ | Hygiene | [hyˈgi̯eːnə] | [hyˈgjeːnə] | | |
| /i̯oː/ | Region | [reˈgi̯oːn] | [reˈgjoːn] | | |
| /y̆iː/ | Etui | [ɛˈty̆iː] | [ɛˈtʋiː] | [ɛtuˈ(ʔ)iː] | |
| /u̯aː/ | Guano | [ˈgu̯aːno] | [ˈgʊaːno] | [guˈ(ʔ)aːno] | |

Die Vokalfolgen /uɛ/ in *Duell*, /uiː/ in *Ruin*, /uoː/ in *virtuos*, /oeː/ in *Poet*, /oaː/ in *Kroate*, /iʊ/ in *Triumph*, /yɛː/ in *Hyäne*, aber auch /uaː/ in *Dual* werden regulär **heterosyllabisch** realisiert, d. h. auf zwei Silben verteilt. Deshalb handelt es sich bei diesen Wörtern nicht um Diphthonge. Bei diesen Vokalfolgen variiert je nach Betonungsstruktur der Wortform entsprechend auch die Gewichtung zwischen dem ersten und zweiten Element der Vokalfolge:

| | | | | |
|---|---|---|---|---|
| Duell | [duˈɛl] | duellieren | [ˌdu̯ɛˈliːʁən] | **Betonungswechsel bei heterosyllabischen Vokalfolgen** |
| Ruin | [ʀuˈiːn] | ruinieren | [ˌʀu̯iˈniːʁən] | |
| Triumph | [tʀiˈʊmf] | triumphieren | [ˌtʀi̯ʊmˈfiːʁən] | |

**Phonologischer Status der steigenden Diphthonge:** Die steigenden Diphthonge lassen sich phonologisch als Abfolgen aus Gleitlaut und Vokal auffassen statt als Abfolgen zweier Vokale. **Gleitlaute** können vokalische Qualität aufweisen, verhalten sich aber bezüglicher ihrer Distribution in der Silbe wie Konsonanten. Sie bilden keinen Teil des Silbenkerns. Dafür, dass der erste Bestandteil der steigenden Diphthonge den Status eines Gleitlauts hat, spricht, dass sich der zweite Diphthongbestandteil in /i̯aː/ /i̯oː/ und /u̯aː/ wie ein gespannter langer Vokal verhält. Der gespannte Vokal besetzt bereits den Silbenkern, der maximal zwei Positionen aufweist (s. Kap. I.4.3). Dafür, dass der erste Vokal nicht zum Silbenkern gehört, spricht auch der leichte Wechsel zur konsonantischen Realisierung mithilfe eines Approximanten. Wegen des besonderen Charakters des ersten Lautes werden die steigenden Diphthonge auch als ›unechte Diphthonge‹ bezeichnet.

### 3.2.3 | Reduktionsvokale

In Kapitel I.2.3.1 wurden zwei Vokale angeführt, die als Reduktionsvokale des Deutschen gelten können, [ə] und [ɐ], die auch als **Schwa** und *a*-**Schwa** bezeichnet werden. Reduktionsvokale zeichnen sich durch Zentralität aus. [ə] ist der zentralste Vokal. Er befindet sich in der Mitte des Vokalvierecks. Artikulatorisch entspricht dem die sog. ›Ruhelage‹ der Zunge, akustisch ein Frequenzspektrum, das dem Spektrum nahekommt, das erzeugt würde, wenn der Vokaltrakt einem neutralen einseitig abgeschlossenen Rohr entspräche (›akustisches Schwa‹). [ɐ] ist etwas offener, aber immer noch zentral.

**Reduktionsvokale und Betonung:** [ə] und [ɐ] gelten als Reduktionsvokale, weil sie unter normalen Umständen nicht in betonten Silben auftreten. Beispiele für [ə] und [ɐ] in unterschiedlichen Positionen sind:

(1) a. *eben*  *Ebene*  *Gehege*
ˈeb[ə]n  ˈEb[ə]n[ə]  G[ə]ˈheg[ə]

b. *munter*  *muntere*  *munterer*
ˈmunt[ɐ]  ˈmunt[ɐ]r[ə]  ˈmunt[ɐ]r[ɐ]

Alternative Realisierungen von *muntere* und *munterer* stellen ˈmunt[ə]r[ə] bzw. ˈmunt[ə]r[ɐ] dar. Die letzten Silben von *Ebene*, *muntere* und *munterer* können als Belege dafür herangezogen werden, dass Silben mit Reduktionsvokalen betonter (im Sinne metrischer Prominenz) realisiert werden können als benachbarte Silben. Dies hängt allerdings von der rhythmischen Einbettung der Wortformen ab. Man vergleiche:

(2) eine ˈEbene ˈsehen  sich ˈmunterer ˈgeben
eine ˈEbeˌne geˈsehen  sich ˈmunteˌrer beˈwegen

In seltenen Fällen ist die metrische Hervorhebung einer Silbe mit Reduktionsvokal die Regel, so etwa bei der vorletzten Silbe der stark flektierten Komparativform *muntererer* von *munter* (Genitiv Plural):

(3) Sie gedachte ˈmunt[ɐ]ˌr[ɐ]r[ɐ] Stunden

**Reduktionsvokale und Akzentuierung:** Reduktionsvokale treten auch nur in Ausnahmefällen in Silben auf, die einen Wortakzent (s. Kap. I.5.1) erhalten und damit auch einen Satzakzent (s. Kap. I.7.3) tragen können. Ein solcher Fall liegt vor, wenn man sich mit dem sog. **korrektiven Fokus** auf die Aussprache von Lauten, Silben oder Wortformen bezieht in (4).

(4) a. Ich habe »**b**[ə]lesen« gesagt und nicht »**g**[ə]lesen«.
b. Da steht nicht »Leh**r**[ə]«, sondern »Leh**r**[ɐ]«.

Bei korrektivem Fokus handelt es sich um die Hervorhebung eines Wortes oder eines Wortbestandteils zum Ausschluss einer erwähnten oder erschließbaren Alternative. In (4a) kann [ə] bei entsprechender Hervorhebung durch einen Vollvokal wie [ɛ] oder [e] ersetzt werden, in auslautender Stellung in (4b) dürfte der Reduktionsvokal in der Regel erhalten bleiben.

**Phonologischer Status von *a*-Schwa:** Für das *a*-Schwa muss kein eigenes Phonem angesetzt werden. Das *a*-Schwa kann vielmehr auf die Laut-

## Phonologie

### Vokale

folge /əʀ/ zurückgeführt werden. Dafür spricht auch, dass das /ʀ/ in der phonetischen Realisierung wieder auftaucht, wenn nach dem Reduktionsvokal eine Silbengrenze auftritt, wie in *Malerin*.

(5)     *male*          *Maler*          *Malerin*
        ['maːlə]       ['maːlɐ]       ['maːlɐˌʀɪn]
        /maːlə/       /maːləʀ/      /maːləˌʀɪn/

**Phonologischer Status von Schwa:** Das Schwa verhält sich wie ein Phonem. Unklar ist aber, über welchen phonologischen Gehalt es verfügt. Dazu ist zunächst zu klären, ob Schwa in Opposition zu Vollvokalen steht. Wortpaare wie *Mott[o] - Mott[ə]*, *G[a]rant - g[ə]rannt* bilden scheinbar Minimalpaare. Beim Übergang von *Motto* zu *Motte* oder von *Garant* zu *gerannt* ändert sich aber nicht nur die Vokalqualität, sondern es ändern sich auch die metrischen Eigenschaften des Wortes. Bei isolierter Aussprache mit Explizitlautung äußert sich dieser Unterschied darin, dass die Silbe mit dem Vollvokal mehr ›Gewicht‹ erhält als die Schwasilbe an gleicher Stelle. Ähnliches gilt für die Fälle, in denen Schwa scheinbar in Opposition zum ungespannten Vollvokal [ɪ] steht wie bei *Hirten - Hirtin*, *oberen - Oberin*.

Der Unterschied in der Prominenz der Silben mit Schwa und mit Vollvokal zeigt sich unter anderem darin, dass bei isolierter Aussprache nur die Schwa-Silben weiter reduzierbar sind, so dass ein sonorer Konsonant die Position des Silbenkerns besetzt oder die Silbenzahl der Wortform reduziert wird. Man vergleiche:

(6)  a.   *Hirten - Hirtin*
                      [hɪʁtən]    >    [hɪʁtn̩]
       aber nicht    [hɪʁtɪn]     >    [hɪʁtn̩]

    b.   *oberen - Oberin*
                      [oːbəʁən]   >   [oːbəʁn̩]   >   [oːbɐn]
       aber nicht    [oːbəʁɪn]    >   [oːbəʁn̩]   >   [oːbɐn]

Dem Ausfall von Schwa mit Reduktion der Silbenzahl begegnet man in der norddeutschen Aussprache generell bei Wortformen wie in (7), deren Schwasilbe auf /n/ (7a, b) oder /m/ (7c) auslautet. In (7a) stößt Schwa auf eine vokalisch auslautende Silbe. In (7b) und (7c) wird Schwa vom vorhergehenden Vokal durch einen Sonoranten getrennt.

(7)  a.  *gehen*       [geːən]          [geːn]
        *schreien*    [ʃʁaɪən]         [ʃʁaɪn]
   b.  *Bremen*    [bʁeːmən]       [bʁeːm(ː)]
        *Bahnen*     [baːnən]         [baːn(ː)]
        *bellen*      [bɛlən]          [bɛln]
        *fahren*      [faːʁən]         faːɐ̯n]
   c.  *keinem*     [kaɪnəm]        [kaɪmː]

## Phonologische Laute

Die Schwa-Silben /mən/ und /nən/, die mit einem Nasal beginnen und enden, werden dabei von vielen norddeutschen Sprechern typischerweise zu gedehntem [mː] reduziert, wenn einer der Nasale ein [m] ist, sonst zu [nː]; alternativ wird der Vokal zusätzlich gedehnt (vgl. hierzu auch Bremer 1927).

**Funktion von Schwa:** Diese und weitere Überlegungen in Kapitel I.4 machen deutlich, dass die primäre Funktion von Schwa darin besteht, einen Silbenkern zu besetzen und damit eine bestimmte Silbenzahl der Wortform und eine entsprechende Betonungsstruktur sicherzustellen. Bei *Zehen* stellt die Realisierung [tseːən] mit Schwa sicher, dass die Form zweisilbig ist, was z. B. zur Unterscheidung von *Zehn* nützlich sein kann. Die oben erwähnte Dehnung des Nasals bei Ausfall von Schwa zwischen Nasalen trägt hier zusätzlich zur Differenzierung von Wortformen bei (Silbengrenzen sind durch Punkte markiert).

(8)
|  | *Explizitlautung* | *Reduktionsform* |
|---|---|---|
| *Zehen* | [tseː.ən] | [tseːn] |
| *Zehn* (Sg.) | [tseːn] | [tseːn] |
| *Zehnen* (Pl.) | [tseː.nən] | [tseːnː] |

Bei Wortformen wie *Beine* stellt das Schwa sicher, dass die Form als Pluralform erkannt werden kann. Distinktiv ist Schwa also aufgrund eines Merkmals, das diesen Laut befähigt, den Silbenkern zu besetzen. Im Vorgriff auf Kapitel I.4 wollen wir dieses Merkmal als [+son] (sonor) bezeichnen, das auch allen Vollvokalen zukommt, aber innerhalb der Gruppe der Vokale nicht distinktiv ist. Distinktiv ist das Merkmal beim Schwa-Laut insofern, als es diesen Laut von allen Lauten abgrenzt, die nicht den Kern einer Silbe besetzen können. /ə/ ist somit ein Laut, der einerseits wie die Vollvokale (und noch zu behandelnde Konsonanten) das Merkmal [+son] aufweist, aber nicht in Opposition zu den Vollvokalen steht – jedenfalls nicht, wenn die Betonungsstruktur als unabhängig von der Wahl des Vokals angesehen wird.

## 3.3 | Konsonanten

### 3.3.1 | Lautinventar

#### Phonemische Konsonanten und allophonische Varianten

In Kapitel I.2.3.2 haben wir ein Inventar der phonetischen Laute vorgestellt, die als Konsonanten des Deutschen gelten können. Dieses Schema wird in Abbildung 3 nochmals gezeigt, ergänzt um eine Klassifizierung nach Artikulatoren (labial, koronal, dorsal, glottal). Ferner sind die Laute im Hinblick auf ihr Stellungsverhalten in der Silbe von oben nach unten nach absteigender **konsonantischer Stärke** angeordnet, d. h. nach dem Grad der Verengung des Vokaltrakts (s. hierzu Kap. I.4.4). Die Plosive, die mit einem temporären Verschluss des Vokaltrakts einhergehen, weisen die größte konsonantische Stärke auf, der laterale Approximant [l], bei dem die Luft seitlich um die nach oben gebogene Zunge vorbeiströmt, die geringste.

|  | labial | | koronal | | | dorsal | | | glottal |
|---|---|---|---|---|---|---|---|---|---|
|  | bilabial | labio-dental | dental | alveolar | post-alveolar | palatal | velar | uvular | glottal |
| **Plosiv** | p  b |  |  | t  d |  |  | k  g |  | ʔ |
| **Frikativ** |  | f  v |  | s  z | ʃ  ʒ | ç  j | x | χ  ʁ | h |
| **Nasal** | m |  |  | n |  |  | ŋ |  |  |
| **Vibrant** |  |  |  | r |  |  |  | ʀ |  |
| **Lateraler Approximant** |  |  |  | l |  |  |  |  |  |

Abb. 3: Konsonanten des Deutschen (Phonetische Laute)

Aufgabe der segmentalen Phonologie ist es zu erkennen, ob zwei phonetische Laute unterschiedliche phonologische Laute realisieren oder den gleichen phonologischen Laut. Im letzteren Fall liegen allophonische Varianten eines phonologischen Lautes vor. In Abbildung 3 werden mit [ʁ], [r] und [ʀ] sowie mit [ç], [x] und [χ] solche Lautvarianten erfasst. Zusätzlich hätten in Abbildung 3 noch weitere Lautvarianten verzeichnet werden können, so z. B. die aspirierten stimmlosen Plosive [pʰ tʰ kʰ] als Varianten zu [p t k] oder der Approximant [j] als Variante zum Frikativ [j].

[ʁ], [r], [ʀ]: Die drei *r*-Laute [ʁ], [ʀ] und [r] in Abbildung 3 können als fakultative Varianten eines Phonems gelten, das wir als /ʀ/ bezeichnen. Dass [ʀ] und [r] möglicherweise nicht im selben Sinne (nämlich bei den gleichen Sprechern) variieren wie [ʀ] und [ʁ], wurde bereits in Kapitel I.3.1 erwähnt.

[ç], [x], [χ]: Die stimmlosen dorsalen Frikative [ç], [x] und [χ] können als kombinatorische Varianten gelten, da ihre Wahl von der lautlichen Umgebung abhängt. Das zugehörige Phonem bezeichnen wird durch /ç/. Für den Gebrauch der Varianten lässt sich folgende Verteilung feststellen (vgl. auch Kohler 1990b):

## I.3.3 Phonologie

**Phonologische Laute**

**Allophone des stimmlosen dorsalen Frikativs /ç/**

[ç] tritt auf
a. nach vorderen Vokalen (/iː ɪ yː ʏ ɛː ɛ øː œ/) (für /eː/ kein Beleg)
*siech*     *sich*     *Bücher*     *Küche*
*Gemächer*  *Rächer*   *höchster*   *Köcher*

b. nach Diphthongen, die mit vorderem Vokal enden (/aɪ ɔɪ/)
*reich*     *euch*
c. nach /l/, /ʀ/ und /n/
*Molch*     *Storch*     *manch*
d. wortinitial
*China*     *Chemie*
e. morpheminitial
*Frau+chen*

[x] tritt auf
a. nach hinteren Vokalen außer /ɔ/ (/u ʊ o/)
*Buch*      *Wucht*      *hoch*
b. nach Diphthongen, die mit hinterem Vokal enden (/aʊ/)
*auch*

[χ] tritt auf
a. nach /aː a ɔ/
*Lache*     *lache*      *loche*

Nicht bei allen Sprechern ist die Verwendung von [x] und [χ] klar nach der Stellung zu unterscheiden, weshalb in vielen Darstellungen nur zwei allophonische Varianten von /ç/ angesetzt werden, meist [ç] und [x]. Ferner ist mit regionaler Variation zu rechnen. So werden in standardnahen Varietäten im oberdeutschen Sprachraum die Reibelaute tendenziell weiter hinten ausgesprochen, und im Bairischen wird [ç] im Wortanlaut durch [k] ersetzt (*China* [ˈkiːna], *Chemie* [keˈmiː]). Das gilt auch für die in Österreich gesprochene nationale Standardvarietät (vgl. Krech et al. 2009).

**/s/ und /z/:** /s/ steht in Opposition zu /z/, allerdings nur inlautend, wie in *reiße – reise*, *Muße – Muse*. Im Anlaut von Wörtern des Kernwortschatzes findet sich in der nördlichen Standardlautung stimmhaftes *s*, im Auslaut wie auch bei allen Obstruenten nur der stimmlose Laut (zur sog. Auslautverhärtung s. Kap. I.3.4).

**/ʒ/:** Der stimmhafte postalveolare Frikativ /ʒ/ tritt in französischen Lehnwörtern nach gespanntem Vokal auf, wird aber in Wörtern wie *Garage*, *Etage* oder *Blamage* offenbar von vielen Sprechern nicht mehr als fremdartig empfunden. Dazu dürfte beitragen, dass /ʒ/ gut in das konsonantische System passt, denn /ʒ/ kann als stimmhafte Entsprechung zu /ʃ/ aufgefasst werden, so wie alveolares stimmhaftes /z/ inlautend als stimmhafte Entsprechung zu /s/ fungiert. In französischen Lehnwörtern wie *Genie* und *genieren* tritt /ʒ/ auch wortinitial auf. In Entlehnungen aus dem Englischen wie *Gin*, *Job*, *Dschungel* geht dem /ʒ/ in dieser Position ein /d/ voran.

**/j/:** Der stimmhafte palatale Laut /j/ wird als Frikativ [j] oder Approximant [i̯] realisiert. Obwohl die Realisierung ohne Reibegeräusch möglicherweise sogar überwiegt, zählen wir den phonologischen Laut mit Wiese (2000: 23) und Eisenberg (2013: 85) zu den Frikativen und damit zu den Obstruenten, was zu einem einfacheren phonologischen System führt.

Generell sollte zwischen zwei Vorkommen des Approximanten [i̯] unterschieden werden. [i̯] tritt einerseits als Realisierungsvariante von /j/ auf und andererseits als Realisierungsvariante von /i/. Als Realisierungsvariante von /j/ tritt [i̯] zum einen prävokalisch auf, als einziger Konsonant wie in *ja*, oder nach Plosiv wie in *tja*. Als Realisierungsvariante von /i/ tritt [i̯] auf, wenn steigende Diphthonge, die mit [i] beginnen, durch Sequenzen bestehend aus [i̯] + Vokal ersetzt werden, wie bei [reˈgi̯oːn] anstelle von [reˈgioːn] für *Region* (s. Kap. I.3.2.2). Nur im letzteren Fall wird von [i̯] auch als Gleitlaut oder Halbvokal gesprochen.

**[ŋ]:** Umstritten ist der Status des velaren Nasals [ŋ]. Die Distribution von [ŋ] ist im Unterschied zu [m] und [n] auf die Position nach ungespanntem Vokal beschränkt und verhält sich dabei wie ein komplexer hinterer Silbenrand (s. Kap. I.4.3). Die Folgekonsonanz innerhalb der gleichen Silbe ist auf /k/ beschränkt, das den gleichen Artikulationsort aufweist. So findet man in der Standardlautung [baŋk] und nicht [bank] für *Bank*. Tritt [ŋ] am Ende einer Silbe auf, kann sowohl [k] als auch [g] folgen, wie in *Manko* [maŋ.koː] und *Mango* [maŋ.goː].

Aus phonologischer Sicht lassen sich mindestens zwei verschiedene Vorkommen von [ŋ] unterscheiden. Im ersten Fall bildet [ŋ] eine Realisierungsvariante des alveolaren Nasals /n/, der unter dem Einfluss eines nachfolgenden /k/ oder /g/ velar realisiert wird, wie in *Bank*, *Manko* und *Mango* (s. Kap. I.3.4). Im zweiten Fall lässt sich [ŋ] als Realisierungsvariante der Phonemfolge /ng/ auffassen. Entsprechend lässt sich [baŋ] auf /bang/ für *bang* zurückführen, und [mɛŋə] auf /mɛngə/ für *Menge*. Dieser Fall liegt vor, wenn /n/ vor /g/ innerhalb der gleichen Silbe auftritt, oder wenn auf /ng/ ein Reduktionsvokal folgt wie in *Menge* statt ein Vollvokal wie in *Mango*. Bei näherer Betrachtung zeigt sich, dass die Frage der Verwendung von [n] und [ŋ] verwickelter ist, als es zunächst erscheinen mag. So ist z. B. zu berücksichtigen, ob zwischen [n] und [g] eine Morphemgrenze auftritt oder nicht (s. Kap. I.3.4). Trotz allem scheint es möglich, auf die Annahme eines eigenen Phonems /ŋ/ zu verzichten, was wir im Folgenden tun (für alternative Auffassungen und für eine ausführlichere Diskussion vgl. Wiese 2000: 218 ff., aber auch Eisenberg 2013: 119 ff.).

**/h/:** Der glottale Frikativ /h/ tritt im Wortanlaut auf, ferner inlautend zu Beginn einer betonten Silbe im Morphemanlaut (*ver[h]indern*, *er[h]eben*, *Ge[h]alt*). Marginal tritt /h/ inlautend auch zu Beginn von Silben innerhalb eines Morphems auf, hier jedoch stets vor Vollvokalen und damit am Beginn betonbarer Silben, z. B. *Ahorn* [ˈaː.hɔʁn], *ahoi* [a.ˈhɔɪ], *aha* [a.ˈha(ː)], *Alkohol* [ˈal.ko.ˌhoːl], *Oheim* [ˈoː.haɪm], *Uhu* [ˈuː.hu] und *Mahagoni* [ˌma.ha.ˈgoː.ni], anlautend vor unbetonter Silbe auch bei *hinein* [hi.ˈnaɪn] und *heraus* [hɛ.ˈʁaʊs].

### Phonologische Laute

Die Unterscheidung zwischen Wortformen wie *Seen* und *sehen* durch Realisierung eines intervokalischen [h] in *sehen* muss als Überlautung gelten, die auf einer Leseaussprache beruht. Geschriebenes *h* bleibt stets unrealisiert, wenn ein Reduktionsvokal folgt, wie in *Ehe* [eː.ə] und *Ruhe* [ʀuː.ə]; ebenso vor unbetonter Silbe mit [ɪ] oder [ʊ] wie in *ruhig* [ʀuː.ɪç] und *Drohung* [dʀoː.ʊŋ]. Man beachte, dass Wortformen wie *Seher* [zeː.ɐ] und *höher* [høː.ɐ] auch ohne intervokalisches /h/ zweisilbig ausgesprochen werden, im Unterschied zu *sehr* [zeːɐ] und *hör* [høːɐ]. Dass /h/ im Inlaut von Wörtern des Kernwortschatzes nur selten auftritt, dürfte daran liegen, dass mehrsilbige Wortformen des Kernwortschatzes in der Regel auf Silben mit Reduktionsvokal oder silbischem Konsonant auslauten und nicht wie *Uhu* auf Silben mit Vollvokal, der für silbenanlautendes /h/ vorausgesetzt wird.

**[ʔ]:** Der glottale Verschluss [ʔ] tritt regulär im Morphemanlaut vor Vokal am Beginn betonter Silben auf wie in (9a), morphemintern aber nur fakultativ wie in (9b).

(9) a. [ʔast] *Ast* [bəˈʔaxtən] *beachten* [ʔɛɐˈʔaɪgnən] *ereignen*
   b. [naˈ(ʔ)iːf] *naiv* [teˈ(ʔ)aːtɐ] *Theater*
    [poˈ(ʔ)eːt] *Poet* [liˈ(ʔ)iːɐt] *liiert*

Die betonte Silbe muss innerhalb des Wortes nicht die hauptbetonte Silbe sein. Folgende Wortformen belegen den fakultativen Gebrauch von [ʔ] zu Beginn einer Silbe, die nur ›nebenbetont‹ ist: ˈStaubˌ[ʔ]ecken, ˈSeeˌ[ʔ]igel, ˈAnˌ[ʔ]alphaˌbet. Auch morphemintern ist in dieser Position die Aussprache mit und ohne [ʔ] möglich, z. B. ˈMichaˌ[ʔ]el neben ˈMichaˌel.

[ʔ] verhält sich auf den ersten Blick wie ein phonologischer Laut, denn er steht wie [h] scheinbar in paradigmatischer Beziehung zu anderen Konsonanten, und zwar in wortinitialer Position (*Mast* – [h]*ast* – [ʔ]*Ast*) und wortintern an einer Morphemgrenze (*ver*[v]*alten* – *ver*[h]*alten* – *ver*[ʔ]*alten*). Der Phonemstatus von [ʔ] wird häufig aber in Frage gestellt, weil [ʔ] vorhersagbar und weglassbar ist.

Vorhersagbar ist [ʔ] insofern, als [ʔ] bei Explizitlautung am Beginn betonter Silben auftritt, wenn dem Vokal, der den Silbenkern der betreffenden Silbe bildet, innerhalb der gleichen Silbe kein anderer Laut vorangeht. [ʔ] tritt also nur auf, wenn kein anderer Laut zur Verfügung steht. Weglassbar ist [ʔ] zumindest in dem Sinne, dass [ʔ] umso weniger wahrscheinlich auftritt, je schwächer die vorausgehende prosodische Grenze ist (im Sinne der prosodischen Hierarchie, s. Einleitung; vgl. auch Auer 1994). Die Weglassbarkeit in morpheminterner Position wie in (9b) stellt in dieser Hinsicht nur einen Sonderfall dar. Dass der Eindruck entstehen kann, [ʔ] sei am Wortanfang obligatorisch, lässt sich darauf zurückführen, dass in der Regel isoliert gesprochene Wörter betrachtet werden. In diesem Fall fällt die vordere Wortgrenze stets mit den vorderen Grenzen höherer prosodischer Einheiten wie dem Fuß, dem phonologischen Wort, der phonologischen Phrase, der Intonationsphrase und der Äußerungsphrase zusammen (s. Einleitung). Betrachten wir jedoch Wortformen, die innerhalb einer Äußerung auftreten, erweist sich [ʔ] auch wortinitial am Beginn einer betonten Silbe als weglassbar, wenn die Wortform in rhythmisch nicht-prominenter Position steht wie *aber* in (10b), das hier anders als in (10a) erst nach dem Satzakzent auftritt (auf Äußerungsebene akzentuierte Silben sind fett gedruckt).

(10) a. Sie stu**diert**, aber nicht **Kunst**       b. Sie stu**diert** aber nicht Kunst
                [ʔabɐ]                                  [abɐ]

## 3.3.2 | Phonembestimmung

### Distinktive Merkmalsdimensionen

Die Bestimmung des Inventars der Konsonanten, die als Phoneme des Deutschen gelten können, sagt noch nichts über den phonemischen Gehalt dieser Laute aus. Hierzu müssen wie bei den Vokalen relevante Merkmalsdimensionen identifiziert werden.

Die Anordnung in dem Konsonantenschema nach IPA wie in Abbildung 3 legt nahe, zu diesem Zweck die Merkmalsdimensionen **Artikulationsort**, **Artikulationsart** und **Stimmhaftigkeit** heranzuziehen. Wir würden auf diese Weise Merkmalslisten der folgenden Art erhalten:

/p/    {+bilabial, +plosiv, –stimmhaft}
/f/    {+labiodental, +frikativ, –stimmhaft}
/m/   {+bilabial, +nasal, +stimmhaft}
usw.

Tabelle 11 zeigt Wortreihen, aus denen echte oder unechte Minimalpaare gebildet werden können. Die Wortformen einer Reihe weisen Konsonanten auf, die sich in den meisten Fällen nur aufgrund des Artikulationsortes, der Artikulationsart oder der Stimmhaftigkeit unterscheiden.

**Artikulator als alternative Merkmalsdimension:** Die Klassifikation nach Artikulationsort für Phoneme ist jedoch unbefriedigend, da das Phonem /ç/ kombinatorische Allophone mit unterschiedlichem Artikulationsort aufweist, nämlich [ç], [x] und [χ]. Nicht zufällig wurde mit Bezug auf diese Realisierungsvarianten weiter oben von dorsalen Frikativen gesprochen, denn die Verwendung des Zungenrückens (Dorsum) als Artikulator ist dasjenige Merkmal, das allen drei Varianten gemeinsam ist. Deshalb erweist es sich als praktischer, die Wahl des **Artikulators** anstelle des Artikulationsortes als distinktive Merkmalsdimension anzunehmen. Die entsprechenden Merkmale **labial**, **koronal**, **dorsal** und **glottal** wurden bereits in Kapitel I.2.3.2 vorgestellt.

## 1.3.3 Phonologie

**Phonologische Laute**

| Artikulationsort | |
|---|---|
| /p/ /t/ /k/ | Panne – Tanne – Kanne |
| /b/ /d/ /g/ | bellen – Dellen – gellen |
| /f/ /ʃ/ (/ç/) /h/<br>/f/ /s/ /ʃ/ /ç/ | Anlaut: Fall – Schall – Hall<br>Inlaut: raffe – Rasse – rasche – Rache |
| /v/ /z/ /ʒ/ /j/ | Löwe ~ Rose – Loge – Boje |
| /m/ /n/ | mein – nein |

| Artikulationsart | |
|---|---|
| /p/ /f/ | passe – fasse |
| /b/ /v/ /m/ | bade – Wade – Made |
| /t/ /s/ /ʃ/ | Ratte – Rasse – rasche |
| /d/ /z/ /ʒ/ /n/ /l/ | Loden – losen – Logen – lohnen ~ Dohlen |
| /k/ /ç/ ([x]) | buken – buchen |
| /g/ /j/ /ʀ/ | geh – je – Reh |

| Stimmhaftigkeit | |
|---|---|
| /p/ /b/ | pelle – belle |
| /t/ /d/ | Teich – Deich |
| /k/ /g/ | Kuss – Guss |
| /f/ /v/ | Fall – Wall |
| /s/ /z/ | reißen – reisen |
| /ʃ/ /ʒ/ | Marsche – Marge |
| /ç/ /j/ | Kuchen ~ Kojen |

Tab. 11: Differenzierung nach Artikulationsort, Artikulationsart und Stimmhaftigkeit

Tabelle 12 gibt einen Überblick über die Konsonanten des Deutschen, angeordnet nach den Merkmalsdimensionen Artikulator, Artikulationsart und Stimmhaftigkeit. /l/ und /ʀ/ fassen wir zur Gruppe der **Liquiden** zusammen, wobei zunächst [ʀ] als Bezugsvariante für /ʀ/ angesetzt wird.

| | labial | koronal | dorsal | glottal |
|---|---|---|---|---|
| plosiv | /p/ /b/ | /t/ /d/ | /k/ /g/ | |
| frikativ | /f/ /v/ | /s/ /z/ | /ç/ /j/ | /h/ |
| | | /ʃ/ /ʒ/ | | |
| nasal | /m/ | /n/ | | |
| liquid | | /l/ | /ʀ/ | |

Tab. 12: Konsonanten des Deutschen (Phonologische Laute)

**Koronale Frikative:** Der Verzicht auf den Artikulationsort als Merkmalsdimension hat den Nachteil, dass auf diese Weise nicht mehr zwischen den alveolaren Frikativen /s z/ und den postalveolaren Frikativen /ʃ ʒ/ unterschieden werden kann. Alle vier Frikative gelten nun als koronale Frikative (s. Abb. 3). Um dennoch zwischen beiden Lautpaaren zu unterscheiden, gibt es mindestens drei Möglichkeiten:
1. Man kann innerhalb der koronalen Laute doch nach Artikulationsort unterscheiden. /s z/ gelten dann als alveolare Koronale, /ʃ ʒ/ als postalveolare Koronale.
2. Man kann zwischen den beiden Lautpaaren unter Bezug auf die Artikulationsart unterscheiden. Mit Bezug auf die Biegung der Zunge in Längsrichtung lassen sich /s z/ als **eng gerillt** charakterisieren und /ʃ ʒ/ als **weit gerillt**.
3. Man kann innerhalb der koronalen Konsonanten nach Artikulator unterscheiden. /s z/ gelten dann als **apikale** Konsonanten (›mit der Zungespitze gebildet‹), /ʃ ʒ/ als **laminale** Konsonanten (›mit dem Zungensaum gebildet‹) (vgl. Eisenberg 2013: 86).

Wir wählen im Folgenden die dritte Möglichkeit und setzen für die koronalen Frikative das Merkmal [±apikal] an.

**Stimmhaftigkeit** Auch die dritte Merkmalsdimension des IPA-Schemas, die die Stimmhaftigkeit betrifft, ist nicht unproblematisch. Es ist fraglich, ob die Unterscheidung zwischen /p/ und /b/, /f/ und /v/ usw. tatsächlich auf einen Stimmhaftigkeitsunterschied reduzierbar ist. Die akustische Analyse von /b d g/ zeigt, dass Stimmhaftigkeit kein obligatorisches Merkmal dieser Laute ist. Alternativ lassen sich /p t k/ und /b d g/ sowie die entsprechenden Frikative unter Bezug auf die in Kapitel I.2.3 erwähnte Merkmalsdimension **Fortis – Lenis** unterscheiden (so z. B. Kohler 1995: 155). Diese Unterscheidung bezieht sich auf die ›Artikulationsstärke‹, mit der Stimmhaftigkeitsunterschiede einhergehen können, aber nicht müssen. Diese Merkmalsdimension hat sich zumindest für die Charakterisierung der lautlichen Oppositionen in einigen Dialekten des Deutschen als adäquater als die der Stimmhaftigkeit erwiesen. In vielen phonologischen Darstellungen wird trotzdem der Unterscheidung stimmhaft – stimmlos der Vorzug gegeben. Das mag einerseits daran liegen, dass diese Unterscheidung akustisch und phonologisch leichter zu begründen ist, weshalb sie auch in IPA den Vorzug erhält. Zum anderen ist die Unterscheidung Fortis – Lenis sinnvoll nur auf die Obstruenten anwendbar. Wir behalten deshalb für die folgenden Analysen die Unterscheidung stimmhaft – stimmlos bei.

## Distinktive Merkmale der Konsonanten

Tabelle 13 illustriert eine mögliche Charakterisierung der distinktiven Merkmale der Konsonanten aus Tabelle 12. Wir beschränken uns wiederum auf die Verwendung binärer Merkmale.

## I.3.3 Phonologie

**Phonologische Laute**

| | /p/ | /b/ | /t/ | /d/ | /k/ | /g/ | /f/ | /v/ | /s/ | /z/ | /ʃ/ | /ʒ/ | /ç/ | /j/ | /h/ | /m/ | /n/ | /l/ | /ʀ/ |
|---|---|---|---|---|---|---|---|---|---|---|---|---|---|---|---|---|---|---|---|
| ±stimmhaft | − | + | − | + | − | + | − | + | − | + | − | + | − | + | − | + | + | + | + |
| ±obstruent | + | + | + | + | + | + | + | + | + | + | + | + | + | + | + | − | − | − | − |
| ±kontinuierlich | − | − | − | − | − | − | + | + | + | + | + | + | + | + | + | − | − | − | + |
| ±nasal | | | | | | | | | | | | | | | | + | + | | |
| ±labial | + | + | − | − | − | − | + | + | − | − | − | − | − | − | − | + | − | − | − |
| ±koronal | − | − | + | + | − | − | − | − | + | + | + | + | − | − | − | − | + | + | − |
| ±apikal | | | | | | | | | + | + | − | − | | | | | | | |
| ±dorsal | − | − | − | − | + | + | − | − | − | − | − | − | + | + | − | − | − | − | + |

Tab. 13: Distinktive Merkmale der Konsonanten des Standarddeutschen

Die in Tabelle 13 angesetzten distinktiven Merkmale wurden größtenteils bereits in Kapitel I.2.3.2 eingeführt. Als **nicht-kontinuierlich** gelten Laute, bei deren Realisierungen zumindest zeitweise der Luftstrom durch die Mundhöhle blockiert wird. Alle anderen Laute gelten als **kontinuierlich**. Dieses Merkmal dient insbesondere der Unterscheidung zwischen den Verschlusslauten, die nicht kontinuierlich sind, und den Frikativen, die kontinuierlich sind. Das weiter oben eingeführte Merkmal [± apikal] wird nur auf die koronalen Frikative angewendet. Um die Konsonanten von den Vokalen zu unterscheiden, muss für alle Laute in Tabelle 13 zusätzlich ein Merkmal [+kons] angesetzt werden.

Alternativ zu Tabelle 13 lassen sich auch einzelnen Konsonantengruppen getrennt betrachten, die ihrerseits natürliche Klassen bilden (zum Begriff s. Kap. I.3.2.2). Infrage kommt die Klasse der **Obstruenten** und **Sonoranten**.

**Obstruenten:** Die Obstruenten umfassen die Plosive und Frikative. Für ihre Charakterisierung reichen neben dem Merkmal [+obstruent], das sie von den Sonoranten abgrenzt, die Merkmale [±stimmhaft], [±kontinuierlich], [±labial] und [±koronal] aus. Zur Unterscheidung zwischen den

| −stimmhaft | /p/ | /t/ | /k/ | /f/ | /s/ | /ʃ/ | /ç/ | /h/ |
|---|---|---|---|---|---|---|---|---|
| +stimmhaft | /b/ | /d/ | /g/ | /v/ | /z/ | /ʒ/ | /j/ | |
| ±kontinuierlich | − | − | − | + | + | + | + | + |
| ±labial | + | − | − | + | − | − | − | − |
| ±koronal | − | + | − | − | + | + | − | − |
| ±apikal | | | | | + | − | | |
| ±dorsal | − | − | + | − | − | − | + | − |

Tab. 14: Distinktive Merkmale der Obstruenten

koronalen Frikativen /s z/ und /ʃ ʒ/ fügen wir wiederum das Merkmal [±apikal] hinzu, das nur auf diese Lautgruppe angewendet wird. Da alle Obstruenten bis auf /h/ paarweise als stimmlose und stimmhafte Laute auftreten, wählen wir eine Anordnung der Laute in zwei Zeilen (vgl. Wiese 2000: 23 und Hall 2011: 132). Es ergibt sich die Merkmalsverteilung in Tabelle 14.

**Sonoranten:** Die Sonoranten umfassen die Gruppe der Nasale und Liquide (/l ʀ/). Für ihre Charakterisierung reichen neben dem Merkmal [–obstruent], das sie von den Obstruenten abgrenzt, die Merkmale [±nasal], [±koronal] aus (s. Tab. 15).

|          | /m/ | /n/ | /l/ | /ʀ/ |
|----------|-----|-----|-----|-----|
| ±nasal   | +   | +   | –   | –   |
| ±koronal | –   | +   | +   | –   |

Tab. 15: Distinktive Merkmale der Sonoranten

Die negative Charakterisierung von /ʀ/ in Tabelle 15 als nicht-nasalem, nicht-koronalem Sonoranten trägt der variablen Realisierung dieses Lautes als Zäpfchen-*r* [ʀ] oder als Zungenspitzen-*r* [r] Rechnung, das apikal realisiert wird. Allerdings werden auf diese Weise noch keine frikativischen und vokalischen Realisierungsvarianten erfasst (für eine anspruchsvollere, alternative Analyse von /ʀ/ vgl. Wiese 2000).

## Affrikaten

Die Definition von Phonemen als kleinsten distinktiven Einheiten der gesprochenen Sprache in Kapitel I.3.1 schließt nicht aus, dass auch Verbindungen aus zwei phonetischen Lauten den Status eines einzelnen Phonems haben. Im Bereich der Vokale wurde diese Frage mit Bezug auf den Status der Diphthonge gestellt. Im Bereich der Konsonanten betrifft diese Frage die Affrikaten. Als **Affrikaten** im engeren Sinne gelten Verbindungen aus Plosiv und homorganem Frikativ. Als **homorgan** gelten Konsonanten, die mit dem gleichen Artikulator und am gleichen oder fast gleichen Artikulationsort gebildet werden. Affrikaten in diesem Sinne sind im Deutschen [ts], [tʃ] und [pf], wie in *Platz*, *Matsch* und *Napf*. Außerhalb des Kernwortschatzes kommt noch [dʒ] wie in *Dschungel* hinzu.

Für eine monophonematische Wertung spricht, dass die Abfolge Plosiv-Frikativ im Auslaut gegen das Prinzip verstößt, dass die Sonorität nach dem Silbenkern abnimmt (zu diesem Prinzip s. Kap. I.4.4), denn Frikative sind sonorer als Plosive. Andererseits ist dies keine generelle artikulatorisch oder akustisch basierte Einschränkung, denn wir finden auch andere Verstöße gegen dieses Prinzip, und zwar sowohl bei morphologisch einfachen Wortformen wie *Klaps* [klaps] oder *Wachs* [vaks] als auch bei morphologisch komplexen Formen wie *Lobs* [loːps] oder *Marks* [maʁks].

**Phonologische Laute**

Für eine biphonematische Wertung spricht ferner, dass die Affrikaten sich in intervokalischer Position nach ungespanntem Vokal wie Folgen zweier Phoneme verhalten. So verteilt sich bei *platze* die Folge aus [ts] in gleicher Weise auf die beiden Silben wie andere Folgen von Plosiv und Frikativ, z. B. [ps] in *Klapse* oder [ks] in *wachse*. Ferner folgt in morphologisch einfachen einsilbigen Wörtern [ts] in der Regel nicht gespannten Vokalen, was auch für andere Folgen von Konsonanten gilt. Eine der wenigen Ausnahmen stellt die Form *Kiez* [kiːts] dar.

## 3.4 | Phonologische Prozesse

Laute können ihre phonetischen Eigenschaften unter dem Einfluss anderer Laute verändern. Laute können ferner wegfallen oder hinzugefügt werden. Schließlich kann der Unterschied zwischen zwei phonologischen Lauten auch neutralisiert werden. Lautänderungen dieser Art werden gewöhnlich als lautbezogene phonologische Prozesse bezeichnet. Im Folgenden geben wir einen kurzen Überblick über die wichtigsten Typen solcher Prozesse, auf die auch in den folgenden Kapiteln Bezug genommen wird. Dabei interessieren insbesondere solche Prozesse, die zu kombinatorischen, nicht fakultativen Lautvarianten führen, und die teilweise auch bei Explizitlautung beobachtbar sind.

### Assimilation

**Zum Begriff**

> → **Assimilation** ist ein Prozess, bei dem ein Laut bezüglich eines oder mehrerer phonetischer Merkmale an einen anderen angeglichen wird.

Je nachdem, welche Merkmalsdimension betroffen ist, lassen sich unterschiedliche Typen der Assimilation unterscheiden. Synchron ist vor allem die Assimilation bzgl. des Artikulationsortes und der Stimmhaftigkeit zu beobachten.

**Assimilation bzgl. Artikulationsort**

[bank] > [baŋk]   [n] übernimmt das Merkmal [+velar] von [k]
[sɛnf] > [sɛɱf]   [n] übernimmt das Merkmal [+labiodental] von [f]

**Assimilation bzgl. Stimmhaftigkeit**

[klaɪt] > [kl̥aɪt]   [l] übernimmt das Merkmal [–stimmhaft] von [k]
[das zalts] > [das z̥alts]   [z] übernimmt das Merkmal [–stimmhaft] von [s]

Die Assimilation von [n] zu [ŋ] erfolgt vor [k] regelmäßig, vor [f] ist die Realisierung von /n/ als [ɱ] hingegen nur eine Realisierungsvariante. Wenn man /ŋ/ als eigenes Phonem neben /n/ ansetzt, liegt in der Position vor /k/ im gleichen Morphem eine **Neutralisierung** vor, d. h. eine Aufhebung der Opposition zwischen /n/ und /ŋ/.

Optional ist die Assimilation von [n] zu [ŋ] auch immer dann, wenn eine Morphemgrenze folgt. Man vergleiche:

(10)        [ˈaŋəˌlaː]      *[ˈaŋəˌlaː]
    aber    [ˈaŋəˌboːt]     [ˈaŋəˌboːt]

**Weitere Assimilationstypen:** Je nach Richtung der lautlichen Angleichung unterscheidet man zwischen regressiver und progressiver Assimilation.

**Regressive Assimilation** liegt vor, wenn ein nachfolgender Laut eine Angleichung eines vorhergehenden Lautes bewirkt. So verändert sich [n] zu [ŋ] unter dem Einfluss des nachfolgenden [k].

**Progressive Assimilation** liegt vor, wenn ein vorangehender Laut eine Angleichung eines nachfolgenden Lautes bewirkt. So bewirkt bei [habn̩] > [habm̩] das vorangehende [b] die Angleichung des alveolaren Nasals bezüglich des Artikulationsortes.

Je nach Ausmaß der lautlichen Angleichung kann zwischen partieller und totaler Assimilation unterschieden werden.

**Partielle Assimilation** liegt vor, wenn eine Angleichung nur bezüglich einiger phonetischer Merkmale erfolgt.

**Totale Assimilation** liegt vor, wenn eine Angleichung in allen phonetischen Merkmalen erfolgt. Ein Beispiel für eine totale Assimilation ist die Angleichung von [z] zu [s] in [das zalts] > [das z̥alts] oder [das salts].

Schließlich lässt sich je nach Entfernung des Lautes, der eine Angleichung bewirkt, zwischen Kontakt- und Fernassimilation unterscheiden.

**Kontaktassimilation** liegt vor, wenn der assimilierte Laut und der Laut, der die Assimilation auslöst, unmittelbar benachbart auftreten. In allen bisherigen Beispielen handelte es sich um Kontaktassimilation.

Bei **Fernassimilation** treten die betroffenen Laute nicht unmittelbar benachbart auf. Ein Beispiel ist der althochdeutsche *i*-Umlaut. So wurde der *a*-Laut in \**gasti* ›Gäste‹ unter Einwirkung des *i*-Lauts der folgenden Silbe zum *e*-Laut in *gesti* gehoben. Auf diese Weise wurde der Vokal der ersten Silbe bezüglich der Zungenhöhe bzw. des Öffnungsgrades dem Vokal der zweiten Silbe angenähert.

## Dissimilation

Dissimilationsprozesse spielen für die synchrone Phonologie eine weit geringere Rolle. Sie sind aber für die Charakterisierung von Lautwandelprozessen von Bedeutung.

## I.3.4 Phonologie

**Phonologische Laute**

**Zum Begriff**

→ **Dissimilation** ist ein Prozess, bei dem ein Laut bezüglich eines oder mehrerer phonetischer Merkmale einem anderen Laut unähnlicher gemacht wird.

Zu den bekanntesten Beispielen für die Dissimilation zweier Laute zählt der Übergang von [çs], [xs] oder [χs] zu [ks] wie in mhd. *sehs* > nhd. *sechs* oder mhd. *vuhs* > nhd. *Fuchs*. In diesen Fällen liegt eine Dissimilation des ersten Lautes im Hinblick auf die Artikulationsart vor. Eine Folge zweier Frikative geht über in eine Folge aus Plosiv und Frikativ.

### Apokope und Synkope

Apokope und Synkope sind Reduktionsprozesse. Sie werden auch als Elisionen oder Lauttilgungen bezeichnet.

**Zum Begriff**

→ **Apokope** bezeichnet den Wegfall eines Lautes im Wortauslaut.
→ **Synkope** bezeichnet den Wegfall eines Lautes im Wortinlaut.

Apokope und Synkope gehören zu den historisch und synchron häufigsten phonologischen Prozessen. Von Apokope ist insbesondere [ə] betroffen. Ein bekanntes Beispiel ist der zunehmende Ausfall von Schwa als Flexionsmarker bei stark und gemischt flektierenden Substantiven: *dem Berg(e), dem Mann(e), im Staat(e)*. Auch Synkope von Schwa ist in der schwachen und gemischten Substantivflexion verbreitet: *des Berg(e)s, des Mann(e)s, des Staat(e)s*. Der wesentliche Effekt des Ausfalls von Schwa ist in diesen Fällen die Reduktion der Silbenzahl. Das ist aber nur möglich, wenn ein Sonorant verfügbar ist, der die Funktion des Schwa als Silbenkern übernehmen kann, und wenn dem Schwa kein Konsonant vorausgeht, der geringere ›Schallfülle‹ als der nachfolgende Sonorant aufweist (s. Kap. I.4.4), wozu die Plosive und Frikative gehören. So ist bei den Wörtern in (11a) eine Reduktion der Silbenzahl möglich, aber nicht in (11b), weil hier mit /d/ und /f/ ein Plosiv bzw. Frikativ vorangeht. /g/ und /n/ können allerdings zu /ŋ/ verschmolzen werden, wenn die Wortform in rhythmisch unbetonter Position auftritt, so dass auch hier eine Reduktion der Silbenzahl erfolgt (11c).

(11) a. *sehen* [zeː.ən] [zeːn]
　　 b. *leiden* [laɪ.dən] [laɪ.dn̩]
　　　　*laufen* [laʊ.fən] [laʊ.fn̩]
　　 c. *legen* [leː.gən] [leː.gn̩] [leːŋ]

Auch [t] wird häufig apokopiert und synkopiert. Ein Beispiel für *t*-Apokope ist *jetzt* [tst] > [ts], ein Beispiel für *t*-Synkope ist *Holz* [lts] > [ls]. [t] fällt

**Phonologie**

**Phonologische Prozesse**

auch häufig vor einer Morphemgrenze aus, wenn das folgende Morphem mit dem gleichen Plosiv beginnt, wie in *enttäuschen* [ntt] > [nt], wobei [nt] auf zwei Silben verteilt wird.

## Epenthese

> → **Epenthese** bezeichnet die Hinzufügung eines Lautes.

Zum Begriff

Epenthese liegt bei Wortformen wie *übrigens* vor, die im Auslaut häufig mit [nts] realisiert werden. Ferner wird *anders* im Auslaut bisweilen mit [st] realisiert. In Fällen wie *hoffentlich* und *eigentlich*, die ebenfalls mit und ohne [t] ausgesprochen werden, kann man fragen, ob die Variante mit [t] oder ohne [t] synchron als Explizitform zu betrachten ist.

Die Schwa-Epenthese, die auch als Sprossvokalbildung (sanskr. Svarabhakti) bekannt ist, spielt in älteren Sprachstufen des Deutschen eine größere Rolle. Synchron ist sie dialektal von Bedeutung, insbesondere in Teilen des Westmitteldeutschen wie auch im angrenzenden niederländischen Sprachgebiet, wo Formen wie [mɛlk] und [mɛlək] ›Milch‹ alternieren.

## Neutralisierung

> Unter → **Neutralisierung** versteht man in der Phonologie die Aufhebung eines phonologischen Gegensatzes zwischen zwei phonologischen Lauten.

Zum Begriff

**Auslautverhärtung:** Das wohl bekannteste Beispiel für Neutralisierung ist die Aufhebung des Gegensatzes zwischen den stimmlosen Obstruenten /p t k f s ʃ/ und ihren stimmhaften Entsprechungen /b d g v z ʒ/, die als Auslautverhärtung bekannt ist. Ob /tʃ/ mit seiner stimmhaften Entsprechung /dʒ/ hinzugenommen werden sollen, ist fraglich, hier aber nicht weiter von Interesse.

Im Auslaut isoliert gesprochener Wortformen treten nur stimmlose Realisierungen von Obstruenten auf.

(12) | nicht-final | | final | |
--- | --- | --- | --- | ---
 | *Diebe* | [diː.bə] | *Dieb* | [diːp]
 | *Lieder* | [liː.dɐ] | *Lied* | [liːt]
 | *Tage* | [taː.gə] | *Tag* | [taːk]
 | *brave* | [braː.və] | *brav* | [braːf]
 | *Gas* | [gaː.zə] | *Gas* | [gaːs]
 | *Orange* | [o.ʁɔ̃ː.ʒə] | *orange* | [o.ʁɔ̃ːʃ]

Auch am Ende nicht-finaler Silben tritt Auslautverhärtung auf, wenn eine wortinterne Morphemgrenze folgt wie in (13).

(13)  Dieb+stahl         [diːp.staːl]
      Lied+gut           [liet.guːt]
      Tag+traum          [taːk.traum]
      Brav+heit          [braːf.haɪt]
      Gas+preis          [gaːs.praɪs]
      Orange+farbig      [o.ʁɔ̃ːʃ.faɐ̯.bɪç]

Ferner ist Auslautverhärtung auch vor Obstruenten innerhalb der gleichen Silbe möglich.

(14)  *lebe*        *lebst*       *lebt*
      [leː.bə]      [leːpst]      [leːpt]

      *wage*        *wagst*       *wagt*
      [vaː.gə]      [vaːkst]      [vaːkt]

**Archiphonem:** Die Auslautverhärtung lässt sich im einfachsten Fall als stellungsabhängige Neutralisierung von Obstruenten hinsichtlich des distinktiven Merkmals [±stimmhaft] auffassen. Phonologisch lässt sich der in entsprechender Stellung realisierte Laut unter Bezug auf diejenigen distinktiven Merkmale charakterisieren, die den beiden Obstruenten, die sich sonst nur unter Bezug auf ihre Stimmhaftigkeit unterscheiden, zukommen. Im Falle von /p/ und /b/ entspricht somit der phonologische Gehalt des Lautes, der im Auslaut erscheint, der Schnittmenge der Gehalte von /p/ und /b/. Ein solcher Laut stellt ein **Archiphonem** im Sinne von Jakobson (1929) und Trubetzkoy (1939) dar.

Die phonologische Analyse der Auslautverhärtung ist Gegenstand zahlreicher Untersuchungen gewesen (für einen Überblick s. Brockhaus 1995). Neben der phonologischen Deutung der Auslautverhärtung ist aber auch die Frage von Interessen, ob bei der Auslautverhärtung überhaupt eine vollständige Neutralisation vorliegt. Ferner ist zu fragen, wie weit Auslautverhärtung auch im Auslaut von Wörtern auftritt, die in den Äußerungskontext eingebettet sind (vgl. Auer 1994). Weiterhin ist fraglich, ob die Auslautverhärtung adäquat unter Bezug auf das Merkmal der Stimmhaftigkeit von Obstruenten beschreibbar ist oder besser unter Bezug auf die Fortis-Lenis-Unterscheidung. Auch in anderen Positionen weisen Lenis-Obstruenten häufig keinen Stimmton auf. Schließlich ist zu fragen, wie weit die Auslautverhärtung tatsächlich in den heutigen Standardlautungen des Deutschen verbreitet ist (vgl. König 1989; Mihm 2007).

**Weiterführende Literatur**

Eines der wichtigsten Werke der strukturalistischen Phonologie bilden die *Grundzüge der Phonologie* von Trubetzkoy (1939). Klassische Beiträge zur Theorie der distinktiven Merkmale sind Jakobson/Fant/Halle (1952) und Chomsky/Halle (1968). Grundlegend für die Darstellung des Lautsystems des Standarddeutschen sind Wiese (2000), Hall (2011) und Eisenberg (2013), für die phonetische Fundierung unter Berücksichtigung von Reduktionsformen auf satzphonologischer Ebene Kohler (1995). Einführend und immer noch mit Gewinn zu lesen sind Werner (1972), Meinhold/Stock (1982) und Ramers (1998). Zur Vertiefung sei auf Moulton (1962), Wurzel (1970), Kloeke (1982) und Maas (2006) verwiesen, zum Vokalismus auch auf Becker (1998).

## Aufgaben

1. Finden Sie Wortformen des Deutschen, die zwei oder mehr Vollvokale aufweisen. Was fällt auf?

2. Suchen Sie Minimaalpaare für folgende Phonempaare:
   (a) /iː/ – /aː/   (b) /a/ – /ɔ/   (c) /ɛ/ – /oː/   (d) /œ/ – /a/
   (e) /yː/ – /iː/   (f) /ɪ/ – /uː/   (g) /ʃ/ – /h/   (h) /n/ – /ŋ/
   (i) /m/ – /ŋ/   (j) /v/ – /k/   (k) /l/ – /j/   (l) /ʒ/ – /z/

3. Gibt es phonologische Laute des Deutschen, die beim Flüstern nicht unterschieden werden können? Überprüfen Sie dies anhand der in Kapitel I.3.2 und I.3.3 gegebenen Minimalpaare.

4. Welche Vokale des Deutschen weisen die in der folgenden Tabelle aufgelisteten Merkmale auf? Tragen Sie in jede Spalte ein Vokalphonem ein.

| | | | | | | | | | | | | | | | |
|---|---|---|---|---|---|---|---|---|---|---|---|---|---|---|---|
| ±vorn | + | + | – | + | + | – | + | – | + | + | + | – | – | + | – |
| ±geschlossen | + | – | – | + | – | + | – | + | – | + | + | – | – | – | – |
| ±offen | – | + | + | – | – | + | + | – | – | – | – | – | – | + | + |
| ±gerundet | – | – | – | + | – | + | + | – | + | + | – | + | + | – | + |
| ±gespannt | + | + | – | – | + | + | – | + | + | + | – | – | + | – | – |

5. Diskutieren Sie, ob die Lautfolge [gʁ] in Worten wie *grün* oder *groß* eine Affrikate des Deutschen sein könnte.

6. Nennen Sie jeweils einen phonologischen Prozess, der folgende lautliche Veränderungen erklären könnte. Geben sie bei den Assimilationsprozessen zusätzlich Distanz, Form, Richtung und Grad (z. B. partiell) an.
   (a) [kʀank] → [kʀaŋk]   (b) [ʊnbədɪŋkt] → [ʊm.bə.dɪŋkt]
   (c) [ʀɛnst] → [ʀɛntst]   (d) [ʔoːbən] → [ʔoːbm̩]
   (e) mhd. *lember* → nhd. *Lämmer*   (f) [ʃvɪmən] → [ʃvɪmː]
   (g) ahd. *wurfil* → mhd. *würfel* ›Würfel‹   (h) mhd. *wahs*[1] → nhd. *Wachs*
   (i) [møːglɪç] → [møːklɪç]   (j) ich gehe spazieren → ich geh spaziern

[1] Gesprochen [vaxs].

# 4. Phonologische Silbe

4.1 Die Silbe als prosodische Einheit
4.2 Silbentypen
4.3 Silbenstruktur
4.4 Phonotaktik
4.5 Silbifizierung

## 4.1 | Die Silbe als prosodische Einheit

Silben zählen zu den wenigen sprachlichen Einheiten, die uns schon in jungen Jahren intuitiv zugänglich sind. Wir nehmen sie als rhythmische Einheiten wahr, etwa in Abzählreimen, aber auch als Bestandteile von Wortformen, etwa beim Singen von Liedern, bei denen im einfachsten Fall jede Silbe einen eigenen Notenwert erhält.

Weniger klar ist, wie der Begriff der Silbe zu definieren ist. In erster Annäherung lässt sich die phonologische Silbe wie folgt charakterisieren:

**Zum Begriff**

> Die → **phonologische Silbe** ist die kleinste Lautfolge, die selbständig geäußert werden kann. Sie wird mit dem griechischen Buchstaben σ (Sigma) bezeichnet.

**Phonetische Silbe:** Phonetisch ist die Silbe nicht nur als auditive Einheit fassbar, sondern auch als artikulatorische und akustische Einheit. **Artikulatorisch** wird die Äußerung von Silbenfolgen meist durch Öffnungs- und Schließbewegungen des Unterkiefers begleitet, wodurch die Öffnung und Verengung des Vokaltrakts bei Vokalen und Konsonanten unterstützt wird. **Akustisch** entspricht dem eine größere spektrale Energie im Bereich der Vokale, die entsprechend mit größerer ›Schallfülle‹ wahrgenommen werden. Jede Silbe verfügt über einen Moment größter ›Schallfülle‹, der den Silbenkern bildet.

**Relevanz der Silbe:** Die phonologische Silbe weist Merkmale auf, die nicht aus den Merkmalen der einzelnen Laute, die sie umfasst, ableitbar sind. In diesem Sinne ist sie eine prosodische Einheit. Auch viele Eigenschaften, die auf den ersten Blick als Eigenschaften von Lauten erscheinen, lassen sich als Eigenschaften von Silben auffassen oder auf spezifische Silbenstrukturen beziehen. Hierzu gehören Dauereigenschaften von Vokalen, aber auch qualitative Eigenschaften wie Gespanntheit. Die phonologische Silbe bildet ferner den Bezugsbereich für zahlreiche phonologische Regularitäten. Hierzu gehören:

- **phonologische Prozesse** wie die Assimilation, die teilweise nur innerhalb der Silbe oder innerhalb von Bestandteilen der Silben wirken (s. Kap. I.3.4);
- **phonotaktische Regularitäten**, d. h. Regularitäten, die die Kookkurrenz, die Abfolge und die Anzahl von Lauten betreffen (s. Kap. I.4.4);
- **Ausgleichsprozesse**, die die Quantität betreffen oder das Silbengewicht (s. Kap. I.5.1).

Aufgrund ihrer Fähigkeit, betont zu werden, ist die Silbe ferner von zentraler Bedeutung für die Fußstruktur und allgemein für die rhythmische Gliederung (s. Kap. I.5.2). Schließlich sind betonte Silben potentielle Träger von Wortakzenten, syntaktischen Akzenten und Tonhöhenakzenten (s. Kap. I.5.1 und I.7.3).

Die folgende Darstellung beschränkt sich auf grundlegende Aspekte der Silbenstruktur, der Phonotaktik und der Silbengliederung von Wortformen in der Explizitlautung.

## 4.2 | Silbentypen

**Vollsilben und Reduktionssilben:** Für die Formulierung silbenbezogener Regularitäten ist es sinnvoll, zwischen Vollsilben und Reduktionssilben zu unterscheiden. Dieser Unterschied lässt sich unter Bezug auf die in Kapitel I.3.2 eingeführten Begriffe des Vollvokals und des Reduktionsvokals für das Standarddeutsche bestimmen.

> Als → **Vollsilben** gelten Silben, deren Silbenkern durch einen Vollvokal besetzt ist, als → **Reduktionssilben** solche, deren Silbenkern durch einen Reduktionsvokal oder einen Sonoranten (m, n, ŋ, l, ʀ) besetzt ist.

**Zum Begriff**

Tabelle 1 zeigt unterschiedliche Vorkommen der Reduktionsvokale bei Explizitlautung.

|  | Vollsilbe | Reduktionssilbe | Vollsilbe | Reduktionssilbe |
|---|---|---|---|---|
| Lehre |  |  | leːɐ̯ | ʁə |
| lehren |  |  | leːɐ̯ | ʁən |
| Lehrer |  |  | leːɐ̯ | ʁɐ |
| Dübel |  |  | dyː | bəl |
| Atem |  |  | aː | təm |
| Gelehrte |  | gə | leːɐ̯ | tə |
| verlernt |  | fɐ | lɛɐ̯nt |  |
| Wintermütze | vɪn | tɐ | myt | sə |

Tab. 1: Vollsilben und Reduktionssilben

## I.4.2 Phonologie

**Phonologische Silbe**

Vollsilben und Reduktionssilben unterscheiden sich im Hinblick auf ihre **Betonbarkeit** (s. Kap. I.5.1). Vollsilben sind **betonbar**, Reduktionssilben sind **nicht betonbar**. Hiervon ist die Frage ihrer **Betonung** zu unterscheiden, d. h. die Frage, ob sie tatsächlich **betont** werden. Da Vollsilben betonbar sind, können sie tatsächlich betont werden oder nicht. Reduktionssilben hingegen treten nur in unbetonter Stellung auf.

**Hauptsilben und Nebensilben:** Die Unterscheidung zwischen Vollsilbe und Reduktionssilbe ist nicht mit der Unterscheidung zwischen Haupt- und Nebensilbe gleichzusetzen. Letztere bezieht sich auf die Frage, ob eine Silbe einen **Wortakzent** trägt oder nicht (zum Begriff des Wortakzents s. Kap. I.5.1).

**Zum Begriff**

> Als → **Hauptsilben** gelten Silben, die einen Wortakzent tragen, als
> → **Nebensilben** solche, die keinen Wortakzent tragen.

Vollsilben können als Haupt- oder Nebensilben fungieren, Reduktionssilben nur als Nebensilben. Die Unterscheidung zwischen Vollsilben und Reduktionssilben bezieht sich somit nicht darauf, ob eine Silbe tatsächlich einen Wortakzent trägt, sondern auf ihre *Fähigkeit*, einen Wortakzent zu tragen.

Für das Deutsche typische Wortformen wie *Lehre*, *lehren* und *Lehrer* umfassen je eine Vollsilbe, die als Hauptsilbe fungiert, weil sie tatsächlich den Wortakzent trägt, und eine Reduktionssilbe, die als Nebensilbe fungiert und entsprechend unakzentuiert ist. Vor allem Wörter, die nicht zum Kernwortschatz des Deutschen gehören, weisen häufig auch Vollsilben auf, die als Nebensilben fungieren, also Vollsilben, die keinen Wortakzent tragen, obwohl sie einen tragen könnten. Beispiele sind die unbetonten Silben von *Ökonomie* und *Manipulation*.

(1) *Ökonomie*  ˌøːˈko.noˈmiː   *Manipulation*  ˌma.niˌpu.laˈtsi̯oːn

Beide Wortformen weisen Nebensilben mit Vollvokalen auf, die phonetisch kurz realisiert werden. *Ökonomie* weist vier Vollsilben und keine Reduktionssilbe auf. Die 1. und 4. Silbe fungieren als Hauptsilben, die 2. und 3. Silbe als Nebensilben. *Manipulation* weist 5 Vollsilben und ebenfalls keine Reduktionssilbe auf. Die 1., 3. und 5. Silbe fungieren als Hauptsilben, die 2. und 4. Silbe als Nebensilben.

**Wortakzent:** Die IPA-Zeichen [ˈ] und [ˌ] werden im Folgenden zur Bezeichnung unterschiedlicher Arten von Wortakzenten eingesetzt, die ausführlicher in Kapitel I.5.1 behandelt werden. Der Hochstrich [ˈ] kennzeichnet Silben, die den **primären Wortakzent** einer Wortform tragen, und der Tiefstrich Silben, die einen **sekundären Wortakzent** tragen. Der primäre Wortakzent ist der einzig obligatorische Wortakzent. Er liegt auf der am stärksten betonten Silbe der Wortform. Träger sekundärer Wortakzente sind weitere betonte Silben der gleichen Wortform.

## 4.3 | Silbenstruktur

**Strukturmodelle für die Silbe:** Silben verfügen über strukturelle Eigenschaften, die sich nicht allein aus ihren lautlichen Eigenschaften ergeben. Um solche Eigenschaften zu erfassen, wurden unterschiedliche Strukturmodelle für die Silbe vorgeschlagen. An dieser Stelle werden zwei Typen solcher Strukturmodelle vorgestellt: Konstituentenmodelle und CV-Modelle.

Die **Konstituentenmodelle** identifizieren Strukturpositionen, die in einem hierarchischen Verhältnis zueinander stehen. Die **CV-Modelle** schreiben der Silbe eine ›flache‹ Silbenstruktur zu, bestehend aus gleichrangigen C- und V-Elementen. Es ist möglich, beide Modelle miteinander zu kombinieren, indem C- und V-Elemente (oder allgemein Elemente einer Ebene abstrakter Strukturpositionen) in eine hierarchische Konstituentenstruktur integriert werden.

---

**Nichtlineare Phonologie**  *Zur Vertiefung*

Im Konstituentenmodell und im CV-Modell werden Silben getrennt von der linearen Lautkette auf einer eigenen Ebene repräsentiert. Aus diesem Grunde spricht man auch von **nichtlinearen** oder **multilinearen** Beschreibungsmodellen. Sie werden im Rahmen **nichtlinearer Phonologien** entwickelt.

---

### Konstituentenmodell der Silbe

**Grundbestandteile der Silbe:** Eine weit verbreitete Form der Silbenanalyse besteht darin, die Silbe in **Onset, Nukleus** und **Koda** einzuteilen. Wir verwenden im Folgenden hierfür die Begriffe **Anfangsrand**, **Kern** (oder **Silbenkern**) und **Endrand**. Die Beispiele in (2) illustrieren die Gliederung von Silben in diese Bestandteile anhand häufiger Silbentypen des Deutschen. Zur Verdeutlichung verwenden wir wiederum eine phonetisch-phonematische Schreibweise (s. Kap. I.3.2.2) und notieren auch nichtdistinktive Merkmale wie die Vokaldauer.

(2)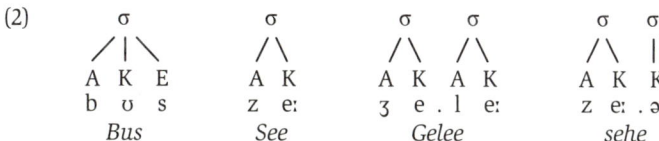

σ = phonologische Silbe, A = Anfangsrand, K = Kern, E = Endrand

**Silbenkern:** Der Silbenkern wird in Vollsilben durch einen Vokal (einen Monophthong oder einen Diphthong) besetzt. Vokale, die im Silbenkern auftreten, bilden den **Silbengipfel** dieser Silbe.

**Phonologische Silbe**

Reduktionssilben weisen [ə] oder [ɐ] als Silbenkern auf. Anstelle von Schwa können die Sonoranten [m n ŋ l ʁ] in den Silbenkern rücken. Sie fungieren dann als **silbische Konsonanten**. Ihre Silbigkeit wird in IPA durch einen untergesetzten Strich angezeigt. In den folgenden Beispielen ist der Silbenkern der Reduktionssilbe jeweils fett markiert.

(3)  leben   /leː.bən/   [leː.bən]   [leː.bm̩]
     lesen   /leː.zən/   [leː.zən]   [leː.zn̩]
     legen   /leː.gən/   [leː.gən]   [laː.gŋ̍]
     Segel   /zeː.gəl/   [zeː.gəl]   [zeː.gl̩]

[m̩] und [ŋ̍] resultieren in (3) aus der Assimilation des auslautenden /n/ an den vorangehenden Konsonanten [b] bzw. [g] bezüglich des Artikulationsortes (s. Kap. I.3.4).

Silbisches /ʁ/ wird üblicherweise vokalisiert, d. h. als [ɐ] realisiert wie in (4).

(4)  Lehrer   /leː.ʁəʁ/   ([leː.ɐ.ʁəʁ])   [leː.ɐ.ʁɐ]

**Silbenränder:** Der **Anfangsrand** umfasst sämtliche Konsonanten, die dem Kern innerhalb der gleichen Silbe vorausgehen, der **Endrand** sämtliche Konsonanten, die dem Kern innerhalb der gleichen Silbe nachfolgen.

Der Endrand einer phonologischen Silbe kann leer sein, wie in *See* /zeː/. Wenn der glottale Verschlusslaut [ʔ] nicht als Realisierung eines Phonems betrachtet wird (s. Kap. I.3.3), kann auch der Anfangsrand leer sein. Nur der Silbenkern muss besetzt sein, zumindest mit einem sonoranten Konsonanten, wenn kein Vokal verfügbar ist.

**Silbenreim:** Da die Verbindung von Kern und Endrand in vielen Sprachen eine besondere Rolle für phonologische Regularitäten spielt, werden diese Konstituenten zu einer übergeordneten Konstituente zusammengefasst, dem **Silbenreim**. Weist eine Silbe keinen Endrand (oder einen ›leeren‹ Endrand) auf, umfasst der Reim lediglich den Kern. Die Beispiele aus (2) lassen sich bei Berücksichtigung des Silbenreims (R) wie in (5) repräsentieren.

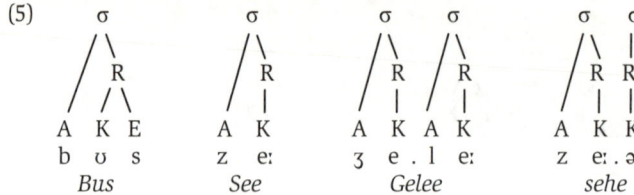

(5)

Der Bezug auf den Silbenreim ist im Fall des Deutschen für die Formulierung von Minimal- und Maximalanforderungen an die Komplexität von Silben nützlich (s. Kap. I.4.4). So lässt sich für das Deutsche feststellen, dass der Silbenreim betonter Silben mindestens einen gespannten Monophthong, einen Diphthong oder einen ungespannten Vokal und einen Konsonanten aufweist. Entscheidend ist hier also nicht die Besetzung des Silbenkerns, sondern die des Silbenreims.

Alternativ zur Einteilung der Silbe in Anfangsrand und Reim findet man bisweilen auch die Zusammenfassung von Anfangsrand und Kern zum sog. **Silbenkörper** oder die Zusammenfassung von Anfangsrand und Endrand zur sog. **Silbenschale** (vgl. Vennemann 1986). Diese Termini können hilfreich sein, wenn man Regularitäten beschreiben will, die Beschränkungen für das gleichzeitige Auftreten von Lauten im Anfangsrand und Kern oder im Anfangsrand und Endrand betreffen.

## CV-Phonologie

Die hierarchische Gliederung der Silbe in Grundbestandteile wie Anfangsrand, Kern und Endrand sowie höherrangige Bestandteile wie den Silbenreim erlaubt es, Regularitäten zu erfassen, die die Zahl und Anordnung der Laute in der Silbe betrifft und die Gliederung von Wörtern in Silben. Alternativ werden in der Phonologie auch nicht-hierarchische Silbenmodelle benutzt, die Silben eine lineare Abfolge abstrakter Strukturpositionen zuordnen. Eine dieser Theorien ist die **CV-Phonologie**. In der klassischen CV-Phonologie werden Silben als Folgen von C- und V-Positionen repräsentiert, die durch einzelne oder mehrere Laute besetzt werden können. Jede Silbe umfasst zumindest ein V-Element.

- **V-Elemente** stehen für Positionen in der Silbe, die durch silbische Laute besetzt werden, d. h. Elemente, die den Silbengipfel bilden.
- **C-Elemente** stehen für Positionen, die durch nicht-silbische Laute besetzt werden, d. h. Laute, die keinen Silbengipfel bilden.

Im einfachsten Fall wird jede V-Position durch einen Vokal besetzt und jede C-Position durch einen Konsonanten. Das gilt jedoch nicht in allen Fällen wie die Beispiele in (6) zeigen. Die Verbindungslinien deuten an, dass einzelne Laute einzelnen Positionen der CV-Ebene zugeordnet oder mit ihnen **assoziiert** werden. Punkte auf der CV-Ebene zeigen wie auf der Lautebene Silbengrenzen an.

(6)  C V C          C V C          C V . C V C          C V C . V
    | | |          | V          | | | V          | V |
    b ʊ s          z eː          ʒ e . l eː          z eː . ə
    Bus          See          Gelee          sehe

Ungespannte Vokal wie /ʊ/ in *Bus*, gespannte Vokale in unbetonter Silbe wie das erste /e/ in *Gelee* und Reduktionsvokale wie /ə/ in *sehe* werden in (6) mit nur einer Position der CV-Ebene assoziiert, gespannte Vokale in betonter Silbe mit zwei Positionen. So lässt sich aufgrund der Zahl der besetzten CV-Positionen nicht nur die relative Kürze ungespannter Vokale wie in *Bus* vorhersagen, sondern auch der Dauerunterschied zwischen gespannten Vokalen in unbetonter und betonter Silbe wie zwischen den

**Phonologische Silbe**

beiden *e*-Lauten in Gelee. In betonter Silbe wird /e/ mit relativer Länge realisiert, in unbetonter Silbe mit relativer Kürze. Deshalb wäre die Angabe der Vokaldauer, die in Kapitel I.3.2 ohnehin nicht als distinktiv angenommen wurde, auf der Lautebene hier ganz verzichtbar.

Auch Sonoranten können eine V-Position besetzen, etwa in Reduktionssilben, wenn Schwa ausfällt.

(7)  CV-Ebene        CVC . CVC        CVC . CV
                     ||| |||          ||| ||
     Lautebene       ʁ a s . t ə n    ʁ a s . t n̩

Ferner muss man mit der Möglichkeit rechnen, dass Vokale nicht in der Position des Silbenkerns auftreten. Ein solcher Fall wurde in Kapitel I.3.2.2 für die sogenannten **Gleitlaute** angenommen, die in Wortformen wie *Plagiat* als Approximanten oder auch als Vokale realisiert werden können. In diesen Fällen lässt sich unter Bezug auf die CV-Struktur verdeutlichen, dass mit dem Wechsel vom Konsonant zum Vokal kein Unterschied in der Silbenstruktur einhergeht. Ob der Gleitlaut eher als [j] oder als [i] realisiert wird, spielt für die Silbenstruktur keine Rolle, weil mit dem Übergang vom Konsonanten zum Vokal keine Position des Silbenrands in eine Position des Silbenkerns verwandelt wird.

(8)  CV-Ebene        CCV . CCVCC       C C V . C CVC C
                     ||| ||V|          ||| ||V|
     Lautebene       p l a . g j aː t  p l a . g i̯ aː t

**Beziehungen zwischen Lautebene und CV-Ebene:** Die Zuordnung der Vokale zu Positionen der CV-Ebene in den bisherigen Beispielen hat gezeigt, dass zwischen Elementen der CV-Ebene und Elementen der Lautebene nicht immer eine 1-zu-1-Beziehung bestehen muss. Generell können **drei Typen von Beziehungen** zwischen Elementen der CV-Ebene und der Lautebene unterschieden werden:

1. Eine Einheit der Lautebene wird mit einer Einheit der CV-Ebene assoziiert (1-zu-1-Beziehung).
2. Eine Einheit der Lautebene wird mit mehr als einer Einheit der CV-Ebene assoziiert.
3. Mehr als eine Einheit der Lautebene wird mit einer Einheit der CV-Ebene assoziiert.

Wenn Assoziationen mit maximal zwei Elementen der Lautebene und der CV-Ebene betrachtet werden, ergeben sich folgende Typen abstrakter Repräsentationen (mit X für V- und C- Elemente und mit x für phonologische Laute):

## Phonologie

### Silbenstruktur

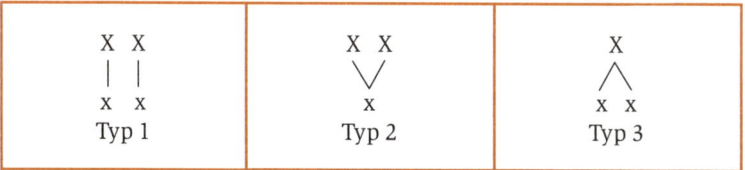

Abb. 1: Beziehungen zwischen Lautebene und CV-Ebene

In Wortformen wie *Kamm* findet sich eine 1-zu-1-Beziehung zwischen dem Vokal und dem V-Element der betreffenden Silbe (Typ 1). Einem langen Vokal wie /a:/ in *kam* werden zwei Elemente der CV-Ebene zugeordnet werden (Typ 2).

(9)  CV-Ebene          CVC         CVCC
                        |           V
     Lautebene         k a m       k a: m
                       *Kamm*      *kam*

**Diphthonge:** Im Fall der Diphthonge kommen noch weitere Beziehungen zwischen Lautebene und CV-Ebene in Frage. Je nachdem, ob wir Diphthonge monophonematisch oder diphonematisch werten, und je nachdem, ob wir annehmen, dass Diphthonge eine oder zwei Positionen der CV-Ebene besetzen, können wir vier mögliche Repräsentationen unterscheiden:

|  | monophonematische Wertung | | diphonematische Wertung | |
|---|---|---|---|---|
| (10) CV-Ebene | C V | C V C | C V | C V C |
|  | \| | V | ∧ | \| \| |
| Lautebene | b aʊ | b aʊ | b a ʊ | b a ʊ |

Die Unterscheidung zwischen der Lautebene und der CV-Ebene ermöglicht es im Fall der Diphthonge, ihre phonematische Wertung allein auf lautliche Regularitäten zu stützen, während Regularitäten, die Auswirkungen der Lautwahl auf die Quantität oder das Silbengewicht betreffen, durch die Beziehung zur CV-Ebene erfasst werden können. So kann z. B. durch eine Repräsentation im Sinne der 2. Variante in (10) zum Ausdruck gebracht werden, dass eine Silbe schwer ist, ohne eine diphonematische Wertung des Diphthongs anzunehmen wie im Fall der 4. Variante. Eine Repräsentation im Sinne der 1. oder 3. Variante hingegen könnte für die Repräsentation von Diphthongen in Nebensilben relevant sein.

In (10) wird mit dem Diphthong /aʊ/ ein **fallender Diphthong** berücksichtigt, in (8) wurde mit der zweiten phonetischen Realisierungsvariante von *Plagiat* ein **steigender Diphthong** berücksichtigt (zu den Begriffen s. Kap. I.2.3.1). Die Repräsentation des fallenden Diphthongs in (10) durch die Sequenz VC macht deutlich, dass bei fallenden Diphthongen nur der erste Bestandteil silbischen Charakter hat. Bei den steigenden Diphthongen ist es umgekehrt, weshalb sie durch CV repräsentiert werden können.

### 1.4.3 Phonologie

**Phonologische Silbe**

Im Fall von *Plagiat* handelt es sich allerdings um die Kombination eines nicht-silbischen Vokals (oder Gleitlauts) mit einem gespannten Vokal, der in betonter Silbe selbst eine V- und eine C-Position besetzt. So ergibt sich für die Lautfolge [i̯aː] die Repräsentation CVC.

**Affrikaten:** Für die Affrikaten kommen analog zu den Diphthongen folgende vier Repräsentationen infrage:

|  |  | monophonematische Wertung |  | diphonematische Wertung |  |
|---|---|---|---|---|---|
| (11) | CV-Ebene | C V C | C C V C | C V C | C C V C |
|  |  | \| | V | ∧ | \| \| |
|  | Lautebene | pf ɪ f | pf ɪ f | pf ɪ f | pf ɪ f |

Der Bezug auf die CV-Ebene erlaubt im Fall der Affrikaten, die phonematische Wertung unabhängig von der Frage zu diskutieren, ob durch Affrikaten eventuelle phonotaktische Beschränkungen aufgehoben werden. So lässt sich z. B. argumentieren, dass sich Affrikaten einerseits wie eine Folge von zwei phonologischen Lauten verhalten. Beide Bestandteile treten schließlich auch isoliert als phonologische Laute auf. Dies würde für die 3. oder 4. Variante in (11) sprechen. Phonotaktisch verhalten sich Affrikaten wie Laute, die nur mit einem C-Element assoziiert sind wie in der 1. oder 3. Variante. So treten im Anfangsrand betonter Silben in der Regel maximal zwei Konsonanten auf, außer wenn ein Konsonant mit einer Affrikate kombiniert wird wie in /pflaʊ.mə/. In diesem Fall sind drei Konsonanten möglich. Diese Überlegungen sprechen für die 3. Variante. Aber auch wenn Affrikaten wie bei der 4. Variante als Folgen zweier Laute aufgefasst werden, die jeweils nur eine C-Position besetzen, lässt sich daran festhalten, dass der Anfangsrand einer Silbe im Deutschen maximal zwei C-Positionen umfasst. Möglich ist das, wenn angenommen wird, dass es auch **extrasilbische Konsonanten** gibt, d. h. Laute, die für die Bewertung der Komplexität einer Silbe (oder ihr Silbengewicht) nicht mitzählen. Extrasilbisch wären dann z. B. /s/ oder /ʃ/ in den Anfangsrändern /sklaː.və/, /skʁuː.pəl/, /split/, /ʃtʁɪk/ (eine weiterführende Diskussion von Extrasilbizität findet sich bei Giegerich 1985; Hall 1992; Yu 1992 und Wiese 2000).

**Vokale in Nebensilben:** Die Annahme einer CV-Schicht eröffnet auch neue Perspektiven, um Unterschieden in der Silbenstruktur von Haupt- und Nebensilben Rechnung zu tragen, was bereits in (6) anhand von *Gelee* angedeutet wurde, bei dem das kürzere gespannte /e/ der ersten Silbe nur einer Position der CV-Ebene zugeordnet wurde, das längere gespannt /e/ der zweiten Silbe zwei Positionen.

Der relativen Kürze des gespannten /o/ in der zweiten und dritten Silbe von *Ökonomie* kann ebenfalls dadurch Rechnung getragen werden, dass sie nur einer Position der CV-Ebene zugeordnet werden. Analoges gilt für die Vollvokale /i/, /u/ und /a/ in *Manipulation*.

(12) CV-Ebene    VC.CV.CV.CVC          CVC.CV.CV.CV.CCVCC
                 V  ‖  ‖  ‖V           ‖V  ‖  ‖  ‖  ‖‖V‖
     Lautebene   ˌøː. k o. no.ˈmiː     ˌmaː. n i . p u .la. ˈti̯ oː n

## Anschlusskorrelation und Silbenschnitt

Die CV-Notation hat deutlich gemacht, dass der unterschiedlichen Dauer von gespannten und ungespannten Vokalen in betonten und unbetonten Silben durch die Zuordnung zu einem oder zwei Elementen der CV-Ebene Rechnung getragen werden kann. Es stellt sich die Frage, ob nicht auch auf das Merkmal der Gespanntheit als distinktives Merkmal verzichtet werden kann, denn nicht nur das gespannte /a/ lässt sich vom ungespannten /a/ unter Bezug auf die CV-Ebene unterscheiden. Sämtliche Paare gespannter und ungespannter Vollvokale lassen sich auf diese Weise unterscheiden, wie die Beispiele in (13) illustrieren.

(13)  CVCCV        CVCV         CVVCV        CVCV
      ‖V‖‖         ‖‖‖‖         ‖V‖‖         ‖‖‖‖
      b iː t ə     b ɪ t ə      b eː t ə     b ɛ t ə
      *biete*      *bitte*      *bete*       *bette*

      CVCCV        CVCV         CVCCVC       CVCVC
      ‖V‖‖         ‖‖‖‖         ‖V‖‖‖        ‖‖‖‖‖
      t ɛː l ɐ     t ɛ l ɐ      l aː z ə n   l a s ə n
      *Täler*      *Teller*     *lasen*      *lassen*

      CC VCCV      CCVCV        VC C VC      VCVC
      ‖‖ V‖‖       ‖‖‖‖‖        V‖ ‖‖        ‖‖‖‖
      s p uː k ə   s p ʊ k ə    oː f ə n     ɔ f ə n
      *spuke*      *spucke*     *Ofen*       *offen*

Ein Vorteil des Verzichts auf Gespanntheit und Dauer als distinktive Merkmale besteht darin, dass auf diese Weise dem Vokalismus in unbetonten Silben besser Rechnung getragen werden kann, denn in unbetonten Silben scheint der Unterschied zwischen gespannt und ungespannt als phonematischer Gegensatz aufgehoben zu sein. Entsprechend schwankend ist die Realisierung der Vollvokale. So findet man in einigen Wörtern des Kernwortschatzes sowie in zahlreichen neueren Entlehnungen Aussprachevarianten, bei denen Vollvokale, die in unbetonten Silben phonetisch kurz ausgesprochen werden, teils gespannt, teils ungespannt realisiert werden. Bei der ungespannten Realisierung ist ferner zu überlegen, ob der nachfolgende intervokalische Konsonant ambisilbisch realisiert wird, was in der rechten Kolumne in (14) durch den Punkt unter oder über dem Konsonanten angedeutet wird.

**Phonologische Silbe**

(14) lebendig   [leˈbɛndɪç]   [lɛˈbɛndɪç]   [lɛˈb̥ɛndɪç]
    Forelle    [foˈʁɛlə]     [fɔˈʁɛlə]     [fɔˈʁɛlə]
    Epoche     [eˈpɔxə]      [ɛˈpɔxə]      [ɛˈb̥ɔxə]
    cholerisch [koˈleːʁɪʃ]   [kɔˈleːʁɪʃ]   [kɔˈleːʁɪʃ]
    Militär    [miliˈteːɐ]   [mɪlɪˈteːɐ]   [mɪlɪˈteːɐ]
    kulant     [kuˈlant]     [kʊˈlant]     [kʊˈl̥ant]

Damit ist aber noch nicht geklärt, wie es zu den deutlichen Unterschieden in der Vokalqualität in betonten Silben kommt, die sich unter Bezug auf die Gespanntheit beschreiben lassen. Relevant ist hierfür ein Unterschied in der Silbenstruktur, der traditionell als **Anschlusskorrelation** beschrieben wird. So wird in betonten Silben mit Bezug auf den ersten postvokalischen Konsonanten zwischen einem **losen Anschluss** nach gespanntem Vokal und einem **festen Anschluss** nach ungespanntem Vokal unterschieden (Jespersen 1926; Trubetzkoy 1939). Alternativ wird in Orientierung an Sievers (1876) von **sanftem** und **scharfem Silbenschnitt** gesprochen. Dahinter steht die Auffassung, dass es sich bei ungespannten Vokalen um Vokale handelt, die in betonter Silbe durch den folgenden Konsonanten gleichsam ›abgeschnitten‹ und somit unvollständig realisiert werden, während gespannte Vokale vollständig realisiert werden.

(15)   Scharfer Silbenschnitt   Sanfter Silbenschnitt
       C V C                    C V C C
       | | |                    | V |
       b ɛ t                    b eː t
       *Bett*                   *Beet*

Diese Sichtweise wird durch die Beobachtung gestützt, dass sich betonte Silben mit einem Silbenreim, der einen ungespannten Vokal und einen Konsonanten umfasst, im Hinblick auf das Silbengewicht so verhalten wie betonte Silben, deren Reim einen gespannten Monophthong umfasst. Bei scharfem Silbenschnitt besetzt der nachfolgende Konsonant die gleiche Position in der Silbe, die sonst die zweite Hälfte des gespannten Monophthongs besetzt. Unter Bezug auf den Silbenschnitt lässt sich auch die bereits erwähnte Anforderung sehen, wonach der Reim betonter Silben mindestens zwei Positionen der CV-Ebene umfasst. Im Fall gespannter Vokale wird dies durch die Assoziation mit zwei Positionen der CV-Ebene sichergestellt. Im Falle von ungespannten Vokalen, die nur mit der V-Position assoziiert sind, muss ein Konsonant im Silbenreim folgen, der die nachfolgende C-Position besetzt.

**Reanalyse des Systems der deutschen Vollvokale:** Werden Dauerunterschiede und Gespanntheitsunterschiede von Vollvokalen in diesem Sinne auf Unterschiede in der Silbenstruktur zurückgeführt, sind sowohl Dauer als auch Gespanntheit als distinktive Merkmale entbehrlich. Für die Charakterisierung des Gehalts der Vollvokale des Deutschen kommen wir dann mit den vier Merkmalen [±vorn], [±geschlossen], [±offen] und [±gerundet] aus. Konsequenterweise können dann aber auch nicht mehr [i(ː)]

und [ɪ], [y(ː)] und [ʏ], [u(ː)] und [ʊ] usw. als Realisierungen unterschiedlicher Phoneme betrachtet werden. Vielmehr reduziert sich das Inventar der phonemischen Vollvokale auf /i y u e ø o ɛ a/, wobei die Namen dieser Phoneme jeweils für gespannte und ungespannte sowie lange und kurze Realisierungsvarianten stehen. Für die Charakterisierung des phonologischen Gehalts der monophthongischen Vollvokale ergibt sich dann die Merkmalsmatrix in Tabelle 2 (vgl. auch Becker 1998).

|  | /i/ | /y/ | /u/ | /e/ | /ø/ | /o/ | /ɛ/ | /a/ |
|---|---|---|---|---|---|---|---|---|
| ±vorn | + | + | − | + | + | − | + | − |
| ±geschlossen | + | + | + | − | − | − | − | − |
| ±offen | − | − | − | − | − | − | + | + |
| ±gerundet | − | + | + | − | + | + | − | − |

Tab. 2: Distinktive Merkmale der Vollvokale des Deutschen

Für das ›norddeutsche‹ System, in dem nicht zwischen /e/ und /ɛ/ unterschieden wird, erhalten wir die noch einfachere Merkmalsmatrix in Tabelle 3.

|  | /i/ | /y/ | /u/ | /e/ | /ø/ | /o/ | /a/ |
|---|---|---|---|---|---|---|---|
| ±vorn | + | + | − | + | + | − | − |
| ±geschlossen | + | + | + | − | − | − | − |
| ±gerundet | − | + | + | − | + | + | − |

Tab. 3: Distinktive Merkmale der Vollvokale des ›norddeutschen‹ Systems

In beiden Systemen bleiben interessanterweise genau die drei Dimensionen als distinktive Merkmalsdimensionen erhalten, die auch im IPA-Vokalviereck berücksichtigt sind (vorn – hinten, geschlossen – offen, gerundet – ungerundet), und die sich für die Vokalsysteme zahlreicher Sprachen aus unterschiedlichen Sprachfamilien als relevant erwiesen haben.

Es sei betont, dass die Verlagerung von Fragen der Vokalunterscheidung von der Lautebene auf die Ebene der Silbenstruktur nicht in erster Linie durch Ökonomiegesichtspunkte motiviert ist. Entscheidend ist vielmehr, dass die Einbeziehung der Silbenstruktur zu einer Darstellung führt, die eine adäquatere Erfassung der Variation der Aussprache der Vollvokale in betonten und in unbetonten Silben verspricht.

**Phonologische Silbe**

## 4.4 | Phonotaktik

Die Relevanz der Silbe für die Phonologie zeigt sich insbesondere bei der Betrachtung **phonotaktischer** Regularitäten.

**Zum Begriff**

> Die → **Phonotaktik** untersucht die syntagmatischen Beziehungen zwischen Lauten innerhalb der Silbe und anderer prosodischer Einheiten.

Die syntagmatischen Beziehungen zwischen Lauten betreffen die Zahl und Art der Laute, die zusammen in einer prosodischen Einheit auftreten können, und die Reihenfolge ihres Auftretens.

**Mimimalitätsanforderungen und Maximalitätsbeschränkungen:** Zu den häufigsten Silbentypen des Deutschen gehört in betonter Stellung der Typ CVC, im Bereich der unbetonten Silben der Typ CV. Wie bereits im vorigen Kapitel deutlich wurde, weist der Silbenreim betonter CVC-Silben zwei Strukturpositionen auf, die durch einen gespannten Vokal, durch einen Diphthong oder durch einen ungespannten Vokal und Konsonant besetzt sein können.

(16)  *da*      daː       CVC     *Dame*    daː.mə    CVC.CV
      *Heu*     hɔɪ       CVC     *heute*   hɔɪ.tə    CVC.CV
      *Pass*    pas       CVC     *Paste*   pas.tə    CVC.CV

CV- und CVC-Silben weisen einen **einfachen** Anfangsrand auf, da dieser nur einen Laut umfasst. Andernfalls hieße der Silbenrand **komplex**. Bei den Silben *da* und *heu* handelt es sich ferner um **offene Silben**, da sie vokalisch auslauten. Bei *Pass* handelt es sich demgegenüber um eine **geschlossene Silbe**, weil sie auf einen Konsonanten auslautet.

**Morphologisch einfache Wortformen:** Der Anfangsrand betonter Silben morphologisch einfacher Wortformen des Standarddeutschen umfasst maximal 3 phonologische Laute.

(17)  *Spreu*     ʃpRɔɪ      CCCVC
      *Strick*    ʃtRɪk      CCCVC
      *Sklave*    sklaː.və   CCCVC.CV
      *Zwiebel*   tsviː.bəl  CCCVC.CVC

Es fällt auf, dass die ersten beiden Laute solcher komplexen Silbenränder jeweils aus einem [s] oder [ʃ] und einem Plosiv bestehen. Im Fall von [tsviː.bəl] wird man 2 oder 3 phonologische Laute im Anfangsrand zählen, je nachdem ob man die Affrikaten monophonematisch oder diphonematisch wertet.

Die Anfangsränder unbetonter Silben enthalten maximal 2 Konsonanten. Auch hier ist die konsonantische Besetzung des komplexen Anfangsrands stark eingeschränkt.

(18)  Ruhe      ʁuː.ə       CVC.V
      Bude      buː.də      CVC.CV
      Wanze     van.tsə     CVC.CCV

Im Endrand morphologisch einfacher Wortformen treten maximal 4 Konsonanten auf.

(19)  Arzt      aʁtst       VCCCC
      Ernst     ɛʁnst       VCCCC
      selbst    zɛlpst      CVCCCC
      Herbst    hɛʁpst      CVCCCC

Es gibt nur wenige morphologisch einfache Wortformen im Kernwortschatz des Deutschen, die komplexe Endränder mit gespannten Vokalen oder Diphthongen kombinieren. Hier werden maximal 3 Konsonanten im Endrand erreicht.

(20)  Keks      keːks       CVCCC
      Mond      moːnt       CVCCC
      leicht    laɪçt       CVCCC
      Papst     paːpst      CVCCCC

In morphologisch einfachen Formen besteht offenbar ein Zusammenhang zwischen der Komplexität des Endrands und der Komplexität des Silbenkerns. So treten komplexe Endränder typischerweise nach Silbenkernen mit ungespanntem Vokal auf und somit nach nicht-komplexem Silbenkern:

(21)  kahl      kaːl    CVCC    kalt    kalt    CVCC
      hohl      hoːl    CVCC    Holm    hɔlm    CVCC
      Maß       maːs    CVCC    Mast    Mast    CVCC
      Moos      moːs    CVCC    Most    mɔst    CVCC

Dass komplexe Endränder eher nach nicht-komplexen Silbenkernen folgen und nicht-komplexe Endränder eher nach komplexen Silbenrändern, wird auch als Tendenz zum **Längenausgleich** bezeichnet. Man kann darunter die Tendenz verstehen, die Komplexität des Silbenreims, der ja Silbenkern und Endrand umfasst, weitgehend konstant zu halten. Diese Tendenz stützt auch die in Kapitel I.3.3 präferierte Interpretation des velaren Nasals [ŋ] als Assimilationsprodukt der Phonemfolge /ng/, denn dieser Laut tritt im Deutschen nur nach ungespanntem Vokal auf und wird außer in flektierten Formen wie *singst* und in wenigen unflektierten Wortformen wie *Angst* oder *Hengst* nicht mit weiteren Konsonanten im Endrand kombiniert. [ŋ] verhält sich phonologisch also wie ein komplexer Endrand.

**Morphologisch komplexe Wortformen:** Im Endrand morphologisch komplexer Formen treten nach ungespanntem Vokal bis zu 5 Konsonanten auf, nach gespanntem Vokal oder Diphthong bis zu 4 Konsonanten.

## Phonologische Silbe

Die CV-Struktur weist in diesen Positionen jeweils bis zu 5 C-Elemente auf.

(22)   schimpfst   ʃɪmpfst   CVCCCCC
       latschst    laːtʃst   CVCCCCC
       peitschst   paɪtʃst   CVCCCCC

Auch hier ist die Auswahl an Konsonanten umso beschränkter, je weiter der Konsonant vom Silbenkern entfernt auftritt. Die maximal komplexen Endränder in (22) enden alle mit Plosiv+Frikativ+ /st/.

**Abfolgebeschränkungen:** Phonotaktische Regularitäten beziehen sich nicht nur auf die Anzahl der Laute in der Silbe, sondern auch auf ihre Abfolge und ihre Kookkurrenz. Es fällt auf, dass im Anfangsrand Plosive und Frikative stets Nasalen und Liquiden vorangehen. Im Anfangsrand finden sich z.B. die Abfolgen /kl/, /tʀ/, /ʃm/, /kn/, wie in /klaɪn/, /tʀaːf/, /ʃmaːl/ und /knap/, aber nicht die Abfolgen /lk/, /ʀt/, /mʃ/, /nk/. Im Endrand verhält es sich umgekehrt. Hier finden sich die Abfolgen /lk/, /ʀt/, /mʃ/, /nk/, wie in /kalk/, /haʀt/, /ʀamʃ/ und /ʃlank/, jedoch nicht die Abfolgen /pl/, /tʀ/, /ʃm/, /kn/. In Kapitel I.3.3 wurde ferner darauf hingewiesen, dass [ŋ] nur im hinteren Silbenrand auftritt. Wird [ŋ] wie in Kapitel I.3.3 auf /ng/ zurückgeführt, erklärt sich dieses Verhalten aus der allgemeinen Regel, dass Sonoranten näher am Silbenkern auftreten als Obstruenten.

**Silbenbauschema:** Auf der Grundlage solcher Abfolgebeschränkungen im Kernwortschatz des Deutschen kann ein allgemeines Silbenbauschema erstellt werden. Eine einfache Version dieses Schemas zeigt Abbildung 2.

| Anfangsrand | | | | Kern | Endrand | | | |
|---|---|---|---|---|---|---|---|---|
| Obstruenten | | Sonoranten | | | Sonoranten | | Obstruenten | |
| Plosive | Frikative | Nasale | Liquide | Vokale | Liquide | Nasale | Frikative | Plosive |

Abb. 2: Silbenbauschema für betonte Silben im Kernwortschatz des Deutschen

Die Zuordnung der Lautklassen zu den Silbenkonstituenten Anfangsrand, Kern und Endrand in Abbildung 2 gilt so nur für betonte Silben. Für unbetonte Silben wären auch Sonoranten im Kern zuzulassen.

Das Schema erfasst die Regularität, dass Sonoranten (Nasale und Liquide) näher am Silbenkern auftreten als Obstruenten. Dazu passt die Beobachtung, dass bei Ausfall des Vokals als silbengipfelbildendem Element Sonoranten und nicht Obstruenten diese Position einnehmen.

Liquide stehen näher am Kern als Nasale, wenn Laute beider Klassen auftreten. Dies lässt sich zumindest für den hinteren Silbenrand anhand von Wortformen wie *Qualm* [kvalm] oder *Kerl* [kɛɐl] belegen. Vor dem Vokal tritt im Kernwortschatz maximal ein Sonorant auf. Das Schema erfasst ferner die Regularität, dass unter den Obstruenten Frikative näher am Silbenkern stehen als Plosive. Abweichend verhalten sich die Sibilanten /s/ und /ʃ/, z.B. in *Stahl* [ʃtaːl] und *Lachs* [laks], sowie generell die Affrikaten, z.B. in *Napf* [napf] und *Latz* [lats].

Es wurde vielfach versucht, die dem Silbenbauschema zugrundeliegenden Abfolgebeschränkungen auf phonetische Eigenschaften verschiedener Lautklassen zurückzuführen. Zu diesem Zweck wurden insbesondere zwei Merkmalsdimensionen in Betracht gezogen: die Sonorität und die konsonantische Stärke.

**Sonorität** bezieht sich auf die ›Klangfülle‹, wobei umstritten ist, welche akustischen Merkmale der wahrgenommenen Sonorität zugrunde liegen. Relevant dürfte hierfür vor allem die akustische Energie im Bereich zwischen etwa 1 und 3 kHz sein. Die hohe spektrale Energie von [s] oberhalb dieses Frequenzbereichs scheint in der Lautsprache eine geringere Rolle zu spielen, was für die variablen Stellungseigenschaften dieses Lautes relevant sein könnte. In der Flüstersprache liegen andere Verhältnisse vor.

> **Sonorität geflüsterter Laute**
>
> Das Silbenbauschema bezieht sich auf die normale Aussprache mit Stimmton. Für die **Flüstersprache** wäre dieses Schema möglicherweise zu modifizieren. In der Flüstersprache werden alle Laute ohne Stimmton gesprochen. Vokale können auch ohne Stimmton aufgrund ihres größeren Öffnungsgrades sonorer wirken als die meisten Konsonanten, denn bei größerem Öffnungsgrad sind auch die glottal erzeugten Geräuschanteile stärker im Sprechsignal vertreten. Zischlaute, insbesondere [s], wirken beim Flüstern aufgrund ihrer intensiven supraglottal erzeugten Geräuschanteile oberhalb von 3 kHz ebenfalls relativ sonor, weshalb [s] in der Interjektion *pst* sogar den Silbengipfel bilden kann.

*Zur Vertiefung*

**Konsonantische Stärke** bezieht sich auf den Grad der Verengung des Vokaltrakts. Je stärker die Verengung, desto größere die konsonantische Stärke. Die größte konsonantische Stärke weisen demnach die Plosive auf, die geringste die offenen Vokale. Die konsonantische Stärke nimmt also mit abnehmender Sonorität zu, während die Sonorität mit abnehmender konsonantischer Stärke zunimmt. Dies verdeutlicht Abbildung 3, in der die phonetischen Laute des Deutschen nach beiden Dimensionen angeordnet sind. Die Anordnung der Laute innerhalb der Lautgruppen erfolgt hier schematisch nach Artikulationsort und Stimmhaftigkeit bzw. im Fall der Vokale nach Öffnungsrad. Ob eine weitere Abstufung innerhalb der Plosive und Frikative möglich und sinnvoll ist, soll hier offen bleiben (für eine solche Abstufung der Plosive und Frikative nach konsonantischer Stärke vgl. z. B. Vennemann 1982: 284). Ferner ist zu berücksichtigen, dass es fraglich ist, ob die stimmhaften Obstruenten im Anfangsrand regulär mit Stimmton realisiert werden, oder ob es sich nicht vielmehr um Lenis-Artikulationen handelt (s. Kap. I.2.3.2).

**Phonologische Silbe**

Abb. 3: Sonoritätsskala und konsonantische Stärkeskala

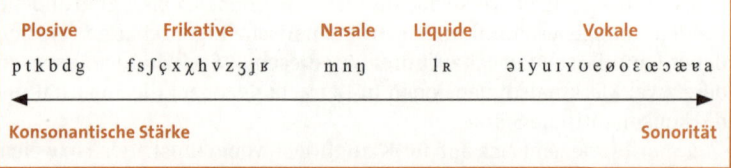

Unter Bezug auf das Silbenbauschema in Abbildung 2 und die Sonoritätsskala in Abbildung 3 lässt sich für das Deutsche ein **Allgemeines Phonologisches Silbenbaugesetz** formulieren. In Orientierung an Vennemann (1982: 283), der das Gesetz allerdings mit Bezug auf die konsonantische Stärke formuliert, kann man feststellen:

**Zum Begriff**

> → **Allgemeines Phonologisches Silbenbaugesetz:** Die bevorzugte Silbe ist so gebaut, dass die Sonorität im Anfangsrand und im Endrand zum Nukleus hin monoton zunimmt und im Kern ihr Maximum erreicht.

Die Wirksamkeit des Allgemeinen Silbenbaugesetzes kann visuell durch sog. Sonoritätsprofile verdeutlicht werden. Abbildung 4 zeigt entsprechende Graphen für Einsilber des Kernwortschatzes (in Anlehnung an Hall 2011: 232).

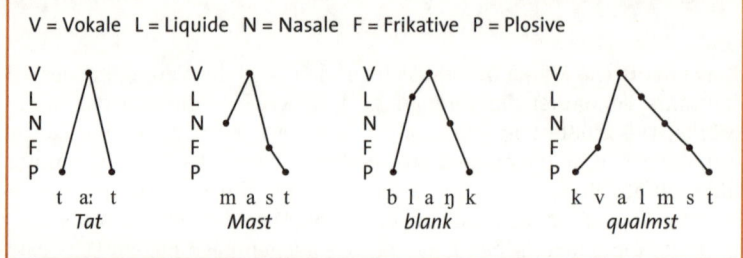

Abb. 4: Sonoritätsprofile deutscher Einsilber

Abbildung 5 zeigt, dass es auch im Bereich des Kernwortschatzes Einsilber gibt, die keine idealen Sonoritätsprofile im Sinne der Hierarchie von Abbildung 3 aufweisen.

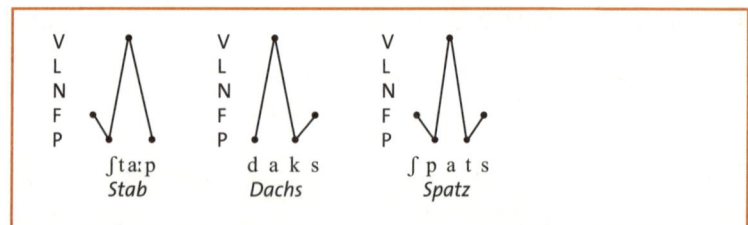

Abb. 5: Abweichende Sonoritätsprofile

Abweichungen dieser Art können auch zu der Überlegung führen, ob für phonotaktische Generalisierungen Plosive und Frikative unterschiedlichen Sonoritätsklassen zugeordnet werden sollen, oder ob es sinnvoller ist, sie als Obstruenten nur einer Sonoritätsklasse zuzuordnen. Alternativ können Konsonanten wie [ʃ] vor Plosiv und [s] nach Plosiv in *Stab*, *Dachs*, *Spatz* als **extrasilbische** Konsonanten betrachtet werden, die für silbenbezogene Regeln gleichsam ›unsichtbar‹ sind, weil sie in einem gewissen Sinne nicht zur Silbe gehören (zum Begriff der Extrasilbizität s. Kap. I.4.3).

## 4.5 | Silbifizierung

Als **Silbifizierung** wird die Einteilung von Wortformen in Silben bezeichnet. Dabei können zwei Aspekte unterschieden werden: die Anzahl der Silben in einer Wortform und die Lage der Silbengrenzen.

**Silbenzahl:** Über die Zahl der Silben einer Wortform kann in den meisten Fällen Einigkeit erzielt werden. Problematisch sind am ehesten Fälle, in denen Schwa ausfällt und ein Sonorant in den Silbenkern rückt. Insbesondere wenn /nən/- oder /mən/-Silben reduziert werden, fällt es oft nicht leicht, die Zahl der Silbenkerne zu bestimmen. Solche Fälle illustrieren die Beispiele in (23). Konsonanten in der Position des Silbengipfels werden durch einen vertikalen Strich unterhalb oder oberhalb des Konsonanten gekennzeichnet.

(23) *lehnen* [leː.nən] [leː.n̩ː] oder [leːnː]
 *wohnen* [voː.nən] [voː.n̩ː] oder [voːnː]
 *lähmen* [lɛː.mən] [lɛː.m̩ː] oder [lɛːmː]

**Silbengrenzen:** Größere Probleme bereitet in vielen Fällen die Bestimmung der wortinternen Silbengrenzen. Zunächst ist festzustellen, dass Silbengrenzen meist mit Morphemgrenzen zusammenfallen, wenn es sich um Grenzen zwischen zwei Wortstämmen handelt (z. B. bei Komposita wie *Wellblech* [vɛl.blɛç] oder *blaugrün* [blaʊ.gryːn]). Die Lage der Silbengrenze weicht hingegen häufig von der Lage der Morphemgrenzen ab, wenn es sich um Grenzen zwischen Stamm und Derivations- oder Flexionsaffixen handelt. Generell kann eine Morphemgrenze innerhalb einer Silbe auftreten und eine Silbengrenze innerhalb eines Morphems, wie folgende Beispiele belegen (wortinterne Morphemgrenzen werden mit + angezeigt):

(24) **Morphemgliederung** **Silbengliederung**
 *Ruf* *Ruf*
 *Atem* *A.tem*
 *ruf+t* *ruft*
 *ruf+en* *ru.fen*
 *Be+ruf+ung* *Be.ru.fung*

## 1.4.5 Phonologische Silbe

Die Lage der Silbengrenze kann in den meisten Fällen unter Bezug auf allgemeine Prinzipien der Silbenstruktur und phonotaktische Regularitäten oder Präferenzen bestimmt werden (vgl. Clements/Keyser 1983; Vennemann 1988).

**Morphologisch einfache Wortformen:** Für Wortformen, die weder Komposita sind noch Ableitungssuffixe enthalten, lassen sich **vier Regularitäten der Silbifizierung** unterscheiden.

(a) Folgt auf einen gespannten Vokal oder Diphthong unmittelbar ein weiterer Vokal, so liegt die Silbengrenze vor dem weiteren Vokal.

(25)  *Ruhe*  [ʀuː.ə]  *Reihe*  [ʀaɪ.ə]

(b) Folgen nach gespanntem Vokal oder Diphthong ein Konsonant und ein weiterer Vokal, so liegt die Silbengrenze vor dem Konsonanten.

(26)  *rase*  [ʀaː.zə]  *reise*  [ʀaɪ.zə]

Diese Regularität steht im Einklang mit dem **Prinzip der Onset-Maximierung** (Kahn 1976, Clements/Keyser 1983, Kap. 2.4), wonach Konsonanten, die zwischen zwei silbengipfelbildenden Vokalen auftreten, bevorzugt im Anfangsrand der folgenden Silbe realisiert werden.

**Zum Begriff**

> → **Prinzip der Onset-Maximierung:** Maximiere zuerst die Anzahl der Konsonanten im Anfangsrand, soweit dies im Einklang mit den Prinzipien des Silbenbaus in der betreffenden Sprache steht. Maximiere danach die Anzahl der Konsonanten im Endrand, soweit dies im Einklang mit den Prinzipien des Silbenbaus in der betreffenden Sprache steht.

(c) Folgen nach ungespanntem Vokal ein Konsonant und ein weiterer Vokal, fällt die Silbengrenze in den Konsonanten, was durch einen Punkt unter oder über dem betreffenden Konsonanten angedeutet wird. In dieser Position treten alle Konsonanten des Deutschen auf mit Ausnahme von /ʒ/, /j/ und /h/. Ferner sind /v/ und /z/ in dieser Position nur im peripheren Wortschatz belegt.

(27)  /p b/   *Lippe*   [lɪp̣ə]    *Robbe*   [ʀɔḅə]
     /t d/   *Mitte*   [mɪṭə]    *Kladde*  [klaḍə]
     /k g/   *Hecke*   [hɛḳə]    *Egge*    [ɛġə]
     /f v/   *Affe*    [af̣ə]    *clever*  [klɛvɐ]
     /s z/   *Masse*   [maṣə]    *Puzzle*  [pʊzəl]
     /ʃ/    *Tasche*  [taʃ̣ə]
     /ç/    *Rache*   [ʀaχ̣ə]
     /m n/   *Flamme*  [flaṃə]   *Kanne*   [kaṇə]
     /ng/    *Wange*   [vaŋ̣ə]
     /ʀ/    *Karre*   [kaʀ̣ə]
     /l/    *Halle*   [hal̦ə]

(d) Treten zwischen zwei Silbenkernen zwei Konsonanten auf, so besetzt der erste Konsonant den Endrand der ersten Silbe, wenn deren Silbenkern einen ungespannten Vokal aufweist. Dies folgt aus der generellen Anforderung, dass im Standarddeutschen der Reim betonter Silben zwei Strukturpositionen (VC) aufweisen muss, die durch einen gespannten Vokal, einen Diphthong oder durch einen ungespannten Vokal und einen Konsonanten besetzt werden können.

(28) a. *halten* [hal.tən] *[halt.ən] *[ha.ltən]
 b. *binden* [bɪn.dən] *[bɪnd.ən] *[bɪ.ndən]

Die Formen *[halt.ən] und *[bind.ən] verstoßen gegen das Prinzip der Onset-Maximierung. Die Formen *[ha.ltən] und *[bɪ.ndən] stehen gleich mit zwei phontaktischen Regeln oder Präferenzen in Konflikt. Zum einen erfüllen sie nicht die Anforderung, dass der Reim betonter Silben zwei Strukturpositionen aufweisen muss. Zum anderen stehen die Anfangsränder [lt] und [nd] der jeweils zweiten Silbe nicht im Einklang mit dem Allgemeinen Silbenbaugesetz, wonach im Anfangsrand Sonoranten näher am Silbenkern stehen als Obstruenten (s. Kap. I.4.4). Das Silbenbauschema erklärt auch, warum die Wortform *Monde* wie in [moːn.də] silbifiziert wird und nicht wie in [moː.ndə], obwohl die erste Silbe einen gespannten Vokal aufweist und damit einen Reim, der zwei Strukturpositionen umfasst.

**Silbengelenkposition:** Die unter (c) aufgeführten Konsonanten, die zwischen ungespanntem Vokal und einem weiteren Vokal auftreten wie in *Lippe*, *Mitte* usw. werden als **ambisilbisch** bezeichnet, oder auch als Konsonanten, die in der Position eines **Silbengelenks** auftreten.

> Als → Silbengelenk wird ein Laut bezeichnet, der zugleich dem Endrand einer vorangehenden Silbe und dem Anfangsrand einer nachfolgenden Silbe angehört.

**Zum Begriff**

Diese Begriffsbestimmung nimmt auf Konstituenten der Silbe, nämlich die Silbenränder Bezug. In der CV-Phonologie kann der ambisilbische Charakter eines Lautes dadurch zum Ausdruck gebracht werden, dass der Konsonant einer C-Position zugeordnet wird, die mit beiden Silben assoziiert ist. (29a) zeigt die Repräsentation ambisilbischer Konsonanten im Konstituentenmodell, (29b) im CV-Modell.

(29) a. 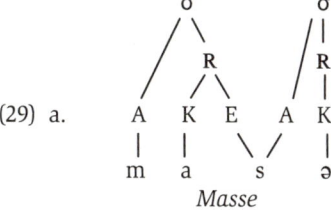 b.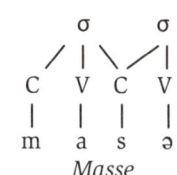

**Phonologische Silbe**

Bei morphologisch komplexen Wortformen fallen Silbengrenzen häufig mit wortinternen Morphemgrenzen zusammen, was umgekehrt dazu führt, dass aus Hörerperspektive Silbengrenzen als Hilfsmittel für die Identifizierung der morphologischen Struktur dienen können. Ein bekanntes Beispiel zeigt (30).

(30) *Stau+becken*   [ʃtaʊ.bɛk̬ən]
 *Staub+ecken*   [ʃtaʊp.ɛk̬ən]

Der Zusammenfall von Silbengrenzen mit Morphemgrenzen kann auch zu Silbenstrukturen führen, die innerhalb morphologisch einfacher Wortformen aufgrund des Prinzips der Onset-Maximierung dyspräferiert sind.

(31) *Reistopf*   [ʀaɪs.tɔpf]   statt   [ʀaɪ.stɔpf]
 *entraten*   [ɛnt.ʀaː.tən]   statt   [ɛn.tʀaː.tən]

Dieser Einfluss der Morphologie auf die Silbifizierung betrifft primär Morphemgrenzen zwischen zwei Stämmen sowie zwischen einem Stamm und einem Derivationsaffix.

Unter Bezug auf die morphologische Struktur versucht Vennemann (1982: 300 ff.), auch den angenommenen Unterschied in der Silbifizierung von *täglich* und *eklig* zu erklären, für die er folgende Einteilungen in Silben annimmt:

(32) *eklig*   [eː.klɪç]   statt   [eːk.lɪç]
 *täglich*   [tɛːk.lɪç]   statt   [tɛː.glɪç]

Die Silbifizierung von *eklig* in (32a) stellt die ›normale‹ Silbifizierung dar, wonach der letzte Laut zwischen zwei Silbenkernen, der eine größere konsonantischen Stärke als seine Nachbarlaute aufweist, am Beginn der zweiten Silbe auftritt. Im Falle von *eklig* in (32) ist das der Laut [k], die Silbengrenze tritt entsprechend vor [k] auf. Die abweichende Silbeneinteilung bei *täglich* wird auf die Morphemgrenze vor *lich* zurückgeführt: *ekl+ig*, aber *täg+lich*. Es ist aber keineswegs klar, ob beide Wortformen tatsächlich von einer Mehrheit der Sprecher wie in (32) und damit unterschiedlich silbifiziert werden. Zumindest die Form [tɛː.glɪç] dürfte neben [tɛːk.lɪç] verbreitet sein. Auch das *Deutsche Aussprachewörterbuch* von Krech et al. (2009) notiert [tɛːklɪç], wobei [k] darauf hindeutet, dass eine Silbengrenze nach dem Plosiv angenommen wird, da /g/ im Anlaut der Folgesilbe als [g] realisiert würde.

### Weiterführende Literatur

Einführungen in die Silbenphonologie des Deutschen bieten Ramers (1998), Maas (2006), Hall (2011) und Eisenberg (2013). Zur vertiefenden Lektüre eignen sich Wiese (2000), Hall (1992) und die Beiträge in Eisenberg/Ramers/Vater (1992).

Als Einführung in die nicht-lineare Phonologie immer noch empfehlenswert sind Hulst/Smith (1982) und Kenstowicz (1994), zur CV-Phonologie Clements/Keyser (1983). Weiterführende Lektüre zum Silbenschnitt bieten Vennemann (1991, 1994) sowie die Aufsätze in Auer/Gilles/Spiekermann (2002); zur Anwendung des Silbenschnitts auf die Analyse des deutschen Vokalsystems siehe Becker (1998). Eine vertiefende Lektüre zu Präferenzgesetzen für die Silbenstruktur und die Silbifizierung bieten Clements/Keyser (1983) und Vennemann (1988), einführend hierzu der auch sonst immer noch lesenswerte Band von Vennemann (1986).

## Aufgaben

1. Identifizieren Sie Voll- und Reduktionssilben in folgenden Wortformen:
    (a) Eierdiebe           (b) Edelmetall
    (c) Revitalisierung     (d) Installationen
    (e) Aspirin             (f) Molekül
    (g) Familie             (h) heitere

2. Transkribieren Sie folgende Wortformen mit Silbengrenzen und repräsentieren Sie die Silbenstrukturen (1) im Sinne des hierarchischen Konstituentenmodells und (2) im Sinne des CV-Modells.
    (a) Stahl               (b) Skala
    (c) Reste               (d) mästen
    (e) Zeremonie           (f) Mahagoni
    (g) Kaiserin            (h) Quarkkuchen

3. Warum sind folgende Formen in der deutschen Standardlautung nicht zu erwarten?
    (a) [ŋaŋ]       (b) [plaːd]     (c) [dlaɪdf]
    (d) [ba.j]      (e) [bɪ.nə]     (f) [flaft.ə]
    (g) [mbah]      (h) [lʃuːv]     (i) [fz]

# 5. Phonologischer Fuß

5.1 Grundlagen der Metrischen Phonologie
5.2 Phonologische Füße und Fußtypen
5.3 Der Fuß als prosodische Domäne

## 5.1 | Grundlagen der Metrischen Phonologie

Die Wortformen einer Äußerung nehmen wir gewöhnlich als Folgen von Silben wahr, die unterschiedliche Betontheit oder Prominenz aufweisen. In den Wortformen *baue, bauen, Bauer* erscheint uns jeweils die erste Silbe prominenter als die zweite. Bei *Bauernhöfe* erscheint uns die erste Silbe prominenter als die zweite, und die dritte Silbe prominenter als die vierte. Solche Prominenzrelationen sind Gegenstand der **Metrischen Phonologie**.

**Zum Begriff**

> Die → **Metrische Phonologie** geht der Frage nach, welche Typen von Prominenzrelationen auftreten, und wie aus einfachen Prominenzrelationen komplexe rhythmische Strukturen aufgebaut werden.

Auf der Wortebene nehmen wir eine Silbe nicht in einem absoluten Sinne als prominent oder nicht prominent wahr, sondern als prominenter oder als weniger prominent als eine andere. Prominenz ist also eine relative Eigenschaft. Wenn wir sagen, dass die Wortform *baue* eine prominente Silbe aufweist, dann meinen wir damit, dass diese Wortform eine Silbe aufweist, die bei einer Äußerung der betreffenden Wortform als prominenter wahrgenommen wird als eine andere Silbe der gleichen Wortform.

Traditionell gelten phonologische Silben als Träger von Prominenzeigenschaften. Prominenzrelationen können aber auch zwischen größeren prosodischen Einheiten wie den Füßen angesetzt werden. Für die Beschreibung von Prominenzrelationen zwischen Silben spielen drei Begriffe eine wichtige Rolle: Betonung, Betonbarkeit und Silbengewicht.

### Betonung und Betonbarkeit

Der Begriff der **Betonung** (engl. *stress*) wird in der Literatur sehr uneinheitlich verwendet. Wir verstehen unter Betonung ein abstraktes Merkmal, das eine Silbe dafür qualifiziert, akustisch hervorgehoben zu werden, um entsprechend als prominent wahrgenommen zu werden. Jede Silbe einer Wortform kann in diesem Sinne als betont oder unbetont charakterisiert werden. Hieraus ergibt sich die **Betonungsstruktur** einer

Wortform. Die Betonungsstruktur von *baue* lässt sich als ›betont – unbetont‹ charakterisieren.

Von der aktuellen Betonung einer Silbe ist ihre **Betonbarkeit** zu unterscheiden. Betonung kann stärker oder schwächer ausgeprägt sein. Betonbarkeit hingegen ist eine kategoriale Eigenschaft von Silben. Unter Bezug auf die Begriffe der Vollsilbe und der Reduktionssilbe (s. Kap. I.4.2) lassen sich die Silben des Deutschen in betonbare und nicht betonbare einteilen.

> Als → **betonbare Silben** des Deutschen gelten Vollsilben, d. h. Silben, deren Silbenkern durch einen Vollvokal (Monophthong oder Diphthong) besetzt ist.
> Als → **nicht-betonbare Silben** des Deutschen gelten Reduktionssilben, d. h. Silben, deren Silbenkern durch einen Reduktionsvokal oder einen Sonoranten besetzt ist.

Zum Begriff

Betonbarkeit ist eine Voraussetzung für Betonung. Betonbare Silben können, müssen allerdings nicht betont sein. Die Silbe *nis* z. B. tritt in *nisten* in betonter Stellung auf, in *Bildnis* hingegen in unbetonter Stellung.

**Betonung von Reduktionssilben:** Dass Reduktionssilben im Deutschen nicht betonbar sind, lässt sich anzweifeln, wenn man die Äußerung entsprechender Wortformen im Äußerungszusammenhang betrachtet. Treten drei Reduktionssilben nacheinander auf wie in (1a), lässt sich die Tendenz beobachten, entweder die Silbenzahl auf zwei zu reduzieren oder die mittlere Silbe gegenüber ihren Nachbarsilben hervorzuheben, wenn dadurch eine Sequenz von drei unbetonten Silben vermieden werden kann (die betonten Silben sind durch Unterstreichung markiert). Treten vier unbetonbare Silben hintereinander auf wie in (1b), scheint nur die Hervorhebung einer der mittleren Silben akzeptabel.

(1) a. <u>heit</u>'re Ge<u>sprä</u>che     <u>hei</u>tere Ge<u>sprä</u>che
    b. ? <u>heit</u>'rere Ge<u>sprä</u>che     <u>hei</u>te<u>re</u>re Ge<u>sprä</u>che     <u>hei</u>te<u>re</u>re Ge<u>sprä</u>che

Diese Beispiele scheinen gegen die Annahme zu sprechen, dass Schwa-Silben grundsätzlich nicht hervorhebbar sind. Man kann aber argumentieren, dass die Prominenz einzelner Schwa-Silben in Wortformen wie *heiterere* nicht auf ihrer Betonungsstruktur beruht, die mit der Wortform gegeben ist, sondern aus einer rhythmischen Reorganisation auf Äußerungsebene hervorgeht. Der Begriff der Betonbarkeit bezieht sich auf die Betonung auf Wortebene. Bei der Hervorhebung einzelner Schwa-Silben in (1) handelt es sich um eine Hervorhebung auf Äußerungsebene. Der Unterschied zeigt sich unter anderem darin, dass Schwa-Silben zwar wie betonbare Silben auf Äußerungsebene hervorgehoben werden können, dass sie im Unterschied zu den betonbaren Silben aber nicht die metrisch stärkste Position im Wort einnehmen können, die dazu befähigt, den Wortakzent zu tragen.

## I.5.1 Phonologie

**Phonologischer Fuß**

**Akustische Mittel der Betonung:** Weiter oben wurde gesagt, das Merkmal der Betonung qualifiziere eine Silbe dazu, akustisch hervorgehoben zu werden. Die Betonungsstruktur einer Wortform sagt somit etwas darüber aus, welche Silben bei einer Äußerung der Wortform akustisch hervorgehoben werden. Es stellt sich die Frage, welche Mittel hierfür Verwendung finden. Weitgehend Einigkeit besteht darüber, dass es kein einzelnes und wahrscheinlich nicht einmal ein primäres akustisches Merkmal gibt, das in Sprachen wie dem Deutschen oder Englischen Betonung zum Ausdruck bringt. Die Hervorhebung einer Silbe wird vielmehr durch ein variables Zusammenspiel mehrerer phonetischer Mittel erreicht. Hierzu gehören:

- die Vergrößerung der Silbendauer;
- die Anhebung des Grundfrequenzniveaus oder allgemein die Vergrößerung des genutzten Frequenzbereichs;
- die Vergrößerung des *spectral tilt* (der Abnahme akustischer Energie von tieferen zu höheren Frequenzen im Spektrum sonorer Laute, insbesondere der Vokale);
- die Erhöhung der Intensität;
- akustische Merkmale, die sich auf erhöhte artikulatorische Präzision zurückführen lassen und bei Vokalen z. B. zur Wahrnehmung unterschiedlicher Gespanntheit führen können.

Bei aller Variation im Bereich des phonetischen Ausdrucks zeigt sich aber doch eine Gemeinsamkeit: Alle diese phonetischen Veränderungen gehen mit einem vergrößerten motorischen Aufwand einher, sei es in Form eines erhöhten Energieaufwandes oder in Form erhöhter Anforderungen an die motorische Feinkoordination.

### Silbengewicht

Um Beziehungen zwischen der Lautstruktur, der Silbenstruktur, der Betonbarkeit und der Betonung einer Silbe auszudrücken, wird in vielen Darstellungen das Silbengewicht, die ›Schwere‹ einer Silbe, als Maß herangezogen. Im Deutschen spielt für die Bestimmung des Silbengewichts nur der Aufbau des Silbenreims (Kern und Endrand) eine Rolle, nicht der Anfangsrand.

**Schwere und leichte Silben:** Silben, deren Silbenkern durch einen Reduktionsvokal oder einen silbischen Konsonanten besetzt ist, sind nicht betonbar. Sie erreichen gewissermaßen nicht die ›kritische Masse‹, um betont werden zu können. Aber auch betonbare Silben, deren Silbenkern einen Vollvokal aufweist, bleiben unbetont, wenn die jeweilige Silbe als ganze nicht ein minimales Silbengewicht erreicht. Um betonungsrelevante Unterschiede im Silbengewicht zum Ausdruck zu bringen, wird gewöhnlich zwischen **schweren** und **leichten Silben** unterschieden. Nur schwere Silben werden betont. Worin besteht im Standarddeutschen aber der Unterschied zwischen schweren und leichten Silben?

Wenn wir **Länge** als distinktives Merkmal der Vokale des Deutschen ansetzen, können solche Silben als schwer gelten, deren Silbenreim min-

## Grundlagen der Metrischen Phonologie

destens einen Langvokal aufweist, einen Diphthong oder einen Kurzvokal und einen Konsonanten. Als leicht gelten dann Silben, die einen Kurzvokal und einen leeren Endrand aufweisen. Letztere bleiben unbetont. Einsilbige Wörter, die einen eigenen Wortakzent tragen, umfassen stets eine schwere Silbe. So weist *Beet* im Silbenreim einen langen Vokal auf, *baut* einen Diphthong und *Bett* einen Kurzvokal und einen Konsonanten.

Wenn wir das Merkmal der **Gespanntheit** als distinktives Merkmal ansetzen, können solche Silben als schwer gelten, deren Reim einen gespannten Vokal aufweist wie *Beet*, einen Diphthong wie *baut* oder einen ungespannten Vokal und einen Konsonanten wie *Bett*. Als leichte Silben gelten demgegenüber Silben, die einen ungespannten Vokal und einen leeren Endrand aufweisen.

Wortformen wie *Uhu*, *Opa* und *Foto* zeigen allerdings, dass Silben mit einem gespannten Vokal nicht betont sein müssen. Diese Wortformen weisen in ihrer zweiten, unbetonten Silbe ein gespanntes /u/, /a/ oder /o/ auf. Diese Vokale werden auch kürzer realisiert als die gespannten Vokale in der vorangehenden betonten Silbe. Die Betonungsstruktur dieser Wortformen und die Dauerunterschiede ihrer Vokale lassen sich erfassen, wenn man beachtet, dass gespannte Vokale im Unterschied zu ungespannten Vokalen im Standarddeutschen die Eigenschaft aufweisen, in unbetonter Silbe kurz und in gespannter Silbe lang realisiert zu werden. Die Betontheit ergibt sich also nicht aus der Lautdauer oder Gespanntheit, sondern umgekehrt, die Lautdauer ergibt sich bei den gespannten Vokalen aus der Betontheit der Silbe, in der sie auftreten.

**Moren:** Um über unterschiedliche segmentale und silbenstrukturelle Bedingungen generalisieren zu können, wird häufig die **More** als Einheit zur Bestimmung des Silbengewichts herangezogen.

> Die → **More** (lat. *mora*) ist eine Maßeinheit zur Bestimmung des Gewichts der phonologischen Silbe. Einmorige Silben gelten als leicht, zweimorige Silben als schwer. Die More wird durch den griechischen Buchstaben μ (My) bezeichnet.

**Zum Begriff**

Die More ist sprachspezifisch zu bestimmen. Im Standarddeutschen können offene Silben mit kurzem Vokal als einmorig gelten, Silben mit langem Vokal oder Diphthong oder kurzem Vokal und Konsonant als zweimorig. Wenn man Gespanntheit statt Vokallänge zugrunde legt, ergibt sich die Zweimorigkeit von Silben mit gespanntem Vokal dadurch, dass die gespannten Vokale in betonten Silben zwei gewichtsrelevante Positionen besetzen. Generell gilt: Gespannte Vokale besetzen in unbetonten Silben nur eine gewichtsrelevante Position im Silbenreim, in betonten Silben jedoch zwei. Auch die Diphthonge und Sequenzen aus ungespanntem Vokal und Konsonant besetzen in betonter Silbe zwei gewichtsrelevante Positionen. (2) illustriert die Morenzählung für *Beet*, *baut* und *Bett*.

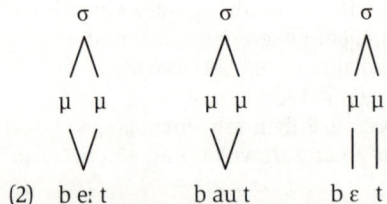

(2)　b eː t　　b au t　　b ɛ t

Die zweiten, unbetonten Silben in *Uhu*, *Oma* und *Foto* sind einmorig und damit leicht, denn der gespannte Vokal besetzt nur eine gewichtsrelevante Position. Diesen Wortformen lassen sich die Morenstrukturen in (3) zuweisen:

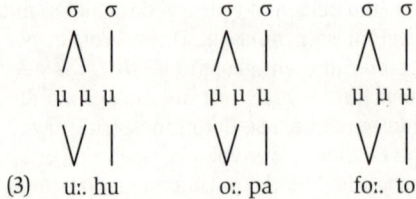

(3)　uː. hu　　oː. pa　　foː. to

Die Wortformen *Uhu*, *Opa*, *Foto* unterscheiden sich von Wörtern wie *Buche*, *Oper* oder *Vogel* in ihrer Betonbarkeitsstruktur, da die zweite Silbe keine Reduktionssilbe ist. Sie unterscheiden sich aber nicht von ihnen in ihrer Betonungsstruktur, denn auch sie umfassen eine betonte und eine unbetonte Silbe. Wir nehmen zwar zwischen der ersten und zweiten Silbe von *Uhu*, *Opa*, *Foto* möglicherweise ein geringeres Prominenzgefälle wahr als zwischen der ersten und zweiten Silbe von *Buche*, *Oper*, *Vogel*, für die Betonungsstruktur ist allerdings allein ausschlaggebend, dass jeweils die erste Silbe prominenter ist als die zweite.

## Wortakzent

Aus der Anordnung betonbarer und nicht betonbarer Silben ergibt sich die **Betonbarkeitsstruktur** einer Wortform. Aus der Anordnung der betonten und nicht betonten Silben ergibt sich ihre **Betonungsstruktur**. Davon ist als dritte Strukturebene die Ebene der **Wortakzentstruktur** zu unterscheiden.

Die Verwendung des Begriffs des Wortakzents ist ebenso uneinheitlich wie die des Begriffs der Betonung. Wir folgen der Tradition von Bolinger (1958), Lehiste (1970) und Lieb (1985, 1999) und verwenden einen satzfunktionalen Begriff des Wortakzents. Demnach sind Silben, die einen Wortakzent tragen, potentielle Träger **syntaktischer Akzente**, unter denen wir vorläufig nichts anderes als die traditionellen **Satzakzente** verstehen, d. h. Akzente, die auf Satzebene vergeben werden, und die die Satz- und Äußerungsbedeutung beeinflussen (zum Begriff des syntaktischen Akzents s. Kap. I.7.3).

**I.5.1**
Phonologie

Grundlagen der Metrischen Phonologie

> → **Wortakzent** bezeichnet die Fähigkeit einer Silbe eines Wortes, einen syntaktischen Akzent zu tragen.

Zum Begriff

Wortakzentsilben sind Silben, die einen syntaktischen Akzent tragen *können*, aber nicht jede Wortakzentsilbe trägt auch einen syntaktischen Akzent.

**Neutrale und kontrastive Akzentuierung:** Im vorliegenden Zusammenhang interessiert allein die Beziehung zwischen Wortakzent, Betonung und Betonbarkeit. Betrachten wir als Beispiel das Wort *Bauernhof* in folgenden Äußerungen, bei denen die Träger syntaktischer Akzente jeweils durch Fettdruck markiert sind.

(4) a. **Bau**ernhöfe
 b. Da **hin**ten sind zwei **Bau**ernhöfe
 c. Der **Bau**ernhof meiner **Mut**ter
 d. **Der** Bauernhof gehört meiner **Mut**ter
 e. Bauern**hö**fe

Die Silbe *bau* trägt den Wortakzent des Wortes *Bauernhof*. In (4a-c) trägt die Silbe *bau* auch einen syntaktischen Akzent (einen Satzakzent), in (4d) jedoch nicht. Gleichwohl ist auch die Äußerung in (4d) syntaktisch und prosodisch wohlgeformt, denn die Tatsache, dass beim Wort *Bauernhof* die Silbe *bau* den Wortakzent trägt, besagt nur, dass es diese Silbe ist, die einen syntaktischen Akzent trägt, wenn das Wort überhaupt auf Satzebene akzentuiert wird. Nicht wohlgeformt wäre unter normalen Umständen eine Äußerung wie in (4e), in der das Wort *Bauernhöfe* einen syntaktischen Akzent auf der dritten Silbe trägt.

Die informelle Definition von Wortakzent bezieht sich nur auf den neutralen, nicht-kontrastiven Gebrauch syntaktischer Akzente. Davon ist der kontrastive Gebrauch syntaktischer Akzente zu unterscheiden. Es gibt verschiedene Formen der kontrastiven Akzentuierung, von denen die wichtigsten in (5) illustriert werden (zur Terminologie vgl. Lieb 1999):

(5) *Grammatischer Kontrast:*
 Ich habe Bauern**hof** gesagt und nicht Bauern**hö**fe.
 *Morphologischer Kontrast:*
 Ich habe Bauern**hö**fe gesagt und nicht Bauern**häu**ser
 *Metasprachlicher Kontrast:*
 Ich habe Bau**ern**hof gesagt und nicht Bau**er**hof.

Grammatische und morphologische Kontrastierung ermöglicht auch die Akzentuierung von betonten Silben, die nicht den primären Wortakzent tragen. Metasprachliche Kontrastierung erlaubt die Akzentuierung beliebiger Silben, auch von Silben, die als nicht betonbar gelten, weil sie einen Reduktionsvokal aufweisen.

## Phonologischer Fuß

**Freier und fester Wortakzent:** Der Wortakzent im Deutschen gilt als weitgehend **fest**, d. h. er kann bis auf wenige Ausnahmefälle nicht zur Unterscheidung verschiedener Wortformen eingesetzt werden wie bei Sprachen mit **freiem** Wortakzent, etwa dem Italienischen ('*canto* ›ich singe‹ vs. *can'tò* ›er hat gesungen‹). Da der Wortakzent im Deutschen weitgehend fest ist, muss es Regeln geben, die seine Position in einzelnen Wortformen vorhersagen. Im vorliegenden Kontext interessiert in erster Linie die Abgrenzung zwischen Wortakzent, Betonung und Betonbarkeit. Deshalb beschränken wir uns auf einige Faktoren, die für die Akzentuierung auf Wortebene relevant sein können (s. auch Kap. I.6.1).

Zunächst einmal ist zwischen **phonologischen** und **morphologischen Faktoren** für die Akzentplatzierung zu unterscheiden. Für den Wortakzent relevante phonologische Faktoren sind die Betonbarkeit einer Silbe, ihr Silbengewicht und ihre Position im Wort.

**Betonbarkeit:** Nicht-betonbare Silben können keinen Wortakzent tragen. Damit entfallen solche Silben als Akzentträger, deren Silbenkern einen Reduktionsvokal oder einen silbischen Konsonanten umfasst. Weist ein Wort nur eine betonbare Silbe auf, so ergibt sich die Lage des Wortakzents allein aus der Betonbarkeitsstruktur. Beispiele hierfür sind:

(6) Kind       'Kinder
    bunt      'bunter     'buntere
    'Hase     'Hasen
    'selten    'seltener   'seltenere

Wir werden in Kapitel I.6.1.2 sehen, dass sich reduzierte Wortformen wie *ne* (zu *eine*) oder *se* (zu *sie*), die keine betonbare Silbe aufweisen, auf Äußerungsebene auch nicht wie eigenständige Wortformen verhalten.

**Silbengewicht:** Zahlreiche Regeln oder Restriktionen, die für die Lage des Wortakzents im Deutschen vorgeschlagen wurden, beziehen sich auf die Unterscheidung zwischen leichten und schweren Silben und damit auf den bereits erwähnten Begriff des Silbengewichts. Die Frage, in welchem Maß auch der Wortakzent im Deutschen tatsächlich gewichtssensitiv ist, ist umstritten. Fraglich ist insbesondere, ob der Wortakzent im Deutschen wie im Lateinischen allein aufgrund eines quantitätsbasierten Begriffs des Silbengewichts und einfacher Positionsregeln bestimmbar ist.

**Zur Vertiefung**

### Der Wortakzent im Lateinischen

Der Wortakzent im klassischen Latein gilt als gewichtssensitiv, da er sich allein unter Bezug auf das Gewicht und die Position der Silben einer Wortform bestimmen lässt. Eine Silbe gilt als schwer, wenn sie einen langen Vokal oder Diphthong aufweist wie die ersten Silben in '*mōbilis* ›beweglich‹ und '*audiō* ›ich höre‹, oder wenn sie geschlossen ist, d. h. auf einen Konsonanten auslautet wie die erste Silbe in '*mordeō* ›ich beiße‹. Sonst ist sie leicht. Ist das Wort zweisilbig, trägt die erste Silbe den Wortakzent, unabhängig davon, ob sie schwer ist wie in

## Grundlagen der Metrischen Phonologie

> ˈmālus ›Apfelbaum‹ oder leicht wie in ˈmalus ›schlecht‹. Für drei- und mehrsilbige Wortformen gilt: Ist die vorletzte Silbe einer Wortform (die Pänultima) schwer, trägt sie den Wortakzent (aˈmīcus ›Freund‹, arˈgentum ›Silber‹). Ist sie leicht, erhält die vorangehende Silbe den Wortakzent (ˈdominus ›Herr‹, doˈmesticus ›zum Haus gehörig‹).

**Silbenposition:** Restriktionen, die sich auf das Silbengewicht beziehen, nehmen in der Regel zugleich auf die Position der Silbe innerhalb einer Wortform Bezug, wie die erwähnten Akzentregeln für das klassische Latein. Für das Deutsche sind ebenfalls Restriktionen formuliert worden, die auf die Silbenposition Bezug nehmen. Hierzu zählt z. B. die Dreisilbenregel, wonach der Hauptakzent morphologisch einfacher Wortformen auf eine der drei letzten Vollsilben fallen muss, wie folgende Beispiele illustrieren (nach Vennemann 1991: 98):

(7)  Al.ˈlo.tri.a        *ˈAl.lo.tri.a
     Me.ˈthu.sa.lem      *ˈMe.thu.sa.lem
     i.de.ˈa.li.ter      *i.ˈde.a.li.ter        *ˈi.de.a.li.ter

Für den Wortakzent relevante morphologische Faktoren betreffen die Unterscheidung zwischen Wortarten, morphologisch einfachen und komplexen Wörtern sowie zwischen dem Kern- und Fremdwortschatz.

**Wortarten:** Die Pluralformen der meisten morphologisch einfachen Substantive bestehen aus einer betonten und einer unbetonten Silbe (s. Kap. I.5.3). Dies gilt auch für die meisten flektierten Formen von Adjektiven mit einsilbiger Grundform im Positiv. Die Komparativformen weisen demgegenüber jeweils eine zusätzliche nicht-betonbare Silbe auf. Es kann daher sehr nützlich sein, zunächst die Regularitäten des Wortakzents getrennt für unterschiedliche Klassen von Wörtern zu betrachten. Eine Illustration dieses Vorgehens findet sich in Eisenberg (1991, 2013).

**Morphologische Komplexität:** Während Flexionsendungen in der Regel keinen Einfluss auf den Wortakzent haben, lässt sich bei Derivationssuffixen zwischen akzentneutralen und nicht akzentneutralen Suffixen unterscheiden. Die gleiche Unterscheidung ist bei den Präfixen möglich. Nicht akzentneutral sind z. B. die Suffixe *ei* und *erei*:

(8)  ˈmo.geln         ˌMo.ge.ˈlei
     ˈschin.den       ˌSchin.de.ˈrei

Nicht akzentneutrale Präfixe sind z. B. *un-*, *miss-*, *ur-* und *erz-*, die allerdings teilweise den Charakter von Kompositumsgliedern zeigen.

(9)  barmˈherzig       ˈunbarmˌherzig
     verˈständlich     ˈmissverˌständlich
     Geˈstein          ˈUrgeˌstein
     kaˈtholisch       ˈerzkaˌtholisch

**Phonologischer Fuß**

Eine besondere Herausforderung stellt die Erfassung der Akzentstruktur einfacher und komplexer Komposita dar, die mehr als einen Wortakzent aufweisen (vgl. Jessen 1999; wir kommen hierauf in Kap. I.6.1.1 zurück).

**Kern- und Fremdwortschatz:** Unterschiede zwischen dem Kernwortschatz und dem Fremdwortschatz (s. Einleitung) ergeben sich bereits aufgrund unterschiedlicher Betonbarkeitsstrukturen. Während im Kernwortschatz unbetonte Silben meist auch unbetonbar sind, gilt dies für den Fremdwortschatz in weit geringerem Maße. Man denke an Wörter wie *monoton* oder *Melancholie*, die synchron als morphologisch einfache Stämme gelten können, und die weit mehr betonbare Silben aufweisen als morphologisch einfache Stämme von Wörtern des Kernwortschatzes. Darüber hinaus ergeben sich Besonderheiten bei Ableitungssuffixen von Fremdwörtern, die sehr viel häufiger nicht akzentneutral sind als die von Wörtern des Kernwortschatzes.

## 5.2 | Phonologische Füße und Fußtypen

Die Abfolge prominenter und nicht-prominenter Silben ist die Basis für die Wahrnehmung der rhythmischen Struktur von Äußerungen. Grundlegend hierfür ist die Gruppierung prominenter und nicht-prominenter Silben zu größeren Einheiten. Solche Silbengruppen werden anknüpfend an die traditionelle Verslehre als **Füße** bezeichnet.

**Zum Begriff**

> Der → **phonologische Fuß** (engl. *foot*) ist eine Silbenfolge, die genau eine prominente Silbe umfasst und optional eine oder mehrere nicht-prominente Silben, die der prominenten Silbe vorausgehen oder nachfolgen. Er wird mit dem Buchstaben **F** bezeichnet.

Die hier angeführte informelle Definition nennt zwei Kennzeichen von Füßen: Zum einen weisen Füße genau eine prominente Silbe auf. Diese Silbe wird auch als **Kopf** des Fußes bezeichnet. Wir können somit anhand der Zahl der prominenten Silben einer Äußerung auf die Zahl der Füße schließen. Zum anderen besitzen Füße eine Ausrichtung: Die prominente Silbe steht am linken Rand oder am rechten Rand des Fußes. Füße werden entsprechen als **linksköpfig** oder **rechtsköpfig** bezeichnet. Ist die Ausrichtung der Füße einer Sprache bekannt, lassen sich somit auch die Fußgrenzen bestimmen.

**Fußtypen:** Die meisten in der traditionellen Versmetrik verwendeten Fußtypen lassen sich aufgrund der Lage der betonten Silbe wie folgt in linksköpfige und rechtsköpfige Füße einteilen:

(10) *Linksköpfige Füße*       *Rechtsköpfige Füße*
    Trochäus  –◡         Jambus  ◡–
    Daktylus  –◡◡        Anapäst  ◡◡–

## Phonologische Füße und Fußtypen

Der traditionellen Notation mit »-« für Hebung und »∪« für Senkung entspricht in der klassischen Metrik von Quantitätssprachen wie dem Lateinischen die Unterscheidung zwischen Längen und Kürzen. Im Fall des Standarddeutschen werden stattdessen betonte und unbetonte Silben unterschieden, die alternativ auch mittels 'x und x notiert werden. Für die klassischen Fußtypen in (10) ergibt sich die Notation in (11).

(11) *Linksköpfige Füße*          *Rechtsköpfige Füße*
  Trochäus   'x x               Jambus    x 'x
  Daktylus   'x x x             Anapäst   x x 'x

### Fußzuweisung

Für das Standarddeutsche können im einfachsten Fall Trochäen und Daktylen als Fußtypen angesetzt werden (Fußgrenzen zeigen wir durch runde Klammern an). Beispiele für eine entsprechende Fußzuweisung, die auch **Pedifizierung** genannt wird, sind:

(12) (Kinder)$_F$   (Kinder)$_F$ (garten)$_F$   (größere)$_F$   (einzige)$_F$
  'x  x         'x x     'x x             'x  x x        'x  x x

**Extrametrizität:** Wie soll man jedoch bei Wortformen wie *Geschenke*, *Verlobter*, *Betrogene* verfahren, die mit einer unbetonten Silbe beginnen? Wenn man nur linksköpfige Köpfe ansetzt, fungieren diese Silben als **Auftaktsilben** und werden nicht mitgezählt. Sie werden also als irrelevant für die metrische Struktur betrachtet und entsprechend als **extrametrisch** bezeichnet. Wir erhalten somit folgende Fußstrukturen:

(13) Ge(schenke)     ver(boten)      Be(trogene)
  x   'x x         x  'x x        x  'x x x

Auf das Konzept der Extrametrizität stützen sich auch metrische Analysen, die versuchen, mit dem Trochäus als einzigem Fußtyp für das Deutsche auszukommen. In diesem Fall wird die letzte unbetonte Silbe in Wortformen wie *größere* und *einzige* als extrametrisch betrachtet.

(14) (größe)re     (einzi)ge
  'x x         'x x x

**Degenerierte Füße:** Anders verhält es sich, wenn für die Pedifizierung nicht zu viele, sondern zu wenige Silben zur Verfügung stehen. So enden zahlreiche Wortformen mit einer betonten Silbe, z. B. *Geschenk*, *Elefant*, *Bauernhof*.

*Geschenk* könnte als Jambus analysiert werden. Eine analoge Analyse von *Geschenke* würde dazu führen, dass die letzte Silbe extrasilbisch ist. Dann müsste *schenke* aber als defektiver Fuß analysiert werden, der von einer extrametrischen Silbe gefolgt wird wie in (15a); eine merkwürdige

## Phonologischer Fuß

Analyse angesichts der Tatsache, dass eine große Zahl von Wortformen des Deutschen die gleiche Betonungsstruktur wie *schenke* aufweist. Um solche unliebsamen Konsequenzen zu vermeiden, werden für das Standarddeutsche gewöhnlich nur linksköpfige Füße angenommen, sei es Trochäen und Daktylen oder nur Trochäen wie in (15b).

(15) a. *rechtsköpfiger Fuß*        b.        *linksköpfiger Fuß*

```
    (Geschenk)              Ge(schenk)
    x   'x                  x   'x
    (Geschen)ke             Ge(schenke)
    x   'x  x               x   'x  x
    (schen)ke               (schenke)
    'x     x                'x     x
```

Wenn wir *Elefant* und *Bauernhof* als Folgen trochäischer Füße analysieren, ergeben sich die Pedifizierungen in (16). Bei den Singular-Formen entstehen Füße, die lediglich eine betonte Silbe umfassen. Sie werden auch als **degenerierte Füße** bezeichnet. Bei der Bildung der Pluralform werden diese degenerierten Füße zu Trochäen erweitert.

(16)      (Ele)(fant)        (Ele)(fanten)
           'x x  'x             'x x  'x x
           (Bauern)(hof)      (Bauern)(höfe)
           'x x   'x         'x x   'x x

**Metrische Prominenz und Prominenz durch Satzakzente:** Die Prominenz oder Betontheit einer Silbe wird als relative Eigenschaft verstanden. Eine Silbe ist prominenter oder betonter als eine benachbarte Silbe, sie ist aber nicht in einem absoluten Sinne prominent oder betont. Werden einsilbige Wortformen wie *Haus, kaum, ja* isoliert geäußert, etwa als Antwort auf eine Frage, ist nicht klar, warum wir sie überhaupt als prominent wahrnehmen. Es gibt ja keine weniger prominente Silbe, bezüglich der die betreffende Silbe als prominenter wahrgenommen werden könnte. Im Vorgriff auf Kapitel I.7.3 können wir auf diese Frage antworten, dass sich die Prominenz dieser Silben nicht aus ihrer metrischen Struktur ergibt, sondern aus dem Umstand, dass sie den Satzakzent tragen, der in der Regel phonologisch durch einen Tonhöhenakzent realisiert wird. Sie tragen einen Satzakzent, weil sie als einzige betonbare Silben der betreffenden Wortform den Wortakzent tragen und damit bei isolierter Äußerung automatisch den Satzakzent erhalten. Sie bilden dann sog. ›Ein-Wort-Äußerungen‹. Während metrische Prominenz relational ist, also immer Prominenz im Vergleich zu einer anderen Einheit beinhaltet, gilt dies nicht generell für die Prominenz aufgrund zugewiesener Satzakzente, die durch phonologische Akzente realisiert werden.

## Komplexe Fußstrukturen

**Prominenzabstufungen zwischen Füßen:** Wortformen können mehr als einen Fuß umfassen. Die zweifüßigen Wortformen in (17) weisen jeweils zwei prominente Silben auf, die in den Kopfpositionen der beiden Füße auftreten.

(17) a. (ˈBauern)(ˌhöfe)   (ˈWandre)(ˌgale)   (ˈenglisch)(ˌsprachig)
     b. (ˌEle)(ˈfanten)    (ˌPyro)(ˈmanen)    (ˌepi)(ˈleptisch)

Die Füße der Wortformen in (17) nehmen wir allerdings nicht als gleichermaßen prominent wahr. Die Wortformen in (17a) umfassen einen stärkeren ersten Fuß und eine schwächeren zweiten Fuß, die Wortformen in (17b) einen schwächeren ersten Fuß und einen stärkeren zweiten Fuß. Diesem Unterschied entspricht eine unterschiedliche Position des **primären und des sekundären Wortakzents**, die in (17) mit vorangestelltem [ˈ] und [ˌ] angezeigt wird. Der primäre Wortakzent fällt auf die Kopfsilbe des jeweils stärkeren Fußes (zu den Gründen für die unterschiedliche Position dieser Akzente in (17a) und (17b) s. Kap. I.6.1).

Die Prominenzabstufung zwischen den Füßen innerhalb der Wortformen in (17a) und (17b) bleibt auch erhalten, wenn die betreffenden Wortformen im Äußerungszusammenhang keinen Satzakzent tragen, wie der Vergleich folgender Beispiele zeigt (die Satzakzentsilbe ist durch Fettdruck hervorgehoben):

(18) a. Da waren keine (ˈ**Bau**ern)(ˌhöfe)   Da **wa**ren keine (ˈBauern)(ˌhöfe)
     b. Da waren keine (ˌEle)(ˈ**fan**ten)   Da **wa**ren keine (ˌEle)(ˈfanten)

Wenn die Kopfsilbe des stärkeren Fußes, die den primären Wortakzent trägt, keinen Satzakzent trägt wie bei der jeweils zweiten Variante in (18a) und (18b), ist für die Füße beider Wortformen allerdings ein geringerer Prominenzunterschied zu erwarten.

**Metrische Bäume:** Aus dem Zusammenspiel zwischen den Prominenzrelationen zwischen den Silben einzelner Füße und den Prominenzrelationen zwischen den Füßen selbst sowie zwischen Kopfsilben benachbarter Füße lassen sich bei mehrfüßigen Wortformen komplexe Betonungsstrukturen erschließen. Für die Erfassung dieser Betonungsstrukturen könnte man zunächst daran denken, statt zwischen zwei Betonungsgraden wie bei der Relation betont – unbetont zwischen mehreren Betonungsgraden zu unterscheiden. Da das Deutsche jedoch zumindest im Bereich der Komposition beliebig komplexe morphologische Wortformen zulässt, würde sich eine unüberschaubare Menge an Betonungsgraden ergeben.

Es hat sich als sinnvoller erwiesen, komplexe metrische Strukturen allein mithilfe binärer Betonungsrelationen zu repräsentieren. Das ist möglich, wenn man Betonungsrelationen nicht nur zwischen Silben zulässt, sondern auch zwischen Füßen und noch größeren Einheiten. Zu diesem

Zweck sind seit den 1970er Jahren Darstellungen in Form **metrischer Bäume** entwickelt worden (vgl. Liberman/Prince 1977). Für diese Art der Repräsentation werden binäre Prominenz- oder Betonungsrelationen zugrunde gelegt, die hierarchisch angeordnet sind. ›Starke‹ Äste werden mit ›s‹ (engl. *strong*) gekennzeichnet und ›schwache‹ Äste mit ›w‹ (engl. *weak*). Auf diese Weise werden Betonungsrelationen zwischen Silben auf unterschiedlichen Ebenen repräsentiert. (19) illustriert eine solche Baumrepräsentation für die Form *Höfe* und *Bauernhöfe*.

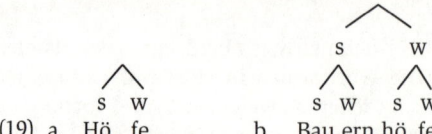

(19) a. Hö.fe    b. Bau.ern.hö.fe

(19a) weist die Silbe *hö* als prominenteste Silbe der Wortform aus. Sie entspricht der Kopfsilbe eines trochäischen Fußes. (19b) weist die Silbe *bau* als die prominenteste Silbe der Wortform aus, da sie nicht nur die stärkere Silbe innerhalb ihres Fußes ist, sondern auch dem stärkeren Fuß angehört. Sie ist diejenige Silbe, die durch die meisten s-Knoten **dominiert** wird. In (19a) werden keine s- oder w-Knoten auf Fußebene notiert, da nur ein Fuß vorhanden ist.

(20) illustriert anhand von *Arbeitslosenunterstützung*, dass auch noch komplexere Prominenzrelationen zwischen Füßen abgebildet werden können.

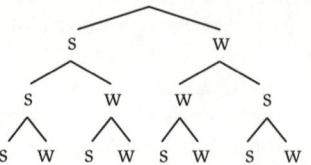

(20)    Ar.beits.lo.sen.un.ter.stüt.zung

Silben, die nach üblichen Kriterien für das Silbengewicht als schwer gelten müssen, besetzen nicht immer die Kopfposition eines Fußes. In (20) trifft das z. B. auf die Silbe *beits* zu, die geschlossen ist und zusätzlich einen Diphthong als Silbenkern aufweist.

**Metrische Gitter:** Eine alternative Möglichkeit, Prominenzverhältnisse darzustellen, die über den Fuß hinausgehen, ist die Verwendung sog. **metrischer Gitter**. Bei dieser Repräsentation wird die relative Prominenz oder Betonung einzelner Silben durch die Anzahl von Gewichts- oder Zeiteinheiten repräsentiert, die auch metrische ›Schläge‹ (engl. *beats*) genannt werden, und die durch säulenförmig angeordnete x-Zeichen oder andere Symbole dargestellt werden. Je höher eine solche Säule ist, desto stärker ist die Position der betreffenden Silbe in der angesetzten metrischen Struktur.

Baumrepräsentation können in entsprechende Gitterrepräsentationen überführt werden. Eine sehr einfache Regel hierfür lautet:

(21) Ist *n* die Anzahl der s-Knoten, durch die die Position einer Silbe unmittelbar dominiert wird, so erhält jede Silbe *n*+1 Schläge.

›Unmittelbarer Dominanz‹ durch s-Knoten meint hier Dominanz durch s-Knoten ohne dazwischen auftretende w-Knoten. So wird in (20) die Silbe *ar* durch drei s-Knoten unmittelbar dominiert, die Silbe *beits* hingegen durch keinen s-Knoten, da sie auf der 1. Ebene durch einen w-Knoten dominiert wird.

Die Anwendung von Regel (21) führt zu der in (22) hinzugefügten Gitterrepräsentation.

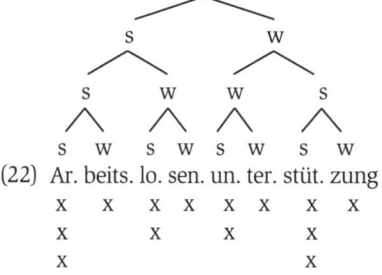

(22) Ar. beits. lo. sen. un. ter. stüt. zung

```
     x   x   x   x   x   x   x   x
     x       x       x       x
     x                       x
```

Die Silbe, die in (22) von den meisten s-Knoten dominiert wird bzw. die meisten Schläge aufweist, trägt auch den primären Wortakzent. Bei *Arbeitslosenunterstützung* ist dies die erste Silbe.

Die Baumrepräsentation enthält potentiell mehr metrische Information als die Gitterrepräsentation. Im Falle von (22) ist das daran zu erkennen, dass bei der Überführung des metrischen Gitters in einen metrischen Baum nicht zwangsläufig die gleiche Baumstruktur wie in (22) resultiert. So weist die hier gewählte Gitterrepräsentation der Kopfsilbe des zweiten und dritten Fußes die gleiche Stärke zu (zwei Schläge), während in der Baumdarstellung dem zweiten Fuß und dem dritten Fuß eine unterschiedliche Prominenz zukommt: Der zweite Fuß wird durch einen s-Knoten dominiert, der dritte durch einen w-Knoten.

**Metrische Strukturen von Wortfolgen:** Baum- und Gitterrepräsentationen eignen sich nicht nur für die Analyse isolierter Wortformen, sondern auch für die Analyse von Wortfolgen, die größere syntaktische Einheiten konstituieren. Im Folgenden lassen wir zu, dass auf Satzebene unpedifizierte Silben in vorangehende Füße integriert werden, auch wenn damit Wortgrenzen überschritten werden. Die metrische Struktur des Satzes *In der Kürze liegt die Würze* kann dann wie folgt dargestellt werden:

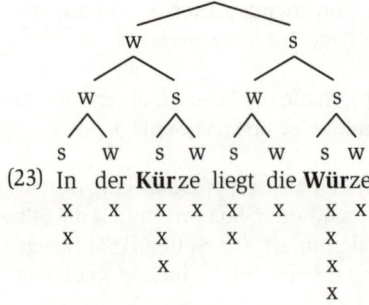

(23) In der **Kür**ze liegt die **Wür**ze

In (23) entspricht die prominenteste Silbe – die Silbe, die durch die meisten s-Knoten unmittelbar dominiert wird und die meisten metrischen Schläge aufweist – der Silbe, die den primären Satzakzent, den **Hauptakzent** des Satzes trägt. Dass in (22) die Kopfsilbe des ersten Fußes die stärkste Prominenz aufweist, in (23) aber die Kopfsilbe des letzten Fußes, hängt damit zusammen, dass innerhalb von Komposita Regeln für die Zuweisung des primären Wortakzents ins Spiel kommen, die zu einer anderen metrischen Struktur führen als bei Folgen einzelner Wortformen (s. hierzu Kap. I.6.1.1).

## 5.3 | Der Fuß als prosodische Domäne

Das vorige Kapitel hat die Bedeutung des phonologischen Fußes für den Aufbau von Betonungsstrukturen herausgestellt. Es stellt sich die Frage, ob der Fuß, speziell der linksköpfige Fuß, auch für andere phonologische Regularitäten des Deutschen relevant ist. Hierzu wollen wir drei Bereiche vorstellen, die in der Literatur zur Rechtfertigung des Fußes als prosodischer Einheit im Deutschen herangezogen werden: die Distribution des glottalen Verschlusslautes, die Distribution von /h/ und der Fuß als Bezugsgröße für die Morphologie. Auch für die tonale Gestaltung von Äußerungen spielt der Fuß eine Rolle. Hierfür sei auf die Darstellung der sog. Rufkontur in Kapitel I.7.4 verweisen.

### Glottaler Verschlusslaut

Ein Argument für die Relevanz des Fußes ergibt sich aus der Beobachtung, dass die Distribution des glottalen Verschlusslauts [ʔ] im Standarddeutschen vorhersagbar ist, und zwar unter Bezug auf die linke Fußgrenze. Der glottale Verschlusslaut findet sich prävokalisch im sonst leeren Anfangsrand einer betonbaren Silbe. Er kann in fünf Positionen auftreten (als ›nebenbetont‹ werden hier solche Silben bezeichnet, die einen schwachen Fuß einleiten und einen sekundären Wortakzent aufweisen können):

(23) a. Wortanlautend, in betonter Silbe
[ʔ]Eimer, [ʔ]Adler, [ʔ]ohne

### Der Fuß als prosodische Domäne

b. Wortinlautend in betonter Silbe, nach vokalisch auslautender Silbe

| 'The.a | The.'[ʔ]a.ter |
|---|---|
| 'Ge.org | Ge.'[ʔ]or.gi.en |
| 'Cha.os | cha.'[ʔ]o.tisch |
| ru.i.'nös | Ru.'[ʔ]i.ne |
| Po.e.'sie | Po.'[ʔ]et |
| 'nah.et | Du.'[ʔ]ett |
| 'Be.a.trice | Be.'[ʔ]a.te |

Nach morphologischer Grenze

'Seh.en.den    be.'[ʔ]enden

c. Wortinlautend in nebenbetonter Silbe, nach vokalisch auslautender Silbe

ˌMi.cha.ˌ[ʔ]el, ˌir.reˌ[ʔ]al

d. Wortanlautend in nebenbetonter Silbe

ˌ[ʔ]An.to.lo.'gie, ˌ[ʔ]a.to.'mis.tisch, ˌ[ʔ]e.ga.li.'tär ˌ[ʔ]e.le.'gant, ˌ[ʔ]i.de.'ell

e. Wortanlautend sonst

[ʔ]An.'ten.ne, [ʔ]A.'tom, [ʔ]I.'dee, [ʔ]a.'gil, [ʔ]e.'gal

Zunächst ist festzuhalten, dass ein wahrnehmbarer glottaler Verschlusslaut in keiner dieser Positionen auftreten muss, und dass die Wahrscheinlichkeit für sein Auftreten in den verschiedenen Positionen unterschiedlich groß ist. Am wahrscheinlichsten ist sein Auftreten in Position (23a), wo eine Silbengrenze mit einer Fußgrenze und bei isolierter Äußerung der Wortform mit Grenzen größerer prosodischer Einheiten bis hin zur phonologischen Äußerung (s. Kap. I.9.1) zusammenfällt. Aber auch wenn der glottale Verschlusslaut in keiner dieser Positionen auftreten muss, ist von Interesse, welche Faktoren für seine möglichen Verwendungsweisen maßgeblich sind.

Wiese (2000, Kap. 3.3.1) argumentiert, dass die Verteilung des glottalen Verschlusslautes unter Bezug auf den Fuß als prosodische Domäne erklärbar ist. In Kontext (23a) und (23b) tritt der Verschlusslaut jeweils am Beginn des einzigen Fußes der jeweiligen Wortform auf. Die Positionen in (23c) und (23d) lassen sich als linke Ränder des schwächeren von zwei Füßen interpretieren. Eine solche Interpretation setzt allerdings bei Wortformen wie in (23e) voraus, dass die erste Silbe dieser Wortformen als Kopf eines eigenen (degenerierten) Fußes interpretiert wird, wie in (24).

(24) ([ʔ]An)(tenne), ([ʔ]A)(tom), ([ʔ]I)(dee), ([ʔ]a)(gil), ([ʔ]e)(gal)

Ein glottaler Verschlusslaut scheint aber auch zu Beginn von Wortformen wie *erbauen* oder *Ereignis* möglich. Die vorgeschlagene Analyse würde in diesem Fall verlangen, eine Silbe, die einen Reduktionsvokal aufweist und deshalb an sich nicht betonbar ist, als Kopfsilbe eines Fußes zu analysieren.

Darüber hinaus ist unklar, welche Funktion der glottale Verschlusslaut haben sollte, wenn sein Auftreten generell an die linke Fußgrenze gebunden ist. Sinnvoll ist diese Annahme nur in Kontext (23b) und (23c), in der mithilfe des glottalen Verschlusslautes signalisiert werden kann, dass die zweite bzw. dritte Silbe prominenter ist als die vorangehende Silbe. In Kontext (23a) und (23d) hingegen kann der glottale Verschlusslaut ebenso der Markierung des linken Wortrandes dienen. In (25b) lässt sich die Präsenz des glottalen Verschlusslautes kaum anders erklären.

(25) a. sie wollen das Gebäude (schneller)(bauen)
     b. sie wollen das Gebäude (schnell) [ʔ]er(bauen)

## Distribution von /h/

/h/ unterliegt im Standarddeutschen ähnlichen Distributionsbeschränkungen wie der glottale Verschlusslaut. /h/ tritt nur im sonst leeren Anfangsrand betonbarer Silben auf. Dabei lassen sich mindestens vier Positionen unterscheiden:

(26) a. *Wortinitial in hauptbetonter Silbe*
ˈ[h]ase, ˈ[h]ebel, ˈ[h]irte, ˈ[h]obel, ˈ[h]eide, ˈ[h]aben, ˈ[h]ängen

    b. *Wortintern in hauptbetonter Silbe*
aˈ[h]a, oˈ[h]o,
Nach Morphemgrenze:
beˈ[h]alten, erˈ[h]olen, verˈ[h]ehlen, geˈ[h]olfen

    c. *Wortintern in nebenbetonter Silbe*
ˈAlkoˌ[h]ol
nach Morphemgrenze: ˈBahnˌ[h]of, ˈBernˌ[h]ard

    d. *Wortintern in unbetonter Silbe*
ˈU[h]u, ˈA[h]orn, ˌMa[h]aˈgoni

Nach Wiese (2000) lässt sich die Distribution von /h/ mit Ausnahme weniger Wortformen wie *Mahagoni* als fußinitial beschreiben. Wortformen wie *Uhu* und *Ahorn* werden als zweifüßig analysiert.

Auch hier stellt sich die Frage nach der Funktion von /h/. Welchen Sinn könnte es haben, dass jeweils die linke Fußgrenze markiert wird? In wortinitialer Stellung erfüllt /h/ die Funktion eines gewöhnlichen Phonems (z.B. *Heide* vs. *leide*). In *Uhu* und *Ahorn* stärkt es hingegen die Silbengrenze und stabilisiert die syllabische Struktur. Ähnliches gilt für /h/ in *Mahagoni*.

**Der Fuß als prosodische Domäne**

### Die Rolle des Fußes für die Morphologie

Während die Rolle des Fußes für die segmentale Phonologie eher zweifelhaft geblieben ist, erweist sich der Fuß als relevante Bezugsgröße für die Flexionsmorphologie. Als Beispiel kann die Pluralbildung der Substantive dienen (vgl. Eisenberg 1991, 2013: Kap. 4.4; Wiese 2000, Kap. 3.3.2). Einsilbige Stämme von Substantiven des Kernwortschatzes bilden den Plural meist durch zweisilbige Wortformen, die ein trochäisches Muster aufweisen. Dabei kann als zusätzliches morphologisches Mittel der Umlaut hinzukommen, der ohne Einfluss auf die Anzahl der Silben bleibt.

(27) Baum   'Bäume, 'Bäumen
     Kind    'Kinder, 'Kindern
     Mensch  'Menschen

Zweisilbige Stämme von Substantiven des Kernwortschatzes bilden in der Regel bereits einen trochäischen Fuß. Im Plural wird der trochäische Fuß bewahrt, indem die Pluralform dieser Stämme endungslos gelassen wird oder unsilbische Flexionsaffixe verwendet werden.

(28) 'Lehrer    'Lehrer, 'Lehrern
     'Mädchen   'Mädchen
     'Hose      'Hosen
     'Schwester 'Schwestern
     'Auto      'Autos

Auch die Flexion der Adjektive zeigt eine Orientierung an festen Fußtypen. Adjektive mit einsilbiger Grundform zeigen bei starker und schwacher Flexion in der Regel die trochäische Form.

(29) klein    'kleine, 'kleinen, 'kleines, 'kleinem
     leicht   'leichte, 'leichten, 'leichtes, 'leichtem

Die Reduzierung dreisilbiger Formen wie *heitere* zu *heitre* kann in diesem Zusammenhang als Tendenz gedeutet werden, die trochäische Form sicherzustellen. Im Komparativ hingegen zeigen die flektierten Formen eine daktylische Form.

(30) kleiner   'kleinere, 'kleineren, 'kleineres, 'kleinerem
     leichter  'leichtere, 'leichteren, 'leichteres, 'leichterem

## Weiterführende Literatur

Leicht verständliche Einführungen in die metrische Phonologie mit Bezug zum Deutschen bieten Ramers (1998), Hall (2011), zum Fuß auch Eisenberg (2013). Empfehlenswerte allgemeine Einführungen sind Goldsmith (1990), Kenstowicz (1994) und Hayes (1995). Vertiefend zum Deutschen seien Giegerich (1985) und Wiese (2000) empfohlen, zum Wortakzent Eisenberg (1991) und Jessen (1999), zur theoretischen Grundlegung Lieb (1985, 1999).

## Aufgaben

1. Geben Sie die Betonbarkeitsstruktur und die Betonungsstruktur nach folgendem Muster an:

   |              | Ki | no | kar | te |
   |--------------|----|----|-----|----|
   | Betonbarkeit | +  | +  | +   | –  |
   | Betonung     | +  | –  | +   | –  |

   (a) Bettelei  (b) Haustierbedarf
   (c) Politikerinnen  (d) Zebrastreifen
   (e) Alibi  (f) Melancholie
   (g) Menetekel  (h) hellere

2. Weisen Sie den folgenden Wortformen Fußstrukturen zu und identifizieren Sie die Silben, die einen primären bzw. einen sekundären Wortakzent tragen.
   (a) Bundesgartenschau  (b) Kapitalisierung
   (c) Geldmengenwachstum  (d) Inflationsantizipation

3. Konstruieren Sie für die Wortformen in (2) metrische Bäume und metrische Gitter im Sinne von Kap. I.5.2.

# 6. Phonologisches Wort und phonologische Phrase

6.1 Das phonologische Wort
6.2 Die phonologische Phrase

## 6.1 | Das phonologische Wort

Es gibt phonologische Regularitäten, deren Anwendungsbereich ›wortartige‹ phonologische Einheiten bilden. Diese Einheiten werden als **phonologische Wörter** bezeichnet, alternativ auch als **prosodische Wörter**. Ein phonologisches Wort ist eine prosodische Einheit, die sprachspezifisch unter Bezug auf morphologische Einheiten bestimmbar ist. In Orientierung an Nespor/Vogel (2007) lässt sich das phonologische Wort wie folgt charakterisieren:

> Das → **phonologische Wort** ist die kleinste prosodische Einheit, deren Grenzen stets mit morphologischen Grenzen zusammenfallen. Es wird mit dem griechischen Buchstaben ω (Omega) bezeichnet.

**Zum Begriff**

Die Charakterisierung des phonologischen Wortes als prosodische Einheit, deren Grenzen mit morphologischen Grenzen zusammenfallen, trifft weder auf die Silbe noch auf den Fuß zu. Das lässt sich an der Wortform *Elefanten* illustrieren, deren einzige wortinterne Morphemgrenze weder mit einer wortinternen Fußgrenze noch mit einer wortinternen Silbengrenze übereinstimmt.

|     |           | *Morpheme* | *Füße* | *Silben* |
|-----|-----------|------------|--------|----------|
| (1) | *Elefanten* | Elefant+en | (Ele)$_F$(fanten)$_F$ | /eː.lə.fan.tən/ |

**Morpheme, die phonologische Wörter bilden:** Das phonologische Wort des Standarddeutschen lässt sich in erster Annäherung als eine Einheit identifizieren, die minimal ein Morphem und maximal ein morphologisches Wort umfasst (zu Ausnahmen s. Kap. I.6.1.2). Im Einzelnen lassen sich folgende morphologische Einheiten als eigene phonologische Wörter des Deutschen auffassen (vgl. Wiese 2000, 65 f.):
- Stämme lexikalischer Wörter (Substantive, Adjektive, Adverbien, unter Einschluss von Präpositionen), z. B. *Baum, arm, lang, über*
- Präfixe mit Vollvokal, z. B. *un-, ur-, ver-*
- Suffixe mit konsonantischem Anlaut und Vollvokal, z. B. *-bar, -haft, -heit, -keit, -lein, -lich, -ling, -nis, -sam, -schaft, -tum*

## Phonologisches Wort und phonologische Phrase

Keine eigenen phonologischen Wörter bilden die Präfixe *be-* und *ge-*, die keinen Vollvokal aufweisen, und die vokalisch anlautenden Suffixe *-en*, *-er*, *-ig*, *-in* und *-ung*. Sie werden in vorangehende phonologische Wörter integriert, ebenso wie Flexionssuffixe, die vokalisch anlauten oder keinen Vollvokal aufweisen. Ausnahmen unter den Präfixen bilden *her-*, *hin-*, *vor-*, die trotz Vollvokal keine eigenen phonologischen Wörter bilden, wenn sie in Kombination mit Präpositionen auftreten wie in *heraus*, *hinaus*, *voraus*, ferner *in-*, das an Folgekonsonanten assimiliert wird wie in *immateriell*, *illegal*, *irrational*.

**Identifizierung phonologischer Wörter:** Phonologische Wörter können in zwei Schritten identifiziert werden:

- Den lexikalischen Stämmen, den Präfixen mit Vollvokal und den Suffixen mit konsonantischem Anlaut und Vollvokal wird je ein phonologisches Wort zugewiesen.
- Nicht erfasste Präfixe werden in das nachfolgende phonologische Wort integriert, nicht erfasste Suffixe in das vorangehende phonologische Wort.

|     |              | 1. Schritt | 2. Schritt |
|-----|--------------|------------|------------|
| (2) | Lohn         | (Lohn)$_\omega$ | (Lohn)$_\omega$ |
|     | lohn+end     | (lohn)$_\omega$end | (lohnend)$_\omega$ |
|     | be+lohn+t    | be(lohn)$_\omega$t | (belohnt)$_\omega$ |
|     | ent+lohn+ung | (ent)$_\omega$(lohn)$_\omega$ung | (ent)$_\omega$(lohnung)$_\omega$ |
|     | ent+lohn+bar | (ent)$_\omega$(lohn)$_\omega$(bar)$_\omega$ | (ent)$_\omega$(lohn)$_\omega$(bar)$_\omega$ |

### 6.1.1 | Motivation des phonologischen Wortes

Die Motivation für die Annahme des phonologische Worts als eigener prosodischer Einheit ergibt sich aus phonologischen Regularitäten, die weder mit Bezug auf Laute noch mit Bezug auf Silben, Füße oder größere Einheiten erfassbar sind. Solche Regularitäten gibt es in mindestens vier Bereichen: bei lautbezogenen phonologischen Prozessen, bei der Phonotaktik, bei der Wortakzentuierung und bei Minimalitätsbeschränkungen.

### Das phonologische Wort als Bezugsbereich für lautbezogene phonologische Prozesse

**Assimilation des dorsalen Frikativs:** Für das phonologische Wort als prosodische Einheit spricht, dass manche Assimilationsprozesse offenbar nur innerhalb von phonologischen Wörtern stattfinden. Das bekannteste Beispiel ist die Assimilation des stimmlosen dorsalen Frikativs /ç/. Nach hinterem Vokal wird /ç/ an die Artikulationsstelle des Vokals assimiliert und als [x] oder [χ] realisiert, aber nur, wenn zwischen dem Vokal und dem Frikativ keine Grenze eines phonologischen Wortes auftritt.

(3) (Ku[x]en)_ω  (Ku)_ω([ç]en)_ω
    (tau[x]en)_ω  (Tau)_ω([ç]en)_ω
    (stau[x]en)_ω (Stau)_ω([ç]en)_ω

Gegen diese Analyse kann man einwenden, dass der Silbenkern von *-chen* ein Schwa ist und es sich demnach um eine Reduktionssilbe handelt, die nicht betonbar ist. *-chen* würde damit gegen die oben festgestellte Regularität verstoßen, dass phonologische Wörter mindestens einen Vollvokal aufweisen. Hall (1999b) fasst *-chen* weder als eigenes phonologisches Wort noch als Teil eines phonologischen Wortes auf. Wir erhalten auf diese Weise folgende Analyse:

(4) *Kuchen*        *Kuhchen*
    (kuːxən)_ω      (kuː)_ω chen

Andererseits verhält sich *-chen* aber in Koordinationsellipsen wie andere phonologische Wörter, wie später noch deutlich werden wird.

Eine alternative Analyse ergibt sich aus der Beobachtung, dass die Silbe *chen* in *Kuh-chen* weniger reduziert wird als die Silbe *chen* in *Kuchen* oder auch in *kriechen, rauchen, suchen*, usw. Das würde dafür sprechen, dass *chen* gar keine Reduktionssilbe ist, sondern den Vollvokal /ɛ/ aufweist und damit als gewöhnliches phonologisches Wort fungiert. Tatsächlich scheint das *chen* in *Kuh-chen* und das *chen* in *Kuchen* eine unterschiedliche phonologische Lautbasis zu haben. So lässt sich die zweite Silbe von *Kuchen* zu silbischem [n̩] reduzieren, die zweite Silbe von *Kuh-chen* unter gleichen Umständen aber nur zu [ən], d.h. mindestens [ə] bleibt als Silbenkern erhalten. Das spricht dafür, dass in der zweiten Silbe von *Kuchen* phonologisch /ə/ vorliegt, das vor /n/ zu [n̩] reduzierbar ist, während bei *Kuh-chen* phonologisch /ɛ/ vorliegt, das zu [ə] reduzierbar ist.

(5) *kriechen*   kriː.çən    kriː.çn̩
    *rauchen*    ʀaʊ.xən     ʀaʊ.xn̩
    *Kuchen*     kuː.xən     kuː.xn̩
    aber
    *Kuh-chen*   kuː.çɛn     kuː.çən

Diese Analyse wird durch die Notation in modernen Aussprachewörterbüchern gestützt. Sowohl das *Duden-Aussprachewörterbuch* (2005) als auch das *Deutsche Aussprachewörterbuch* (Krech et al. 2009) notieren für die zweite Silbe von *Kuchen* [n̩], für die Silbe des Diminutivsuffixes, dessen Aussprache für *Mädchen* belegt ist, aber [ən]. Wenn für *Kuchen* mit [n̩] bereits eine reduzierte Realisationsvariante von /ə/ gewählt wird, so ist [ən] bei *Mädchen* ebenfalls als eine reduzierte Realisationsvariante aufzufassen.

Die **Nasalassimilation** ist ein weiterer Assimilationstyp, der innerhalb des phonologischen Wortes wirkt. So finden wir innerhalb von phonologischen Wörtern eine obligatorische Assimilation von /n/ bezüglich des Artikulationsortes des nachfolgenden velaren Plosivs.

**Phonologisches Wort und phonologische Phrase**

(6) *Mango* ('maŋ.go)_ω *('man.go)_ω
 *Manko* ('maŋ.ko)_ω *('man.ko)_ω

Tritt eine phonologische Wortgrenze zwischen /n/ und velarem Plosiv auf, ist die Assimilation offenbar nicht obligatorisch, in der Explizitaussprache vielleicht sogar dyspräferiert.

(7) *Angabe* ('aŋ)_ω (ˌgaːbə)_ω ('an)_ω (ˌgaːbə)_ω
 *Angeber* ('aŋ)_ω (ˌgeːbɐ)_ω ('an)_ω (ˌgeːbɐ)_ω
 *Ungeheuer* ('ʊŋ)_ω (gəˌhɔɪɐ)_ω ('ʊn)_ω (gəˌhɔɪɐ)_ω
 *inklusiv* (ˌɪŋ)_ω (kluˈziːf)_ω (ˌɪn)_ω (kluˈziːf)_ω
 *ungut* ('ʊŋ)_ω (guːt)_ω ('ʊn)_ω (guːt)_ω
 *inkompetent* ('ɪŋ)_ω (kɔm.pə.tɛnt)_ω ('ɪn)_ω (kɔm.pə.tɛnt)_ω

Solche Aussprachunterschiede lassen vermuten, dass für manche Sprecher die Grenzen phonologischer Wörter bei der Anwendung der Nasalassimilation eine Rollen spielen und bei anderen nicht. Möglich wäre aber auch, dass die Anwendung der Nasalassimilation bei den Wortformen in (7) variiert, weil für manche Sprecher die betreffenden Wortformen morphologisch komplex sind und für andere nicht, was zu unterschiedlichen Einteilungen in phonologische Wörter führt.

Der Verzicht auf die Nasalassimilation über die Grenzen phonologischer Wörter hinwegführt bei *Ungar* und *ungar* zu einem Ausspracheunterschied, der zur Differenzierung der ansonsten formgleichen Wörter ausreicht. In *Ungar* bildet *un* kein eigenes phonologisches Wort, und es erfolgt Nasalassimilation. In *ungar* bildet *un* ein eigenes phonologisches Wort, weshalb die Nasalassimilation ausbleibt.

(8) *Ungar* ('ʊŋaɐ)_ω ? ('ʊn)_ω (gaɐ)_ω
 *ungar* ('ʊn)_ω (gaɐ)_ω ? ('ʊŋaɐ)_ω

## Das phonologische Wort als Bezugsbereich für die Phonotaktik

**Silbifizierung:** Die Relevanz des phonologischen Wortes für die Phonotaktik zeigt sich bei der Verteilung von Konsonanten auf die Silben mehrsilbiger Wörter. Nach dem Prinzip der Onset-Maximierung (s. Kap. I.4.5) werden Konsonanten bevorzugt im Anfangsrand der folgenden Silbe realisiert, wenn die resultierenden Silben den Wohlgeformtheitsanforderungen an den Silbenbau entsprechen. Dazu gehören Anforderungen an das Silbengewicht (ein Reim in einer betonten Silbe umfasst zwei Moren) und das Allgemeine Silbenbaugesetz (s. Kap. I.4.4). Das Prinzip der Onsetmaximierung wirkt aber nur innerhalb von phonologischen Wörtern, wie folgende Beispiele zeigen:

(9) (Mün.dung)_ω *(Münd.ung)_ω
 aber *(Mun.d)_ω(art)_ω (Mund)_ω(art)_ω

Bei /st/ sind innerhalb eines phonologischen Worts beide Silbifizierungen möglich. Wenn /st/ auf zwei phonologische Wörter verteilt ist, ist das Prinzip der Onsetmaximierung wiederum nicht anwendbar.

(10)          (Lei.ste)$_\omega$          (Leis.te)$_\omega$
     aber      (Eis)$_\omega$(tee)$_\omega$      *(Ei.s)$_\omega$(tee)$_\omega$

Folgende Wortformen unterscheiden sich nur aufgrund der Struktur des phonologischen Wortes und der daraus resultierenden Position der Silbengrenze. Dabei wird der glotttale Verschlusslaut [ʔ] wie in Kapitel I.3.3 erläutert nicht als Phonem gewertet.

(11)   *Spielende*    (Spie.lende)$_\omega$    (Spiel)$_\omega$(ʔende)$_\omega$
      *Streikende*    (Strei.kende)$_\omega$    (Streik)$_\omega$(ʔende)$_\omega$
      *Staubecken*    (Stau)$_\omega$(becken)$_\omega$    (Staub)$_\omega$(ʔecken)$_\omega$

Weitere Wortpaare unterscheiden sich zusätzlich nur aufgrund der Akzentstelle:

(12)   *Versendung*    (Ver)$_\omega$(sendung)$_\omega$    (Vers)$_\omega$(ʔendung)$_\omega$
      *erblich*    (ʔer)$_\omega$('blich)$_\omega$    ('ʔerb)$_\omega$(lich)$_\omega$

**Alternative Silbifizierungen:** In Kapitel I.4.5 wurde angenommen, dass *täglich* unterschiedlich silbifiziert werden kann: als *täg.lich* oder *tä.glich*. Diese Variabilität könnte darauf zurückführbar sein, dass die morphologische Gliederung von *täglich* nicht für alle Sprecher gleich transparent ist, was zu einer unterschiedlichen Einteilung in phonologische Wörter führt, wie (13) verdeutlicht.

(13)   *täglich*     (täg)$_\omega$(lich)$_\omega$     (tä.glich)$_\omega$

Unter Bezug auf die Struktur des phonologischen Wortes lassen sich auch einzelne Wortformen von Wortfolgen abgrenzen.

(14)   *farblos*     (farb)$_\omega$(los)$_\omega$     *fahr bloß*     (far)$_\omega$(bloß)$_\omega$

In diesem Beispiel trägt allerdings auch die Auslautverhärtung des Plosivs am Ende der ersten Silbe von *farblos* potentiell zur Unterscheidung der beiden Äußerungen bei (s. Kap. I.3.4).

## Das phonologische Wort als Bezugsbereich für Wortakzentregeln

Auch Wortakzentregeln lassen sich für den Kernwortschatz des Deutschen unter Bezug auf die Domäne des phonologische Wortes formulieren (zum Begriff des Wortakzents s. Kap. I.5.1). Im Folgenden beschränken wir uns auf Simplizia, d.h. Wortformen, die nicht auf Wortbildungsprozesse zurückgehen, sowie Substantivkomposita.

**Simplizia** bilden nicht mehr als *ein* phonologisches Wort. Für sie lässt sich die Regel formulieren, dass die Kopfsilbe des letzten Fußes innerhalb dieses phonologischen Wortes den Wortakzent erhält (angezeigt durch [']). Tritt ein weiterer Fuß auf wie in *Elefant* oder *Marmelade*, kann die Kopfsilbe dieses Fußes einen sekundären Wortakzent erhalten (angezeigt durch [ˌ]).

(15)  *Flunder*   *Kamel*   *Holunder*   *Elefant*   *Marmelade*
      ('Flunder)$_\omega$  (Ka'mel)$_\omega$  (Ho'lunder)$_\omega$  (ˌEle'fant)$_\omega$  (ˌMarme'lade)$_\omega$

Bei **Komposita** trägt gewöhnlich die Kopfsilbe des letzen Fußes des ersten phonologischen Wortes den primären Wortakzent. Die Kopfsilben des letzten Fußes des letzten phonologischen Wortes und eventuell weiterer phonologischer Wörter können sekundäre Wortakzente erhalten.

(16)  *Hausbau*            *Elefantenkuh*
      ('Haus)$_\omega$(ˌbau)$_\omega$   (Ele'fanten)$_\omega$(ˌkuh)$_\omega$

      *Brombeermarmeladentopf*
      ('Brom)$_\omega$(ˌbeer)$_\omega$(marmeˌladen)$_\omega$(ˌtopf)$_\omega$

In den folgenden Beispielen lässt sich die unterschiedliche Akzentposition unter Bezug auf die phonologische Wort-Gliederung und die entsprechenden Akzentzuweisungsregeln erklären:

(17)  (A'roma)$_\omega$           ('Ur)$_\omega$(ˌoma)$_\omega$
      (ˌEle'fant)$_\omega$         ('Ehe)$_\omega$(ˌstand)$_\omega$
      (ˌMarme'lade)$_\omega$       ('Marken)$_\omega$(ˌware)$_\omega$
      (ˌApfel'sine)$_\omega$       ('Apfel)$_\omega$(ˌbäume)$_\omega$

Zu beachten ist, dass für die Anwendung der erwähnten Wortakzentregeln ein morphologisches Wort zuerst in phonologische Wörter zu gliedern ist und danach in Silben und Füße, denn die Silbifizierung setzt das phonologische Wort voraus, und die Pedifizierung (Fußbildung) setzt die Silbifizierung voraus. (18) illustriert die Abfolge dieser Analyseschritte anhand von *Elefant* und *Ehestand*.

|  |  | *Elefant* | *Ehestand* |
|---|---|---|---|
| (18) | 1. Bildung des phon. Wortes | (Elefant)$_\omega$ | (Ehe)$_\omega$(stand)$_\omega$ |
|  | 2. Silbifizierung | (E.le.fant)$_\omega$ | (E.he)$_\omega$(stand)$_\omega$ |
|  | 3. Pedifizierung | ([E.le]$_F$[fant]$_F$)$_\omega$ | ([E.he]$_F$)$_\omega$([stand]$_F$)$_\omega$ |
|  | 4. Akzentuierung | ([ˌE.le]$_F$['fant]$_F$)$_\omega$ | (['E.he]$_F$)$_\omega$([ˌstand]$_F$)$_\omega$ |

## Das phonologische Wort und Minimalitätsbeschränkungen

Das phonologische Wort wird in der Literatur auch herangezogen, um Anforderungen an die Mindestgröße von Wortformen einer Sprache zu formulieren.

**Das phonologische Wort**

**Koordinationsellipsen:** Ein Beispiel bilden Nominalgruppen, die als Koordinationsellipsen analysierbar sind. Es handelt sich dabei um koordinative Strukturen, bei denen ein morphologischer Bestandteil, der den beiden koordinierten Gliedern in der Vollform gemeinsam ist, bei einem Glied fehlt.

(19) a. Tief- und Hochebenen
Ritter- und Bauernschaft
Über- oder Unterbau
Väter- und Mütterchen
Brüder- oder Schwesterchen
mütter- und väterlich
nord- oder südlich
hin- und hergehen
rauf- und runterfahren
ein- und ausatmen
ver- und zerstören

b. *Jäg- und Fischer
*Verwalt- und Bearbeitung
*Schriftsteller- und Autorin
*winz- oder riesig
*mürr- und zänkisch

Dass die Konstruktionen in (19a) wohlgeformt erscheinen, die in (19b) jedoch nicht, lässt sich darauf zurückführen, dass das ausgelassene Element minimal ein phonologisches Wort sein muss, eine Bedingung, die die Suffixe *-er, -ung, -in, -ig, -isch* in (19b) nicht erfüllen. Man vergleiche auch:

(20)  (Tief)$_\omega$ (und)$_\omega$ (Hoch)$_\omega$(ebenen)$_\omega$     *(Jäg)$_\omega$ (und)$_\omega$ (Fischer)$_\omega$

Die Auslassung eines Morphems, das selbst kein phonologisches Wort bildet, erscheint deshalb problematisch, weil die kontextuell zu ergänzende Einheit im zweiten Koordinationsglied nur als Teil eines phonologischen Worts auftritt wie das *er* in *Fischer*. Die Integration in das vorangehende phonologische Wort *Fisch* scheint den Zugriff darauf zum Zweck der Interpretation der Ellipse zu erschweren. Im Falle von *Jäg- und Fischer* kommt hinzu, dass mit *Jäg* ein Wortstamm verbleibt, der so alleine nicht auftritt. Allerdings zeigt das Beispiel *\*Schriftsteller- und Autorin*, dass für die Beurteilung der Wohlgeformtheit die Integration des ausgelassenen Elements in ein vorhandenes phonologische Wort (in diesem Fall *in*) ausschlaggebend ist.

Für das Deutsche wird angenommen, dass das phonologische Wort mindestens zweimorig ist (Hall 1999b). Die **More** fungiert hier als Gewichtseinheit, die sprachspezifisch zu bestimmen ist (s. Kap. I.5.1). Für das Deutsche zählen Silben, deren Reim mindestens eine VC-Struktur aufweist (gespannter Vokal, Diphthong oder ungespannter Vokal und Konsonant) als zweimorig, und Silben, deren Reim nur einen ungespannten Vokal aufweist, als einmorig. Für die Zweimorigkeit von phonologischen Wörtern spricht, dass eine Auslassung einmoriger Präfixe im Rahmen von Koordinationsellipsen nur möglich ist, wenn das Präfix durch Wahl eines gespannten Vokals, der in betonter Silbe gedehnt wird, in ein zweimoriges phonologisches Wort überführt wird.

**Phonologisches Wort und phonologische Phrase**

(21)  *b[ə] (und)_ω (ent)_ω (laden)_ω   aber   (b[eː]) (und)_ω (ent)_ω (laden)_ω
      *g[ə] (und)_ω (ent)_ω (laden)_ω   aber   (g[eː]) (und)_ω (ent)_ω (laden)_ω

Die gleiche Form der ›Beschwerung‹ einmoriger Präfixsilben, die als solche keine phonologischen Wörter bilden können, findet man beim sog. **korrektiven Fokus**, durch den eine erwähnte oder erschließbare Alternative explizit ausgeschlossen wird (Silben, die einen Fokusakzent tragen, werden durch Fettdruck hervorgehoben; s. auch Kap. I.7.3).

(22)  *Ich habe **b[ə]**laden und nicht **ent**laden gesagt
       Ich habe **b[eː]**laden und nicht **ent**laden gesagt

### 6.1.2 | Klitische Wortformen

In den bisherigen Kapiteln bildete die Explizitlautung, d. h. die Aussprache isolierter Wörter, den primären Gegenstand der Beschreibung. Mit der Betrachtung größerer prosodischer Einheiten wie der phonologischen Phrase (Kap. I.6.2), der Intonationsphrase (Kap. I.8) und der Äußerungsphrase (Kap. I.9) gelangen wir zu Phänomenen, die bei der Realisierung mehrerer Wortformen auftreten. Aber bereits die Beschäftigung mit dem phonologischen Wort führt über die Grenzen des einzelnen Wortes hinaus, denn auf äußerungsphonologischer Ebene begegnen wir dem Fall, dass einzelne Wortformen soweit abgeschwächt werden, dass sie sich eng an eine vorausgehende Wortform anlehnen und mit dieser eine prosodische Einheit bilden. Solche Wortformen werden auch als **schwache Formen** bezeichnet, und ihr Verhalten ist in diesem Fall das sog. **klitischer Wortformen**.

**Zum Begriff**

> Eine → **klitische Wortform** ist eine morphologische Wortform, die sich an eine benachbarte morphologische Wortform ›anlehnt‹ in dem Sinne, dass sie mit dieser ein phonologisches Wort bildet. Geht die benachbarte Form voraus, liegt → **Enklise** vor. Folgt sie nach, liegt → **Proklise** vor.

Ein Beispiel für Enklise zeigt (23a), ein Beispiel für Proklise (23b). Hier fungiert jeweils *es* als klitische Wortform.

(23)  a.  gibt es [gɪpts]   b.   es gibt [sgɪpt]

Im Folgenden beschränken wird uns auf enklitische Wortformen. Zu den häufigsten Wortformen mit enklitischem Verhalten gehören:

## Das phonologische Wort

(24) a. Der definite Artikel nach Präposition
| an das | [ans] | an dem | [am] | an der | [ˈaɳɐ] |
| auf das | [aʊfs] | auf dem | [ˈaʊf.m̩] | auf der | [ˈaʊ.fɐ] |
| in das | [ɪns] | in dem | [ɪm] | in der | [ˈɪɳɐ] |

b. Indefinitpronomen nach *haben*
| habe ein | [ˈhap.m̩] | habe eine | [ˈhap.nə] | habe einen | [ˈhap.nən] |
| hast ein | [ˈhast.n̩] | hast eine | [ˈhast.nə] | hast einen | [ˈhast.nən] |
| hat ein | [ˈhat.n̩] | hat eine | [ˈhat.nə] | hat einen | [ˈhat.nən] |
| haben ein | [ˈham.n̩] | haben eine | [ˈham.nə] | haben einen | [ˈham.nən] |
| habt ein | [ˈhapt.n̩] | habt eine | [ˈhapt.nə] | habt einen | [ˈhapt.n̩]] |

c. Vokalisch auslautende Personalpronomen
| hast du | [ˈhas.d̥ə] |
| hat er | [ˈhat̥ɐ] |
| hat sie | [ˈhat.sə] |
| haben wir | [ˈham.vɐ] |
| habt ihr | [ˈhap.d̥ɐ] |
| haben sie | [ˈham.zə] |

d. *es* nach *haben*
| habe es | [haps] |
| hast es | [hasts] |
| hat es | [hats] |
| haben es | [hams] |
| habt es | [hapts] |

Die angeführten Artikel und Pronomen verhalten sich hier wie Bestandteile der vorangehenden Wortform. In Fällen wie *hat sie* wird der Vokal der zweiten Wortform zu Schwa reduziert, und die Wortform wird als Silbe an die vorausgehende Wortform angefügt. In Fällen wie *an das* wird /das/ zu [s] reduziert, das an den Endrand der letzten Silbe der vorangehenden Wortform tritt. In beiden Fällen liegt eine Integration der zweiten Wortform in das vorausgehende phonologische Wort vor.

(25) (hat)_ω sie (ˈhat.s[ə])_ω
     (an)_ω das (ans)_ω

Nespor/Vogel (2007) nehmen für verschiedene Sprachen neben dem phonologischen Wort eine ›klitische Phrase‹ als eigenständige prosodische Einheit an. Für das Deutsche scheint das phonologische Wort als prosodische Einheit auszureichen, um das klitische Verhalten von Wortformen, die kein eigenes phonologisches Wort bilden, zu erfassen. Im Grunde verhalten sich Artikel und Pronomen in den oben angeführten Fällen wie Flexionssuffixe und vokalisch anlautende Wortbildungssuffixe. In ihren Vollformen bilden Artikel und Pronomen allerdings eigene phonologische Wörter. Die Vollformen der Artikel und Pronomen sind dann nicht nur betonbar, sondern können auch einen syntaktischen Akzent tragen, der phonologisch als Tonhöhenakzent realisiert wird (s. Kap. I.7.3). In den folgenden Äußerungen tritt *du* einmal als Vollform und einmal als klitische

Form auf (Silben, die einen syntaktischen Akzent tragen, sind unterstrichen).

(26) (**has**tə)_ω den **Zet**tel geschrieben? Oder **nicht**?
 (hast)_ω (**du:**)_ω den **Zet**tel geschrieben? Oder **sie**?

Interessant ist die Realisierung von *Leihst du* im Vergleich zu *Leiste*. Bei *Leiste* kann das /s/ in der ersten oder zweiten Silbe auftreten (s. Kap. I.6.1.1), aber auch bei der reduzierten Form von *Leihst du*, die ebenfalls in nur einem phonologischen Wort resultiert, scheinen unterschiedliche Realisierungen möglich.

(27) *Leiste*       (Lei.ste)_ω      (Leis.te)_ω
 *Leihst du*   (Leih.ste)_ω   (Leihs.te)_ω   (Leihs.de)_ω

## 6.2 | Die phonologische Phrase

Während das phonologische Wort ein morphologisch begründeter Bezugsbereich für phonologische Regularitäten darstellt, bildet die PP einen syntaktisch begründeten Bezugsbereich für phonologische Regularitäten. Die phonologische Phrase kann in erster Annäherung wie folgt charakterisiert werden:

**Zum Begriff**

> Die → **phonologische Phrase** ist eine prosodische Einheit, deren Grenzen stets mit syntaktischen Grenzen zusammenfallen. Sie wird als **PP** abgekürzt und mit dem griechischen Buchstaben φ (Phi) bezeichnet.

Die PP ist wie das phonologische Wort sprachspezifisch zu bestimmen. Wiese (2000, Kap. 3.6) vertritt für das Deutsche die Auffassung, dass die PP einer syntaktischen Phrase entspricht, die neben dem syntaktischen Kopf noch mindestens ein weiteres Komplement aufweist. Mögliche PPs sind demnach Nominalgruppen vom Typ *mein alter Freund*, aber auch Adjektivgruppen wie *ihr eigenes* in *ein ihr eigenes Lächeln*.

Das folgende Beispiel illustriert eine Einteilung einer Äußerung in phonologische Wörter und PPs nach Wiese (2000: 75).

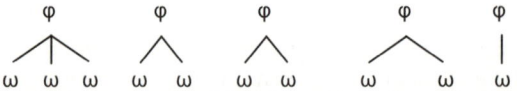

(28) Der alte Mann am Strand fing heute besonders viele Fische

In diesem Beispiel bildet *Fische* eine eigene PP, da die Phrase *besonders viele*, die eine eigene PP mit einem adjektivischen Kopf bildet, nicht für die

PP-Bildung zur Verfügung steht, es sei denn in einer rekursiven Struktur, in der die beiden PPs *besonders viele* und *Fische* in eine übergeordnete PP integriert werden.

Die PP-Struktur im obigen Beispiel kann sich in der akustischen Realisierung der Äußerung in Form rhythmischer Diskontinuitäten an internen PP-Grenzen zeigen. Rhythmische Diskontinuitäten zeigen sich typischerweise in einer Abnahme der Sprechgeschwindigkeit zum Ende einer PP hin und einer Zunahme der Sprechgeschwindigkeit zu Beginn der nächsten PP. Sie können durch eine akustische Pause zwischen zwei PPs noch verstärkt werden.

Die PP-Gliederung einer Äußerung kann von Sprecherseite her variabel gestaltet werden. So sind bei der Realisierung der Äußerung in (28) auch andere Phrasierungen möglich, die sich in einer abweichenden rhythmischen Gliederung manifestieren, z. B. in der Realisierung von *der alte Mann am Strand* und von *besonders viele Fische* in jeweils einer PP.

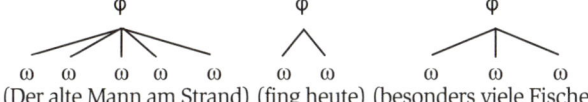

(29)  (Der alte Mann am Strand) (fing heute) (besonders viele Fische)

Dass eine gegebene syntaktische Struktur mehr als eine PP-Gliederung zulässt, ist nicht als Mangel des Konzepts der PP zu verstehen. Diese Variabilität ist vielmehr Ausdruck dessen, dass die syntaktische Struktur einer Äußerung meist mehr als eine PP-Gliederung zulässt.

Es stellt sich die Frage, warum die PP für das Deutsche überhaupt benötigt wird. Die Evidenz für die Annahme der PP als eigener prosodischer Einheit ist weniger umfangreich als die für das phonologische Wort. Die stärkste Evidenz ergibt sich sicherlich aus der Beobachtung, dass bestimmte Formen des Betonungswechsels nur innerhalb einer PP erfolgen.

**Betonungswechsel:** Einige Wortformen des Deutschen, die zwei oder mehr Füße umfassen, verändern die Position des stärksten Fußes und damit der hauptbetonten Silbe je nach kontextueller Einbettung. Dies belegen folgende Beispiele von Giegerich (1985, Kap. 4):

(30)  (ˌPaderˈborn)$_\varphi$ (und seine Uni)$_\varphi$   (ˈPaderˌborner ˈUni)$_\varphi$
      (ˌlineˈar)$_\varphi$ (war die Steigung nicht)$_\varphi$   (ˈlineˌare ˈSteigung)$_\varphi$

Insbesondere mehrfüßige Zahlwörter und zusammengesetzte Adjektive weisen den Betonungswechsel auf:

(31)  (ˌhundertˈvierzehn)$_\varphi$ (waren tot)$_\varphi$   (ˈhundertˌvierzehn ˈTote)$_\varphi$
      (blauˈgelb)$_\varphi$ (ist meine Fahne)$_\varphi$   (meine ˈblauˌgelbe ˈFahne)$_\varphi$

Die Hauptbetonung von *Paderborn, linear, blaugelb* und *hundertvierzehn* wird von der Kopfsilbe des letzten Fußes auf die des ersten Fußes verlegt, wenn dadurch verhindert wird, dass zwei starke Füße nebeneinander auftreten. Dieser Betonungswechsel erfolgt aber nur, wenn das nachfolgende Wort zur gleichen PP gehört wie bei den Beispielen auf der rechten Seite.

Der Betonungswechsel ist somit Ausdruck eines Bestrebens, starke Füße mit schwachen Füßen alternieren zu lassen, allerdings nicht unabhängig von der syntaktischen Struktur. Genau dieser Zusammenhang zwischen syntaktischer Struktur und rhythmischer Gliederung erschließt sich über das Konzept der PP.

**Weiterführende Literatur**

Einen guten Überblick zum phonologischen Wort liefern die Beiträge im Sammelband von Hall/Kleinhenz (1999), insbesondere Hall (1999a), sowie Wiese (2000) und vertiefend Smith (2003). Einen knappen Überblick zur phonologischen Phrase geben Wiese (2000) und Hall (2011). Zur Vertiefung sei auf Selkirk (1984), Peperkamp (1997) und Nespor/Vogel (2007) verwiesen.

**Aufgaben**

1. Transkribieren Sie Realisierungen der folgenden Sätze bei zunehmend informeller Aussprache und beschreiben Sie die beteiligten Reduktionsprozesse unter Bezug auf die Silbenstruktur und phonologische Wörter.
   (a) Gib mir mal einen Stift!
   (b) Ist es fertig?
   (c) Das sagen sie nicht.
   (d) Das kannst du dann auch bleiben lassen.
   (e) Sie fährt jeden Tag zu ihrem Pferd.

2. Suchen Sie weitere Beispiele für einen Betonungswechsel aufgrund unterschiedlicher phonologischer Phrasierung. Welche Wortarten sind besonders betroffen und warum?

# 7. Intonation

7.1 Grundlagen
7.2 Repräsentation von Intonationskonturen
7.3 Akzentzuweisung und Akzentstruktur
7.4 Intonationskonturen
7.5 Pränukleare Konturen
7.6 Akzentmodifikationen

## 7.1 | Grundlagen

**Was ist Intonation?**

**Sprechmelodie:** Gesprochene Äußerungen nehmen wir nicht nur mit lautlichen und rhythmischen Eigenschaften wahr, sondern auch mit melodischen Eigenschaften. So können wir z. B. angeben, ob eine Äußerung tief endet wie in (1a) oder hoch wie in (1b).

(1) a.  Sie lebt in **Ol**denburg     b.  Sie lebt in **Ol**denburg

Die stilisierten Kurven sollen dabei helfen, relevante Bewegungen des Melodieverlaufs zu identifizieren. Mit Fettdruck werden diejenigen Silben hervorgehoben, die Satzakzente oder allgemein syntaktische Akzente tragen (s. hierzu Kap. I.7.3). Die Lautsprechersymbole verweisen auf Tonbeispiele, die auf der Webseite (s. S. VIII) abgerufen werden können.

Die Äußerungen in (2) zeigen, dass für die melodische Gestaltung einer Äußerung nicht nur der Melodieverlauf am Äußerungsende relevant ist.

(2) a.  Sie lebt in **Ol**denburg     b.  Sie lebt in **Ol**denburg

Beide Äußerungen in (2) enden hoch, sie unterscheiden sich aber im Melodieverlauf auf und nach der Akzentsilbe. Die Äußerung (2a) zeigt wie die Äußerung (1b) einen steigend-fallend-steigenden Verlauf, die Äußerung (2b) einen steigend-gleichbleibenden Verlauf.

**Intonation:** Melodische Eigenschaften von Äußerungen sind Gegenstand der Intonationsforschung.

> Als → **Intonation** bezeichnet man die melodische Gestaltung einer sprachlichen Äußerung.

**Zum Begriff**

# I.7.1 Phonologie

**Intonation**

Die intonatorischen Eigenschaften einer Äußerung beruhen auf dem auditiv wahrgenommenen **Tonhöhenverlauf**. So wie wir in gesungenen Äußerungen einzelne Silben mit unterschiedlicher Tonhöhe wahrnehmen, die in der Musik als Notenwerte ausgedrückt werden, so nehmen wir auch einzelne Silben einer Äußerung mit unterschiedlicher Tonhöhe wahr. Diese Parallelität zwischen gesprochenen und gesungenen Äußerungen hat in den Anfängen der Intonationsforschung dazu geführt, dass Tonhöhenverläufe gesprochener Äußerungen bisweilen in musikalischen Notenwerten notiert wurden. Abbildung 1 illustriert eine solche Notation aus der *Grammatik der Nürnburger Mundart* von Gebhardt (1907).

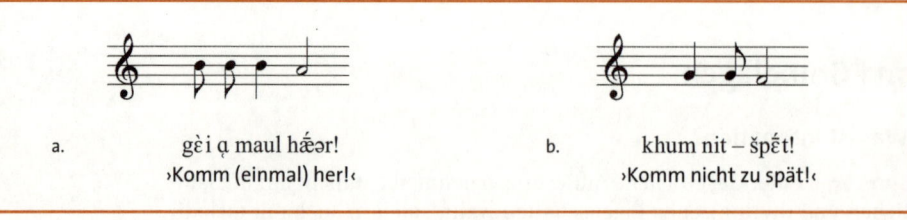

Abb. 1: Tonhöhenverläufe beim ›Befehlssatz‹ (nach Gebhardt 1907: 17)

Eine solche Notation von Tonhöhenverläufen hat sich in der Intonationsforschung jedoch nicht durchsetzen können. Einer der Gründe liegt darin, dass in einer Sprache wie dem Deutschen nicht alle Silben in gleichem Maß zur Tonhöhengestaltung einer Äußerung beitragen. Wie bereits die Beispiele in (1) und (2) nahelegen, wird die melodische Gestaltung einer Äußerung wesentlich durch den Tonhöhenverlauf im Bereich der Akzentsilben und der Äußerungsränder geprägt. Ein weiterer Nachteil der musikalischen Notation ist der Bezug der Tonhöhenwerte auf absolute Tonhöhenstufen. Während die absolute Tonhöhe im Sprechgesang durch die Notenwerte fixiert und auf einzelne Stimmlagen hin angelegt ist (Bass, Bariton, Tenor, Alt, Sopran usw.), variiert die absolute Tonhöhe gesprochener Äußerungen sprecherspezifisch.

**Grundfrequenz:** Tonhöheneigenschaften sind perzeptive Eigenschaften. Wir nehmen eine Äußerung mit einem bestimmten Tonhöhenverlauf wahr. Der Tonhöhenverlauf bildet den primären Gegenstand der Intonationsforschung. Die akustische Analyse bezieht sich allerdings nicht auf Tonhöheneindrücke, sondern auf den Verlauf der **Grundfrequenz** (f0) (s. Kap. I.2.2.3).

**Zum Begriff**

Die → **Grundfrequenz (f0)** bildet das wichtigste akustische Korrelat des Tonhöhenverlaufs. Die Grundfrequenz des Sprechschalls stimmlicher Äußerungen entspricht annähernd der Frequenz, mit der sich die Stimmlippen im Kehlkopf öffnen und schließen. Sie wird in Hertz (Hz) gemessen. 1 Hz entspricht einer Schwingung pro Sekunde.

Steigende f0-Verläufe nehmen wir in der Regel als steigende Tonhöhenverläufe wahr und fallende f0-Verläufe als fallende Tonhöhenverläufe. Aus diesem Grund werden am akustischen Signal gemessene f0-Verläufe häufig zur Darstellung von Tonhöhenverläufen herangezogen. Tonhöhenverläufe dürfen aber nicht mit f0-Verläufen gleichgesetzt werden. So führt nicht jede Variation des f0-Verlaufs zu entsprechenden Tonhöheneindrücken, insbesondere dann nicht, wenn sie einen geringen Umfang hat oder in sehr kurzen Zeitintervallen auftritt. Plosive z. B. beeinflussen nach der Verschlusslösung kurzzeitig und kaum wahrnehmbar den f0-Verlauf. Solche Variation wird als **mikroprosodische Variation** bezeichnet. Außerdem bildet die Grundfrequenz nur in periodischen, also stimmhaften Äußerungsabschnitten ein akustisches Korrelat der Tonhöhe. Äußerungsabschnitte und ganze Äußerungen können aber auch ohne Stimmton mit einem Tonhöhenverlauf und entsprechend mit intonatorischen Eigenschaften wahrgenommen werden, was sich beim Flüstern zeigt.

> **Intonation der Flüstersprache** — *Zur Vertiefung*
>
> Auch geflüsterte Äußerungen nehmen wir mit melodischen Eigenschaften wahr. Tatsächlich können sämtliche distinktiven Tonhöhenverläufe des Deutschen auch in der Flüstersprache realisiert werden. Dies zeigt deutlich, dass es sich bei intonatorischen Eigenschaften um auditive Eigenschaften handelt, die akustisch auf unterschiedliche Weise realisiert werden können. Im Falle des Flüsterns werden unterschiedliche Tonhöheneindrücke durch Änderung der Intensität der Geräuschanteile in Frequenzbereichen oberhalb der Grundfrequenz des normalen Stimmtons hervorgerufen. Dabei sind wie bei den stimmlichen Äußerungen diejenigen Äußerungsabschnitte maßgeblich für den Tonhöheneindruck, die im Kern von Akzentsilben auftreten.

## Intonationskonturen

**Intonatorische Variation:** Der Tonhöhenverlauf sprachlicher Äußerungen ist erstaunlich variabel. Ein beträchtlicher Teil der Variation erfolgt allerdings systematisch. Der Tonhöhenverlauf hängt unter anderem von der Anzahl der zur Verfügung stehenden Silben ab (3a), von der Zahl und Position der Akzentsilben (3b) und davon, welche Akzenttypen auftreten (3c).

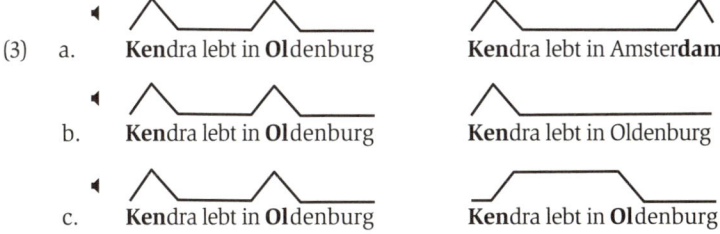

## Intonation

Die Variation in (3a) ist aufgrund der Wortwahl vorhersagbar. Wird *Oldenburg* durch *Amsterdam* ersetzt, so vergrößert sich der Abstand des zweiten Tonhöhengipfels zum ersten, und nach der zweiten Akzentsilbe wird kein tiefes Tonhöhenplateau realisiert wie bei der ersten Äußerung. Allerdings wird der zweite Tonhöhengipfel nach wie vor auf der zweiten Akzentsilbe realisiert; und dass in der zweiten Äußerung am Ende kein tiefes Tonhöhenplateau folgt, liegt nur daran, dass im Anschluss an die zweite Akzentsilbe dafür keine weiteren Silben zur Verfügung stehen. Aufgrund dieser Vorhersagbarkeit der Variation ist nicht zu erwarten, dass mit der Änderung des Tonhöhenverlaufs in (3a) eine Änderung der Äußerungsbedeutung verbunden ist.

Ganz anders sieht es in (3b) und (3c) aus. In (3b) wird in der zweiten Äußerung der letzte Satzakzent bereits auf der ersten Silbe von *Kendra* realisiert und *Oldenburg* deakzentuiert. Damit ändert sich die Fokus-Hintergrund-Gliederung des Satzes (s. Kap. I.7.3). In (3c) ändert sich hingegen der Akzenttyp. Während in der ersten Äußerung auf *Ken* ein steigend-fallender Tonhöhenverlauf realisiert wird, wird in der zweiten Äußerung auf der Silbe *Ken* ein steigender Tonhöhenverlauf realisiert, was auch einen Effekt auf die Gestaltung der Tonhöhe zwischen der ersten und zweiten Akzentsilbe hat. Diese Form der Variation ist ebenfalls für die Äußerungsbedeutung relevant.

**Intonationskonturen:** Die Unterscheidung zwischen semantisch irrelevanter Variation des Tonhöhenverlaufs und semantisch relevanter Variation erlaubt es, zwischen konkreten individuellen Tonhöhenverläufen und abstrakten Intonationskonturen zu unterscheiden.

**Zum Begriff**

> Eine → **Intonationskontur** ist die Menge aller Tonhöhenverläufe, die in einer gegebenen Sprache gleiche sprachliche Funktionen erfüllen.

Individuelle Tonhöhenverläufe, die gleiche sprachliche Funktionen erfüllen, bilden Realisationen der gleichen Intonationskontur. So können die beiden Tonhöhenverläufe in (3a) als unterschiedliche Realisierungen der gleichen Kontur gelten, während die beiden Tonhöhenverläufe in (3b) und in (3c) als Realisationen unterschiedlicher Konturen gelten müssen.

**Distinktive Tonhöhenmerkmale:** Tonhöhenverläufe, die Realisierungen der gleichen Kontur darstellen, leisten auch einen vergleichbaren Beitrag zur Äußerungsbedeutung. Tonhöhenverläufe, die unterschiedlichen Konturen angehören, unterscheiden sich in ihrem Beitrag zur Äußerungsbedeutung. Alle Realisierungen einer Intonationskontur weisen gemeinsame **distinktive Tonhöhenmerkmale** auf. Dazu gehört z. B. das Merkmal, am Ende der Äußerung hoch statt tief zu enden.

Die Charakterisierung der Variation individueller Tonhöhenverläufe gehört in den Bereich der Phonetik, die Charakterisierung der für eine Kontur maßgeblichen distinktiven Tonhöheneigenschaften fällt in den Bereich der **tonalen Phonologie**, die auch als **Intonationsphonologie** bezeichnet wird (zum Verhältnis zwischen tonaler und lautbezogener Phonologie s. Kap. I.1).

## 7.2 | Repräsentation von Intonationskonturen

### Tonsequenzmodell

Die moderne Intonationsforschung ist maßgeblich durch die **Autosegmental-Metrische Phonologie** (AM-Phonologie) geprägt, die auf Arbeiten von Leben (1973), Liberman (1975), Goldsmith (1976), Bruce (1977), Pierrehumbert (1980), Gussenhoven (1984) und Beckman/Pierrehumbert (1986) zurückgeht.

In der AM-Phonologie werden Intonationskonturen als Sequenzen **phonologischer Töne** aufgefasst. Diese Töne spezifizieren hohe und tiefe **phonetische Zielpunkte**, die als lokale Tonhöhenniveaus aufgefasst werden. Hoch oder tief sind diese Zielpunkte relativ zu ihren benachbarten Tönen. Die entsprechenden Töne werden als **Hochtöne** und **Tieftöne** bezeichnet.

Der Tonhöhenverlauf einer Äußerung lässt sich durch eine Folge von solchen Zielpunkten und von **Übergängen** (*transitions*) zwischen diesen Zielpunkten repräsentieren. Im einfachsten Fall ergeben sich die Übergänge zwischen zwei Tönen aus einer linearen Interpolation zwischen den jeweiligen Zielpunkten, graphisch dargestellt durch gerade Verbindungslinien. Diese Art der Repräsentation von Tonhöhenverläufen wird als **Tonsequenzmodell** bezeichnet.

Eine Grundannahme der AM-Phonologie besteht darin, dass mit dem Tonsequenzmodell alle phonologisch relevanten kategorialen Eigenschaften individueller Tonhöhenverläufe erfasst werden. Phonologisch relevant sind diejenigen Eigenschaften, die zur Identifizierung distinktiver Intonationskonturen benötigt werden. Mithilfe synthetisch veränderter Grundfrequenzverläufe lässt sich zeigen, dass bei Reduktion eines individuellen Grundfrequenzverlaufs auf eine Sequenz phonetischer Zielpunkte mit linearen Übergängen zwischen diesen Zielpunkten die ›gleiche‹ Kontur gehört wird. Abbildung 2 illustriert das Tonsequenzmodell mit einem f0-Verlauf, der als eine Sequenz von Zielpunkten und Übergängen analysiert wird. Der Verlauf der Originaläußerung wird durch schwarze Punkte wiedergegeben, der synthetisierte F0-Verlauf durch orangene Punkte und Verbindungslinien. Hochtöne und Tieftöne werden durch die Buchstaben H (*high*) und L (*low*) bezeichnet. Die zugehörige Tondatei lässt zuerst die originale Äußerung hören und danach die gleiche Äußerung mit einem Grundfrequenzverlauf, der dem orangenen Linienzug in Abbildung 2 entspricht.

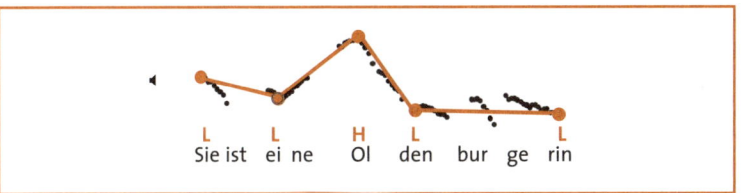

Abb. 2: Grundfrequenzverlauf der Originaläußerung (schwarz) und synthetisierter Grundfrequenzverlauf (orange)

## Intonation

**Zur Vertiefung**

### Autosegmental-metrische Repräsentation

Die tonale Repräsentation von Intonationskonturen im Rahmen des Tonsequenzmodells heißt **autosegmental**, weil die Töne als Segmente auf einer eigenen Ebene, der Tonebene, repräsentiert werden und so als **Autosegmente** (von griech. *autós* ›selbst‹) fungieren. **Metrisch** ist sie insofern, als Töne mit metrisch organisierten Einheiten lautlicher Äußerungen, nämlich den Silben, assoziiert werden (s. Kap. I.7.3). Da die Autosegmental-Metrische Phonologie Laute und Töne auf unterschiedlichen Ebenen repräsentiert, zählt sie zu den **nichtlinearen Phonologien** (s. Kap. I.4.3).

### Tonale Unterspezifikation

Mit dem Tonsequenzmodell ist die Annahme verbunden, dass in Sprachen wie dem Deutschen oder Englischen der Tonhöhenverlauf einer Äußerung **tonal unterspezifiziert** ist. Jede Silbe einer Äußerung wird mit einer bestimmten Tonhöhe realisiert, aber nicht für jede Silbe ist die Tonhöhe durch einen eigenen Ton spezifiziert. In der Terminologie des Tonsequenzmodells bedeutet dies, dass nicht auf jeder Silbe ein eigener phonetischer Zielpunkt für den Tonhöhenverlauf (oder den Grundfrequenzverlauf) auftreten muss. (4a) zeigt eine Repräsentation des f0-Verlaufs aus Abbildung 2, bei der jeder Silbe ein Ton zugewiesen wird. (4b) illustriert eine Repräsentation im Sinne des Tonsequenzmodells (die phonetischen Zielpunkte werden hier zur Verdeutlichung durch schwarze Punkte markiert). Die in Abbildung 2 beobachtbare Neigung des f0-Verlaufs (spätere L-Töne werden etwas tiefer als frühere realisiert) wird auch als **Deklination** bezeichnet. Sie gehört in das Gebiet der phonetischen Realisierung von Intonationskonturen und bleibt hier unberücksichtigt.

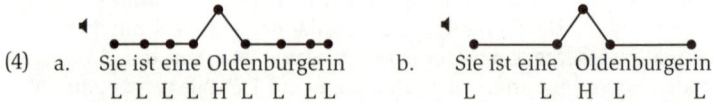

(4) a. Sie ist eine Oldenburgerin    b. Sie ist eine  Oldenburgerin
       L L L L H L  L LL                L      L H L      L

In (4a) erhält jede Silbe einen hohen oder tiefen phonetischen Zielpunkt, in (4b) erhalten nur solche Silben einen phonetischen Zielpunkt, deren Tonhöhe nicht aufgrund der Tonhöhe anderer Silben bestimmt werden kann. Die Tatsache, dass die Silben *ist, ei, bur* und *ge* tief realisiert werden, ergibt sich in (4a) aus der Präsenz tiefer Töne im Bereich dieser Silben, in (4b) aus der Interpolation zwischen den tiefen Zielpunkten auf den benachbarten Silben, die einen tiefen Ton tragen.

### Tonklassen

Die phonologischen Töne des Deutschen lassen sich aufgrund ihrer strukturellen Position innerhalb einer Äußerung in drei Klassen einteilen: Akzenttöne, Begleittöne und Grenztöne.

## I.7.2 Phonologie

**Repräsentation von Intonationskonturen**

> → **Akzenttöne** sind Töne, die an das Auftreten von Akzentsilben gebunden sind. Sie werden durch einen Stern gekennzeichnet (H*, L*).

**Zum Begriff**

Ihre Bindung an Akzentsilben wird phonologisch als Assoziationsbeziehung charakterisiert, die grafisch durch eine Verbindungslinie zwischen dem gesternten Ton und der zugehörigen Silbe dargestellt werden kann. Phonetisch zeigt sich ihre Bindung an Akzentsilben in der zeitlichen Ausrichtung des hohen bzw. tiefen Zielpunkts, der durch den jeweiligen Ton spezifiziert wird. So wandert ein hoher Zielpunkt einfach mit, wenn der Akzent in einer Äußerung verschoben wird, wie (5) illustriert.

(5)   Sie wohnt in **Ol**denburg      Sie **wohnt** in Oldenburg
              |                              |
              H*                             H*

> → **Begleittöne** sind Töne, die immer nur zusammen mit einem Akzentton auftreten, aber nicht notwendig auf der zugehörigen Akzentsilbe.

**Zum Begriff**

Je nachdem, ob ein Begleitton einem Akzentton vorangeht oder folgt, handelt es sich um einen **Leitton** (engl. *leading tone*) oder um einen **Folgeton** (engl. *trailing tone*).

> → **Grenztöne** sind Töne, die an das Auftreten prosodischer Phrasen wie der Intonationsphrase gebunden sind.
> → **Initiale Grenztöne** (%H, %L) treten am vorderen Rand einer Intonationsphrase auf, → **finale Grenztöne** (H%, L%) am hinteren Rand.

**Zum Begriff**

Der vordere Rand einer Intonationsphrase trägt stets einen Grenzton. Für den hinteren Rand gilt das nicht. Das Fehlen eines Grenztons an der hinteren Grenze wird durch 0% angezeigt. Als **Intonationsphrase (IP)** wird im Folgenden derjenige Abschnitt einer Äußerung bezeichnet, in dem eine vollständige Intonationskontur realisiert wird (zum Begriff s. Kap. I.8).

In klassischen AM-Modellen werden zusätzlich sog. **Phrasentöne** oder **Phrasenakzente** angenommen (Pierrehumbert 1980; Beckmann/Pierrehumbert 1986). Phrasentöne lassen sich als Töne auffassen, deren Auftreten an das Vorhandensein prosodischer Grenzen gebunden ist, die aber nicht in der Nähe dieser Grenzen realisiert werden müssen (vgl. Grice/Ladd/Arvaniti 2000). Für die folgende Beschreibung der Intonation des Standarddeutschen werden wir auf solche Töne verzichten.

## Tonhöhenakzente

Akzenttöne bilden zusammen mit ihren Begleittönen **Tonhöhenakzente** (*pitch accents*). H* und L* werden auch als **monotonale Akzente** bezeichnet, da sie nur einen Ton umfassen. Bei H*L und L*H handelt es sich um **bitonale Akzente**.

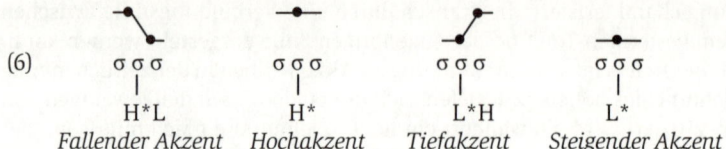

(6)   σ σ σ             σ σ σ             σ σ σ             σ σ σ
       |                  |                  |                  |
       H*L                H*                 L*H                L*
   Fallender Akzent   Hochakzent        Tiefakzent      Steigender Akzent

H*L und L*H werden auch als **linksköpfige Akzente** bezeichnet, weil der gesternte Ton, der den ›tonalen Kopf‹ des Akzents bildet, links auftritt. Möglich sind auch **rechtsköpfige Akzente**: LH* und HL*. In anderen Darstellungen findet man auch eine Notation mit Pluszeichen: H*+L, L*+H, L+H* und H+L*.

Die gesternten Töne bilden insofern den Kopf eines Tonhöhenakzents, als sie die einzig obligatorischen Töne eines Tonhöhenakzents sind. Jeder Tonhöhenakzent enthält genau einen gesternten Ton, den Akzentton, und fakultativ weitere Begleittöne. Die Akzenttöne bestimmen ferner über ihre Assoziation mit einer Akzentsilbe die zeitliche Ausrichtung des Tonhöhenakzents an der lautlichen Ebene.

## Tonausbreitung

Mithilfe der bisher eingeführten Tonhöhenakzente und Grenztöne lassen sich die Intonationskonturen der Äußerungen in (5) vorläufig wie in (7) repräsentieren:

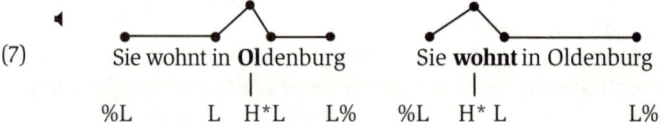

(7)   Sie wohnt in **Ol**denburg        Sie **wohnt** in Oldenburg
            |                                  |
      %L      L   H*L    L%         %L    H* L              L%

Die Repräsentation der ersten Äußerung in (7) weist aber noch ein Problem auf. Der zweite L-Ton wird benötigt, um dem tiefen Tonhöhenplateau vor der Akzentsilbe Rechnung zu tragen. Fraglich ist, woher dieser Ton stammt. Er ist weder ein Grenzton noch ein Akzentton, müsste demnach als zusätzlicher Begleitton von H* aufgefasst werden. Dann aber würden sich für die beiden Äußerungen in (7) zwei unterschiedliche Tonsequenzen ergeben: %L LH*L L% für die erste Äußerung und %L H*L L% für die zweite. Diese Analyse passt nicht zu der Beobachtung, dass die Variation der beiden Tonhöhenverläufe allein aus der veränderten Position der Akzentsilbe resultiert. Die beiden Tonhöhenverläufe bilden Realisierungsvarianten der gleichen Kontur und sollten entsprechend auch durch die gleiche Tonsequenz repräsentiert werden.

In der AM-Analyse wird diesem Problem durch das Konzept der **Tonausbreitung** Rechnung getragen.

> → **Tonausbreitung** (engl. *tone spreading*) bezeichnet die Spezifizierung von mehr als einem phonetischen Zielpunkt durch einen phonologischen Ton.

**Zum Begriff**

So kann das tiefe Tonhöhenplateau vor der Akzentsilbe in der ersten Äußerung in (7) darauf zurückgeführt werden, dass der initiale Grenzton %L einen zweiten tiefen Zielpunkt vor dem H-Ton spezifiziert. Diese Tonausbreitung wird im Folgenden durch einen horizontalen Pfeil (→) gekennzeichnet. Für die Äußerungen in (7) erhalten wir entsprechend folgende tonale Repräsentationen:

(8)
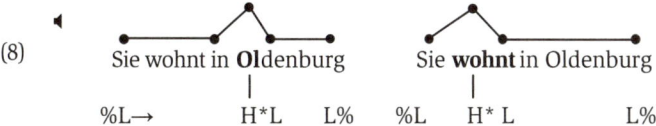

Sie wohnt in **Ol**denburg  Sie **wohnt** in Oldenburg
%L→  H*L  L%  %L  H* L  L%

Die beiden Tonhöhenverläufe in (8) werden nun durch die gleiche Tonsequenz, %L H*L L%, repräsentiert, und beide Tonhöhenverläufe können als Realisierungen der gleichen Intonationskontur aufgefasst werden.

## 7.3 | Akzentzuweisung und Akzentstruktur

Die Intonatorische Gestaltung umfasst drei Aspekte, die in Orientierung an Halliday (1967) als Phrasierung, Akzentzuweisung und Konturwahl bezeichnet werden können.

**Phrasierung** bezeichnet die Gliederung einer Äußerung in ein oder mehrere Intonationsphrasen und damit in Äußerungsabschnitte, die jeweils eine vollständige Intonationskontur tragen. Die Phrasierung legt die Position der Grenztöne fest. Sie verankert somit den Beginn und das Ende einer Intonationskontur an der lautlichen Äußerung. Die intonatorische Phrasierung bildet den Gegenstand von Kapitel I.8 zur Intonationsphrase und Kapitel I.9.1 zur Äußerungsphrase.

**Akzentzuweisung** bezeichnet die Zuweisung von Akzenten auf syntaktischer Ebene, die durch Tonhöhenakzente realisiert werden. Die Akzentzuweisung legt die Position der Tonhöhenakzente fest, indem sie diejenigen Silben bestimmt, an denen die Kontur über die Akzenttöne der Tonhöhenakzente verankert wird.

**Konturwahl** bezeichnet den Aufbau einer Intonationskontur aus Tonhöhenakzenten, Grenztönen und evtl. Phrasentönen. Die Konturwahl legt die Form der Intonationskontur fest, die bereits über die Grenztöne und Tonhöhenakzente mit der lautlichen Äußerung verbunden ist. Die Kon-

**Intonation**

turwahl betrifft die Intonation im engeren Sinne und ist Gegenstand von Kapitel I.7.4.

## Akzentzuweisung

Um den Vorgang der Akzentzuweisung zu verstehen, müssen zwei Ebenen der Akzentuierung unterschieden werden: die Akzentuierung auf Wortebene und die Akzentuierung auf syntaktischer Ebene.

**Akzentuierung auf Wortebene:** Auf Wortebene werden **Wortakzente** zugewiesen. In Kapitel I.5.1 wurden Wortakzente als abstrakte Auszeichnungen von Silben bestimmt, die sie befähigen, ›Satzakzente‹ oder allgemein syntaktische Akzente zu tragen. Zur Verdeutlichung wird hier die Begriffsbestimmung in Kapitel I.5.1 nochmals wiederholt:

**Zum Begriff**

> → **Wortakzent** bezeichnet die Fähigkeit einer betonten Silbe eines Wortes, einen syntaktischen Akzent zu tragen.

Die Anwesenheit eines Wortakzents ist also nicht mit der tatsächlichen Hervorhebung der Silbe, die den Akzent trägt, oder des ganzen Wortes gleichzusetzen. Dieser Unterschied zeigt sich z. B. bei der Frage, welche Silbe eines Wortes den Wortakzent trägt. Man kann diese Frage stellen, ohne auf eine konkrete Äußerung eines Wortes Bezug zu nehmen. Man möchte wissen, welche Silbe hervorgehoben wird, wenn das Wort tatsächlich geäußert wird. Insofern richtet sich die Frage nach dem Wortakzent auf diejenige Silbe, die über ein entsprechendes Potential verfügt.

**Primärer und sekundärer Wortakzent:** Träger von Wortakzenten sind die Kopfsilben von Füßen. Morphologische Wörter, die mehr als einen Fuß umfassen, tragen einen **primären Wortakzent** und ein oder mehrere **sekundäre Wortakzente**. In Kapitel I.6.1 wurde anhand von Wortformen wie *Elefanten* und *Bauernhöfe* darauf hingewiesen, dass für die Position primärer und sekundärer Wortakzente das phonologische Wort eine Rolle spielen könnte. Bei Wortformen, die mehr als einen Fuß umfassen, wird der primäre Wortakzent normalerweise der Kopfsilbe des letzten Fußes des ersten phonologischen Wortes zugewiesen. Die Form *Elefanten* besteht aus einem Stamm und einem Flexionssuffix und umfasst damit nur ein phonologisches Wort (*Elefant+en*). Dies führt zur Zuweisung des primären Akzents an die Kopfsilbe des zweiten Fußes *fan*. Die Form *Bauernhöfe* besteht aus zwei morphologischen Stämmen, einem Fugenelement und einem Flexionssuffix (*Bauer+n+höf+e*) und umfasst damit zwei phonologische Wörter, *bauern* und *höfe*. Dies führt zur Zuweisung des primären Wortakzents an die Kopfsilbe des ersten Fußes.

(9) (ˌEleˈfanten)_ω    (ˈBauern)_ω(ˌhöfe)_ω

Jedes phonologische Wort trägt mindestens einen Wortakzent. Für morphologische Wörter gilt das nicht, da sie auch **klitisch** auftreten können,

d. h. als ›Anhängsel‹ einer vorhergehenden Wortform, ohne einen eigenen Wortakzent zu tragen. Als Beispiel hierfür wurde in Kapitel I.6.1.2 die Form *hasde* angeführt, die zwei morphologische Wortformen, *hast* und *du*, umfasst, die hier zusammen ein phonologisches Wort bilden und nur einen Wortakzent tragen.

(10)  (ˈhast)$_\omega$ (ˈdu)$_\omega$     (ˈhasd[ə])$_\omega$

**Akzentuierung auf der syntaktischen Ebene:** Ein syntaktischer Akzent ist eine abstrakte Auszeichnung einer Silbe, die sie dazu bestimmt, einen phonologischen Akzent zu tragen.

> Ein → **syntaktischer Akzent** zeichnet eine Wortakzentsilbe dafür aus, einen phonologischen Akzent zu tragen.

Zum Begriff

Syntaktisch heißen diese Akzente, weil sie Wortakzentsilben unter Bezug auf die syntaktische Struktur zugewiesen werden, und weil mit ihrer Hilfe syntaktische Konstituenten hervorgehoben werden können.

Syntaktische Akzente werden traditionell auch als **Satzakzente** bezeichnet. Der Begriff Satzakzent wird im Folgenden vermieden, weil nicht nur ›satzwertige‹ Einheiten eine Akzentstruktur aufweisen und als solche geäußert werden können.

**Fokusakzente:** Syntaktische Akzente fungieren in der Regel als Fokusakzente, mit denen ein bestimmter Teil der Äußerung unter semantischen Gesichtspunkten hervorgehoben und somit in den **Fokus** gesetzt wird, während die nicht hervorgehobenen Einheiten den **Hintergrund** bilden (zur Einführung in die Fokus-Hintergrund-Gliederung vgl. Musan 2010). Jede vollständige Intonationsphrase weist mindestens einen Fokusakzent auf. Dieser Akzent, der stets durch einen Tonhöhenakzent realisiert wird, spielt für die Verankerung der Intonationskontur an der zugehörigen Äußerung eine besondere Rolle und wird weiter unten als ›nuklearer Akzent‹ eingeführt.

Mit einem syntaktischen Akzent wird in der Regel nicht nur die Silbe, die den Akzent trägt, in den Fokus gesetzt, sondern das ganze Wort und potentiell auch eine größere syntaktische Phrase, der dieses Wort angehört. In (11) wird durch den Akzent in der zweiten Äußerung nicht nur die Silbe *fahr* hervorgehoben oder das Wort *Fahrradschlüssel*, sondern die gesamte Nominalgruppe *meinen Fahrradschlüssel*. Die Ausweitung des Fokus von der akzentuierten Silbe auf eine größere Einheit wird auch als **Fokusprojektion** bezeichnet. In der zweiten Äußerung von (11) bildet entsprechend *meinen Fahrradschlüssel* den Fokus und *ich suche* den Hintergrund.

(11)  A:   Was sucht du?
      B:   Ich suche meinen **Fahr**radschlüssel.

**Intonation**

Die Regeln für die Zuweisung syntaktischer Akzente im Deutschen und für die Fokusprojektion sind recht verwickelt und nicht ausschließlich syntaktisch herleitbar (für eine weiterführende Darstellung s. Uhmann 1991).

**Phonologische Akzente:** Während die syntaktische Akzentuierung bestimmt, welcher Äußerungsteil hervorgehoben werden soll, bestimmt die Wahl des phonologischen Akzents die Art der Hervorhebung.

**Zum Begriff**

> → **Phonologischer Akzent** bezeichnet die Hervorhebung syntaktisch akzentuierter Silben auf Äußerungsebene.

Die phonologischen Hervorhebung syntaktisch akzentuierter Silben erfolgt in der Regel durch Tonhöhenakzente (H*L, H*, L*H, L*), die den Tonhöhenverlauf mitbestimmen und meist auch zur Prominenz der betonten Silbe beitragen.

Mit phonologischen Akzenten wird phonetisch in erster Linie die akzentuierte Silbe hervorgehoben, nicht die gesamte fokussierte Konstituente. Wie groß die fokussierte Konstituente ist, lässt sich in der Regel aufgrund der syntaktischen Struktur der Äußerung und ihrer kontextuellen Einbettung erschließen.

### Akzentstruktur

Die Akzentstruktur eines Satzes oder allgemein einer syntaktischen Phrase ergibt sich aus der Zahl und Position der syntaktischen Akzente. Wird einer Wortakzentsilbe ein syntaktischer Akzent zugewiesen, so wird diese Silbe dazu bestimmt, einen phonologischen Akzent zu tragen, wobei es sich in der Regel um einen Tonhöhenakzent handelt. Die Anzahl und Position der syntaktischen Akzente richtet sich nach syntaktischen und semantischen bzw. informationsstrukturellen Gesichtspunkten. Zusätzliche semantische Gesichtspunkte kommen bei der Wahl des Tonhöhenakzents (H*L, H*, L*H, L*) ins Spiel. Entsprechend den unterschiedlichen Ebenen der Akzentuierung verfügt eine Äußerung auch über unterschiedliche Akzentstrukturen. Betrachten wir zur Illustration die Äußerung *dreißig Tage Regenwetter* in (12).

**Beispielanalyse** **Betonungs- und Akzentstrukturen**

(12) a. *Betonungsstruktur*           drei.ßig Ta.ge Re.gen.wet.ter
    b. *+ Wortakzentstruktur*        ˈdrei.ßig ˈTa.ge ˈRe.gen.wet.ter
    c. *+ Syntaktische Akzentstruktur*  ˈ**drei**.ßig ˈTa.ge **Re**.gen.ˌwet.ter
    d. *+ Phonologische Akzentstruktur* {ˈ**drei**.ßig ˈTa.ge **Re**.gen.ˌwet.ter}

                                          %L  L*H           H*L       L%

    e. *Phonetische Realisierung* ◀

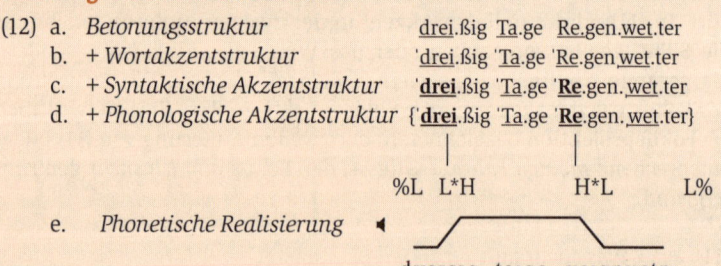

dʁaɪsɪç  taːɡə  ʁeːɡnvɛtɐ

- (12a) zeigt die **Betonungsstruktur** der Äußerung. Alle betonten Silben (die den Kopfsilben von Füßen entsprechen) sind unterstrichen.
- (12b) fügt die **Wortakzentstruktur** hinzu. Den betonten Silben aller Wortformen, die ein oder mehrere phonologische Wörter umfassen, werden Wortakzente zugewiesen, wobei pro Wortform nur ein primärer Wortakzent vergeben wird.
- (12c) fügt die **syntaktische Akzentstruktur** hinzu. Den Silben *drei* in *dreißig* und *re* in *Regenwetter* wird je ein syntaktischer Akzent zugewiesen, während die anderen Silben syntaktisch unakzentuiert bleiben. Es könnten auch andere betonte Silben syntaktisch akzentuiert werden. Zum Beispiel könnte lediglich die Silbe *ta* von *Tage* syntaktisch akzentuiert werden. Auf diese Weise würde hervorgehoben, dass es sich um Tage und nicht um Stunden oder Wochen handelt.
- (12d) fügt die **phonologische Akzentstruktur** hinzu. Diese Struktur ergibt sich daraus, dass die syntaktischen Akzente phonologisch interpretiert werden, indem jeder dieser Silben ein Tonhöhenakzent zugewiesen wird. In diesem Beispiel wird auf der ersten Akzentsilbe ein steigender Akzent (L*H) realisiert, auf der letzten Akzentsilbe ein fallender Akzent (H*L). Ferner wird die Kontur mithilfe von Grenztönen an den Grenzen der Intonationsphrase verankert. Welche Tonhöhenakzente gewählt werden, ist durch die syntaktische Akzentuierung nicht festgelegt.
- (12e) zeigt eine **phonetische Realisierung** der Äußerung, wobei der Tonhöhenverlauf hier lediglich stilisiert wiedergegeben wird.

**Emphatische Akzente**

Zu den phonologischen Akzenten können auch die sog. **emphatischen Akzente** (oder **Emphaseakzente**) gezählt werden, die artikulatorisch und akustisch als eine Form von Intensitätsakzenten beschreibbar sind (vgl. Kohler 2003; Niebuhr 2010). Emphatische Akzente sind zusätzliche Hervorhebungen, die mit einem erhöhten artikulatorischen Aufwand realisiert werden. Im Unterschied zu Tonhöhenakzenten treten emphatische Akzente auch in Silben auf, die keinen syntaktischen Akzent tragen. Im folgenden Beispiel trifft dies auf die Silben *das* und *nicht* zu. Silben mit einem emphatischen Akzent werden hier durch vor- und nachgestellte Ausrufezeichen markiert.

{ich !**will**! !das! !nicht!}
%L      H*L           L%

Zur Vertiefung

**Intonation**

> Treten emphatische Akzente auf Silben mit einem syntaktischen Akzent auf, der bereits durch einen Tonhöhenakzent realisiert wird, führt der emphatische Akzent zu einer zusätzlichen Hervorhebung der betreffenden Silbe. Treten emphatische Akzente auf unakzentuierten Silben auf, tragen sie zur rhythmischen Prominenz dieser Silben bei, womit die Bildung kleiner lokaler Tonhöhengipfel einhergehen kann.

## 7.4 | Intonationskonturen

### Konturabschnitte

Für die Beschreibung von Intonationskonturen ist es nützlich, zwei Typen von Tonhöhenakzenten zu unterscheiden: nukleare Akzente und pränukleare Akzente.

**Zum Begriff**

> Als → **nuklearer Akzent** einer Intonationsphrase gilt derjenige Tonhöhenakzent, der den einzigen obligatorischen Fokusakzent dieser Intonationsphrase realisiert.
> Als → **pränukleare Akzente** gelten alle Tonhöhenakzente, die dem nuklearen Akzent innerhalb der gleichen Intonationsphrase vorangehen.

Der nukleare Akzent tritt normalerweise als letzter Tonhöhenakzent in einer Intonationsphrase auf. Weist eine Intonationsphrase nur einen Tonhöhenakzent auf, so ist dies immer der nukleare Akzent.

Es hat sich als sinnvoll erwiesen, Intonationskonturen unter Bezug auf die Position des nuklearen Akzents in zwei Abschnitte zu gliedern, eine nukleare Kontur und eine pränukleare Kontur.

**Zum Begriff**

> Als → **nukleare Kontur** gilt derjenige Abschnitt einer Intonationskontur, der den nuklearen Akzent und alle weiteren Töne bis zur hinteren IP-Grenze umfasst.
> Als → **pränukleare Kontur** gilt derjenige Abschnitt einer Intonationskontur, der dem nuklearen Akzent vorangeht.

Das Deutsche weist nur ein beschränktes Inventar an nuklearen Konturen auf. Gleichwohl hat die Wahl der nuklearen Kontur in der Regel einen größeren Effekt auf die Äußerungsbedeutung als die Wahl der pränuklearen Kontur.

## I.7.4 Phonologie

Intonationskonturen

### Nukleare Konturen

Mithilfe der in Kapitel I.7.3 eingeführten Tonhöhenakzente H*L, H*, L*H und L* sowie der drei möglichen Abschlüsse von Konturen mit L%, H% und 0% (ohne Grenzton) lassen sich zwölf nukleare Konturen bilden, von denen die acht in Abbildung 3 dargestellten Konturen im nördlichen Standarddeutschen verbreitet sind.

| | L% | H% | 0% |
|---|---|---|---|
| H*L | Fallende Kontur<br>H* L — L% | Fallend-Steigende Kontur<br>H*L → H% | Fallend-Gleichbleibende Kontur<br>H*L → 0% |
| H* | | Hoch-Steigende Kontur<br>H* → H% | Hoch-Gleichbleibende Kontur<br>H* → 0% |
| L*H | | Zweifach-Steigende Kontur<br>L*H → H% | Steigend-Gleichbleibende Kontur<br>L*H → 0% |
| L* | | Tief-Steigende Kontur<br>L* → H% | |

Die Anordnung der Konturen in Abbildung 3 verdeutlicht, dass sich die Konturen unter Bezug auf die Wahl des nuklearen Akzents und die Wahl des finalen Grenztons systematisch aufeinander beziehen lassen. Konturen, die in der gleichen Zeile stehen, weisen den gleichen nuklearen Akzent auf: H*L, H*, L*H oder L*. Konturen, die in der gleichen Spalte stehen, weisen die gleiche tonale Spezifizierung der finalen IP-Grenze auf: L%, H% oder 0%.

Die Pfeile in Abbildung 3 deuten Tonausbreitung an, d. h. in diesen Fällen spezifiziert der jeweils vorangehende Ton zwei hohe bzw. zwei tiefe Zielpunkte (s. Kap. I.7.2). Bei der H* H%-Kontur und der L*HH%-Kontur wird der finale Grenzton H% extra-hoch realisiert. Diese Besonderheit der phonetischen Realisierung von H% kann auf eine allgemeine **Upstep-Regel** zurückgeführt werden, wonach H% nach einem H-Ton erhöht realisiert wird.

Die Konturen, die am Ende keinen eigenen Grenzton aufweisen (angezeigt durch 0%), werden auch **Plateaukonturen** genannt. In diesen Fällen wird die Tonhöhe am Ende der Intonationsphrase durch Ausbreitung des vorhergehenden Tones bestimmt.

**Abb. 3: Nukleare Konturen des nördlichen Standarddeutschen. Die Tonbeispiele illustrieren die Konturen anhand des Satzes** *Sie ist eine Oldenburgerin.*

## I.7.4 Intonation

**Zur Vertiefung**

**Alternative Notationssysteme**

Die Repräsentation der nuklearen Konturen in Abbildung 3 sowie der folgenden pränuklearen Konturen und Akzentmodifikationen basiert auf den Darstellungen in Peters (2006a, 2009). Ein alternatives Notationssystem für die Intonation des Standarddeutschen ist GToBI (*German Tone and Break Indices*, Grice/Baumann 2002; Grice et al. 2005). Während sich das vorliegende System an den Grundannahmen von ToDI (*Transcription of Dutch Intonation*) orientiert (Gussenhoven/Rietveld/Kerkhoff/Terken 2002; Gussenhoven 2004, 2005), basiert GToBI auf dem klassischen Notationssystem ToBI (*Tone and Break Indices*, Beckman/Ayers 1997). ToDI und ToBI liegen teils unterschiedliche Notationskonventionen zugrunde, teils aber auch unterschiedliche theoretische Annahmen (für eine Diskussion dieser Unterschiede vgl. Gussenhoven 2004, Kap. 7).

**Fallende Kontur (H*LL%):** Die Fallende Kontur heißt fallend und nicht steigend-fallend, weil die Anstiegsbewegung zum nuklearen Tonhöhengipfel größtenteils vor Beginn der nuklearen Akzentsilbe erfolgt und somit nicht zur nuklearen Kontur gehört. Außerdem ist der Fall der Tonhöhe vom Akzentgipfel auf der nuklearen Akzentsilbe auf ein tiefes Niveau perzeptiv auffälliger als der Anstieg zum Akzentgipfel.

Die Fallende Kontur gehört zu den am häufigsten verwendeten Konturen des Deutschen. Sie tritt bei Aussagen auf ebenso wie bei Fragen, wie die Äußerungen in (13) illustrieren:

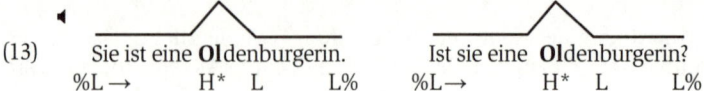

(13)  Sie ist eine **Ol**denburgerin.   Ist sie eine **Ol**denburgerin?
      %L →    H*    L    L%         %L →    H*    L    L%

Die häufige Verwendung der Fallenden Kontur dürfte auf den Umstand zurückgehen, dass die Wahl des nuklearen Akzents H*L wie auch die Wahl des finalen tiefen Grenztons L% die Verwendung von Äußerungen mit dieser Kontur nur minimal einschränken. Welche semantischen Merkmale mit der Wahl von H*L und L% verbunden sind, lässt sich am besten im Vergleich mit den anderen Konturen in Abbildung 3 ermitteln.

**Fallend-Steigende Kontur (H*LH%):** Der hohe finale Grenzton der H*LH%-Kontur weist auf eine Unabgeschlossenheit auf konversationeller Ebene hin, der tiefe Grenzton bei der H*LL%-Kontur auf potentielle Abgeschlossenheit. So lässt sich ein Gespräch mit einer Äußerung abschließen, die die H*LL%-Kontur trägt, aber kaum mit einer Äußerung, die die H*LH%-Kontur trägt.

(14) *Abschluss eine Interviews:*
     A:  Noch eine letzte Frage: Werden wir Sie auch in 5 Jahren noch auf der politischen Bühne sehen?

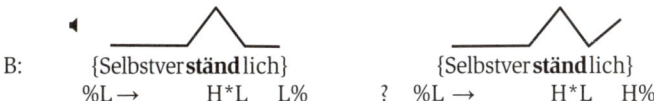

**Hoch-Steigende Kontur (H* H%):** Die H* H%-Kontur unterscheidet sich von der H*LH%-Kontur dadurch, dass H* anstelle von H*L verwendet wird. Die Präsenz des Folgetons L kontrastiert hier mit der Abwesenheit eines Folgetons. Dieser Kontrast bezieht sich auf Aspekte der Informationsgliederung. Durch H*L wird die akzentuierte Einheit als informatorisch abgeschlossen präsentiert, durch H* ohne Folgeton als informatorisch unabgeschlossen. Dieser Unterschied zeigt sich in (15).

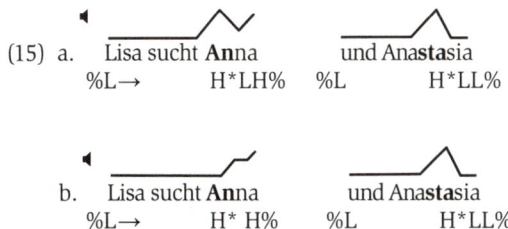

In (15a) werden *Anna* und *Anastasia* aufgrund der Wahl des H*L-Akzents in der ersten Kontur als zwei einzelne Personen präsentiert, die Lisa sucht. In (15b) werden sie aufgrund der Wahl des H*-Akzents in der ersten Kontur als Glieder einer Gruppe von zwei Personen präsentiert, die Lisa sucht. Deshalb lässt sich in (15a) auch eher eine Formulierung wählen, die zwischen der Suche von Anna und der Suche von Anastasia differenziert (*Lisa sucht Anna, und sie sucht auch Anastasia*). Andererseits lässt sich in (15b) eher als in (15a) eine Formulierung wählen, die eine zweigliedrige Einheit erwartbar macht (*Lisa sucht sowohl Anna als auch Anastasia*).

**Zweifach-Steigende Kontur (L*HH%):** Die L*HH%-Kontur unterscheidet sich von der H*LH%-Kontur dadurch, dass L*H anstelle von H*L verwendet wird. Zugrunde liegt ein Kontrast zwischen H und L in der Position des Akzenttons (H* vs. L*). H und L kontrastiert nicht zusätzlich in der Position des Folgetons, denn die Tonqualität des Folgetons ist aufgrund der Wahl des Akzenttons vorhersagbar: nach H* folgt L, nach L* folgt H.

Der Kontrast zwischen H und L in nuklearer Position bezieht sich auf die kommunikative Relevanz der Information, die durch die akzentuierte Einheit (die Fokuskonstituente) vermittelt wird. H in H* und H*L signalisiert, dass die Information unabhängig von etwas, was noch folgt oder erschließbar ist, kommunikativ relevant ist. L in L* und L*H signalisiert demgegenüber, dass die Information nicht unabhängig von etwas, was noch folgt oder erschließbar ist, kommunikativ relevant ist. Diesen Unterschied illustriert (16).

## Intonation

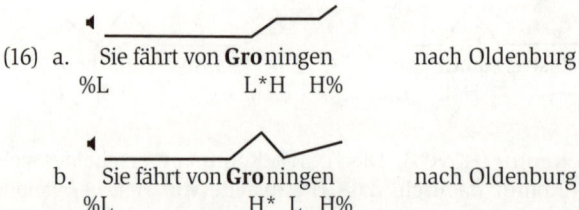

(16) a.　Sie fährt von **Gro**ningen　　　nach Oldenburg
　　　　%L　　　　　　L*H　H%

　　b.　Sie fährt von **Gro**ningen　　　nach Oldenburg
　　　　%L　　　　　　H*　L　H%

Die ersten Äußerungen in (16a) und (16b) lassen beide eine Fortsetzung erwarten. Dies stellt schon der finale Grenzton H% sicher. Die Wahl des L*H-Akzents in (16a) signalisiert zusätzlich, dass die Aussage *Sie fährt von Groningen* auch kommunikativ nicht unabhängig von etwas, was folgt, relevant ist, während der H*L-Akzent in (16b) signalisiert, dass das Gesagte potentiell auch unabhängig von etwas, was folgt, kommunikativ relevant ist. Die Äußerungsfolge in (16a) wirkt akzeptabler als die in (16b), weil der Aspekt, den die Wahl von L*H vermittelt, besser zur Unabgeschlossenheit der Phrase *Sie fährt von Groningen* passt.

**Die Tief-Steigende Kontur (L* H%):** Die L* H%- Kontur unterscheidet sich von der Hoch-Steigenden Kontur H* H% dadurch, dass ein tiefer Akzentton anstelle eines hohen gewählt wird. Von der Zweifach-Steigenden Kontur L*HH% unterscheidet sie sich durch das Fehlen des Folgetons H. Die Tief-Steigende Kontur tritt im Deutschen relativ selten auf. Ein Grund dafür dürfte sein, dass die Wahl von L* aufgrund seiner semantischen Merkmale die Verwendungsmöglichkeiten der Kontur stärker einschränkt als die Wahl von H*L, H* oder L*H.

Wie die L*HH%-Kontur, aber im Unterschied zur H* H%-Kontur, präsentiert die L* H%-Kontur die akzentuierte Einheit als kommunikativ nicht unabhängig von etwas, was noch folgt. Dazu passt, dass die Phrase *Sie fährt von Groningen* in (17) wie in (16) durch eine Ortsangabe ergänzt werden muss, was durch die Phrase *nach Oldenburg* geschieht.

(17)　Sie fährt von **Gro**ningen　　ihrer **Hei**matstadt　　nach **Ol**denburg
　　　%L　　　　　　L*→　H% %L　　L*H →　　H%

Wie die Hoch-Steigende Kontur (H* H%), aber im Unterschied zur Zweifach-Steigenden Kontur (L*HH%), präsentiert die L* H%-Kontur die akzentuierte Einheit zusätzlich als informatorisch unabgeschlossen. In (17) erscheint die Wahl dieser Kontur passend, da die Ortsangabe *von Groningen* durch den Zusatz *ihrer Heimatstadt* ergänzt wird.

**Plateaukonturen:** Die Wahl einer der Plateaukonturen H*L0%, H* 0% und L*H 0% signalisiert, dass das, was im Rahmen einer IP geäußert wird, als Teil eines mehrgliedrigen Ganzen zu verstehen ist. Daher werden Plateaukonturen häufig verwendet, um einzelne Aussagen als Teile einer Aufzählung zu qualifizieren.

## I.7.4 Phonologie

Intonations-konturen

(18) a.   **ein**undzwanzig     **zwei**undzwanzig     **drei**undzwanzig
          %LH*L→    0%      %L H*L→    0%      %L H*L→    0%

b.   **ein**undzwanzig     **zwei**undzwanzig     **drei**undzwanzig
     %LH*→    0%        %L H*→    0%        %L H*→    0%

c.   **ein**undzwanzig     **zwei**undzwanzig     **drei**undzwanzig
     %LL*H→    0%       %L L*H→    0%       %L L*H→    0%

Plateaukonturen können aber auch bei einzelnen Aussagen oder Fragen auftreten. In diesen Fällen fügt die Plateaukontur einen Aspekt von Routinehaftigkeit hinzu: mit der Plateaukontur wird die Aussage oder Frage gleichsam als eine unter vielen Aussagen bzw. Fragen präsentiert. Dies illustriert der direkte Vergleich von Fragen ohne und mit Plateaukontur:

(19) a.   Haben Sie **Kin**der?          b.   Haben Sie **Kin**der?
          %L          L*HH%                   %L          L*H 0%

c.   Möchten sie ne Tasse **Kaf**fee    d.   Möchten sie ne Tasse **Kaf**fee
     %L→                  H* H%              %L→                  H* 0%

Dass die Fragen in (19b, d) mit den Plateaukonturen L*H0% und H* 0% weniger höflich wirken als die Fragen in (19a, c) mit den Konturen L*HH% und H* H%, lässt sich darauf zurückführen, dass der mit den Plateaukonturen vermittelte Aspekt der Routine bei Fragen auf wenig echtes Interesse des Fragenden schließen lässt.

---

**Intonationssemantik**                                    Zur Vertiefung

Die informellen Charakterisierungen der einzelnen Konturen in Abbildung 3 und den noch folgenden Konturen beruhen auf einem semantischen Merkmalsmodell, das in Peters (2006a, 2009) vorgestellt wird und an das Modell von Pierrehumbert/Hirschberg (1990) zum Amerikanischen Englisch anknüpft. Im vorliegenden Modell fungieren die Hoch- und Tieftöne als Träger abstrakter semantischer Merkmale, die sich je nach der Strukturposition des Tones in der Kontur (Position eines Akzenttons, eines Begleittons oder eines Grenztons) auf unterschiedliche Aspekte der Äußerungsbedeutung beziehen, so z. B. auf die Informationsstruktur, den konversationellen Status einer Äußerung oder Sprechereinstellungen. ›Intonatorische Bedeutungen‹ ergeben sich in diesem Modell kompositionell aus dem Zusammenwirken der semantischen Merkmale der Töne, aus denen einzelne Konturen bestehen.

> Diese intonatorischen Bedeutungen sind abstrakt und kontextfrei. Es handelt sich um Bedeutungen, die Intonationskonturen unabhängig von der gewählten Satzart (Aussagesatz, Fragesatz usw.) oder Satzmodalität (Aussag, Frage) haben. Entsprechend wird für das Deutsche auch z. B. keine ›Fragesatzintonation‹ oder ›Frageintonation‹ angenommen. Ob eine Äußerung als Frage fungiert, ergibt sich vielmehr aus dem Zusammenspiel von Lexik, Syntax, Intonation und kontextueller Einbettung. So lässt sich unter anderem erklären, warum jede Kontur des Deutschen in der Spontansprache bei Aussagen wie auch bei Fragen auftritt (vgl. Peters 2006a).
>
> Grundlegend für die semantische Analyse ist die Identifizierung tonaler Kontraste, die durch Töne der einzelnen Intonationskonturen in vergleichbaren Strukturpositionen realisiert werden. So werden mit den nuklearen Konturen in Abbildung 3 jeweils zwei tonale Kontraste in zwei Strukturpositionen realisiert, woraus sich 4 positionsspezifische Kontraste ergeben:
> 1. H vs. L in der Position des nuklearen Akzenttons (H* vs. L* sowie H*L vs. L*H).
> 2. H vs. L in der Position des finalen Grenztons (H% vs. L%).
> 3. T vs. Ø in der Position des Folgetons des nuklearen Akzents (T steht für die Anwesenheit eines beliebigen Tons, Ø für die Abwesenheit eines Tones; in diesem Sinne kontrastiert H*L mit H* und L*H mit L*).
> 4. T vs. Ø in der Position des finalen Grenztons (H* H% kontrastiert mit H* 0% und L*HH% mit L*H0%).
>
> Über diese tonalen Kontraste lassen sich die nuklearen Konturen in Abbildung 3 samt ihrer semantischen Merkmale systematisch aufeinander beziehen. So unterscheidet sich z. B. die H* H%-Kontur in gleicher Weise von der H* 0%-Kontur wie die L*HH%-Kontur von der L*H0%-Kontur, nämlich durch die Wahl von H%. Und die H* H%-Kontur unterscheidet sich von der L*HH%-Kontur in gleicher Weise wie die H* 0%-Kontur von der L*H0%-Kontur, nämlich durch die Wahl eines hohen Akzenttons H*.

## 7.5 | Pränukleare Konturen

Die pränuklearen Konturen des Deutschen ergeben sich aus der Kombination der beiden initialen Grenztöne %L und %H mit den vier Tonhöhenakzenten, die vor dem nuklearen Akzent einfach oder mehrfach auftreten oder auch ganz fehlen können.

Zwischen pränuklearen Akzenten und nuklearen Akzenten ergeben sich unterschiedliche Arten von Übergängen. Diese Übergänge lassen sich durch unterschiedliche Ausrichtung und durch Ausbreitung der pränuklearen Akzenttöne bzw. Folgetöne repräsentieren (vgl. Gussenhoven 1984). Wie vielfältig die Möglichkeiten der pränuklearen Gestaltung sind, illustriert Abbildung 4 anhand der Kombination eines pränuklearen Akzents mit der nuklearen Kontur H*LL%. Dabei werden nur Konturen berücksichtigt, die einen tiefen initialen Grenzton und genau einen pränuklearen Akzent aufweisen.

| Ausrichtung des letzten pränuklearen Tones |||
|---|---|---|
| Links und rechts | Links | Rechts |
| 1a  Maria und Anastasia %L H*L → H*LL% | 1b  Maria und Anastasia %L H*L H*LL% | 1c  Maria und Anastasia %L H* L H*LL% |
| 2a  Maria und Anastasia %L H* → H*LL% | 2b  Maria und Anastasia %L H* H*LL% | |
| 3a  Maria und Anastasia %L L*H → H*LL% | 3b  Maria und Anastasia %L L*H H*LL% | 3c  Maria und Anastasia %L L*H H*LL% |
| 4a  Maria und Anastasia %L L* H*LL% | 4b  Maria und Anastasia %L L* H*LL% | |

2a, 2b, 3a und 3b stellen Varianten der sogenannten **Hutkontur** dar, die ihren Namen erhalten hat, weil die entsprechenden Tonhöhenverläufe dem Umriss eines Hutes ähneln. Der Unterschied zwischen den Varianten 2a und 3a auf der eine Seite und 2b und 3b auf der anderen Seite wird deutlich, wenn der Gipfel des nuklearen Akzents erhöht wird. (20) illustriert dies anhand der Varianten 3a und 3b.

Abb. 4: Pränukleare Akzente und Fallende Kontur (nach Peters 2006a: 94)

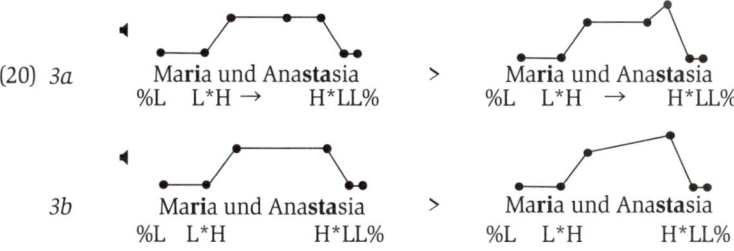

(20) 3a  Maria und Anastasia   >   Maria und Anastasia
        %L  L*H →   H*LL%           %L  L*H →   H*LL%

     3b  Maria und Anastasia   >   Maria und Anastasia
        %L  L*H     H*LL%           %L  L*H     H*LL%

Ein Unterschied zwischen den Varianten zeigt sich ferner bei Downstep, der Herabstufung des nuklearen Akzents (zum Begriff s. Kap. I.7.6). Bei Variante 2a und 3a bleibt das pränukleare Hochplateau erhalten, wie (21) für Variante 3a illustriert. Bei Variante 2b und 3b wäre das nicht möglich, und es ist nicht klar, ob diese Varianten überhaupt in Kombination mit einem herabgestuften nuklearen H*L-Akzent auftreten.

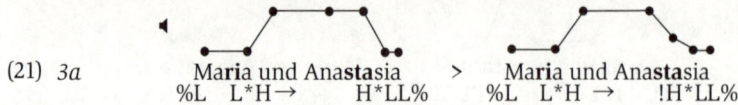

(21) 3a    Maria und Anastasia  >  Maria und Anastasia
        %L   L*H→   H*LL%    %L   L*H →   !H*LL%

Mit Hilfe der vier Tonhöhenakzente werden in pränuklearer Position die gleichen tonalen Kontraste wie in nuklearer Position realisiert (zu möglichen Funktionen pränuklearer Akzente im Rahmen des hier gewählten Beschreibungsmodells vgl. Peters 2006a, Kap. 5; 2009).

**Initiale Grenztöne:** An der vorderen Grenze der Intonationsphrase kontrastiert %L mit %H. Die Wahl des initialen Grenztons vermittelt Information über die thematische Beziehung zwischen der jeweiligen Intonationsphrase und einer vorangehenden Intonationsphrase.

%H nach L% und %L nach H% führen zu Diskontinuität im Frequenzbereich und signalisieren entsprechend thematische Diskontinuität, wie in (22).

(22) a.    {Anastasia}    {und Angelique}
        %L     H*LL%    %H    L*   H*LL%

    b.    {Anastasia}    {und Angelique}
        %L    H*  H%    %L    L*   H*LL%

H% nach %H führt demgegenüber zu Kontinuität im Frequenzbereich und signalisiert auch thematische Kontinuität. Diese Funktion zeigt sich auch daran, dass eine einzelne Intonationsphrase, die eine Hutkontur realisiert, mithilfe des Gebrauchs von %H in zwei Intonationsphrasen aufgeteilt werden kann, ohne dass sich die thematische Struktur substantiell verändert. Dies illustriert der Übergang von (23a) zu (23b).

(23) a.    Anastasia und Angelique    b.  Anastasia   und Angelique
        %L    H*        H*LL%         %L   H* 0%  %H     H*LL%

Bei schnellem Anschluss ist nicht immer entscheidbar, ob nach hoch endender Kontur Kontinuität im Frequenzbereich durch die Wahl von %H hergestellt wird oder durch eine erhöhte Realisierung von %L. Thematische Diskontinuität kann auch durch eine erhöhte Realisierung des ersten pränuklearen Akzents signalisiert werden, sofern dieser einen H-Ton umfasst.

## 7.6 | Akzentmodifikationen

Tonhöhenakzente können in modifizierter Form realisiert werden, um zusätzliche semantische Aspekte auszudrücken. Auf diese Weise werden aus den nuklearen Konturen in Abbildung 3 weitere Konturen gewonnen. Im Folgenden werden drei Akzentmodifikationen vorgestellt: akzentueller Downstep, Später Gipfel und Früher Gipfel.

### Downstep

Die häufigste Akzentmodifikation im nördlichen Standarddeutschen stellt **akzentueller Downstep** dar. Damit ist die Herabstufung eines Akzents relativ zu vorhergehenden Tonhöhenakzenten gemeint. Eine solche Herabstufung zeigt sich darin, dass ein Akzent tiefer als gewöhnlich realisiert wird und mit geringerem Tonhöhenumfang.

Herabgestuft werden nur Akzente, die einen H-Ton enthalten, also H*, H*L oder L*H, und die Herabstufung erfolgt in der Regel relativ zu einem vorangehenden H-Ton. Die Herabstufung wird mit einem vorangestellten Ausrufezeichen angezeigt. (24) illustriert einen fallenden Akzent (H*L) auf *Annika* mit und ohne Herabstufung.

(24)  Ma**ri**a und **An**nika      Ma**ri**a und **An**nika
      %L   H*L→ H*L L%      %L   H*L → !H*L L%

Downstep beeinflusst die Tonhöhengestaltung nicht nur auf der Akzentsilbe, sondern auch auf den nachfolgenden Silben bis zum Ende der Intonationsphrase. Dies zeigt sich gewöhnlich in einem eingeschränkten Tonhöhenumfang des nachfolgenden Tonhöhenverlaufs innerhalb der gleichen Intonationsphrase.

Downstep kann auch mehrfach in einer Intonationsphrase auftreten, maximal auf jeder Wortakzentsilbe, wie die folgende Äußerung illustriert:

(25)   Ma'**ri**a  '**mei**det ˌEle '**fan**ten
       %L     H*→!H*→  !H*→!H*L L%

Die kleinste Domäne, innerhalb welcher Downstep auf die Tonhöhengestaltung einwirken kann, ist der Fuß. Dies folgt daraus, dass die Wortakzentsilben, auf denen Tonhöhenakzente realisiert werden, Kopfsilben von Füßen entsprechen. Da jeder Fuß nur eine Kopfsilbe aufweist, kann die Zahl der Tonhöhenakzente nicht die Zahl der Füße übersteigen.

Die Herabstufung eines nuklearen Akzents zeigt an, welche Rolle die vermittelte Information für den Gesprächsverlauf spielen soll. Nach Kohler (1991b, 1995) lässt sich mit nuklearem Downstep im Deutschen das Merkmal ›*closed to discussion*‹ verbinden. Wenn bei einer Aussage mit der

H*LL%-Kontur der Akzent herabgestuft wird, wird damit ausgedrückt, dass die Geltung des Ausgesagten nicht als Anknüpfungspunkt für den weiteren Gesprächsverlauf dienen soll. So wirkt !H*LL% in (26b) weniger akzeptabel als H*LL% in (26a), denn die Fortsetzung in (26b) steht in Konflikt mit dem Merkmal ›closed to discussion‹.

(26) Wer ist Angelique?

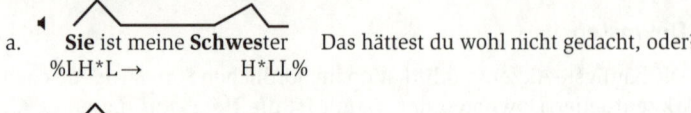

a.   **Sie** ist meine **Schwes**ter    Das hättest du wohl nicht gedacht, oder?
   %LH*L →            H*LL%

b.   **Sie** ist meine **Schwes**ter    Das hättest du wohl nicht gedacht, oder?
   %LH*L →            !H*LL%

Unter Bezug auf das Merkmal ›closed to discussion‹ kann möglicherweise auch erklärt werden, warum eine Äußerung wie in (27b) weniger einladend wirkt als die in (27a):

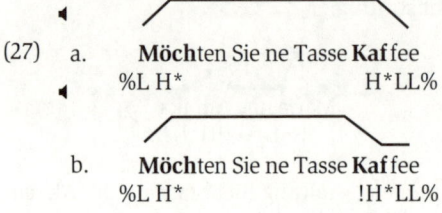

(27) a.   **Möch**ten Sie ne Tasse **Kaf**fee
      %L H*                 H*LL%

b.   **Möch**ten Sie ne Tasse **Kaf**fee
    %L H*                !H*LL%

Mit (27a) wird die Möglichkeit offen gelassen, dass die Adressatin etwas anderes als Kaffee trinken will. Mit (27b) wird hingegen nur erfragt, ob die Adressatin Kaffee trinken will oder nicht. Je weniger Optionen einem Adressaten gelassen werden, desto weniger einladend wirkt das Angebot.

### Später und Früher Gipfel

**Formmerkmale:** Weitere Akzentmodifikationen sind als Später und Früher Gipfel bekannt (Kohler 1991b, 1995). Ein **Später Gipfel** (engl. *late peak*) liegt vor, wenn der Tonhöhengipfel eines H*L-Akzents unter sonst gleichen Bedingungen später als gewöhnlich realisiert wird. Da meist auch die Anstiegsbewegung später einsetzt, kennzeichnen wir ihn hier durch einen zusätzlichen tiefen Leitton, der anstelle von H mit der Akzentsilbe assoziiert wird, was zur Verschiebung des Gipfels führt. Auf diese Weise wird H*L in L*HL überführt. Folgen nach der Akzentsilbe noch weitere Silben innerhalb der gleichen Intonationsphrase wie in (28a), wird der Gipfel gewöhnlich auf der ersten postnuklearen Silbe realisiert. Tritt die Akzentsilbe am Ende einer Intonationsphrase auf wie in (28b), wird der Gipfel innerhalb der Akzentsilbe später und eventuell auch höher realisiert (die gestrichelte Linie zeigt jeweils den Tonhöhenverlauf bei Wahl des nuklearen Akzents H*L ohne Akzentmodifikation an).

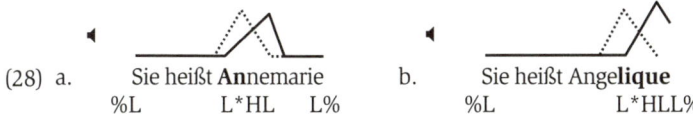

(28) a.   Sie heißt **An**nemarie       b.   Sie heißt Ange**li**que
         %L        L*HL    L%              %L        L*HLL%

Ein **Früher Gipfel** (engl. *early peak*) liegt vor, wenn der Tonhöhengipfel bereits vor der Akzentsilbe realisiert wird. In der Regel wird die unmittelbar vorangehende Silbe nach oben herausgehoben. Bei H*L-Akzenten geht der Frühe Gipfel meist mit Downstep des nuklearen Akzents einher. Wir repräsentieren den Frühen Gipfel bei H*L-Akzenten entsprechend unter Rückgriff auf einen zusätzlichen hohen Leitton. In Verbindung mit Downstep erhalten wir H!H*L. (29) illustriert den Frühen Gipfel mit Downstep nach pränuklearem L*H-Akzent.

(29)     **Paul** hat ge**lo**gen
         %L L*H→ H!H*LL%

Die drei Akzentmodifikationen Downstep, Später Gipfel und Früher Gipfel sind auf nukleare Akzente anwendbar, die einen H-Ton aufweisen. Downstep ist auch auf pränukleare Akzente anwendbar, wenn ein H-Ton vorausgeht. Downstep tritt ferner nicht nur in Kombination mit dem Frühen Gipfel auf, sondern auch mit dem Späten Gipfel. Ein Beispiel für die Kombination des Späten Gipfels mit Downstep ist (30).

(30)    **Sie** heißt **An**nemarie
        %LH*→    L!H*L    L

**Semantische Interpretation:** Der Späte und der Frühe Gipfel beziehen sich auf die Relation zwischen der Geltung des Gesagten und Annahmen des Sprechers oder Adressaten. Mit dem Späten Gipfel wird nach Kohler (1995) das Gesagte als für den Hörer überraschend oder unerwartet präsentiert. Dieser Aspekt kommt in den Äußerungen in (31) darin zum Ausdruck, dass die Äußerung in (31b), aber nicht die Äußerung in (31a) eine Fortsetzung nahelegt im Sinne von *auch wenn du das nicht gedacht hättest*.

(31) a.   Sie ist eine **Ol**denburgerin       b.   Sie ist eine **Ol**denburgerin
         %L→        H*L          L%              %L →        L*HL        L%

Bei Fragen vermittelt der Späte Gipfel den gleichen semantischen Aspekt, auch wenn sich die Unerwartetheit hier nicht auf die Relation des ausgedrückten Sachverhalts und Annahmen des Adressaten bezieht, sondern auf die Relation zwischen dem ausgedrückten Sachverhalt und dem Sprecher selbst. So lässt sich (32b) durch den Zusatz erweitern *das hätte ich aber nicht gedacht*.

(32) a.  Ist sie eine **Ol**denburgerin?   b.  Ist sie eine **Ol**denburgerin?
         %L→      H*L →      H%              %L        L*HL →     H%

Generell signalisiert der Späte Gipfel, dass aus Sicht des Sprechers eine Diskrepanz zwischen dem, was geäußert oder impliziert wird, und möglichen Annahmen des Hörers (im Fall von Aussagen) oder des Sprechers (im Fall von Fragen) besteht.

Der Frühe Gipfel bringt nach Kohler (1995) zum Ausdruck, dass das Gesagte zu erwarten war. (33b) lässt sich entsprechend paraphrasieren durch *Sie ist eine Oldenburgerin, und das hättest du auch wissen können*.

(33) a.  **Sie** ist eine **Ol**denburgerin   b.  **Sie** ist eine **Ol**denburgerin
         %LH*       H*L         L%               %LH*→     H!H*L         L%

### Rufkontur

Die Kombination aus Plateaubildung und Akzentuellem Downstep führt zu einem Sonderfall nuklearer Konturen, der sogenannten **Rufkontur** (*calling contour*, *chanted call*). Kennzeichnend für diese Kontur sind zwei Tonhöhenplateaus: ein hohes Plateau, das auf der nuklearen Akzentsilbe beginnt, und ein halbhohes Plateau, das auf der Kopfsilbe eines postnuklearen Fußes beginnt und gewöhnlich in einem festen Tonintervall zum ersten Plateau realisiert wird. Wir repräsentieren diese Plateaus durch Tonausbreitung, wobei wir für das halbhohe Plateau einen zusätzlichen, herabgestuften H-Ton ansetzen.

(34)    {Ma'**ria** ist 'ange‚kommen}
        %L    H*→    !H→        0%

In (34) beginnt das halbhohe Plateau auf der ersten Kopfsilbe eines postnuklearen Fußes, die eine primäre Wortakzentsilbe trägt. Folgt nach der nuklearen Akzentsilbe keine primäre Wortakzentsilbe, beginnt das halbhohe Plateau auf der Kopfsilbe des nächsten Fußes wie in (35).

(35)    {Ma'ria ist '**an**ge‚kommen}
        %L→          H*→ !H→   0%

Die Rufkontur verlangt generell zwei Füße für die Realisierung der beiden Plateaus. Steht nach der nuklearen Akzentsilbe nicht genügend Wortmaterial zur Realisierung eines zweiten Fußes zur Verfügung, wird die

Äußerung metrisch so angepasst, dass die beiden Tonhöhenplateaus dennoch auf zwei Füße verteilt werden können.

Steht nach der nuklearen Akzentsilbe nur noch eine Silbe zur Verfügung, wird diese Silbe überlang gedehnt, so dass sie die Kopfsilbe eines eigenen Fußes bildet, selbst wenn sie sonst nicht in betonter Stellung auftritt wie die letzte Silbe von *Maria* in (36a). (36b) zeigt, dass unter diesen Umständen auch eine Reduktionssilbe als Kopfsilbe eines Fußes fungieren kann. (36c) zeigt, dass für die Realisierung der Rufkontur bei Bedarf einzelne Silben so stark gedehnt werden, dass auf ihnen zwei Tonhöhenplateaus realisiert werden können. Im Fall von *Lutz* handelt es sich zudem um eine Silbe, die normalerweise gar nicht dehnbar ist, weil sie einen ungespannten Vokal im Silbenkern hat und scharfen Silbenschnitt aufweist (s. Kap. I.4.3). In allen drei Fällen wird die Wortform, die den nuklearen Akzent trägt, auf zwei einsilbige Füße verteilt.

(36) a. {Ma**ri**:: a:: }  b. {**An**:: n[ə]:: }  c. { **Lu**:: u::tz}
     %L   H*→!H→0%        %LH*→ !H→0%           %L H* → !H→0%

Bei der Rufkontur haben wir es mit einer Silbendehnung aus metrischen Gründen zu tun, die die gewöhnlichen Gesetze der Silbenphonologie außer Kraft setzt. Darin zeigt sich die Außergewöhnlichkeit der Rufkontur, die aufgrund der Plateaubildung, aufgrund des realisierten Tonintervalls und aufgrund des Primats der metrischen Struktur über silbenphonologische Beschränkungen dem Singen näher steht als dem Sprechen.

### Weiterführende Literatur

Empfehlenswerte Gesamtdarstellungen der Autosegmental-Metrischen Analyse der Intonation bieten Gussenhoven (2004) und Ladd (2008). Immer noch lesenswert sind ferner traditionelle Analysen im Rahmen der Britischen Schule, insbesondere O'Connor/Arnold (1973), Cruttenden (1995) und Wells (2006).

Die vorliegende Darstellung basiert auf Grabe (1998), Gussenhoven (2004), Peters (2006a, 2009). Zur Einführung in das Notationssystem GToBI vgl. Grice/Baumann (2002), Grice/Baumann/Benzmüller (2005); eine Webseite zu GToBI mit Tutorial findet sich unter http://www.gtobi.uni-koeln.de/; für alternative Darstellungen zur Intonation des Deutschen vgl. Pheby (1980), Fox (1984), Altmann (1988), Altmann/Batliner/Oppenrieder (1989), Kohler (1991a), Uhmann (1991), Féry (1993) und Stock (1996). Für die Untersuchung der Intonation aus Sicht der Gesprächsanalyse vgl. Selting (1995) und Barth-Weingarten/Reber/Selting (2010).

# Intonation

## Aufgaben

1. Sprechen Sie folgende Äußerungen mit den angegebenen Melodieverläufen. Welche nuklearen Konturen sind abgebildet?

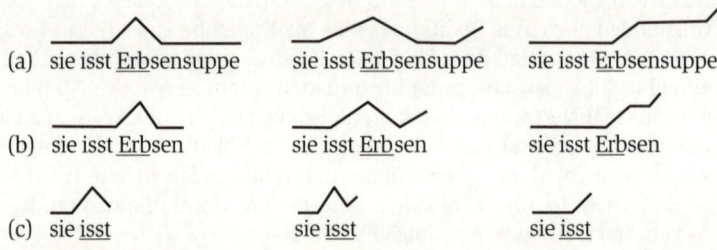

(a) sie isst Erbsensuppe     sie isst Erbsensuppe     sie isst Erbsensuppe

(b) sie isst Erbsen     sie isst Erbsen     sie isst Erbsen

(c) sie isst     sie isst     sie isst

2. Sprechen Sie die folgenden Wortformen mit allen nuklearen Konturen aus Abbildung 3.
   (a) Melanie     (b) Milan     (c) Max

3. Geben Sie folgende Konturen durch stilisierte Zeichnungen wieder.
   (a) %L H*L→ H*LH%     (b) %L L*H H*LL%
   (c) %L H*→!H*LL%     (d) %H L* H*LL%
   (e) %L H*L L*HL L%     (f) %L H*→ !H*→ !H*LL%

# 8. Intonationsphrase

8.1 Selbständige Intonationsphrasen
8.2 Klitische Intonationsphrasen
8.3 Prosodische Parenthese
8.4 Phrasaler Downstep

Intonationsphrasen bilden die wichtigste prosodische Phrase für die intonatorische Gestaltung einer Äußerung. Je nachdem, ob eine Intonationsphrase unabhängig von der Präsenz einer anderen Intonationsphrase auftritt oder nicht, lässt sich zwischen selbständigen und klitischen Intonationsphrasen unterscheiden.

## 8.1 | Selbständige Intonationsphrasen

Intonationsphrasen bilden die prosodische Domäne, in der Intonationskonturen (s. Kap. I.8.2) realisiert werden. Sie lassen sich entsprechend allein unter Bezug auf diese tonalen Einheiten definieren.

> Die → **Intonationsphrase** (engl. *intonational phrase*) ist die kleinste prosodische Phrase, die eine selbständige Intonationskontur enthält. Sie wird als **IP** abgekürzt und mit dem griechischen Buchstaben ι (Jota) bezeichnet.

**Zum Begriff**

Jeder Abschnitt einer Äußerung, der eine Intonationskontur trägt, bildet eine selbständige Intonationsphrase (IP). Die Gliederung einer Äußerung in IPs setzt also die Kenntnis der in der jeweiligen Sprache möglichen Intonationskonturen voraus.

In der früheren Forschung wurde versucht, die IP aus syntaktischen Strukturen herzuleiten (z. B. Selkirk 1980). Nach der obigen Definition handelt es sich bei der IP jedoch um eine Phrase, die sich aus der tonalen Struktur einer Äußerung ergibt. Wie stark die IP-Gliederung mit der syntaktischen Gliederung korreliert, ist eine empirische Frage, die jeweils sprachspezifisch zu beantworten ist. Im Deutschen erweist sich die IP-Gliederung als außerordentlich flexibel, wie die Beispiele in (1) illustrieren. Die IP-Grenzen werden durch geschweifte Klammern angezeigt. Akzentsilben werden durch Fettdruck hervorgehoben.

# Intonationsphrase

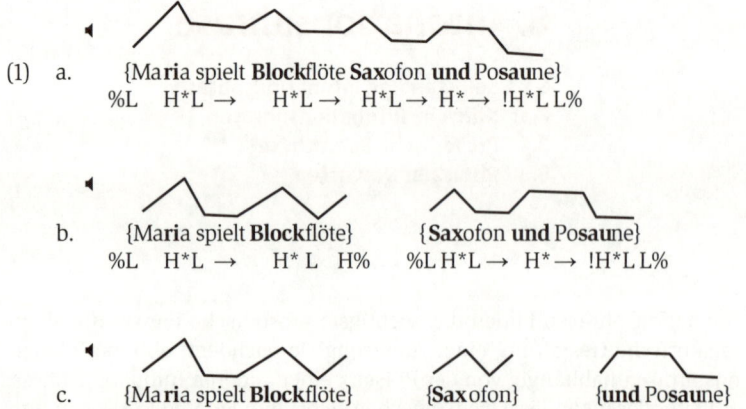

(1) a. {Ma**ri**a spielt **Block**flöte **Sax**ofon **und** Po**sau**ne}
%L   H*L →   H*L →   H*L→ H* →  !H*L L%

b. {Ma**ri**a spielt **Block**flöte}   {**Sax**ofon **und** Po**sau**ne}
%L   H*L →   H* L  H%   %L H*L →   H* →  !H*L L%

c. {Ma**ri**a spielt **Block**flöte}   {**Sax**ofon}   {**und** Po**sau**ne}
%L   H*L →   H* L  H%   %L H*L  H%   %L H* →  !H*L L%

Unter besonderen Umständen, etwa beim Diktieren in der Grundschule, kann sogar jede Wortform eines Satzes eine eigene Kontur tragen und somit in einer eigenen IP realisiert werden, wie (2) zeigt (aus Platzgründen werden die initialen Grenztöne nicht notiert).

(2) {Ma**ri**a}   {**spielt**}   {**Block**flöte}   {**Sax**ofon}   {**und**}   {Po**sau**ne}
L*HH%   L*HH%   L*H  H%   L*H  H%   L*HH%   H*!H*LL%

Da jede vollständige IP einen nuklearen Akzent und damit einen Fokusakzent aufweist (s. Kap. I.8.2), erfordert eine IP-Gliederung wie in (2) die Zuweisung eines nuklearen Akzents an jedes Wort, auch an Wörter wie *und*, die aus semantischen Gründen normalerweise keinen nuklearen Akzent tragen. Außerhalb eines Diktats würde die Äußerung in (2) merkwürdig wirken, weil hier jedes Wort prosodisch wie ein Satz oder Teilsatz behandelt wird.

**Zur Vertiefung**

**Maximale Anzahl von Intonationsphrasen**

Da jede Intonationsphrase mindestens einen Tonhöhenakzent aufweist und nur Wortakzentsilben als Träger von Tonhöhenakzenten infrage kommen, entspricht die maximale Anzahl an IPs, auf die ein Satz verteilt werden kann, der Anzahl der Wortakzentsilben dieses Satzes. Diese Anzahl kann erhöht werden, indem nicht-wortwertige Einheiten in den Rang einer wortwertigen Einheit erhoben werden. Als Beispiel kann die Phrase *be- und entladen* aus Kapitel I.6 dienen. Hier wird das Präfix *be-* durch die Wahl des Vollvokals [e] in den Rang eines phonologischen Wortes erhoben, das einen Wortakzent trägt. Damit kann die Silbe *be* nicht nur einen pränuklearen Akzent tragen wie in (a), sondern sogar den nuklearen Akzent, wie in (b). Im letzteren Fall bildet sie eine eigene IP.

Was müssen wir heute noch tun? Den LKW beladen?

a. {**Be** und **ent**laden}
   %L  H*    H*L    L%

b. {**Be**}           {und **ent**laden}
   %L H*LH%    %L →   H*L    L%

**Intonationsphrasen und Konversationsanalyse:** Eine zentrale Frage für die empirische Forschung ist, wie man IPs identifizieren kann. Diese Frage stellt sich nicht nur in der Intonationsforschung, sondern auch in der Gesprächsanalyse. Die Transkription nach dem *Gesprächsanalytischen Transkriptionssystem* (GAT, Selting et al. 2009) setzt die Identifizierung von IPs voraus, da IPs als relevante Turn-Konstruktionseinheiten (engl. *turn constructional units*) angesehen werden, für die jeweils eine Transkriptzeile vorgesehen ist.

IPs lassen sich mithilfe zweier Typen von Kriterien identifizieren: aufgrund von Anforderungen an die minimale Struktur einer Intonationsphrase und aufgrund der phonetischen Markierung der Grenzen von Intonationsphrasen.

## Minimalitätsanforderungen

Aus der Definition der IP als Domäne für Intonationskonturen ergeben sich für IPs die gleichen Minimalitätsanforderungen, die auch für eine vollständige und wohlgeformte Intonationskontur gelten. Zum einen muss jede IP mindestens einen Tonhöhenakzent aufweisen. Dies ist der nukleare Akzent, der auch als Fokusakzent fungiert. Insofern kann die Anzahl der IPs nicht größer sein als die Anzahl der nuklearen Tonhöhenakzente, die eine Äußerung trägt. Zum anderen muss eine IP Grenztöne aufweisen, also Töne, die nicht von der Präsenz von Akzentsilben abhängen. Für die linke und rechte IP-Grenze des Deutschen wurden in Kapitel I.8.2 jeweils ein tiefer und ein hoher Grenzton angesetzt. Bei Plateaukonturen wies die rechte IP-Grenze keinen Grenzton auf, sondern wurde aufgrund von Tonausbreitung (engl. *tone spreading*) durch den vorangehenden Ton spezifiziert. Sobald ein Ton auftritt, der nicht als Akzentton oder als Begleitton eines Akzenttons identifizierbar ist, kann von einer IP-Grenze ausgegangen werden. Den sichersten Hinweis auf eine IP-Grenze liefern die hohen Grenztöne der Fallend-Steigenden Kontur (H*LH%), sofern sie auf einer unbetonte Silbe realisiert werden.

## Phonetische Grenzmerkmale

Es gibt eine Reihe phonetischer Merkmale, die zur Identifizierung der Grenzen von IPs beitragen und teilweise auch dabei helfen, das Ende einer IP frühzeitig vorherzusehen. Alle diese Merkmale bringen Diskontinuitäten zum Ausdruck. Dabei handelt es sich um Diskontinuitäten im Frequenzbereich, im Zeitbereich und im Phonationsmodus.

**Diskontinuitäten im Frequenzbereich:** Hierzu gehört die Unterbrechung des in Kapitel I.7.2 erwähnten Deklinationstrends. Häufig erfolgt am Ende einer IP ein *Reset* der Tonhöhe, was bedeutet, dass sich sowohl die absolute Höhe nachfolgender Töne erhöht als auch der Umfang des genutzten Tonhöhenraumes vergrößert. In Kapitel I.9 werden wir allerdings sehen, dass dieser *Reset* am Ende der IP nur dann auftritt, wenn die IP-Grenze mit der Grenze einer Äußerungsphrase auftritt. Der Deklinationstrend einer IP kann also auch in einer anschließenden IP fortgesetzt werden. In (3) wird die gleiche syntaktische Phrase einmal mit und einmal ohne Unterbrechung des Deklinationstrends realisiert. Die gestrichelten Linien markieren die Grenzen des genutzten Tonhöhenraumes. Die Pfeile markieren den Zeitpunkt des *Reset* der Tonhöhe.

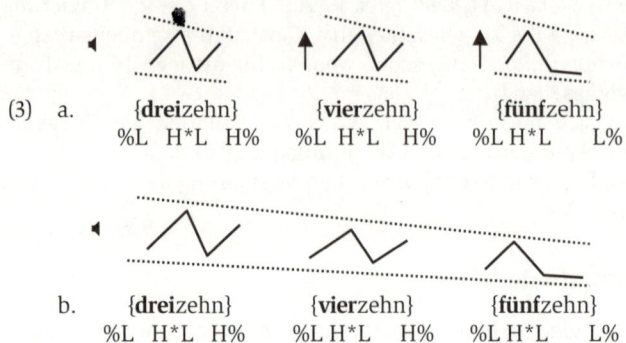

(3)　a.　{**drei**zehn}　　{**vier**zehn}　　{**fünf**zehn}
　　　　%L H*L　H%　%L H*L　H%　%L H*L　　L%

　　　b.　{**drei**zehn}　　{**vier**zehn}　　{**fünf**zehn}
　　　　%L H*L　H%　%L H*L　H%　%L H*L　　L%

**Diskontinuitäten im Zeitbereich:** Häufig ist zu beobachten, dass die Sprechgeschwindigkeit auf den letzten Silben einer IP abnimmt und die nächste IP mit erhöhtem Tempo einsetzt. Diskontinuitäten im Zeitbereich werden auch durch Dehnung der letzten Silbe einer IP hervorgerufen. Dieses für viele Sprachen nachgewiesene Phänomen ist auch als **phrasenfinale Dehnung** (engl. *phrase-final lengthening*) bekannt. Im gewissen Sinne stellt es nur einen Sonderfall der Verlangsamung der Sprechgeschwindigkeit zum Phrasenende hin dar. Dies gilt letztlich auch für Sprechpausen, durch die zwei aufeinanderfolgende IPs eines Sprechers voneinander getrennt sind. Bei Sprechpausen an den Grenzen größerer Phrasen wird gewissermaßen der Zeitraum, der auf eine prosodische Phrase folgt, gedehnt.

Phasenfinale Dehnung IP-finaler Silben kann auch durch die Häufung von Tönen hervorgerufen werden. Die Fallend-Steigende Kontur (H*LH%) z. B. führt im Hamburgischen typischerweise zur Dehnung der letzten Silbe der IP, wenn nur eine oder zwei Silben für die Realisierung der Kontur zur Verfügung stehen, wie (4b) und (4c) illustrieren (vgl. Gilles 2001). Eine solche toninduzierte Dehnung erfasst auch unbetonte Silben und Silben mit scharfem Silbenschnitt (s. Kap. I.4). In vielen anderen Regionen des deutschen Sprachraums wird unter gleichen Umständen eine steigende Kontur anstelle einer fallend-steigenden Kontur gewählt.

(4) a. {**An**nemarie}  b. {**An**neː}  c. {**Ma**ːː**x**}
      %L H*L     H%       %LH*LH%        %LH*LH%

**Diskontinuitäten im Bereich der Phonation:** Auch Änderungen im Phonationsmodus (der Art der Stimmgebung) können das Ende von IPs markieren. Hierzu gehört vor allem Glottalisierung, d. h. die unregelmäßige langsame Schwingung der Stimmlippen, die vor allem bei älteren Sprechern am Ende final fallender Konturen auftritt. Während Glottalisierung bei den meisten Sprechern des Deutschen physiologisch bedingt sein dürfte (Nachlassen der Stimmlippenspannung am IP-Ende), wird sie in anderen Sprachen systematisch zur Markierung des IP-Endes verwendet.

## 8.2 | Klitische Intonationsphrasen

Die bisher vorgestellten IPs sind selbständig in dem Sinne, dass sie isoliert auftreten können. Es gibt aber auch IPs, die nicht ohne eine vorangehende IP auftreten. Diese werden als **klitische Intonationsphrasen** (klitische IPs) bezeichnet.

> Eine → klitische Intonationsphrase (engl. *clitic IP*) ist eine Intonationsphrase (IP), die an eine vorangehende IP angehängt wird und nur zusammen mit einer solchen IP auftritt.

**Zum Begriff**

Klitische IPs sind nicht nur in ihrem Auftreten von der Präsenz einer vorangehenden IP abhängig. Auch ihre tonale Struktur hängt von der tonalen Struktur der vorangehenden IP ab. Im Deutschen weisen klitische IPs gewöhnlich nur zwei Töne auf, die den letzten beiden Tönen der vorangehenden Intonationsphrase entsprechen. Der letzte Ton ist ein finaler Grenzton, und der vorletzte Ton entweder ein Akzentton (bei monotonalen nuklearen Akzenten) oder ein Folgeton. Die letzten beiden Töne der vorangehenden IP werden gleichsam ›kopiert‹, was in (5) illustriert wird. Jeweils die erste IP ist eine unabhängige Intonationsphrase, die dem in Kapitel I.7.4 vorgestellten Inventar nuklearer Konturen entnommen ist, die zweite eine klitische IP. Die ›kopierten‹ Töne sind in der vorangehenden IP unterstrichen. Der klitische Charakter der zweiten IP wird dadurch verdeutlicht, dass bei ihr keine linke IP-Grenze notiert wird (vgl. Gussenhoven 2004, Kap. 15.7).

# Intonationsphrase

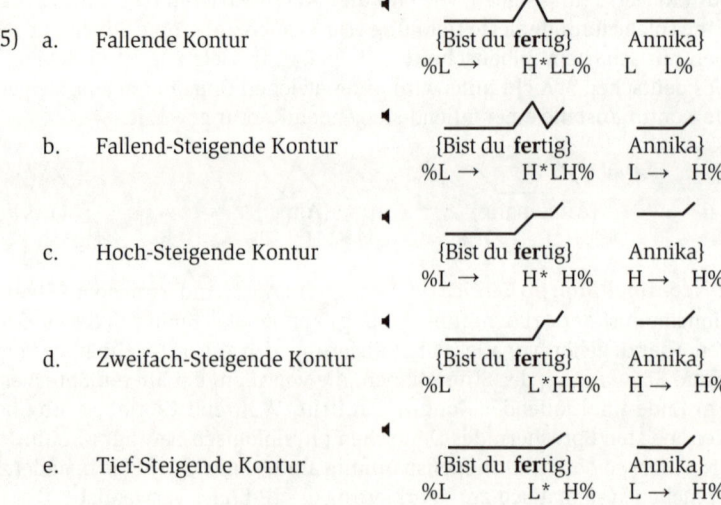

(5) a. Fallende Kontur    {Bist du **fer**tig}    Annika}
                                  %L →      H*LL%    L  L%

     b. Fallend-Steigende Kontur    {Bist du **fer**tig}    Annika}
                                  %L →      H*LH%    L →    H%

     c. Hoch-Steigende Kontur    {Bist du **fer**tig}    Annika}
                                  %L →      H*  H%    H →    H%

     d. Zweifach-Steigende Kontur    {Bist du **fer**tig}    Annika}
                                  %L        L*HH%    H →    H%

     e. Tief-Steigende Kontur    {Bist du **fer**tig}    Annika}
                                  %L        L*  H%    L →    H%

Noch häufiger treten klitische Phrasen nach Plateaukonturen auf (s. Kap. I.7.4, Abb. 3). Im Falle der H* 0%-Kontur und der L*H 0%-Kontur übernimmt die klitische Phrase den Akzentton des nuklearen Akzents und fügt einen finalen Grenzton gleicher Qualität hinzu:

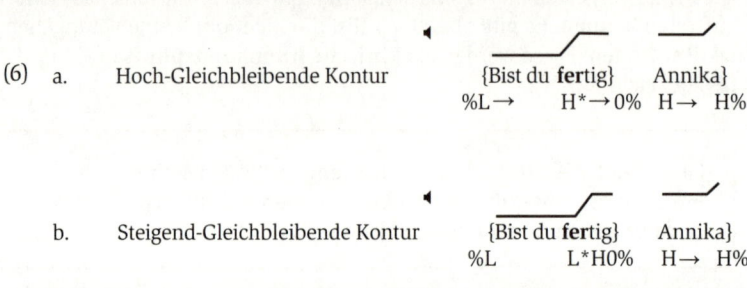

(6) a. Hoch-Gleichbleibende Kontur    {Bist du **fer**tig}    Annika}
                                      %L →     H*→0%   H →   H%

     b. Steigend-Gleichbleibende Kontur    {Bist du **fer**tig}    Annika}
                                      %L        L*H0%   H →   H%

Hiervon sind folgende Äußerungen zu unterscheiden, bei denen die angehängte Phrase einen eigenen Tonhöhenakzent trägt und eine eigene IP bildet. Die tonale Struktur der zweiten IP ist in diesem Falle unabhängig von der der ersten IP.

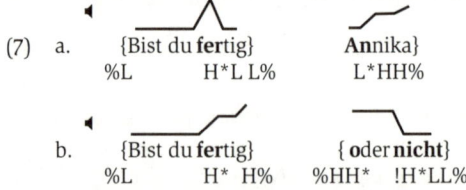

(7) a.    {Bist du **fer**tig}    **An**nika}
           %L     H*L L%     L*HH%

     b.    {Bist du **fer**tig}    { oder **nicht**}
           %L     H* H%     %HH* !H*LL%

## 8.3 | Prosodische Parenthese

Eine klassische Auffassung der Parenthese besagt, dass parenthetische Einschübe stets eine IP bilden, und dass der parenthetische Einschub den Matrixsatz in zwei IPs aufteilt, so dass die resultierende Äußerung drei IPs umfasst (vgl. Selkirk 1980; Nespor/Vogel 2007). Diese Analyse illustriert (8). Der Matrixsatz ohne Einschub in (8a) bildet eine eigene IP. Wird eine syntaktische Phrase eingeschoben, wie in (8b), ergeben sich insgesamt drei IPs.

(8) a. ◀ {Ma**ri**a ist nicht zu**hau**se}

　　b. ◀ {Ma**ri**a ist} {da bin ich mir **sich**er} {nicht zu**hau**se}

Wenn man natürliche Gespräche im Deutschen analysiert, wird man schnell feststellen, dass die Phrasierung in (8) nicht die einzige und nicht einmal die häufigste Phrasierung syntaktischer Einschübe und ihres Matrixsatzes ist. Gegen die Annahme, dass die Einbettung eines Einschubs in einen Matrixsatz stets zu drei IPs führt, sprechen auch folgende Beobachtungen:

**Tonale Struktur:** Es gibt Äußerungen, bei denen eine Akzentuierung des Matrixsatzes vor dem Einschub sinnentstellend wäre und deshalb auch unterbleibt. Eine solche Akzentuierung wäre aber nach der traditionellen Auffassung obligatorisch, weil der Matrixsatz vor dem Einschub stets eine eigene IP bildet. (9b) liefert ein Beispiel für eine Phrasierung gemäß der traditionellen Auffassung. Die Akzentuierung von *eine* in (9b) wirkt hier aber unpassend, da *eine* gewöhnlich nur akzentuiert wird, wenn es als Zahlwort oder als Indefinitpronomen verwendet wird. Im vorliegenden Kontext hat *eine* jedoch die Funktion eines unbestimmten Artikels. Diese Interpretation wird eher durch eine Phrasierung wie in (9c) ermöglicht, bei der *eine* wie im Matrixsatz (9a) unakzentuiert bleiben kann.

(9) ◀　a.　　{Eine **ziel**führende **Maß**nahme ist das}

　◀　b.　　{**Ei**ne} {**wie** sagt man} {**ziel**führende **Maß**nahme ist das}

　◀　c.　　{Eine {**wie** sagt man} **ziel**führende **Maß**nahme ist das}

**Deklination und Downstep:** Bei parenthetischen Einschüben lässt sich beobachten, dass der Deklinationstrend des Matrixsatzes, der durch den Einschub unterbrochen wird, nach dem Einschub fortgeführt wird, wie folgendes Beispiel illustriert:

# I.8.3 Phonologie

**Intonationsphrase**

(10) Wen triffst du heute Abend?

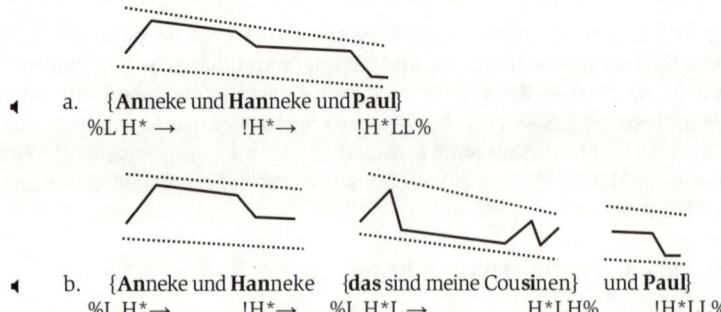

◀ a. {**An**neke und **Han**neke und **Paul**}
   %L H* →   !H* →   !H*LL%

◀ b. {**An**neke und **Han**neke   {**das** sind meine Cou**si**nen}   und **Paul**}
   %L H* →   !H* →   %L H*L →   H*LH%   !H*LL%

(10b) illustriert, dass ein parenthetischer Einschub nicht nur den Deklinationstrend des Matrixsatzes intakt lässt, sondern auch eine Herabstufung (Downstep) nicht blockiert. Im vorliegenden Fall wird *Paul* relativ zu *Hanneke* herabgestuft. Bei einer Analyse von (10b) als Sequenz von drei IPs wäre nicht klar, gegenüber welchem vorangehenden Akzent der letzte Akzent auf *Paul* herabgestuft ist.

Unakzeptable Konsequenzen der traditionellen Analysen von Parenthesen ergeben sich auch in folgendem Beispiel:

(11) a. ◀ {Sogar **An**na}{das ist meine Cou**si**ne}{und ihr **Mann** sind da}

b. ◀ {Sogar **An**na {das ist meine Cou**si**ne} und ihr **Mann** sind da}

Hier setzt die Fokuspartikel *sogar* die gesamte Konstituente *Anna und ihr Mann* in engen Fokus. Die Analyse der Phrasen *Sogar Anna* sowie *und ihr Mann sind da* als zwei eigenständige IPs hätte zur Folge, dass *Anna* und *Mann* jeweils einen nuklearen Akzent tragen würden. Dies ist mit der Fokusstruktur, die die Verwendung von *sogar* nahelegt, unvereinbar. Bei der in (11b) vorgeschlagenen Phrasierungsstruktur trägt hingegen allein *Mann* den nuklearen Akzent und projiziert den Fokus auf die fokussierte Phrase *Anna und ihr Mann*. Der Einschub *das ist meine Cousine* ist hier nichts weiter als eine Unterbrechung der syntaktischen und prosodischen Struktur, der eine Unterbrechung der fokussierten Konstituente entspricht.

**Parenthesetypen:** Um der prosodischen Gestaltung von Parenthesekonstruktionen Rechnung zu tragen, ist es sinnvoll, zwischen **syntaktischer** und prosodischer Parenthese zu unterscheiden. Bei der **syntaktischen Parenthese** handelt es sich um eine Unterbrechung einer *syntaktischen* Phrase. Die unterbrochene Phrase bildet den **Matrixsatz**, die unterbrechende Phrase einen **Einschub**. Bei der **prosodischen Parenthese** handelt es sich um eine Unterbrechung einer *prosodischen* Phrase. Eine prosodische Parenthese liegt vor, wenn eine IP innerhalb einer anderen IP auftritt. Im Unterschied zu traditionellen Auffassungen werden syntaktische Parenthesen hier rein syntaktisch definiert, also ohne Rückgriff auf prosodische Merkmale, die bisweilen syntaktische Parenthesen begleiten. Umgekehrt benötigt man keine syntaktischen Kriterien, um prosodische Parenthesen zu identifizieren. Im Fall von Beispiel (8b), das eine Parentheseanalyse im klassischen Sinne illustrieren sollte, handelt es sich zwar um eine syntaktische Parenthese, aber nicht um eine prosodische Parenthese, da keine IP durch eine andere unterbrochen wird.

Bei der Analyse natürlicher Gespräche lassen sich mindestens vier Typen der parenthetischen Phrasierung im Deutschen identifizieren (vgl. Peters 2006b):

(12)   Prosodische Parataxe         {...} {...} {...}
       Prosodische Inkorporation    {... ... ...}
       Prosodische Parenthese       {... {...} ...}
       Mischtyp                     {... {...}{...}

- Bei der **prosodischen Parataxe** bildet der syntaktische Einschub eine eigene IP, ebenso wie der vorangehende und der nachfolgende Teil des Matrixsatzes. Dies entspricht der traditionellen Analyse.
- Bei der **prosodischen Inkorporation** wird der syntaktische Einschub prosodisch in die IP des Matrixsatzes integriert.
- Bei der **prosodischen Parenthese** umfasst der syntaktische Einschub eine eigene IP, die in die IP des Matrixsatzes eingebettet ist.
- Beim **Mischtyp** liegt eine Kombination aus prosodischer Parenthese und prosodischer Parataxe vor. Die Konstruktion beginnt damit, dass der syntaktische Einschub die IP des Matrixsatzes unterbricht, wie bei der prosodischen Parenthese. Nach dem Einschub wird die IP des Matrixsatzes jedoch nicht fortgesetzt, sondern neu begonnen.

Der Beginn einer neuen IP nach dem Einschub ist in der Regel daran erkennbar, dass der Deklinationstrend des Matrixsatzes nach dem Einschub nicht weitergeführt wird, sondern ein *Reset* der Tonhöhe erfolgt. Die Beispiele in (13) illustrieren die Kombination der vier Phrasierungstypen mit einer syntaktischen Parenthese:

(13) a.   *Prosodische Parataxe*
      ◀   {Jé**rô**me ist} {da bin ich mir **sich**er} {nicht zu**hau**se}

   b.   *Prosodische Inkorporation*
      ◀   {Jé**rô**me ist  da bin ich mir **sich**er  nicht zu**hau**se}

   c.   *Prosodische Parenthese*
      ◀   {Jé**rô**me ist {da bin ich mir **sich**er} nicht zu**hau**se}

   d.   *Mischtyp*
      ◀   {Jé**rô**me ist {da bin ich mir **sich**er} {nicht zu**hau**se}

Im Fall der prosodischen Parenthese in (13c) entspricht der syntaktischen Unterbrechung eine prosodische Unterbrechung. In diesem Fall liegt also eine syntaktische und prosodische Parenthese vor. In den übrigen Fällen liegt syntaktische Parenthese ohne prosodische Parenthese vor. Umgekehrt ist es möglich, dass eine prosodische Parenthese erfolgt, ohne dass eine syntaktische Parenthese vorliegt, wie das Beispiel in (14) illustriert.

(14) ◂ { Jérôme wohnt {seit gestern} in Oldenburg}

Die systematische Differenzierung zwischen syntaktischer und prosodischer Parenthese ermöglicht eine konsistente Analyse traditioneller Zweifelsfälle, ohne auf Charakterisierungen wie ›parentheseartig‹ zurückgreifen zu müssen. Ein Beispiel bilden Appositionen, die syntaktisch keine Einschübe bilden, aber trotzdem häufig ›parentheseartig‹ wirken. Sie tun dies, wenn sie prosodisch wie Parenthesen behandelt werden, sei es im Sinne echter prosodischer Parenthesen wie in (15b), im Sinne prosodischer Parataxen wie in (15a) oder im Sinne des Mischtyps, wie in (15c).

(15) a. *Prosodische Parataxe*
◂ {**Ma**rek} {deinen **Bru**der} {**den** habe ich **nicht** gesehen}

b. *Prosodische Parenthese*
◂ {**Ma**rek {deinen **Bru**der} (den) habe ich **nicht** gesehen}

c. *Mischtyp*
◂ {**Ma**rek {deinen **Bru**der} {**den** habe ich **nicht** gesehen}

## 8.4 | Phrasaler Downstep

In Kapitel I.7.4 wurde das Konzept des **Downsteps** eingeführt. Damit war die Herabstufung eines Tonhöhenakzents relativ zu einem vorhergehenden Tonhöhenakzent innerhalb der gleichen IP gemeint. Downstep gibt es aber auch auf der Ebene der IP. So kann eine IP als ganze relativ zu einer vorhergehenden herabgestuft werden, was normalerweise mit einer Absenkung des Tonhöhenniveaus und einer Reduzierung des Tonhöhenumfangs einhergeht. In diesem Fall liegt **phrasaler Downstep** vor.

Ein Beispiel für phrasalen Downstep auf IP-Ebene liefert (16). Phrasaler Downstep wird durch (...)$_{PD}$ angezeigt. Die gestrichelten Linien deuten wiederum die unterschiedlichen Tonhöhenumfänge und das unterschiedliche Tonhöhenniveau der beiden Äußerungen an, wobei hier eventuelle Unterschiede zwischen den von den Sprechern gewählten absoluten Tonhöhenniveaus unberücksichtigt bleiben.

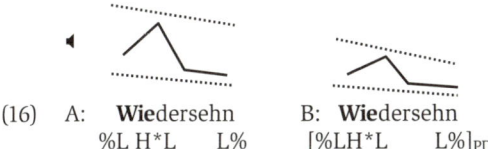

(16)  A:  **Wie**dersehn   B:  **Wie**dersehn
          %L H*L    L%        [%LH*L    L%]_PD

Phrasaler Downstep kann auch mit akzentuellem Downstep kombiniert werden, wie (17) illustriert. Phrasaler Downstep liegt vor, weil die gesamte zweite Intonationsphrase relativ zur ersten herabgestuft ist. Akzentueller Downstep liegt vor, weil zusätzlich der letzte Tonhöhenakzent der zweiten Intonationsphrase relativ zum vorangehenden H*-Akzent herabgestuft ist.

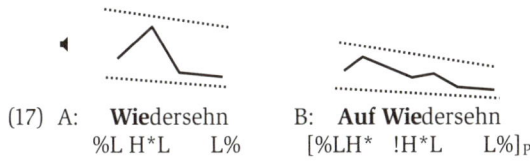

(17)  A:  **Wie**dersehn   B:  **Auf Wie**dersehn
          %L H*L    L%        [%LH*   !H*L    L%]_PD

## Weiterführende Literatur

Klassische Quellen zur Intonationsphrase sind Selkirk (1980, 1984) und Nespor/Vogel (2007). Zur Intonationsphrase aus Sicht der Intonationsforschung siehe Gussenhoven (2004) und Ladd (2008).

## Aufgaben

1. Welche Gliederung in IPs weist der folgende Satz aus Äsops Fabel *Der Nordwind und die Sonne* in der Vertonung von K. J. Kohler auf, die über http://web.uvic.ca/ling/resources/ipa/handbook_downloads.htm verfügbar ist? Welche alternativen Phrasierungen sind denkbar?

   Einst stritten sich Nordwind und Sonne, wer von ihnen beiden wohl der Stärkere wäre, als ein Wanderer, der in einen warmen Mantel gehüllt war, des Weges daherkam.

2. Suchen Sie weitere Belege für klitische IPs. Ist es möglich, mehr als eine klitische IP an die gleiche IP anzuhängen?

3. Analysieren Sie mögliche Realisierungen folgender Beispiele unter Bezug auf die IP-Struktur und die syntaktische Struktur:
   (a) Anna glaubt, Maria nicht.          (c) Wir essen jetzt, Opa.
       Anna glaubt Maria nicht.               Wir essen jetzt Opa.
   (b) Ich bedaure, nicht studiert zu haben.
       Ich bedaure nicht, studiert zu haben.

   Finden Sie weitere Beispiele dieser Art?

# 9. Äußerungsphrase und Paragraph

9.1 Äußerungsphrase
9.2 Prosodischer Paragraph

## 9.1 | Äußerungsphrase

Äußerungsphrasen (UPs) fungieren als Domänen für die Skalierung aufeinanderfolgender IPs.

**Zum Begriff**

> Die → **Äußerungsphrase** (engl. *utterance phrase*) ist eine prosodische Phrase, die eine oder mehrere Intonationsphrasen (IPs) umfasst. Sie wird als UP abgekürzt und durch den griechischen Buchstaben υ (Ypsilon) bezeichnet.

In der prosodischen Hierarchie nach Selkirk (1984) und Nespor/Vogel (2007) bildet die UP die ranghöchste prosodische Phrase. Sie wird auch als **phonologische Äußerung** bezeichnet.

In Kapitel I.8 wurde deutlich, dass gewöhnliche IPs einen Deklinationstrend aufweisen. Aufeinanderfolgende Hoch- oder Tieftöne innerhalb einer IP werden als gleich hoch wahrgenommen, wenn sie zum Ende der IP zunehmend tiefer realisiert werden; und Tonhöhenintervalle werden als gleich groß wahrgenommen, wenn sie zum Ende der IP hin kleiner werden. Ferner wurde erläutert, dass mit einer neuen IP häufig ein *Reset* der Tonhöhe erfolgt. Der Deklinationstrend wird beendet, und mit der neuen IP beginnt nach dem *Reset* ein neuer Deklinationstrend. Es ist aber auch möglich, dass der Deklinationstrend über mehrere IPs hinweg fortgesetzt wird, wie die Beispiele in (1) illustrieren. In (1a) umfasst die Äußerung nur eine IP, die einer UP entspricht. In (1b) umfasst die Äußerung drei IPs, die Teil einer UP sind. In (1c) umfasst die Äußerung drei IPs, die jeweils einer UP entsprechen. IPs werden wie bisher durch geschweifte Klammern markiert, UPs durch eckige Klammern. *Resets* werden durch vertikale Pfeile angezeigt.

**Äußerungsphrase**

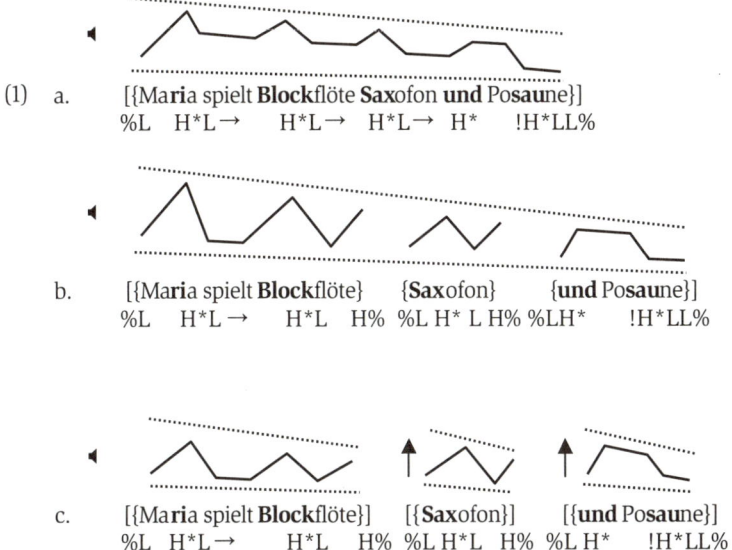

(1) a. [{Maria spielt **Block**flöte **Sax**ofon **und Po**saune}]
%L H\*L→ H\*L→ H\*L→ H\* !H\*LL%

b. [{Maria spielt **Block**flöte} {**Sax**ofon} {**und Po**saune}]
%L H\*L→ H\*L H% %L H\* L H% %LH\* !H\*LL%

c. [{Maria spielt **Block**flöte}] [{**Sax**ofon}] [{**und Po**saune}]
%L H\*L→ H\*L H% %L H\*L H% %L H\* !H\*LL%

Dass es sich in (1b) um drei IPs handelt, lässt sich an der tonalen Struktur erkennen: Die hohen Zielpunkte auf den Silben *te* und *fon* von *Blockflöte* und *Saxofon* lassen sich weder als Akzenttöne auffassen, da sie nicht auf einer Akzentsilbe auftreten, noch als Folgetöne von Akzenttönen, da kein entsprechender Akzentton zur Verfügung steht. Es handelt sich somit um Grenztöne. Da Grenztöne nur an IP-Grenzen auftreten, muss nach *Blockflöte* und *Saxofon* jeweils eine IP enden. Das Gleiche gilt für (1c), mit dem Unterschied, dass hier nach jedem IP-Ende ein *Reset* der Tonhöhe erfolgt und der Deklinationstrend von neuem beginnt, was den Beginn einer neuen UP anzeigt.

Durch die Verteilung des Satzes auf mehrere IPs in (1b) und (1c) wird die Information, die durch den gesamten Satz ausgedrückt wird, in drei kommunikativen Einheiten übermittelt. Durch die Integration der drei IPs in eine UP in (1b) werden diese drei Einheiten gleichwohl als zusammengehörig präsentiert. Sie bilden Teile einer Äußerung. In (1c) werden die drei IPs jeweils in einer eigenen UP geäußert. Diese Art der Phrasierung kann dazu eingesetzt werden, der in jeder IP geäußerten Information einen unabhängigen kommunikativen Status zu verleihen. Zum Beispiel kann mit der Äußerung in (1c) nahegelegt werden, (1c) nicht wie (1b) als Behauptung aufzufassen, dass Maria drei Instrumente spielt, die im einzelnen benannt werden (*Maria spielt drei Instrumente: Blockflöte, Saxofon und Posaune*), sondern als eine Serie von drei Behauptungen, die sich auf jeweils ein Instrument beziehen (*Maria spielt Blockflöte, Maria spielt Saxofon* und *Maria spielt Posaune*). Dieser Unterschied macht sich bemerkbar, wenn mit den drei Behauptungen, die durch die Aussage *Maria spielt Blockflöte, Saxofon und Posaune* impliziert werden, unterschiedliche Grade der Gewissheit verbunden werden. In diesem Fall kann

### Äußerungsphrase und Paragraph

die Phrasierung in drei UPs akzeptabler wirken als die in einer UP, wie (2) illustriert:

(2)

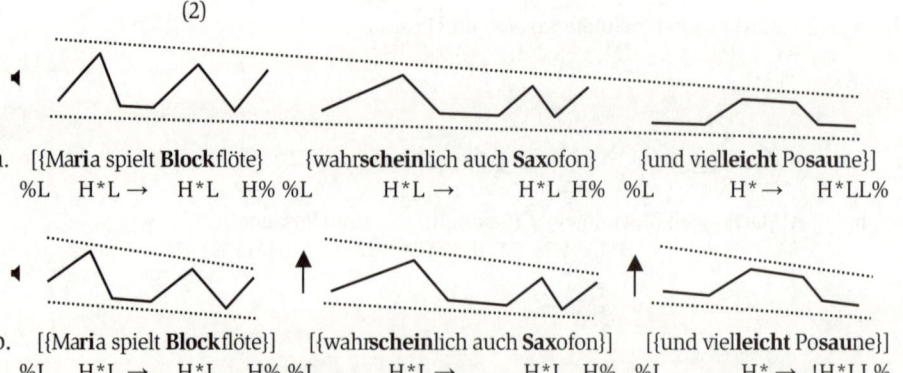

a. [{Ma**ri**a spielt **Block**flöte}  {wahr**schein**lich auch **Sax**ofon}  {und viel**leicht** Po**sau**ne}]
   %L  H*L →   H*L  H% %L         H*L →       H*L H%  %L        H* →    H*LL%

b. [{Ma**ri**a spielt **Block**flöte}] [{wahr**schein**lich auch **Sax**ofon}] [{und viel**leicht** Po**sau**ne}]
   %L  H*L →   H*L  H% %L          H*L→       H*L H%  %L          H* →    !H*LL%

**Zur Vertiefung** — **Phrasierung und Äußerungsinterpretation**

Unter Bezug auf die UP-Struktur können auch verschiedene Lesarten des bekannten Beispiels *Der Mensch denkt, Gott lenkt* unterschieden werden:

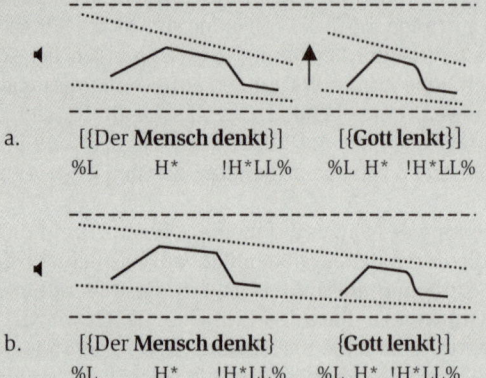

a. [{Der **Mensch denkt**}]    [{**Gott lenkt**}]
   %L      H*    !H*LL%      %L  H*   !H*LL%

b. [{Der **Mensch denkt**}    {**Gott lenkt**}]
   %L      H*    !H*LL%      %L  H*   !H*LL%

Die unterschiedliche Phrasierung der beiden Lesarten zeigt sich darin, dass in (a) nach *denkt* ein *Reset* der Tonhöhe erfolgt, während in (b) der Deklinationstrend fortgesetzt wird und *denkt* deutlich oberhalb des unteren Stimmumfangs endet – ein Signal dafür, dass die Äußerungsphrase noch nicht zu Ende ist. Durch die Phrasierung in (a) wird eine adversative Interpretation nahegelegt (*Der Mensch denkt, aber Gott lenkt*). Durch die Phrasierung in (b) wird eine Interpretation nahegelegt, wonach die zweite IP das ausdrückt, woran der Mensch denkt (*Der Mensch denkt, dass Gott lenkt*). Die Phrase *Gott lenkt* hat hier die Funktion einer Ergänzung zu *denken*.

**Interaktiver Gebrauch von Äußerungsphrasen:** UPs umfassen potentiell mehr als eine IP, sind also in dem Sinne ›große‹ Phrasen. Gleichwohl können auch einzelne Wortformen eine eigene UP bilden, denn eine UP muss nicht mehr als eine IP enthalten, und eine IP nicht mehr als eine Wortform. Solche Ein-Wort-Äußerungen sind besonders häufig in Frage- und Antwort-Sequenzen anzutreffen, wie im folgenden Beispiel:

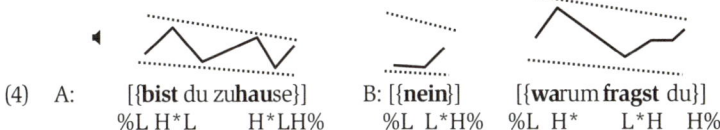

(4)  A:  [{bist du zuhause}]   B: [{nein}]   [{warum fragst du}]
         %L H*L     H*LH%      %L L*H%     %L H*    L*H  H%

UPs werden normalerweise wie IPs nur von einem Sprecher oder einer Sprecherin produziert. Es ist aber auch möglich, dass eine UP aus der Kooperation zweier Sprecher hervorgeht, wie (5) illustriert.

(5)   A:  Wen habt ihr gestern im Kino getroffen?
      B:  Paula ...   Karla ....
      C:                         und Maria.

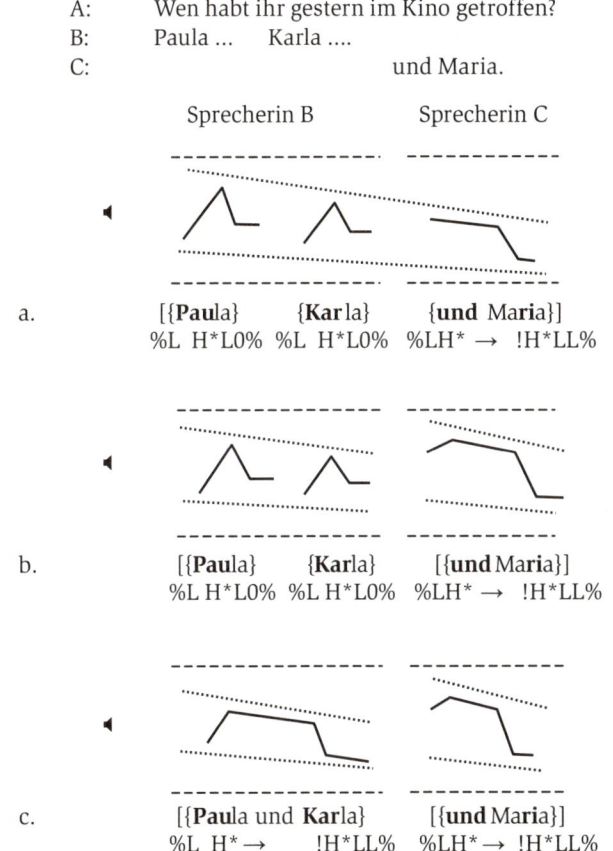

          Sprecherin B           Sprecherin C

a.    [{Paula}    {Karla}    {und Maria}]
      %L H*L0%  %L H*L0%   %LH* →  !H*LL%

b.    [{Paula}    {Karla}    [{und Maria}]
      %L H*L0%  %L H*L0%   %LH* →  !H*LL%

c.    [{Paula und Karla}    [{und Maria}]
      %L  H* →    !H*LL%   %LH* →  !H*LL%

In (5a) wird die Aufzählung von Sprecherin B nach dem zweiten Glied innerhalb der gleichen UP von Sprecherin C vervollständigt. Eine solche koordinierte Äußerungskonstruktion kann lediglich Ausdruck eines ›kooperativen Gesprächsstils‹ sein. Es kommt aber auch vor, dass Aufzählungen zunächst unvollständig bleiben, weil dem Sprecher oder der Sprecherin nichts weiter einfällt, um die begonnene Aufzählung abzuschließen. Konstruktionen, die aus der Vervollständigung solcher unabgeschlossener Äußerungen hervorgehen, werden in der Gesprächsanalyse als **Reparaturen** bezeichnet (Schegloff/Sacks/Jefferson 1977). Dass die UP in (5a) nach *Karla* noch nicht zu Ende ist, zeigt die Skalierung der zweiten IP.

In (5b) beginnt die Ergänzung der Äußerung von B mit einem *Reset* der Tonhöhe. Die Ergänzung *und Maria* wird hier als prosodisch eigenständige Äußerung realisiert. Entsprechend wird am Beginn der Ergänzung eine linke UP-Grenze notiert. Gleichwohl kann die vorangehende Äußerung nicht als abgeschlossen gelten, da *Karla* auf halbhohem Niveau realisiert wird. In diesem Fall liegt mit *Paula Karla* nicht nur syntaktisch, sondern auch prosodisch ein Äußerungsfragment vor. Aus diesem Grund wird eine öffnende, aber keine schließende Klammer für die erste UP notiert. Die in (5b) illustrierte Art der Phrasierung kann zum Ausdruck bringen, dass mit der Ergänzung ein eigener inhaltlicher Aspekt hinzugefügt wird, während die Phrasierung in (5a) nahelegt, dass Sprecherin C ergänzt, was aus ihrer Sicht Sprecherin B sagen wollte.

(5c) illustriert eine dritte Möglichkeit der koordinierten Äußerungskonstruktion. In diesem Fall wird die UP von Sprecherin B abgeschlossen, was unter anderem daran erkennbar ist, dass am Ende der entsprechenden IP ein tiefes Tonhöhenniveau erreicht wird. Mit der zweiten UP ergänzt Sprecherin C die Aufzählung von B, die zuvor als abgeschlossene Aufzählung präsentiert wurde. In diesem Fall handelt es sich um eine Ergänzung, die durch die Gesprächspartnerin nicht mittels Phrasierung projektiert, d.h. erwartbar gemacht wurde.

Im Rahmen kooperativer Äußerungsproduktion ist es sogar möglich, dass eine Äußerung, die nur eine IP enthält, auf zwei Sprecher verteilt wird, wie (6) illustriert:

(6)   A:   Wart ihr gestern im **Ki**no?
      B:   Im **Ki**no
      C:            waren wir **auch**.

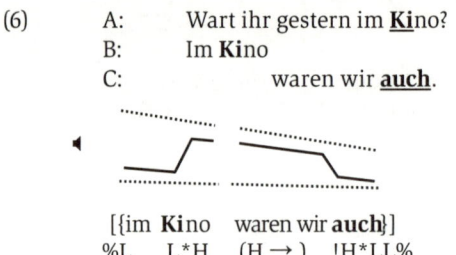

[{im **Ki**no   waren wir **auch**}]
%L    L*H    (H → )    !H*LL%

In diesem Fall wird ein Satz mit einer einzelnen Tonhöhenkontur auf zwei Sprecher verteilt. Dies verlangt nicht nur im Bereich der syntaktischen Planung, sondern auch im Bereich der Skalierung und des Aufbaus der tonalen Struktur ein hohes Maß an Feinkoordination.

**Phonologie**

**Prosodischer Paragraph**

Wird die prosodische Kohärenz von Äußerungen verschiedener Sprecher betrachtet, muss berücksichtigt werden, dass die absolute Höhe des jeweils gewählten Sprechregisters je nach anatomischen Merkmalen der Sprecher variiert. Deshalb ist die Lage der Register der Sprecherinnen B und C in (5) und (6) zueinander nicht im absoluten Sinne zu verstehen, was durch die unterbrochenen Linien angedeutet wird, die die Grenzen des Stimmumfangs bzw. des genutzten Tonhöhenraums bezeichnen.

> **UPs als Domänen für phonologische Regeln**
>
> Für einige Sprachen werden Äußerungsphrasen angesetzt, die auch als Domänen für lautbezogene phonologische Regeln fungieren (vgl. Nespor/Vogel 2007, Kap. 8). Für das Deutsche ist keine lautliche Regularität bekannt, die nur an den Grenzen von UPs beobachtbar ist. Allerdings ist es denkbar, dass bestimmte lautliche Prozesse eher an den Grenzen von IPs und UPs auftreten als an den Grenzen kleinerer prosodischer Phrasen. Ein Beispiel ist die Auslautverhärtung und der Glottisverschluss (s. Kap. I.3.3–4), die nach Auer (1993) umso wahrscheinlicher eintreten, je höherrangig die jeweilige Phrasengrenze ist. Nach Auer treten beide Phänomene im deutschen Sprachraum erst verlässlich auf, wenn mindestens eine IP-Grenze vorliegt.

**Zur Vertiefung**

## 9.2 | Prosodischer Paragraph

Im vorigen Abschnitt wurden Äußerungsphrasen als Domänen für die Skalierung von IPs innerhalb des jeweils gewählten Sprechregisters charakterisiert. Zwei IPs, die einen durchgehenden Deklinationstrend aufwiesen, wurden entsprechend der gleichen UP zugeordnet. Zwei aufeinanderfolgende UPs können demgegenüber durch einen *Reset* der Tonhöhe voneinander abgegrenzt sein.

In monologisch geprägten Äußerungssequenzen lässt sich beobachten, dass an bestimmten Stellen ein größerer *Reset* erfolgt als an anderen. Ein größerer *Reset* tritt in der Regel bei größeren thematischen Einschnitten auf, wie man sie z. B. bei Nachrichtensendungen jeweils zum Beginn neuer Meldungen findet. Solche prosodischen Einschnitte treten damit an den gleichen Stellen auf, an denen in den schriftlichen Textvorlagen Absatzmarkierungen auftreten. Die intonatorische Gestaltung innerhalb eines Paragraphen wird deshalb als **Paragraphenintonation** (engl. *paragraph intonation*, *paratone*) bezeichnet. Die entsprechenden Einheiten werden **prosodische Paragraphen** genannt.

> Der → **prosodische Paragraph** (engl. *prosodic paragraph*) ist eine prosodische Phrase, die eine oder mehrere Äußerungsphrasen (UPs) umfasst. Er wird als **PPa** abgekürzt.

**Zum Begriff**

Welcher Zusammenhang zwischen prosodischen Paragraphen und UPs im Deutschen besteht, ist bisher nicht bekannt. Mindestens zwei Möglichkeiten kommen in Frage.

**Der Paragraph als Domäne für Supra-Deklination:** Der Paragraph könnte die Domäne eines übergeordneten Deklinationstrends sein. Ein Paragraph wäre dann prosodisch erkennbar, wenn er mehr als eine UP umfasst, die jeweils nicht den gesamten Stimmumfang im gewählten Register ausfüllen, sondern Domänen für lokale Deklinationstrends bilden, die in einen übergeordneten Deklinationstrend eingebettet sind. Dieser übergeordnete Deklinationstrend wird auch als **Supra-Deklination** (engl. *supra-declination*) bezeichnet.

Zur Illustration möge die Zahlenreihe in (7) dienen. Sie kann als Sequenz von Zahlwörtern aufgefasst werden, die durch Spatien, Zeilenumbruch und Absatzmarkierung (Leerzeile) grafisch gegliedert ist.

(7)    95    96
       97    98
       99    100

       101   102
       103   104
       105   106

(8) stellt *eine* mögliche Lesart der Zahlenreihe in (7) schematisch dar. Die IPs einer Zeile weisen einen durchgehenden Deklinationstrend auf, der mit der UP endet. Die drei UPs eines PPa weisen einen übergeordneten Deklinationstrend auf, der einen Fall von Supra-Deklination illustriert. Zu beachten ist die unterschiedliche Größe des *Reset* zwischen den UPs (kleine Pfeile) und den PPas (großer Pfeil).

(8)

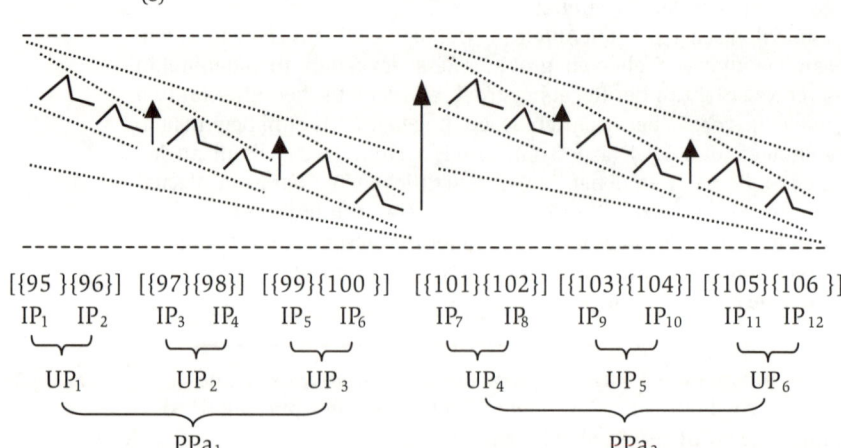

## Prosodischer Paragraph

Bei einer Realisierung der Zahlenreihe wie in (8) wird jedes Zahlwort in einer eigenen IP realisiert, jede Zeile in einer eigenen UP und jeder Absatz in einem eigenen PPa. Dieser Zusammenhang wird in (9) verdeutlicht.

(9)
```
        IP   IP
        ⌢    ⌢
        95   96  ⎫
        97   98  ⎬ PPa
        99  100  ⎭

       101  102  ⎫
       103  104  ⎬ PPa
       105  106  ⎭
        ⎵⎵⎵⎵⎵
          UP
```

**Die Paragraphengrenze als lokales Abgrenzungsmittel:** Korpusuntersuchungen haben gezeigt, dass Supra-Deklination wie in (8) nicht so weit verbreitet ist, wie man annehmen könnte. Häufig dürfte eine Variante der Paragraphenintonation auftreten, die lediglich die Grenzen des Paragraphen prosodisch markiert. Dazu genügt es, an entsprechenden thematischen Einschnitten den *Reset* zwischen zwei UPs zu vergrößern, wie (10a) illustriert. Möglich ist auch eine lokale Markierung durch die tonale Struktur wie in (10b). Hier wird in der letzten IP des ersten Paragraphen die Fallend-Steigende Kontur (H*LH%) anstelle der Fallenden Kontur (H*LL%) verwendet. Zusätzlich findet man am Ende von UPs, insbesondere wenn es mit der hinteren Grenze eines Prosodischen Paragraphen zusammenfällt, verstärkt diejenigen Merkmale, die bereits in Kapitel I.8 als Grenzmerkmale für IPs genannt wurden: Phrasenfinale Dehnung, einen schnellen Einsatz in der nächsten Phrase sowie Sprechpausen.

(10)

a.

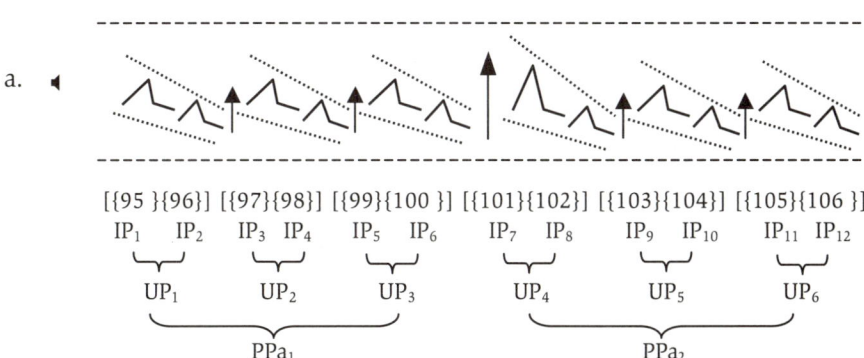

[{95 }{96}] [{97}{98}] [{99}{100 }]   [{101}{102}] [{103}{104}] [{105}{106 }]
 $IP_1$  $IP_2$   $IP_3$  $IP_4$   $IP_5$  $IP_6$     $IP_7$   $IP_8$    $IP_9$  $IP_{10}$   $IP_{11}$ $IP_{12}$
    $UP_1$         $UP_2$         $UP_3$          $UP_4$         $UP_5$         $UP_6$
                   $PPa_1$                                   $PPa_2$

## Äußerungsphrase und Paragraph

b.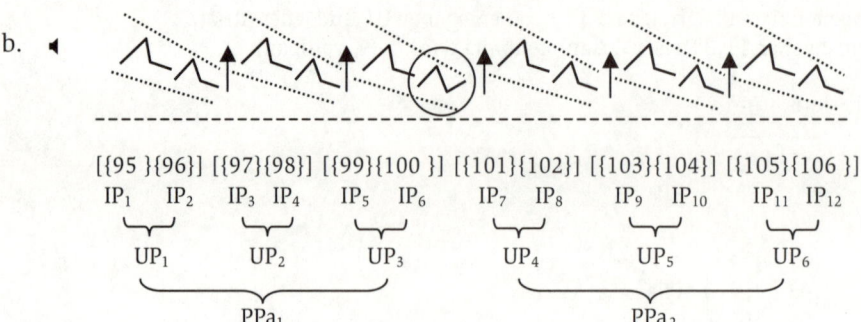

Eine lokale Markierung der Paragraphengrenze wie in (10) erfordert weniger Vorausplanung als die zusätzliche Anwendung von Supra-Deklination. Supra-Deklination dürfte am ehesten bei *gelesenen* Texten auftreten, denn schriftlich vorgegebene Texte geben durch die Absatzgliederung die für die Anwendung von Supra-Deklination entscheidende Information: den Abstand bis zum Ende des prosodischen Paragraphen, der in der Regel mit dem grafisch markierten Absatz zusammenfällt. Ferner dürften beide Formen der Paragraphenmarkierung weitgehend auf thematisch klar strukturierte Äußerungssequenzen wie die erwähnten Nachrichtentexte beschränkt sein, in denen eine deutliche Abgrenzung größerer thematischer Einheiten angestrebt wird.

### Weiterführende Literatur

Als klassische Referenz zur Äußerungsphrase gilt Nespor/Vogel (2007). Aus der Sicht der Intonationsforschung sei auf Gussenhoven (2004) verwiesen, zum prosodischen Paragraphen auf Wichmann (2000).

### Aufgaben

1. Welche IPs der Fabel *Der Nordwind und die Sonne* von Äsop in der Vertonung von K.J. Kohler (Kap. I.8, Aufgabe 1) lassen sich als Teile einer Äußerungsphrase auffassen, und an welchen Merkmalen lässt sich das festmachen?

2. Lassen Sie sich die Fabel von Äsop in folgenden drei Versionen vorlesen. Entdecken Sie Unterschiede in der prosodischen Gestaltung, die unter Bezug auf prosodische Paragraphen beschreibbar sind?

## Version 1:

Einst stritten sich Nordwind und Sonne, wer von ihnen beiden wohl der Stärkere wäre, als ein Wanderer, der in einen warmen Mantel gehüllt war, des Weges daherkam. Sie wurden einig, dass derjenige für den Stärkeren gelten sollte, der den Wanderer zwingen würde, seinen Mantel abzunehmen. Der Nordwind blies mit aller Macht, aber je mehr er blies, desto fester hüllte sich der Wanderer in seinen Mantel ein. Endlich gab der Nordwind den Kampf auf. Nun erwärmte die Sonne die Luft mit ihren freundlichen Strahlen, und schon nach wenigen Augenblicken zog der Wanderer seinen Mantel aus. Da musste der Nordwind zugeben, dass die Sonne von ihnen beiden der Stärkere war.

## Version 2:

Einst stritten sich Nordwind und Sonne, wer von ihnen beiden wohl der Stärkere wäre, als ein Wanderer, der in einen warmen Mantel gehüllt war, des Weges daherkam. Sie wurden einig, dass derjenige für den Stärkeren gelten sollte, der den Wanderer zwingen würde, seinen Mantel abzunehmen.

Der Nordwind blies mit aller Macht, aber je mehr er blies, desto fester hüllte sich der Wanderer in seinen Mantel ein. Endlich gab der Nordwind den Kampf auf. Nun erwärmte die Sonne die Luft mit ihren freundlichen Strahlen, und schon nach wenigen Augenblicken zog der Wanderer seinen Mantel aus.

Da musste der Nordwind zugeben, dass die Sonne von ihnen beiden der Stärkere war.

## Version 3:

Einst stritten sich Nordwind und Sonne, wer von ihnen beiden wohl der Stärkere wäre, als ein Wanderer, der in einen warmen Mantel gehüllt war, des Weges daherkam.

Sie wurden einig, dass derjenige für den Stärkeren gelten sollte, der den Wanderer zwingen würde, seinen Mantel abzunehmen.

Der Nordwind blies mit aller Macht, aber je mehr er blies, desto fester hüllte sich der Wanderer in seinen Mantel ein.

Endlich gab der Nordwind den Kampf auf. Nun erwärmte die Sonne die Luft mit ihren freundlichen Strahlen, und schon nach wenigen Augenblicken zog der Wanderer seinen Mantel aus.

Da musste der Nordwind zugeben, dass die Sonne von ihnen beiden der Stärkere war.

# II. Graphematik

# 1. Einleitung

1.1 Graphetik vs. Graphematik
1.2 Graphetik vs. Phonetik
1.3 Orthographie vs. Graphematik

**Zum Begriff**

> Die → **Graphematik** ist die Lehre vom Schriftsystem, von den kleinsten Einheiten bis hin zum Text.

Die Graphematik beschäftigt sich mit dem System der Schreibung. Damit ist sie deutlich abzugrenzen von der Orthographie, der Lehre davon, wie ›richtig‹ geschrieben wird (oder ›richtig‹ geschrieben werden soll). Die Graphematik betrachtet, wie die Schreibung als grammatisches Teilsystem organisiert ist. Das wirft folgende Frage auf: Wie sehen graphematische Einheiten aus und nach welchen Regeln sind sie aufgebaut? Graphematische Einheiten sind zum Beispiel Buchstaben, Grapheme, graphematische Silben und graphematische Wörter. Dabei zeigen sich auf der einen Seite innergraphematische Strukturen, also in der Schrift selbst. Auf der anderen Seite zeigen sich Bezüge zu anderen grammatischen Teilsystemen, und zwar insbesondere zur Phonologie, zur Morphologie und zur Syntax. Auch die Graphematik ist also ein Teilsystem der Grammatik, des Sprachsystems.

Das Schriftsystem ist keineswegs einfach nur eine Abbildung des Lautsystems. Für die Graphematik ist es wichtig, dass die Einheiten des Schriftsystems zunächst lautunabhängig bestimmt werden. Der Bezug zum Lautlichen wird erst in einem weiteren Schritt hergestellt. Diesem Vorgehen liegt die sehr wichtige Erkenntnis zugrunde, dass viele Systematiken in der Schreibung unabhängig von allem Lautlichen bestehen – besonders deutlich ist das bei der Substantivgroßschreibung, von der kaum jemand behaupten würde, dass sie zu hören sei. So hat auch nicht alles in der Schrift ein Äquivalent in der Lautung. Das heutige deutsche Schriftsystem und das Lautsystem bestehen zu einem gewissen Grad unabhängig voneinander.

Wenn die lautlichen Einheiten und die schriftlichen Einheiten aufeinander bezogen werden, kann man im Prinzip zwei Richtungen unterscheiden:

- die **Kodierung** vom Lautlichen zum Schriftlichen (quasi als ›Schreibrichtung‹) und
- die **Rekodierung** vom Schriftlichen zum Lautlichen (als ›Leserichtung‹, vgl. Neef 2005).

Der **Kodierrichtung** entspricht die Frage: Wie kann aus einer bestimmten Lautkette die entsprechende Schreibung abgeleitet werden? Im phonologischen Teil dieses Bandes wurde gezeigt, dass hier Idealisierungen vorliegen. Schon der Begriff ›Lautkette‹ ist eine Idealisierung, denn eine typische Äußerung ist eher ein ›lautliches Kontinuum‹. Die Graphematik des Deutschen kann heute in den meisten Fällen des nativen Wortschatzes zeigen, wie die Zielschreibung durch bestimmte für das Deutsche gültige Schreibprinzipien erreicht wird. Nur einige dieser Schreibprinzipien sind aber ›phonographisch‹, das meint eine reine Übersetzung von lautlichen in schriftliche Strukturen. In Beispielpaaren wie *Felle – Fälle, kannte – Kante, hält – Held – hellt* (›aufhellen‹) usw. ist zu erkennen, dass sehr viel mehr als eine Lautstruktur kodiert wird, in den Schreibungen stecken sowohl morphologische als auch syntaktische Informationen (vgl. Noack 2011: 379).

**Die Rekodierung** kann in erster Näherung mithilfe der folgenden Frage verstanden werden: Wie kann aus einer Buchstabenkette eine Lautkette konstruiert werden, die dann auch verstanden wird? Möglicherweise muss man hier bereits zwischen dem lauten und dem leisen Lesen unterscheiden. Die ›Übersetzung‹ in lautliche Einheiten meint zunächst das laute Lesen. Aber auch beim leisen Lesen findet die sogenannte ›Subvokalisation‹ statt, damit sind die Bewegungen des Kehlkopfes als typische Artikulationsbewegungen gemeint, die messbar sind. In der Rekodierung geht es zunächst um das rein lautliche Lesen, also darum, aus Buchstabenketten Lautketten bzw. Lautkontinua abzuleiten. Das ist ein kleiner Teil dessen, was didaktisch unter ›Lesefertigkeit‹ verstanden wird; die heutige Schreibung des Deutschen liefert sehr viel Informationen über die Lautstruktur hinaus, nämlich zusätzlich morphologische und syntaktische.

Es geht in diesem Teil einerseits um die Beziehung zwischen Laut- und Schriftsystem. Andererseits geht es um Strukturen, die das Schriftsystem jenseits dieser Beziehung vermittelt. Sie führen und führten historisch dazu, dass das heutige deutsche Schriftsystem keine Eins-zu-eins-Abbildung der Lautung ist. So sind Interpunktion, Großschreibung, Leerzeichen usw. als Lesehilfen zu verstehen, die mehr zum Verständnis des Textes beitragen als zu der reinen ›Verlautung‹ der Schrift.

## 1.1 | Graphetik vs. Graphematik

**Die Graphematik** ermittelt, welche der Eigenschaften und Einheiten distinktiv (›unterscheidend‹) sind. In der Graphematik geht es auch um die Gliederung in größere Einheiten wie graphematische Silben, Wörter, Sätze usw. Dabei wird im Wesentlichen mit abstrakten Eigenschaften von Typoskripten gearbeitet. Die Graphematik beschäftigt sich – wie die Phonologie – mit dem System einer Einzelsprache. Distinktiv (mit der Folge der Bedeutungsunterscheidung, s. Kap. I.1.3) sind bestimmte Eigenschaften in einer einzelnen Sprache, in anderen Sprachen kann es andere distinktive Eigenschaften geben. Allerdings können so verschiedene Sprache wie

Deutsch, Polnisch, Französisch und Indonesisch das gleiche grundlegende Alphabet haben; Ähnlichkeiten sind hier stärker ausgeprägt als in der Phonologie, und die Sprachen erscheinen eher vergleichbar.

**Die Graphetik** thematisiert hingegen verschiedenste Eigenschaften, gerade auch Unterschiede zwischen den unterschiedlichen Handschriften, den unterschiedlichen Druckschriften und auch zwischen Hand- und Druckschriften. In der Graphetik geht es weder von vornherein ausschließlich um distinktive Eigenschaften noch um Einzelsprachen.

## 1.2 | Graphetik vs. Phonetik

Analog zur Phonetik und der Einteilung in artikulatorische, akustische und auditive Phonetik (s. Kap. I.2.1.2) soll hier die Graphetik in vergleichbarer Form unterteilt werden. Die Parallelität hilft, grundlegende Unterschiede in der phonetischen und der graphetischen Forschung zu verstehen und daraus abgeleitet auch solche in der phonologischen und graphematischen Forschung.

**Die Produktionsgraphetik** untersucht analog zur **Artikulatorischen Phonetik** die Produktion schriftlicher Äußerungen, also den Schreibprozess, man könnte auch von einer ›**Skriberischen**‹ **Graphetik** (lat. *scribere*: schreiben) sprechen. Geht es bei der Artikulatorischen Phonetik vornehmlich um die Sprechwerkzeuge, so wäre das Pendant in einer Produktionsgraphetik die schreibende Hand. Beispiele für produktionsgraphetische Experimente geben Nottbusch et al. (2005); sie untersuchen die Segmentierung während des Schreibprozesses. Das ist leicht vorzustellen: Schreiben Sie Wörter wie *Wörter, Wörterbuch* auf und beobachten Sie dabei, wie Sie segmentieren – vielleicht *Wör ter, Wör ter buch*, wobei die Leerzeichen in diesen Beispielen nicht für ›echte‹ Leerzeichen, sondern für ein Absetzen des Stiftes stehen. Die Experimente wurden von Nottbusch et al. sowohl handschriftlich als auch maschinenschriftlich durchgeführt. Es ging dabei zum Beispiel um die Frage, ob die Segmentierung eher nach Silben oder eher nach Morphemen geschieht. Bei einer handschriftlichen Untersuchung könnte es immerhin sein, dass die entsprechende Segmentierung noch am entstandenen Produkt, den geschriebenen Wörtern, zu erkennen ist. Bei einer Schreibung auf dem Computer muss die Segmentierung während des Schreibprozesses erfasst werden; am Produkt (dem Text) ist nichts mehr zu erkennen.

**Die Rezeptionsgraphetik** untersucht die Wahrnehmung sprachlicher Äußerungen analog zur **Auditiven Phonetik**, die ja das Hören untersucht. Die graphetische ›Entsprechung‹ ist das Lesen, als Wahrnehmung schriftlicher Äußerungen, eine ›**Legerische**‹ **Graphetik** (von lat. *legere*: lesen). Ein typischer Versuchsaufbau für Untersuchungen in diesem Gebiet sind solche mit ›Eye-Trackern‹ – das sind Apparate, die Augenbewegungen messen. So ist allgemein bekannt, dass beim Lesen die Augen nicht gleichmäßig über einen Text gleiten, sondern dass das Auge von einem ›Fixationspunkt‹ zum nächsten ›springt‹. Typische Forschungsfragen hängen

## II.1.2 Graphematik

**Graphetik vs. Phonetik**

dann mit diesen Fixationspunkten und den Bewegungen zwischen ihnen zusammen.

**Die Produktgraphetik** untersucht das Schreibprodukt, also den geschriebenen Text. Lautlich entspricht der Produktgraphetik die Akustische Phonetik. Diese arbeitet zum Beispiel mit Oszillogrammen, also faktisch mit ›Verbildlichungen‹ gesprochener Sprache. Während die Phonetik mit Visualisierungen ihrer Gegenstände arbeitet, sind die Gegenstände der Graphetik als solche visuelle Objekte. Das Produkt des Schreibens ist ein Skript, daher könnte eine Produktgraphetik auch **Skript-Graphetik** heißen; diese wäre dann weiter zu unterteilen in eine Manuskriptgraphetik, die Handschriften untersucht, und eine Typoskriptgraphetik, die gedruckte Texte untersucht.

**Unterschiede zwischen Phonetik und Graphetik:** Die hier genannten Begriffe sind (noch) nicht allgemein üblich (Brekle 1994: 171 prägt ähnliche Begriffe). Jenseits der reinen Begrifflichkeit scheint es in einem direkten Vergleich der graphetischen mit phonetischen Untersuchungen und Methoden geboten, die Unterschiede zu verdeutlichen:

- Die **Verfügbarkeit** von lautlichen und schriftlichen Produkten: Schriftliche Produkte – also Texte – sind in gigantischer Anzahl vorhanden. **Handschriftliche Texte** gibt es von jedem von uns. Zum Beispiel lagern in Schulen Jahrgänge von schriftlichen Abschlussprüfungen. Zu den mündlichen Abschlussprüfungen gibt es meistens nur schriftliche Protokolle – und diese sind nicht von demjenigen geschrieben, der die mündlichen Äußerungen produziert hat. Auch Protokolle von mündlichen Situationen sind also schriftliche Zeugnisse.
  Gedruckte Texte füllen ganze Bibliotheken. Hinzu kommt die unübersehbare Menge von Texten im Internet.
  Von **gesprochener Sprache** gibt es **Aufnahmen**. Um diese zu untersuchen, wird allerdings typischerweise transkribiert; sie werden also vor der Untersuchung entweder verschriftlicht oder die Phonetiker stellen Bilder wie Oszillogramme her, zur Verbildlichung von gesprochener Sprache.
- **Historische Verfügbarkeit:** Historische Schriftprodukte liegen sowohl handgeschrieben als auch gedruckt vor und sind im Prinzip direkt der Erforschung zugänglich. Die historische Phonetik und Phonologie muss sich hingegen zum großen Teil ebenfalls an Schriftprodukte halten; Tondokumente existieren erst seit rund hundert Jahren.
- **Bewusstmachung von Strukturen:** Um zu Beginn des Studiums deutlich zu machen, was gehört wird, braucht man eine Einführung in Phonologie und Phonetik. Was geschrieben wird, ist hingegen deutlich: Es ist für die meisten völlig klar, welche Buchstaben in Wörtern wie *Hund*, *Eier* usw. vorkommen. Über die Schreibung ist sich jeder, der einmal lesen und schreiben gelernt hat, relativ bewusst. Aber nicht jeder, der sprechen und zuhören gelernt hat, kann deutlich machen, was gehört und gesagt wird. Die Sprache zeigt sich bildlich in der Schrift, und offenbar ist das, was das Auge sieht, leichter analytisch zu erfassen, als das, was das Ohr hört.

## Einleitung

- Bei der **Produktion von gesprochener Sprache** (s. Kap. I.2.1) ging es auch um den Aufbau des Artikulationsapparats. Er ist auf natürliche Weise beschränkt. Gibt es ähnliche (natürliche) Beschränkungen beim Schreiben? Beim Schreiben am Computer ist es den Schreibenden genaugenommen egal, wie die Buchstaben, die produziert werden, aussehen. Hier ist viel entscheidender, wie sie zum Beispiel auf der Tastatur angeordnet werden. Beim Handschreiben wird immer wieder diskutiert, welche Schrift Kinder zuerst lernen sollen, was also die optimale erste Schrift ist, ob Druck- oder Schreibschrift und wie die Schreibschrift aussehen soll. Früher wurde zum Beispiel die Verbindung zwischen den Buchstaben für überaus wichtig gehalten; heute rückt man davon ab, weil man festgestellt hat, dass dies zu verkrampften Handhaltungen führt – offenbar ist es natürlicher, nicht durchgehend verbunden zu schreiben.
- In der **Phonetik/Phonologie** ist es üblich, die Laute mit artikulatorischen Begriffen zu beschreiben, wie ›bilabial‹, ›nasal‹ usw. Diese Begriffe sind produktionsorientiert. In der Graphetik/Graphematik wird dagegen produktorientiert beschrieben; zum Beispiel besteht ein Buchstabe *d* aus einem langen Strich und einem links angefügten Bauch (s. Kap. II.2.2).

### Handschriften vs. Druckschriften

In diesem Lehrbuchteil zur Graphematik werden Handschriften systematisch ausgeklammert; daher im Folgenden einige Bemerkungen dazu; ›Handschriften‹ ist hier nicht im Sinn von ›Manuskripte‹ gemeint, sondern im Gegensatz zu ›Druckschriften‹. Der Hauptgrund für die Ausklammerung ist, dass die Handschriften noch nicht in dem Maße wie Druckschriften graphetisch erforscht sind. Wegen der Variation, die naturgemäß bei Handschriften viel größer ist als bei Druckschriften, besteht die Gefahr, dass man mit **idealisierten Handschriften** arbeitet. Zu diesen gehören zum Beispiel:
- die Schulausgangsschrift, wie sie in Lehrbüchern steht
- ›Buchabschriftschriften‹ vor Erfindung des Buchdrucks
- Computerschriften, die eine Handschrift imitieren
- Schönschriften – jeder kann seine eigene Handschrift bis zu einem gewissen Grad idealisieren

Ein Beispiel für das grundsätzliche Problem: Wird der Buchstabe *n* immer gleich geschrieben oder variiert er am Wortanfang, in der Wortmitte oder am Wortende? In den oben genannten ›idealisierten‹ Schriften wird er immer gleich geschrieben, aber wir wissen alle, dass das sicherlich nicht bei allen Schreiber/innen so ist. Andererseits ist es aber kein Problem, das *n* immer ›gleich‹ zu schreiben, wenn wir uns darauf konzentrieren, also z. B. in einer ›Schönschrift‹. Aber so ein konzentriertes Schreiben spiegelt nicht die Realität des Handschreibens wider.

## II.1.2
### Graphematik

**Graphetik vs. Phonetik**

Grundsätzlich erscheint es möglich, einen handgeschriebenen Text abzutippen und zu behaupten, es handle sich um die gleichen Texte. Für viele graphematische Fragen spielen die Unterschiede auch keine Rolle: So ist es möglich, in *Hund* und *Hund* sowohl die gleiche Buchstabenfolge, die gleiche Majuskel-Minuskel-Verteilung als auch die gleichen Wortzwischenräume zu erkennen.

**Die Segmentierung** der einzelnen Buchstaben unterscheidet sich typischerweise in Hand- und Druckschriften. In Handschriften sind einzelne Buchstaben miteinander verbunden, in typischen Druckschriften bilden die Buchstaben einzelne Segmente. Eine Ausnahme sind drucktechnisch die sogenannten Ligaturen (›zwei Buchstaben auf einer Type‹), die früher zum Beispiel bei *st* vorkamen.

Im Allgemeinen ist ein Absetzen, wie oben in dem Experiment beschrieben, gut zu unterscheiden von einem Leerzeichen. Allerdings wird mitunter in der Schule von Schüler/innen versucht, Unsicherheiten bei der Getrennt- und Zusammenschreibung durch unklare Segmentierung zu vertuschen. Hier werden Handschriften wieder sehr interessant, denn es erscheint möglich, genau diese ›Vertuschungsversuche‹ zu untersuchen. In didaktischen Untersuchungen – wenn es um das Erkennen von Erwerbsprozessen geht – wird gerne mit Handschriften gearbeitet, allein auch wegen möglicher Korrekturen. Man versucht zum Beispiel, aus Verbesserungen von Texten abzuleiten: War hier jemand unsicher und hat zwei Varianten ausprobiert? Wurden hier gar Wörter ersetzt, um ein zu schwierig zu schreibendes Wort zu vermeiden? – Es ist sicherlich interessant, eine solche Diskussion zu systematisieren und für die graphematische Forschung nutzbar zu machen.

**Individuelle Handschriften** werden in der **Graphologie** behandelt. Zwei Bereiche der Graphologie sind zu benennen, die sehr unterschiedliche Erkenntnisinteressen aufweisen: Zum einen wird der Begriff ›Graphologie‹ für die Lehre gebraucht, die versucht, von einer Schrift auf den menschlichen Charakter zu schließen – da im Allgemeinen die empirische Absicherung fehlt, ist das wissenschaftlich unseriös. Dennoch ist es nicht von der Hand zu weisen, dass individuelle Handschriften durchaus Hinweis auf das Geschlecht und das Alter geben können.

Dies spielt auch in der **Forensik** – dem zweiten Gebiet der Graphologie – eine gewisse Rolle: Zum Beispiel versucht man, aus Erpresserschreiben Hinweise auf den Täter/ die Täterin zu finden. Überaus wichtig in der Forensik sind **Schriftvergleichungen** (so der Fachbegriff), hier geht es um charakteristische Merkmale von Handschriften, anhand derer erkannt werden kann, ob zwei Schriftstücke von der gleichen Person verfasst wurden, auch mit der Maßgabe, dass die betreffende Person sich möglicherweise bemüht hat, genau dies zu verschleiern. Bei der Etablierung einer Graphetik der Handschriften sollte in jedem Fall auf diese Erkenntnisse zurückgegriffen werden.

## 1.3 | Orthographie vs. Graphematik

**Die Orthographie** ist die normierte Schreibung. Für die Schreibung des Deutschen gibt es ein amtliches Regelwerk. Etwas Vergleichbares existiert für die anderen Teilbereiche der Grammatik nicht.

**Die Graphematik** erforscht das Schriftsystem. Dabei geht es nicht immer um explizites Wissen, sondern um implizites Wissen, das sich im Schreibgebrauch zeigt. Auch die anderen grammatischen Teilsysteme, wie die Phonologie, die Morphologie und die Syntax, erforschen implizites Wissen der Sprachbenutzer/innen.

Im besten Fall steht eine Orthographie nicht im Gegensatz zu den Erkenntnissen der Graphematik. So wird zum Beispiel im aktuellen Bericht des Rechtschreibrates vom Dezember 2010 die Aufgabe beschrieben, den Schreibgebrauch und damit den etwaigen Sprachwandel zu beobachten (S. 3 »Langfristige Vorhaben«). Auf dieser Grundlage können dann durchaus auch Regeln neu formuliert werden, wenn es der Sache angemessen scheint (www.rechtschreibrat.com).

**Zur Vertiefung**

**Das Verhältnis von Orthographie und Schriftsystem**

Am Beispiel der Getrennt- und Zusammenschreibung wird exemplarisch gezeigt, wie die Formulierung von Regeln – also die explizite Normierung – vonstatten gehen kann. Als Beispiel eignet sich die Getrennt- und Zusammenschreibung, da die Rechtschreibreform von 1996 sie als erste Reform überhaupt thematisiert. Aber in den Duden-Ausgaben vor 1996 sind bereits einige Regeln formuliert, die im Folgenden kurz betrachtet werden. Es geht hier nicht darum, die Getrennt- und Zusammenschreibung zu begreifen (s. Kap. II.7.3). Vielmehr geht es um bestimmte Formulierungen, die letztendlich das ›Herantasten‹ an den Kern der Sache zeigen.

»Im Bereich der Getrennt- und Zusammenschreibung gibt es keine allgemeingültige Regel. Es ist jedoch ein Grundzug der deutschen Rechtschreibung, den Bedeutungswandel von Wortverbindungen durch Zusammenschreibung auszudrücken« (Duden 1980: 23).

So lautet Regel 205: »Verbindungen mit einem Verb als zweitem Glied schreibt man […] zusammen, wenn durch die Verbindung ein neuer Begriff entsteht, den die bloße Nebeneinanderstellung nicht hat.«

Regel 206: »Getrennt schreibt man, wenn beide Wörter noch ihre eigene Bedeutung haben.«

In den Regeln 207 und 208 ist jeweils von »verblassten« Substantiven die Rede, und zwar einmal in Verbindung mit Verben und einmal mit Präpositionen. Es kommen weiterhin Formulierungen vor wie »wenn sie als Einheit empfunden werden« und schließlich relative Einzelfallregelungen für Straßennamen mit *-er* und »in Buchstaben geschriebene Zahlen unter einer Million« (Duden 1980: 64).

## II.1.3 Graphematik

**Orthographie vs. Graphematik**

> Vor diesen letztgenannten Einzelfallregelungen geht es also immer nach dem Prinzip: Für verschiedene Wortartenkombinationen wird festgehalten, dass ein Glied ›verblasst‹ sei, dass Verbindungen ›als Einheit empfunden werden‹ usw. Um es konkret zu sagen: Es wirkt wie eine Auflistung von Fällen mit einem latenten Ansatz zur Systematisierung. Nun mag die Systematisierung als gelungen oder nicht-gelungen gelten. Aber: Diese Regelformulierungen können tatsächlich durch den Sprachgebrauch bedingt sein. Zur Not um den Preis, dass die formulierten Regeln wirken wie Einzelfallregelungen oder unpräzise, zufällig, willkürlich. Was hier von der Graphematik geleistet werden muss, ist diese vermeintliche Zufälligkeit aufzulösen und die zugrundeliegenden Regeln zu formulieren.

Das *Amtliche Regelwerk* kodifiziert die Schreibung (die Wortschreibung) in gewisser Weise doppelt: Es gibt einerseits ein Regelwerk und andererseits eine Wörterliste. Diese doppelte Kodierung hat Tradition. So enthält bereits der erste Duden (1880 und alle weiteren) eine Wörterliste, die hilft, das Regelwerk anzuwenden, und bereits Konrad Duden schreibt sehr deutlich, dass er sich in Einzelfällen immer wieder bei dem Verfasser des Regelwerks abgesichert habe (1880: VI f.). Spätestens bei der Getrennt- und Zusammenschreibung ist es aber wichtig zu verstehen, wie die Wörterliste zu interpretieren ist (s. Kap. II.7.3).

**Verbindlich ist das Regelwerk** für diejenigen »Institutionen (Schule, Verwaltung), für die der Staat Regelungskompetenz hinsichtlich der Rechtschreibung hat« (AR 2006: 7). Dennoch ist es offenbar so, dass mangelnde Rechtschreibkompetenz auch außerhalb von Schule und Verwaltung auffällt. Aufgabe dieses Buches ist es, das System zu erklären, und zwar insbesondere das System, das hinter der heutigen Rechtschreibregelung steckt.

Es gibt inzwischen eine Forschungsrichtung zu Schreibungen in Chats, in SMS und in Mails (vgl. z. B. Dürscheid/Brommer/Wagner 2010). Einige dieser Schreibungen sind bedingt von den Gegebenheiten – so ist bei vielen Handys SMS-Schreiben mühsam, so dass man bewusst bestimmte Regeln ignoriert, wie zum Beispiel Groß- und Kleinschreibung, oder man greift zu Abkürzungen, wo man das sonst nicht tun würde. Es ist durchaus möglich, dass sich hier ein spezielles System herausbildet, bei dem beispielsweise der Schreibung einzelner Wörter komplett in Großbuchstaben eine neue Funktion zugewiesen wird. Mit diesen Schreibungen beschäftigen wir uns in diesem Buch nicht, es bietet aber eine gute Grundlage dafür, Systematiken in solchen Schreibungen zu erkennen.

**Aufbau der Darstellung:** Dieser zweite Teil ist meist analog aufgebaut zu den Kapiteln im Phonologie-Teil. So beginnen wir bei den kleinsten Einheiten, den Segmenten, aus denen die Buchstaben bestehen (Kap. II.2). Kapitel II.3 behandelt die Grapheme – also die distinktiven Einheiten des

Deutschen. Diese Grapheme gruppieren sich zu graphematischen Silben (II.4); die graphematischen Silben gruppieren sich zu graphematischen Füßen (II.5) und schließlich ergeben sich graphematische Wörter (II.7). Dabei geht es einerseits immer darum, diese Einheiten innergraphematisch zu beschreiben und andererseits darum, Bezüge zur Phonologie herzustellen – als zwei autonome Systeme, die man unabhängig voneinander betrachten kann, aber auch aufeinander beziehen. In drei Kapiteln ergeben sich also keine direkten Parallelitäten: Das sind zum einen die morphologischen (II.6) und syntaktischen Schreibungen (hier insbesondere die Großschreibung II.8). Zum anderen ist es die Interpunktion (II.9). Gerade in der Interpunktion ist das nicht unmittelbar einsichtig; aber es erscheint in der Kürze unmöglich, zu einer adäquaten Darstellung zu gelangen, ohne falsche Analogien heraufzubeschwören. Die Interpunktion kann gänzlich ohne die Intonation verstanden werden, ohne Bezug auf die gesprochene Sprache. Dieser erste Schritt wird hier am Beispiel der Kommasetzung zurückgelegt.

**Weiterführende Literatur**

Zur Graphetik ist insbesondere Brekle (1994) zu empfehlen. Bollwage (2010) stellt die Schrift mehr aus typographischer Sicht dar. Zum Verhältnis von Graphematik und Orthographie Eisenberg (1983).

# 2. Buchstaben

2.1 Schrift und Schriftarten
2.2 Buchstaben und Buchstabensegmente
2.3 Bezug zur Lautung

## 2.1 | Schrift und Schriftarten

### Schriftarten

Die gängigen Druckschriften sind einerseits deutlich zu unterscheiden – so kann man mit ein bisschen Übung an einem einzelnen Buchstaben die entsprechende Schrift erkennen oder zumindest typisieren. Andererseits ähneln sich Schriften bezüglich der Merkmale von Buchstaben; nur so können die Buchstaben gleich erkannt werden, unabhängig von der jeweiligen Schriftart.

Die heutigen Schriften sind meist sogenannte **Antiqua-Schriften** und unterscheiden sich typographisch zum Beispiel von den **Frakturschriften**. Als Beispiel (s. Abb. 2) wird eine Frakturschrift einer Antiquaschrift gegenübergestellt, und zwar jeweils die Minuskeln (Kleinbuchstaben) und die Majuskeln (Großbuchstaben).

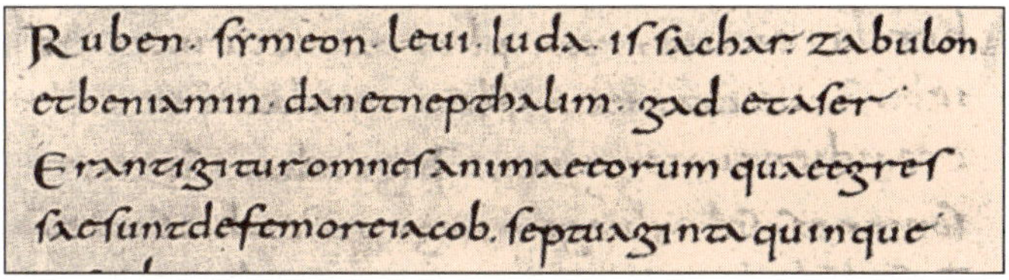

**Abb. 1: Karolingische Minuskel (Mitte des 9. Jh.s)**

**Die Frakturschrift** ist eine sogenannte ›gebrochene‹ Schrift. Diese Schriften sind zur Zeit der Gotik aufgekommen; sie haben die karolingische Minuskel ersetzt – vor der Zeit des Buchdrucks. Typisch für die Frakturschrift ist die ›Brechung‹, der Richtungswechsel in eigentlich einer Linie (Bollwage 2010: 75 ff.).

Eine auffällige Besonderheit der Frakturschrift ist, dass sie zwei Minuskel-s-Varianten zur Verfügung stellt, es gibt also ein langes und ein rundes *s*. Das lange ſ wurde zum Beispiel anlautend verwendet, und das Doppel-s war eine Kombination von einem langen und einem runden ſs (zur ß-Entstehung s. Vertiefungskasten in Kap. II.2.2). Die s-Variation ist

Antiqua: a b c d e f g h i j k l m n o p q r s t u v w x y z

Fraktur: a b c d e f g h i j k l m n o p q r s / ſ t u v w x y z

Antiqua: A B C D E F G H I J K L M N O P Q R S T U V W X Y Z

Fraktur: 𝔄 𝔅 ℭ 𝔇 𝔈 𝔉 𝔊 ℌ ℑ 𝔍 𝔎 𝔏 𝔐 𝔑 𝔒 𝔓 𝔔 ℜ 𝔖 𝔗 𝔘 𝔙 𝔚 𝔛 𝔜 ℨ

**Abb. 2: Antiqua- und Frakturschrift**

> **Times**
>
> Abb. 3: Serifen-
> haltige Schrift

mit der Frakturschrift verschwunden. Die Fraktur ist in Deutschland 1941 durch einen Erlass der nationalsozialistischen Regierung abgeschafft worden (vgl. Hartmann 1999: 257 ff.). Gängig sind seitdem Antiqua-Schriften.

**Serifenschriften:** Man unterscheidet serifenhaltige und serifenlose Schriften. Serifen nennt man die kleinen Striche, die parallel zu einer gedachten Schreiblinie verlaufen. **Times New Roman** ist eine typische serifenhaltige Schrift.

### Minuskeln und Majuskeln

**Die lateinische Alphabetschrift** operiert mit Minuskeln (Kleinbuchstaben) und Majuskeln (Großbuchstaben). Historisch haben sich hier zwei Schriften vermischt: Die Majuskeln gehen wesentlich auf das römische Alphabet zurück und sind rund 2000 Jahre alt. Die Minuskeln werden häufig als ›karolingische Minuskeln‹ bezeichnet. Vorgänger für diese Schrift war eine Handschrift, mit der auf Wachstafeln geschrieben wurde (Bollwage 2010: 63 ff.). Karl der Große hat wesentlich zur Vereinheitlichung und Verbreitung dieser Schrift beigetragen.

**Ähnlichkeiten zwischen Minuskeln und Majuskeln:** Manche der heutigen Majuskeln und Minuskeln sind sich sehr ähnlich, so zum Beispiel *s* und *S*, *z* und *Z*, *v* und *V*: Die Minuskeln und Majuskeln sind geradezu Varianten in unterschiedlicher Größe. Andere Minuskel-Majuskel-Paare unterscheiden sich aber stark wie *a*/*a* und *A*, *d* und *D*, *b* und *B*. Es ist kaum möglich, eindeutig von der Form der einen auf die anderen zu schließen, auch wenn man zum Beispiel bei *b-B* sieht, dass bei der Minuskel lediglich die obere Rundung fehlt, bei *d-D* findet sich ein Richtungswechsel der Rundung usw.

**Eineindeutiges Verhältnis zwischen Majuskeln und Minuskeln:** Zu jeder Majuskel gibt es eine dazu gehörige Minuskel; mit der Ausnahme von ß, zu dem eine Majuskel fehlt. Insgesamt lesen wir aber sehr viel mehr Minuskeln als Majuskeln – auch bei der sogenannten Großschreibung wird im Allgemeinen nur der erste Buchstabe eines graphematischen Wortes großgeschrieben, alle weiteren Buchstaben sind Minuskeln. Nichtsdestotrotz gibt es zwei gängige Möglichkeiten der Majuskelnutzung für ganze längere Einheiten:

- **VERSALSCHRIFT:** Es handelt sich um die konstante Schreibung in Großbuchstaben, die alle gleich groß sind. Diese Schreibung findet sich mitunter in Überschriften.
- KAPITÄLCHEN sind der Form nach Majuskeln, der Anfangsbuchstabe ist aber größer als die anderen.

### Verschiedene Antiqua-Schriftarten

In Kapitel II.2.2 wird gezeigt, aus welchen Segmenten Buchstaben bestehen. Hier soll es zunächst darum gehen, wie sich die Schriften in ihren Buchstabenformen jenseits der Serifen unterscheiden.

**Wesentliche Unterschiede bei den Minuskeln:** Die Minuskeln unterscheiden sich jenseits der Serifen insbesondere beim *g* – jede der Varian-

## II.2.2
### Graphematik

**Buchstaben und Buchstabensegmente**

ten hat eine Unterlänge, aber sie ist manchmal ein Bogen (Arial, Century Gothic) und manchmal eine Schlaufe (Calibri, Times New Roman). Das *a* unterscheidet sich in Century Gothic (und in vielen Kursiven, so auch Times New Roman) von den anderen Schriften: Es enthält manchmal eine große Rundung und einen geraden Strich wie in *a* und manchmal eine kleine Rundung und einen Spazierstock wie in a (s. auch Kap. II.2.2). Ansonsten ist das *t* unten in Century Gothic nicht gebogen, in den anderen genannten Schriften ist es gebogen.

---

Times New Roman: a b c d e f g h i j k l m n o p q r s/ß t u v w x y z

Calibri: a b c d e f g h i j k l m n o p q r s/ß t u v w x y z

Arial: a b c d e f g h i j k l m n o p q r s/ß t u v w x y z

Century Gothic: a b c d e f g h i j k l m n o p q r s/ß t u v w x y z

---

**Abb. 4:** Minuskeln in verschiedenen Schriftarten

**Wesentliche Unterschiede bei den Majuskeln:** Die Majuskeln sind über die Schriften hinweg noch ähnlicher. Auffällig ist, dass bei Times New Roman die Striche nicht gleich dick sind; die Symmetrie der Majuskeln, wird damit in dieser Schriftart geradezu aufgehoben (s. Aufgabe 2). Auch die Majuskeln in Times New Roman enthalten systematisch Serifen. Insgesamt zeigt sich aber eine relativ geringe Variation.

---

Times New Roman: A B C D E F G H I J K L M N O P Q R S T U V W X Y Z

Calibri: A B C D E F G H I J K L M N O P Q R S T U V W X Y Z

Arial: A B C D E F G H I J K L M N O P Q R S T U V W X Y Z

Century Gothic: A B C D E F G H I J K L M N O P Q R S T U V W X Y Z

---

**Abb. 5:** Majuskeln in verschiedenen Schriftarten

## 2.2 | Buchstaben und Buchstabensegmente

**Buchstaben:** Die kleinste Einheit der Schrift ist der Buchstabe in einem bestimmten Sinn. In dem Alphabet, das für das Deutsche verwendet wird – das lateinische mit einigen Abänderungen – wird in den heutigen Druckschriften eine klare Segmentierung gezeigt: Jeder Buchstabe wird ›für sich‹ geschrieben. Das ist sowohl in Handschriften als auch in manchen Druckschriften anders (z. B. im Devanagari-Alphabet, mit dem Hindi und Sanskrit geschrieben werden).

**Buchstabensegmente:** Offenbar sind die Buchstaben selbst zusammengesetzt – aus Strichen, Bögen und Punkten. Wir werden diese im Folgenden als Buchstabensegmente bezeichnen: Die Buchstaben als kleinste Einheiten setzen sich aus diesen Segmenten zusammen. Die Buchstaben und die Buchstabensegmente unterscheiden sich darin, dass die Buchstabensegmente miteinander verbunden sind, um einen Buchstaben zu bilden, der Buchstabe ist aber in sich eine selbständige Einheit – in diesem Sinn ist der Buchstabe die kleinste Einheit. Beim *i* und *j* besteht keine direkte Verbindung, aber die Punkte stehen *über* den jeweiligen anderen Buchstabensegmenten; die Segmentierbarkeit entspricht der Leserichtung von links nach rechts.

Im Folgenden wird die Zerlegung in Buchstabensegmente für die kleinen Druckbuchstaben systematisch vorgeführt. Wir konzentrieren uns auf die kleinen Druckbuchstaben, weil diese uns am häufigsten beim Lesen begegnen. Von den Serifen wird hier abstrahiert; sie sind nicht distinktiv.

**Diakritika:** Mitunter finden sich auf bestimmten Buchstaben zusätzliche Zeichen, zum Beispiel die Akzentzeichen im Französischen (*café*) oder der Háček im Tschechischen (wie in dem Beispielwort *Háček*, der ›Bogen‹ über dem |c|). Im nativen Kernwortschatz des Deutschen spielen diese Diakritika keine Rolle mit Ausnahme des **Tremas** (die beiden Punkte) bei den Umlautbuchstaben (*ä, ö, ü*) (s. Kap. II.2.2). Von den anderen Diakritika sehen wir hier ab, obwohl sie über Fremdwörter zum Teil ins Deutsche gelangen.

### Die Buchstabensegmente

**Zur Schreibweise**

> Analog zur Schreibweise in der Phonologie werden auch in der Graphematik verschiedene ›Klammern‹ genutzt, um deutlich zu machen, auf welcher Abstraktionsebene man sich befindet. In der Phonologie werden Laute und lautliche Merkmale in eckige Klammern gesetzt, Phoneme in Schrägstriche. Analog werden in der Graphematik Buchstaben in gerade Striche gesetzt ||, Grapheme (s. Kap. II.3) in spitze Klammern < >. Auch die Buchstabensegmente werden in gerade Striche gesetzt; hier besteht keine Analogie zur Phonologie.

Die Buchstaben lassen sich in kleinere Einheiten zerlegen, wie zum Beispiel ein |d| in einen senkrechten Strich ||| und einen Bauch, also |c|. Aus diesen Bestandteilen sind noch drei weitere Buchstaben zusammengesetzt, nämlich |b p q|.

**Kopf und Koda:** Offenbar bestehen die meisten Minuskeln aus zwei Bestandteilen. Sie bilden offensichtlich Klassen, zum Beispiel die Buchstaben mit den langen Strichen oder auch die Buchstaben mit den Bäuchen. Nach Primus sind die Bestandteile strikt in Kopf und Koda zu trennen (vgl. Primus 2006; Fuhrhop/Buchmann 2009 und Primus 2010). Für die Bestimmung, welcher der zwei Teile jeweils der Kopf ist und welcher die Koda, gibt es klare Regeln (s. u.). Der Kopf kann dabei in verschiedener Hinsicht als der ›wichtigere‹ Bestandteil gesehen werden.

**Der Buchstabenraum:** Um die Formen besser zu verstehen, muss der Raum abgesteckt werden, in dem Buchstaben stehen. Ausgegangen wird

## II.2.2
**Graphematik**

**Buchstaben und Buchstabensegmente**

von den vier Linien, die Sie vermutlich aus der Grundschule kennen. Die Zwischenräume zwischen diesen Linien heißen **Mittelband, Oberband und Unterband**.
Die Linie, auf der alle Buchstaben stehen und auch viele Interpunktionszeichen wie Punkt, Ausrufezeichen usw. (s. Kap. II.9.1), ist die Grundlinie.

Abb. 6: Der Buchstabenraum

**Minuskeln im Buchstabenraum:** Alle Minuskeln stehen im Mittelband und füllen dieses aus, das heißt sie reichen von der oberen bis zur unteren Linie des Mittelbands. Das unterscheidet sie zum Beispiel von den Interpunktionszeichen, die das Mittelband gerade nicht ausfüllen, wie der Satzpunkt oder der Doppelpunkt. Einige Buchstaben reichen über das Mittelband hinaus:
- ins Oberband reichen zum Beispiel |b| und |h|); sie haben eine **Oberlänge**;
- ins Unterband reichen zum Beispiel |g|, |p| und |j| mit jeweils einer **Unterlänge**.

Die Bezeichnung Ober- und Unterlänge meint, dass Teile der jeweiligen Buchstaben das Ober- oder Unterband ausfüllen – dass |j| beispielsweise gebogen ist und |g| – |g| in vielen Schriften eine geschlossene Schlaufe bildet, wird an dieser Stelle nicht thematisiert. Wichtig ist aber, dass diese Länge immer verbunden ist mit den Bestandteilen innerhalb des Mittelbandes. Sie sind also nicht ›losgelöst‹.

**Kopf-Koda-Unterscheidung:** Der Kopf ist wie gesagt für den Buchstaben der wichtigere Bestandteil, s. Kap. II.4.2 und II.3.3. Aber zunächst ist wichtig zu verstehen, wie Köpfe und Kodas unterschieden werden können. Dafür gibt es zwei einfache Regeln.

> **Regeln für die Kopf-Koda-Unterscheidung**
> 1 Lange Elemente sind Köpfe; Kodas können nicht lang sein.
> 2. In den anderen Fällen ist der Kopf der Bestandteil, der das Mittelband auf dem kürzesten Weg ausfüllt.

Regel

Die Minuskeln füllen das Mittelband aus; dabei ist es insbesondere der Kopf, der das Mittelband ausfüllt. So ist zum Beispiel beim |a| der Spazierstock der Kopf, weil der Bauch das Mittelband nicht ausfüllt. Beim |i| ist der kurze, gerade Strich der Kopf; der Punkt ist entsprechend die Koda – der Punkt steht nicht im Mittelband (und füllt es auch nicht aus); daher kann er nicht der Kopf sein.

Abb. 7: Köpfe für |a| und |i| im Mittelband

Geht ein Bestandteil über das Mittelband hinaus, ist das der Kopf, denn Kodas sind nicht lang. Bei der erwähnten Reihe |b d p q| ist also jeweils der lange Strich der Kopf und die Koda der Bauch.

Wenn beide Bestandteile das Mittelband ausfüllen, so ist der Kopf derjenige Bestandteil, der das Mittelband auf dem kürzesten Weg ausfüllt. So erstrecken sich zum Beispiel beim |n| beide Bestandteile im Mittelband; aber der kurze gerade Strich füllt das Mittelband auf dem kürzesten Weg aus und ist deshalb der Kopf; hier ist der Spazierstock die Koda.

Bei einigen Buchstaben finden sich zwei gleiche Bestandteile, so zum Beispiel beim |v| oder |x|; einer der schrägen Striche ist Kopf und einer ist Koda. Für die Beschreibung der Form reicht es an dieser Stelle festzuhalten, dass der Kopf ein schräger Strich ist.

**Die Köpfe der Buchstaben**

**Langer Kopf:** Der lange Bestandteil ist bei dieser Gruppe immer der Kopf, der entsprechend andere Bestandteil ist die Koda. Auffallend ist hier insbesondere das |ß|, das deutlich Substanz im Oberband aufweist (s. Vertiefungskasten). – Es ergeben sich die folgenden Buchstaben mit langem Kopf:

|b d p q j t k f g h ß|

**Schräger Kopf:** Bei Buchstaben wie |z v x| findet sich im Mittelband als kürzester Weg jeweils ein schräger Strich. Auch |w| als verdoppeltes |v| kann hier eingeordnet werden. Bei den beiden Buchstaben |v x| ergibt sich nicht ohne weiteres, welcher Bestandteil Kopf und welcher Koda ist, auf jeden Fall ist aber der Kopf schräg. |s| könnte zunächst als gerundetes Spiegelbild zu |z| gelten. Es hat – wegen der Rundung – nicht so offensichtlich einen schrägen Kopf wie die anderen Buchsraben. Für die Einordnung unter den Typus ›Schräger Kopf‹ spricht, dass beim |s| wie beim |z| gewissermaßen ein ›Richtungswechsel‹ vorliegt; in der Waagerechten öffnet es sich einmal nach links (der untere Bogen zeigt nach links) und einmal nach rechts (oben). Dieser ›Richtungswechsel‹ findet sich nur bei schrägen Köpfen. Die Alternative zur Einordnung von ›|s| als schräger Kopf‹ wäre die Schaffung einer Sonderklasse für |s|. Es wird noch gezeigt werden, dass sich |s| im Schriftsystem des Deutschen durchaus auffällig verhält (im Englischen übrigens auch). Im Folgenden arbeiten wir aber zunächst mit der Schräge. Wir nehmen also die folgenden schrägköpfigen Buchstaben an:

|s v w x z|

**Kurzer, gerader Kopf:** Bei den Buchstaben |m n r l i u| ist der Kopf kurz, aber gerade. Bei |r i| ist das direkt aus der Bestimmung abzuleiten, dass der Kopf das Mittelband ausfüllt. Bei |m n u| ist zusätzlich die Bedingung des *kürzesten* Wegs durch das Mittelband nötig; der Spazierstock ist dann die Koda. Bei |m| ist die Koda verdoppelt – ein Phänomen, das es auch bei den schrägen Buchstaben |s z| gibt. Erklärungsbedürftig ist das |l|, sicherlich der schwierigste Fall. Aber auch hier zeigt sich: Beim |l| ist das Mittelband ausgefüllt mit einem Strich. Die Frage ist, ob es einfach ein Kopf und damit ein kodaloser Buchstabe ist oder ob oben am Kopf die Koda, ein kurzer gerader Strich anschließt; wir nehmen hier die zweite Möglichkeit an und werden das bei der systematischen Betrachtung der

Kodas noch einmal aufgreifen. Kurze gerade Köpfe haben also die folgenden Buchstaben:

|m n r l i u|

**Im Mittelband gebogener Kopf:** Die Buchstaben |a e| haben im Mittelband gebogene Köpfe. Das |a| hat einen Spazierstock, das ist der Bestandteil, der das Mittelband ausfüllt; |e| enthält einen Bogen. In diesem Sinne ist auch |o| zu betrachten: Würde man den gesamten Buchstaben als Kopf analysieren, hätte man den Kreis als einen zusätzlichen Kopf, den es ausschließlich beim |o| gäbe (vgl. Primus 2006) und außerdem wäre |o| nicht wie die anderen Buchstaben zweiteilig; auch hier gilt das bereits erwähnte Prinzip ›Kopf wie Koda‹, das |o| besteht also aus zwei Halbkreisen. – Buchstaben mit einem im Mittelband gebogenen Kopf sind:

|a e o|

> ›**Zusätzliche‹ Buchstaben im Deutschen: |ß| und |ä ö ü|**
>
> Im Deutschen ist das lateinische Alphabet um vier Zeichen erweitert. Ausschließlich im Deutschen gibt es |ß| (zu seiner Entstehung s. Vertiefung unten). |ß| ist hier als Buchstabe mit Länge eingeordnet, weil es ins Oberband ragt. Allerdings wurde schon erwähnt, dass es im Gegensatz zu den anderen langen Buchstaben im Oberband immer eine geschlossene Rundung hat. Mehr Substanz im Oberband ist eigentlich typisch für Majuskeln und untypisch für Minuskeln. Wir werden sehen, dass |ß| sich auch in der Kombinatorik der Buchstaben auffällig verhält: Besonders prägnant ist sein Vorkommen innerhalb der Silbe (s. Kap. II.3.3).
>
> Von den Buchstaben |ä ö ü| wurden die ›Grundbuchstaben‹ behandelt; das Trema (die beiden Punkte) noch nicht. Das Trema ist ein zusätzliches Zeichen und macht die Buchstaben zu komplexen (vgl. Primus 2010: 16). In der Fußstruktur wird deutlich werden, wie sich dies auswirkt (s. Kap. II.5.1).

Damit sind alle vier möglichen Köpfe beschrieben. Aus dem heute üblichen lateinischen Alphabet fehlen zwei Buchstaben, nämlich |c| und |y|:

|c| ist gebogen, der Bogen füllt das Mittelband aus, aber der Buchstabe ist nicht zweiteilig. Damit ist |c| der einzige nicht zweiteilige Buchstabe. Wir werden in Kapitel II.4.2 sehen, dass |c| im Deutschen alleine kein Graphem ist: So kombiniert es nicht frei im nativen System des Deutschen, denn es tritt entweder mit |h| oder mit |k| auf. Wenn man sich einige der Sprachen vor Augen führt, die mit dem lateinischen Alphabet verschriftet werden, zeigt sich, dass die meisten Sprachen entweder |k| oder |c| nutzen: So ist das |c| in skandinavischen Sprachen im nativen Bereich nicht vertreten, während in romanischen Sprachen das |k| ›fehlt‹; nur im Englischen kommt beides gleichermaßen vor, dort mischt sich ein romanischer mit einem germanischen Wortschatz. Das |k| ist gewissermaßen ein |c|

mit Kopf (vgl. Fuhrhop/Buchmann/Berg 2011). Die historische Verdrängung von |c| aus dem nativen Wortschatz des Deutschen (und anderen germanischen Sprachen) kann durchaus mit der Einteiligkeit des Buchstabens zu tun haben.

|y| hat einen schrägen, langen Kopf und gehört entweder den langköpfigen Buchstaben an oder bildet von vornherein eine eigene Klasse. Fakt ist aber, dass |y| in den vielen Sprachen, die mit dem lateinischen Alphabet geschrieben werden, eine herausgehobene Stellung hat. So hat dieser Buchstabe sowohl konsonantische als auch vokalische Entsprechungen. Im Deutschen kommt er nur in Fremdwörtern und Eigennamen vor, im Englischen wesentlich am Wortrand – mit einem Wechsel des Typs *lady* – *ladies*. |y| ist im Gegensatz zu |c| eindeutig zweiteilig. Der Buchstabe wurde nach allem, was man weiß, in das lateinische Alphabet eingeführt, um griechische Wörter schreiben zu können, im Französischen bezeichnet man ihn heute noch als ›i grec‹.

### Die Kodas der Buchstaben

Die Kodas lassen sich ebenfalls in Klassen abbilden. In den möglichen Kombinationen zwischen Kopf und Koda zeigt sich eine gewisse Systematik. Die komplette Auflistung der Kombinatorik von Kopf und Koda zeigt Abbildung 8. Kodas treten in folgenden Formen auf:
- **gerundet** wie in |b|
- als **Spazierstock** wie in |h|
- als **kurzer horizontaler Strich** wie in |t|
- als **Punkt** wie in |j|
- als ›**Verdopplung**‹, in der Kopf und Koda gleich aussehen (wie bei |x|, |v|)

**Zur Vertiefung**

**Form von Kopf und Koda**

Der Kopf füllt das Mittelband aus. Damit ergeben sich aus der Liste der Kodas neben der ›Verdopplung‹ zwei weitere Fälle, in denen Kodas ähnlich zu Köpfen sind: die gerundete Koda und der Spazierstock. Beide kommen auch als Köpfe vor; innerhalb der kompakten Köpfe sind sie als die mit Rundung zusammengefasst (|a e o|). Offenbar ergibt sich für die Kodas hier die Notwendigkeit der Differenzierung zwischen der Rundung und dem Spazierstock. Die Tabelle zeigt, dass diese Kodas systematisch genutzt werden; die Rundung der Koda kann dabei weniger als das Mittelband ausfüllen (|a|).

Wenn man die verschiedenen Formen von Köpfen und Kodas zusammenführt, ergibt sich die folgende Tabelle (ohne |c| und |y|):

## Graphematik

**Buchstaben und Buchstabensegmente**

| Kopf \ Koda | gerundet | Verdopplung (Koda wie Kopf) | Spazierstock | kurzer, horizontaler Strich | Punkt |
|---|---|---|---|---|---|
| lang | b p d q k ß g | | h | t f | j |
| schräg | | v x w | | z s | |
| kurzer gerader Kopf | ɑ | l | n m u | r | i |
| im Mittelband gebogener Kopf | a | o | | e | |

Abb. 8: Kombinatorik von Kopf und Koda

**Der Buchstabe |k|** wird mit Primus (2006) als Länge und geöffnete Rundung analysiert, also als |lc|. Das entspricht durchaus seinem Verhalten in den europäischen Sprachen; |k| ist dann quasi ein |c| mit Länge (zum |c| s.o.).

**Der Buchstabe |l|** ergibt sich aus den folgenden Annahmen quasi als ›logische‹ Form: Buchstaben sind intern verbunden bzw. die erwähnte Sonderform von |i j|. Es wäre also nicht möglich, zwei kurze gerade Köpfe nebeneinander zu platzieren. Die Formenbildung ›Kopf wie Koda‹ führt zur Übereinanderstapelung der beiden kurzen geraden Köpfe und es ergibt sich die Form |l|.

**Varianten:** Von einigen Buchstaben finden sich die in II.2.1 erwähnten Varianten, so zum Beispiel von |g| und |g| sowie |a| und |ɑ|. In der Tabelle erscheint nur die a-Variation, da diese Varianten aufgrund ihrer Merkmale in unterschiedlichen Zellen stehen; in Abbildung 9 stehen sie in einer Zelle, Erläuterung folgt. Bei |g ß t f| bleiben die angenommenen Merkmale im Prinzip gleich, also beide Varianten finden sich in der gleichen Zelle wieder: |g| hat eine Unterlänge in beiden Varianten (|g|, |g|). |g| verhält sich allerdings speziell bezüglich seiner Korrespondenz (vgl. Primus 2006). |f| und |ß| haben neben der Oberlänge häufig zusätzlich eine Unterlänge, zum Beispiel in der Kursive von Calibri (|*f ß*|). Das ändert aber an der grundsätzlichen Länge nichts. |t| ist mitunter unten gerade |t|. In der Länge unterscheiden sich die Varianten nicht.

Von einem ›Buchstaben‹ sind zwei Varianten vorhanden, nämlich |a| und |ɑ|; sie stehen bisher übereinander in der gleichen Spalte, aber in zwei verschiedenen Zellen. Es fragt sich, ob die Merkmale nicht so angenommen werden müssten, dass diese Varianten mit den gleichen Merkmalen beschrieben werden können. Dazu betrachten wir noch einmal die Zeile ›kurzer, gerade Kopf‹: Bei |n m r l| ist der Anschluss der Koda immer oben, der Kopf wird also nach oben geschlossen, und zwar ausschließlich nach oben. Bei |ɑ u i| ist dieses Merkmal negiert ¬ [ausschließlich nach oben geschlossen], bei der Negation kann es entweder gar keinen Anschluss nach oben geben oder einen Anschluss sowohl nach oben als auch nach unten.

Damit ergibt sich eine neue Zwischenzeile, die |ɑ u i| enthält; die letzte Zeile ist von oben übernommen:

**Buchstaben**

Abb. 9: Kurzer gerader Kopf differenziert

| Kopf \ Koda | gerundet | Verdopp-lung (Koda wie Kopf) | Spazier-stock | kurzer, horizonta-ler Strich | Punkt |
|---|---|---|---|---|---|
| kurzer, gerader Kopf, ¬ [ausschließlich nach oben geschlossen] | ɑ | | u | | i |
| im Mittelband gebogener Kopf | a | o | | e | |

**Kompakte Buchstaben:** Die Zellen dieser letzten beiden Zeilen sind komplementär besetzt – mit Ausnahme der a-Varianten. Es spricht also alles dafür, diese beiden Zeilen zusammenzufassen; der Kopf heißt kompakt und fasst die beiden Merkmale ›gebogen im Mittelband‹ und ›kurzer gerader Kopf, der ¬ [ausschließlich nach oben geschlossen] ist‹ zusammen. Die kompakten Buchstaben sind unschwer als Vokalverschriftungen zu erkennen (s. Kap. II.4.1) zusammen.

Insgesamt ergibt sich das folgende in sich geschlossene System mit bestimmten leeren Zellen:

Abb. 10: Das System von Kopf und Koda vollständig

| Kopf \ Koda | gerundet | Verdopplung (Koda wie Kopf) | Spazier-stock | kurzer, horizonta-ler Strich | Punkt |
|---|---|---|---|---|---|
| lang | b p d q k g ß | 1 | h | t f | j |
| schräg | 2 | v x (w) | 3 | z s | 4 |
| kurzer gerader Kopf, Anschluss nur oben | 5 | l | n (m) | r | 6 |
| kompakt | a ɑ | o | u | e | i |

Die nicht-besetzten Zellen sind nicht zufällig nicht besetzt; sie sind damit mit den dunklen Feldern im Konsonantenschema des IPA vergleichbar (s. Kap. II.2.3.2). Im Folgenden wird begründet, warum die jeweiligen Zellen nicht besetzt sein können (die Zahlen entsprechen denen in der Tabelle):

- **1:** Nur Köpfe können lang sein.
- **2–4:** Bei schrägen Köpfen sichert die Koda offenbar Schrägheit. Die beiden kurzen Striche bei |s| und |z| unterstützen durch ihren Anschluss in die jeweils entgegengesetzte Richtung die Schrägheit. Ebenso wird die Schrägheit durch die schräge Koda bei |v| und |x| gestützt. Selbst bei kursiven Buchstaben herrscht hier also Klarheit.
- **5:** Eine runde Koda würde Anschluss nach oben *und* unten verursachen (der entsprechende Buchstabe steht eine Zeile tiefer).
- **6:** Der Punkt als Koda ist gerade dadurch gekennzeichnet, dass er alleine steht und nicht angeschlossen werden kann.

Bereits bei der Herleitung der Köpfe wurde mehrfach die Kodaform ›Koda wie Kopf‹ angesprochen, so insbesondere bei |l| und |o|, aber auch bei |v| und |x|. In dieser Tabelle ist deutlich zu sehen, dass dies eine absolut systematische Formbestimmung der Koda ist – die einzige Kombinatorik, in der sie nicht vorkommt, ist die mit einem langen Kopf und diese kann es nicht geben, weil Kodas nicht lang sind (›nur Köpfe sind lang‹, s. o.).

Nicht thematisiert wurde bisher die Mehrfachbesetzung in einigen Zellen. Zum Teil sind einige Buchstaben von den Formelementen her gleich, so enthalten sowohl |b| als auch |d| sowohl eine Länge als auch eine gerundete Koda. Sie sind aber deutlich zu unterscheiden, und zwar aufgrund der ›Platzierung‹ im graphischen Buchstabenraum. Dies ist eine Besonderheit der Schrift. Im Prinzip werden Objekte sonst anders wahrgenommen: Einen Stuhl nehmen wir normalerweise als den gleichen wahr, unabhängig davon, ob aus unserer jeweiligen Wahrnehmung die Sitzfläche nach links oder nach rechts gedreht ist. Der Stuhl könnte sogar kopfüber auf einem Tisch stehen und es wäre dennoch der gleiche Stuhl, auch in unserer Wahrnehmung.

**Der Buchstabe |ß|**

Für die Entstehung des |ß| gibt es (wenigstens) vier Hypothesen.
1. Wie der Name sagt, ist es aus |s| und |z| entstanden, allerdings aus Varianten der Frakturschrift, also der Verbindung aus dem langen |f| und dem |ʒ|, |ſʒ| Fraktur. Diese Entstehung ist naheliegend, aber sie wird von Bollwage (2010: 119 ff.) überzeugend in Zweifel gezogen.
2. Bollwage (ebd.) sieht eine Möglichkeit in einer heruntergesetzten |3| und bringt entsprechende Beispiele. Eine ›kleine‹ |3| gilt in frühen Drucken als ein typisches Abkürzungszeichen. Da die Setzer das Bedürfnis haben, das stimmlose /s/ vom stimmhaften zu unterscheiden, wählen sie ein sonst auch übliches Zeichen. Die Kombination aus einem |f| und einer leicht heruntergesetzten |3| ergibt: |ʒ|.
3. Eine weitere Möglichkeit für die Unterscheidung ›stimmhaft – stimmlos‹ ist ein Haken beim ›langen‹ |f|, was dann ungefähr so aussieht: |ſ|. Bollwage (2010: 121) hat insbesondere für die letzten beiden Möglichkeiten überzeugende Abbildungen zusammengetragen.
4. |ß| kann auch aus einer Verdopplung von |s| entstanden sein, durch eine Kombination von der langen Variante mit der runden Variante. Vom Schriftsystem des Deutschen her gedacht, ist dies sicher die überzeugendste Variante – so galt hier vor der Rechtschreibreform von 1996 ein regulärer Wechsel – *Kuß – küssen*, *muß – müssen* usw. Ein guter Hinweis ist auch, dass Konrad Duden (1880: XIV) |ß| quasi als Schreibvariante für |ſs| auffasst.

Alle Varianten legen das lange |f| zugrunde. Und bis auf die dritte Variante ist es immer eine Verschmelzung von zwei vollwertigen Zeichen. Das ist insofern interessant, als |ß| ja dadurch auffällt, dass es im Ober-

> band Substanz aufweist, also einen vollen Bogen; andere Kleinbuchstaben weisen hier eher einen Strich oder einen gebogenen Strich auf. Substanz im Oberband ist eher typisch für Großbuchstaben. |ß| bleibt sicherlich ein besonderer Buchstabe; er ist ausschließlich im Deutschen vorhanden. Auch in der Silbenstruktur verhält er sich besonders (s. Kap. II.4).

## 2.3 | Bezug zur Lautung

Es war lange Zeit allgemein üblich, Buchstaben und Laute (bzw. Phoneme und Grapheme) aufeinander zu beziehen, in sogenannten **Phonem-Graphem-Korrespondenzen**. Mit Primus (2004/2006) ist es jetzt möglich, die Verbindung auf die Ebene der Buchstabensegmente zu verlegen.

Die Beziehungen können in beide Richtungen aufgeführt werden: Von den lautlichen Merkmalen hin zu den Buchstabensegmenten und umgekehrt von den Buchstabensegmenten auf lautliche Merkmale hin. Im Folgenden werden einige Beispiele für jede Richtung genannt.

### Lautliche Merkmale → Buchstabensegmente

- **Plosive** werden immer durch einen langen Kopf wiedergegeben. |b p d t g k| sind die Verschriftungen der deutschen Plosive.
- Auch die **Verschriftung von** /k/ in Verbindung mit /v/ wird mit einem langköpfigen Buchstaben wiedergegeben, nämlich |q| (in <qu>).
- **Frikative** werden entweder durch eine Länge wie |f h ß| oder durch eine Schräge wiedergegeben wie |v w s x z|.
- **Vokale** werden durch kompakte Buchstaben wiedergegeben wie |a e i o u|.
- **Sonorante Konsonanten** werden durch einen kurzen, geraden Kopf wiedergegeben und eine Koda, die (ausschließlich) nach oben anschließt wie |n r|.

### Buchstabensegmente → Lautliche Merkmale

- **Schräge** wird als Frikativ gelesen, alle schrägen Buchstaben korrespondieren mit einem Laut mit frikativischem Anteil: |v w s x z|.
- Die **Richtung der Schräge** ist ein spezifisches Merkmal: Im unmarkierten Fall verläuft die Schräge von links oben nach rechts unten, also wie bei |s|. |z| weist die markierte Richtung auf, nämlich von rechts oben nach links unten. Dieser Buchstabe steht im Deutschen für /ts/, also quasi nicht nur für einen Frikativ, sondern für eine Verbindung eines Plosivs mit einem Frikativ. Nun gibt es die beiden Buchstaben |x| und |v|, die jeweils zwei Schrägen aufweisen (bisher blieb offen, welche der beiden Schrägen der Kopf und welche die Koda ist). Bei |v| ist klar, welche Schräge links steht, also in der Leserichtung ›vorne‹, das ist dann

der Kopf – und er steht in der unmarkierten Richtung. Bei |x| hingegen ist diese Frage nicht zu beantworten. Fakt ist, dass es ebenso für eine Verbindung mit einem Frikativ steht, nämlich /ks/.
- **Kompakte Köpfe** stehen für das Merkmal vokalisch wie in |a e o i u|.
- **Gerundete Köpfe** (als Teilmenge der kompakten Köpfe) stehen für nicht-hohe Vokale wie in |a e o|.

**Weiterführende Literatur**

Brekle (1994) analysiert die Buchstaben mit linguistischen Mitteln. Primus (2006) betrachtet konsequent die Minuskeln und zerlegt diese konsequent in Kopf und Koda; die Arbeit (Primus 2004 ist auf Englisch) ist wegweisend für die weitere Diskussion.

**Aufgaben**

1. Zerlegen Sie alle Kleinbuchstaben des Alphabets (außer |c|) nach den in Kapitel II.2.2 genannten Regeln. Ziel ist es, alle Buchstaben in wenigstens zwei Bestandteile zu zerlegen und die Menge der Bestandteile möglichst gering zu halten.

2. Bei den Majuskeln spielt die Symmetrie eine große Rolle. Betrachten Sie die Großbuchstaben und trennen Sie die symmetrischen von den nicht-symmetrischen (Es gibt Achsensymmetrie und Punktsymmetrie).

3. Welche der Minuskeln sind symmetrisch?

## 3. Grapheme

3.1 Grapheme im Deutschen
3.2 Bezug zur Phonologie: Phonem-Graphem-Korrespondenzen

**Zum Begriff**

→ **Grapheme** sind die kleinsten distinktiven (unterscheidenden) Einheiten in der geschriebenen Sprache und werden in spitze Klammern (‹ ›) gesetzt.

Grapheme sind analog zu den Phonemen zu verstehen, den kleinsten distinktiven Einheiten in der gesprochenen Sprache. Grapheme sind ›distinktiv‹ insofern, als mit ihrer Hilfe zwischen Realisierungen größerer schriftsprachlicher Einheiten unterschieden wird, die Träger von Bedeutungen sind. So handelt es sich sowohl bei *Vase – Nase* als auch bei *fahr* und *fuhr* um Wörter mit unterschiedlicher Bedeutung, entsprechend ergeben sich *V – N* und *a – u* jeweils als unterschiedliche Grapheme (s. Kap. II.3.1).

**Bei der Graphembestimmung** geht es zum einen darum herauszufinden, welche der gängigen Buchstaben einen graphemischen Status haben. Das sogenannte lateinische Alphabet hat in der heutigen Grundkonstellation 26 Buchstaben, im Deutschen werden vier Buchstaben ergänzt, nämlich *ä, ü, ö, ß*. Einzelne Buchstaben des Alphabets haben hingegen keinen Graphemstatus, für das Deutsche ist das zum Beispiel das *q*, das alleine nicht vorkommt (s.u.). Zum anderen können sich bei der Graphembestimmung **komplexe Grapheme** ergeben, das sind Buchstabenkombinationen, die insgesamt einen graphemischen Status haben, für das Deutsche zum Beispiel *qu*. Die Betonung auf ›kleinste‹ Einheiten ist auch vor dem Hintergrund sinnvoll, dass dann von vorneherein Grapheme wie ‹ah›, ‹aa›, ‹mm›, ‹tt› usw. ausgeschlossen sind (Nerius u.a 2006 operieren damit).

Grapheme und Phoneme werden jeweils bezogen auf eine Einzelsprache bestimmt, in unserem Fall das Deutsche. Das wird schon in der Definition als ›kleinste distinktive Einheit‹ deutlich – was in einer Sprache distinktiv ist, muss es in einer anderen nicht sein.

**Graphembestimmung im Deutschen:** Wie die Phoneme (s. Kap. I.3.1) werden die Grapheme mithilfe von Minimalpaaren bestimmt. Es wird nach Paaren von Wörtern gesucht, die sich genau hinsichtlich eines Segments unterscheiden; diese unterschiedlichen Segmente sind dann Grapheme.

## Grapheme im Deutschen

**Minimalpaar-Analyse (Graphem analog zu Phonem)**

|  |  | Beleg für |
|---|---|---|
| wann | dann | <w> – <d> |
| wann | wenn | <a> – <e> |
| wann | wahn | <n> – <h> |
| wann | warn | <n> – <r> |
| wann | wand | <n> – <d> |

Das Ausgangswort <wann> besteht aus vier Graphemen, <w>, <a>, <n> und <n>, phonologisch nur aus drei Phonemen, /v/, /a/ und /n/ (s. Kap. I.3.1). Es wird Segment für Segment analysiert.

Wir werden uns im Folgenden mit dem Bestand innerhalb des nativen Wortschatzes beschäftigen (zum Fremdwortschatz s. Einleitung).

### Graphetische und graphemische Buchstaben/Buchstabenverbindungen

Analog zu den phonetischen und phonemischen Lauten können auch graphetische und graphemische Buchstaben/Buchstabenverbindungen unterschieden werden. Im Prinzip haben wir mit dem Beispiel der unterschiedlichen a-Varianten schon vorgegriffen.

- ›**Graphemisch**‹ wird hier verwendet, weil der direkte Bezug zum ›Graphem‹ hergestellt wird;
- ›**graphematisch**‹ hingegen bezieht sich auf die gesamte Graphematik, als grammatisches Teilsystem.

In der Phonologie wurde das Beispiel ›Aspiration‹ angeführt: So ist phonetisch meist deutlich zu unterscheiden, ob ein Plosiv aspiriert ist oder nicht; das Merkmal ist aber phonemisch nicht distinktiv im heutigen Deutsch.

Analog dazu können die Merkmale von graphemischen Buchstaben als Menge von distinktiven Merkmalen begriffen werden; die Merkmale von graphetischen Buchstaben dagegen allgemeiner als Menge von Merkmalen, unabhängig davon, ob sie distinktiv sind.

Bei |g| und |g| bzw. |a| und |ɑ| usw. wurde das bereits thematisiert: Die Varianten können deutlich auf der graphetischen Ebene unterschieden werden; auf der graphemischen Ebene sind sie aber nicht verschieden.

Die Wahl des Schrifttyps (z. B. die Serifen bei Times New Roman) oder der Schriftform (kursiv vs. recte) ist ausschließlich graphetisch von Bedeutung.

## 3.1 | Grapheme im Deutschen

In der Phonologie wurde in diesem Band das Internationale Phonetische Alphabet (IPA) eingeführt. Dabei wurde herausgearbeitet, welche der verzeichneten Laute Phoneme des Deutschen sind, denn diese sind nur ein

## Grapheme

Teil der Phoneme der Sprachen der Welt. Grundlage der Graphematik des Deutschen ist das lateinische Alphabet. Wir nehmen einfache Grapheme wie <a>, <b> usw. an, komplexe wie <qu>, <ch> und jeweils Grapheme, die im lateinischen Alphabet nicht vorkommen wie <ß> und <ä>.

(1) einfache Grapheme:   a, b, d, e, f, g, h, i, j, k, l, m, n, o, p, r, s, t, u, v, w, x, z, ß, ä, ö, ü
 komplexe Grapheme: ch, qu

Deutlich ist, dass einige Buchstaben des Alphabets ›fehlen‹, nämlich |c|, |q|, |y|. Als komplexe Grapheme werden <ch> und <qu> angenommen.

Im Deutschen kommt |c| ausschließlich in Fremdwörtern und Eigennamen alleine vor (*Cello, Clara, Clown*), nativ nur in Verbindung mit |h| (und |k|, s. unten) *noch, lachen, packen*. Der Buchstabe |q| kommt im Deutschen und auch in vielen anderen Sprachen ausschließlich in Verbindung mit |u| vor; auch in Eigennamen und in Fremdwörtern (*Quark, Quedlinburg, Aquarell*).

Der Buchstabe |y| in Fällen wie *Yoga, Yacht, Yak* fehlt ebenso in der Auflistung. |c| und |y| können geradezu als **Fremdwortmarker** gelten (vgl. Eisenberg 2013: 290).

Der Buchstabe |x| bietet ebenfalls Anlass für Diskussionen. Immerhin kommt er in den Wörtern *Nixe, Hexe, verflixt* und *Jux* vor und aufgrund dieses Vorkommens ist er nicht einfach als ›Fremdgraphem‹ zu beschreiben: Die Schreibung Jux (für lateinisch *iocus*) ist eine native. Das <x> ist aber unbestritten im Deutschen ein sehr seltenes Graphem.

**Komplexe Grapheme** sind solche, die aus mehr als einem (einfachen) Buchstaben bestehen und dennoch in der jeweiligen Sprache ›kleinste distinktive Einheiten‹ sind. Für das Deutsche sind das <ch>, <qu>; zusätzlich wird häufig |sch| genannt.

Damit ergibt sich ein Zusammenhang zwischen dem Nicht-Graphemstatus von |c| und |q| und dem Graphemstatus von <ch> und <qu>, es sind die kleinsten distinktiven Zeichen. In |sch| steckt aber <ch>. Im Folgenden geht es zunächst darum zu zeigen, warum überhaupt komplexe Grapheme angenommen werden.

**<qu>:** |q| wird ohne |u| nicht benutzt, |u| hingegen ohne |q|; es finden sich einige wenige Minimalpaare (vgl. Günther 1982: 88):

(2) Quelle – Duelle *und* Qual – Dual

Aber das |u| kann nicht ersetzt werden. Buchstabenkombinationen wie *Qielle, Qral* usw. sind offenbar keine möglichen Wörter des Deutschen. Wenn es überhaupt Argumente für komplexe Grapheme gibt, dann sollte dies eines sein: Ein Buchstabe, der nur in Kombinationen mit einem bestimmten anderen auftritt, bildet mit diesem ein komplexes Graphem.

**<ch>:** Ebenso wie das |q| kann |c| zwar ersetzt werden wie in:

(3)  necken – Nelken, wecken – welken
    Rechen – Reihen, zechen – zeihen (oder verzechen – verzeihen)

Aber das |h| kann in den Beispielen nicht ersetzt werden, und hier wird deutlich, dass |c| nicht frei kombiniert: Folgen wie *paclen, *pacnen, *weclen sind schon auf den ersten Blick keine möglichen graphematischen Wörter des Deutschen. Von den beiden Buchstaben, die in <ch> vorkommen, ist einer zu ersetzen, der andere nicht.

Bei beiden genannten komplexen Graphemen war jeweils nur einer der beiden Buchstaben zu ersetzen und außerdem noch derjenige, der selbst kein Graphem ist. Das ist folgendermaßen zu verstehen: Die Buchstaben |u| und |h| sind bereits als Grapheme etabliert; sie kombinieren selbst frei. Die Buchstaben |c| und |q| sind in ihrer Kombinatorik nicht frei – daraus ergibt sich, dass in komplexen Graphemen der austauschbare Buchstabe nicht den Graphemstatus hat.

**<sch>:** Als weiteres komplexes Graphem wird immer wieder <sch> aufgeführt. Diskutiert wird, ob <sch> ein Graphem ist oder ob es zwei sind, nämlich <s> und <ch>. Die Minimalpaaranalyse zeigt, dass sowohl |s| als auch |ch| ersetzt werden können:

(4)  Masche – manche – Maske, Maste
    Esche – Elche – Espe
    Lusche – Lurche; luschig – lustig

Beide Bestandteile können also ersetzt werden. Das ist der wesentliche Unterschied zu den eingeführten komplexen Graphemen <ch> und <qu>. Und sowohl <s> als auch <ch> sind bereits graphematisch etabliert. Da Grapheme die kleinsten distinktiven Einheiten sind, kann damit innergraphematisch (das meint hier insbesondere ohne Bezug auf lautliche Strukturen) <sch> nicht als ein Graphem angenommen werden. Dass es dennoch in spitzen Klammern stehen kann, hat den einfachen Grund, dass sowohl einzelne Grapheme als auch Graphemfolgen spitz eingeklammert werden.

**Grapheme: Weitere mögliche Kriterien**

Ob eine Buchstabenverbindung ein komplexes Graphem ist oder nicht, wurde auf dieser Ebene ausschließlich über die Kombinatorik bestimmt – so kombinieren |c| und |q| alleine nicht; |s| und |ch| kombinieren jeweils alleine.
Man kann dieses eine Kriterium zu dem bestimmenden machen und damit stringent argumentieren. Aber häufig verhalten sich Einheiten in der Sprache nicht so einheitlich, sondern es lassen sich weitere Argumente finden, auch innergraphematisch. Im Folgenden wird eine Verhaltensweise von <sch> gezeigt, die für den Ein-Graphem-Status sprechen könnte (1) und eine zweite (2), die dagegen spricht.

**1. Worttrennung am Zeilenende:** Im Allgemeinen wird angenommen, dass bei Worttrennung am Zeilenende, wenn es keine morphologischen Gründe gibt, genau ein nicht-kompaktes Graphem in der nächsten Zeile erscheint, wenn eines vorhanden ist:

*se-hen, lis-ten, hat-ten, erns-te.*

Für das komplexe Graphem <ch> ergibt sich:

*la-chen, Bü-cher, freundli-che.*

<qu> kommt nativ nur anlautend vor; Komposita werden an der morphologischen Grenze getrennt: *Was-ser-quel-le*. Nun wird aber <sch> auf die nächste Zeile gezogen: *wa-schen* und nicht *\*was-chen* wie zum Beispiel bei *Häus-chen*. Andere vergleichbare Einheiten werden am Zeilenende getrennt wie *sin-gen, Kat-ze* usw. Die genaue Beschreibung der Trennung am Zeilenende ist zwar noch umstritten. Wesentlich ist aber das Argument, dass nicht klar ist, wie natürlich die Trennung am Zeilenende ist (lang genug wurde in den Regeln auf das ›langsame Sprechen‹ Bezug genommen, was aber kein innergraphematisches Kriterium ist). Nichtsdestotrotz ist das <sch> für die Zwei-Graphem-Interpretation ein offenes Problem.

**2. Verhalten in Abkürzungen:** Ein völlig neues Argument findet sich in Buchmann (2012) bei der Untersuchung von Abkürzungen mit Punkt: Wörter mit <ch> am Anfang behalten ihr <ch> in der Abkürzung; so werden *China, Chemie, Chauffeur, Choral* usw. mit *Ch.* abgekürzt (Steinhauer 2005); dabei geht es nicht um die Abkürzung von Eigennamen! Eine Abkürzung *s.* könnte aber auch für *schwarz, schwer* usw. stehen. Wir sehen also: <sch> wird bei Abkürzungen reduziert zu <s>, <ch> hingegen nicht zu <c>. Das spricht dafür, dass <ch> ein Graphem ist, <sch> aber nicht.

In der Literatur wird häufig angenommen, dass <sch> ein Graphem sei, weil es mit einem Phonem korrespondiert. Warum lassen wir das hier nicht gelten?

1. Die Grapheme werden innergraphematisch bestimmt und nicht in Bezug auf eine Lautung. Mit Bezug auf die Lautung würde sich ein anderes Grapheminventar ergeben: Zum Beispiel müsste <ng> auch <u>ein</u> Graphem sein, wenn angenommen wird, dass der velare Nasal nur ein Phonem realisiert und nicht zwei (zur Diskussion s. Kap. II.3.4).
2. /ʃ/ korrespondiert nicht immer mit <sch>; in *sparen, Steine* usw. korrespondiert es mit <s> und das gilt für das Standarddeutsche systematisch.
3. Auch <qu> wäre kein Graphem, weil es im Deutschen typischerweise für eine Konsonantenverbindung steht und nicht für ein einzelnes Phonem.

II.3.1 Graphematik

Grapheme im Deutschen

## Allographe

Analog zu Allophonen (s. Kap. II.3.1) kann man auch Allographe annehmen.

> Ein → **Allograph** ist eine Variante eines Graphems: Graphetische Buchstaben, die den gleichen graphemischen Buchstaben realisieren, heißen Allographe. Ein |b| aus einer serifenlosen Schrift ist ein anderer graphetischer Buchstabe als ein |b| aus einer Serifenschrift, aber es ist der gleiche graphemische Buchstabe.

Zum Begriff

Es ist sinnvoll, grundsätzlich zwischen Allographie in Druckschriften und Allographie in Handschriften zu unterscheiden. Die Allographie in Handschriften scheint zunächst eher der Allophonie vergleichbar zu sein als die Allographie in Druckschriften. Da dieses Buch die Handschriften nicht weiter beachtet, folgen einige Gedanken über mögliche Allographie in Druckschriften:

1. Bestimmte Varianten, wie die beiden unterschiedliche a-Varianten |a| und |ɑ| (s. auch Kap. II.2.2) sind danach unterschieden, welche Schrift gewählt wurde; sie bestehen also nicht nebeneinander, sondern sind schriftabhängig.
2. In der Fraktur gibt es stellungsbedingte s-Varianten, das runde |s| und das lange |ſ|, die jeweils stellungsbezogen auftreten: das runde |s| typischerweise im Auslaut, so dass es häufig eine morphologische Funktion hat wie in *montags, Peters, Autos*. Anlautend und inlautend steht in Fraktur das |ſ| ſind (*sind*). Hier handelt es sich um eine stellungsbezogene Variation; in Druckschriften sind diese eher die Ausnahme, in ›echten‹ Handschriften (s. Kap. II.1.1) dürften sie häufig sein.
3. Die Allographiebeschreibung kann aber noch weiter getrieben werden; ein gutes Beispiel sind |i| und |y| im Englischen: Es zeigt sich, dass im Englischen an vielen Stellen die Buchstaben |i| und |y| miteinander alternieren; zum Beispiel innerhalb von Wortformen wie in *lady – ladies* oder *to die – dying*. In dieser Position können |i| und |y| also als Allographen, im Sinne von stellungsbedingten Varianten, gelten.
4. Gehören Minuskeln und Majuskeln zu einem Graphem oder zu zweien? (s. Vertiefungskasten)

> **Minuskeln und Majuskeln als Grapheme?**
>
> Sind Minuskeln und Majuskeln Allographen voneinander oder sind es unterschiedliche Grapheme? Sie müssten distinktiv sein, wenn sie unterschiedliche Grapheme sein sollen (vgl. Rezec 2009: 24 ff.; Bsp. *Eiern* und *eiern*).

Zur Vertiefung

## Grapheme

> Großschreibung kommt vor als:
> - satzinterne Großschreibung (traditionell ›Substantivgroßschreibung‹)
> - Satzanfangsgroßschreibung
> - Versalschrift (z. B. in Überschriften)
> - Großschreibung von Anredepronomina (*Sie/Ihre*)
> - Eigennamengroßschreibung (*Carl, Stiller Ozean*)
> - Großschreibung von ›feststehenden‹ Begriffen (*Schwarzes Brett*)
>
> Wann ist sie bedeutungsunterscheidend auf Wortebene, also zum Beispiel unabhängig von einer syntaktischen Funktion?
> In Kapitel II.8 werden wir zeigen, dass die **satzinterne Großschreibung** syntaktisch geregelt ist. Sie ähnelt damit der **Satzanfangsgroßschreibung**. Bei der Satzanfangsschreibung wird man aber auch nicht zwei Wörter *in / In* annehmen, abhängig davon, ob sie am Satzanfang oder in der Satzmitte vorkommen. Ebenso unangemessen scheint es, wenn man die satzinterne Großschreibung syntaktisch begreift.
> Ebenso ist die **Versalschrift** eher im Textzusammenhang zu sehen als in der Distinktivität auf der graphematischen Ebene.
> Es bleiben die **Eigennamengroßschreibung** (*Stiller Ozean - stiller Ozean*), die ›**Begrifflichkeiten**‹ (*Schwarzes Brett - schwarzes Brett*) und die **Anredegroßschreibungen** (*Sie - sie*).
> Ob nun also Groß- und Kleinbuchstaben Allographen voneinander sind oder nicht, bleibt hier offen. Nur: Das häufigste Argument für die Annahme von Kleinbuchstaben und Großbuchstaben jeweils als eigene Graphemklassen, nämlich die Unterscheidung von Substantiven und Nicht-Substantiven, trifft nicht das Wesen der sogenannten Substantivgroßschreibung.
> Eine formbezogene Analyse zeigt, dass bei einem Graphem <ch> eben auch nur der erste Bestandteil großgeschrieben wird, also *China*. Auch das spricht eher für die Allograph-Variante.

## 3.2 | Bezug zur Phonologie: Phonem-Graphem-Korrespondenzen

Bis hierher wurden die Grapheme innergraphematisch entwickelt. Im Folgenden wird wiederum der Bezug zur Lautung dargestellt als Laut-Buchstaben- oder Phonem-Graphem-Korrespondenzen. Hier gibt es unterschiedliche Traditionen. Diskutiert wurde, ob es sich dabei um konventionelle Festlegungen handelt oder ob es Regeln sind. Primus (z. B. 2006) zeigt, dass die konventionelle Festlegung eine Ebene tiefer stattfindet, also zwischen den phonologischen Merkmalen und den Buchstabenbestandteilen, zum Beispiel das Merkmal ›plosiv‹ korrespondiert mit ›Länge‹ usw. (Kap. II.2.3). Daraus ergeben sich die Phonem-Graphem-Korrespondenzen regulär. Im Folgenden führen wir in der Tradition die

## II.3.2 Graphematik

**Bezug zur Phonologie: Phonem-Graphem-Korrespondenzen**

Korrespondenzen vor; sie sind eine Ebene der zu findenden Laut-Schrift-Beziehungen, aber sie sind – wie sehr deutlich geworden ist – nicht die entscheidenden.

**Verschiedene Darstellungen von Phonem-Graphem-Beziehungen:** Eine Möglichkeit ist, festzustellen, dass im Deutschen ein Phonem /p/ als <p>, <pp>, <b>, <bb> geschrieben wird in *Panne, Klappe, Lob, (sie) jobbt*. In diesem Sinne operieren beispielsweise Nerius et al. (2006). Die andere Möglichkeit wählt Eisenberg (2013); er geht von einfachen primären Beziehungen aus: Zunächst gibt es für jedes Phonem genau eine Schreibweise (primär); wenn andere Schreibweisen gewählt werden, dann liegen ihnen andere Prinzipien zugrunde, zum Beispiel abhängig vom graphematischen Fuß (<pp>; s. Kap. II.4.3) oder von morphologischen Prinzipien (hier <b>) oder beides (hier <bb>). Schreibprinzipien sind adäquater zu erfassen, wenn man solche einfachen Beziehungen annimmt. Wir folgen hier Eisenberg (2013). In Bredel/Fuhrhop/Noack (2011: 23 ff.) wird gezeigt, wie das System systematisch vom geschriebenen Wort her erkannt werden kann (s. Kap. II.6).

Kapitel I.3.3 kommt zu folgendem Phonembestand für das heutige Deutsch:

---

**Phoneme des Deutschen**

Plosive: /p/, /b/, /t/, /d/, /k/, /g/, /ʔ/
Frikative: /f/, /v/, /S/, /s/, /ʃ/, /z/, /ç/, /j/, /h/
Nasale: /m/, /n/, (/ŋ/)
Liquide: /l/, /ʀ/
Vokale: /ɪ/, /i/, /ʏ/, /y/, /ʊ/, /u/, /ɛ/, /e/, /œ/, /ø/, /ɔ/, /o/, /a/, /ɑ/, /æ/, /ə/

---

Damit ergeben sich folgende primäre Phonem-Graphem-Korrespondenzen:

| Konsonantische Phonem-Graphem-Korrespondenzen ||||||||
|---|---|---|---|---|---|---|---|
| /p/ | → | <p> | /f/ | → | <f> | /h/ | → | <h> |
| /t/ | → | <t> | /S/ | → | <s> | /m/ | → | <m> |
| /k/ | → | <k> | /z/ | → | <s> | /n/ | → | <n> |
|     |   |     | /s/ | → | <ß> |     |   |     |
| /b/ | → | <b> | /ʃ/ | → | <sch> | (/ŋ/) | → | <ng> |
| /d/ | → | <d> | /ç/ | → | <ch> | /l/ | → | <l> |
| /g/ | → | <g> | /v/ | → | <w> | /ʀ/ | → | <r> |
|     |   |     | /j/ | → | <j> |     |   |     |

Abb. 1a: Konsonantische Phonem-Graphem-Korrespondenzen

209

## Grapheme

| Vokalische Phonem-Graphem-Korrespondenzen ||||||
|---|---|---|---|---|---|
| /i/ | → | ⟨ie⟩ | /ɪ/ | → | ⟨i⟩ |
| /y/ | → | ⟨ü⟩ | /ʏ/ | → | ⟨ü⟩ |
| /e/ | → | ⟨e⟩ | /ɛ/ | → | ⟨e⟩ |
| /ø/ | → | ⟨ö⟩ | /œ/ | → | ⟨ö⟩ |
| /æ/ | → | ⟨ä⟩ | | | |
| /ɑ/ | → | ⟨a⟩ | /a/ | → | ⟨a⟩ |
| /o/ | → | ⟨o⟩ | /ɔ/ | → | ⟨o⟩ |
| /u/ | → | ⟨u⟩ | /ʊ/ | → | ⟨u⟩ |
| /ə/ | → | ⟨e⟩ | | | |

Abb. 1b: Vokalische Phonem-Graphem-Korrespondenzen

Hier ist bereits zu erkennen, dass sehr häufig einfache Phoneme auf einfache Grapheme zu beziehen sind. Aber für einzelne Phoneme stehen auch Graphemverbindungen, so zum Beispiel ⟨sch⟩ für /ʃ/.

**Graphem-Phonem-Bezug:** Im Folgenden wird die Richtung umgedreht; wir gehen vom Graphem aus. Auch hier könnten wir annehmen, dass ⟨b⟩ einmal als /b/ und einmal als /p/ gelesen wird (*loben* vs. *lobt*). Wir könnten auch positionsabhängige Lesarten etablieren, so zum Beispiel, dass ⟨b⟩ im Silbenanfangsrand als /b/ und im Silbenendrand (es geht hier um die graphematische Silbe; s. Kap. II.4.2) als /p/ gelesen wird. Innerhalb der Silbe zeigt sich die allgemeine Regularität, dass die Grapheme, die primär für die stimmhaften Obstruenten stehen, also zum Beispiel ⟨b⟩, ⟨d⟩, ⟨g⟩, ⟨w⟩ mit den stimmlosen Äquivalenten korrespondieren, also ⟨b⟩ mit /p/, ⟨d⟩ mit /t/, ⟨g⟩ mit /k/ und ⟨w⟩ mit /f/ (Beispiel *Löwchen*). Die Regularität gilt für alle Grapheme, die mit stimmhaften Obstruenten korrespondieren, gleichermaßen und muss für jedes dieser Grapheme einzeln aufgelistet werden. Aus einer phonologischen Regel ergibt sich, dass stimmhafte Obstruenten im Silbenauslaut nicht vorkommen (s. Kap. I.4.2). Phonologisch ist auch geregelt, dass die Korrespondenz ⟨h⟩ – /h/ nur im Silbenanfangsrand (von betonten Silben) greifen kann, denn nur dort kommt /h/ vor. Ein ⟨h⟩ in Wörtern wie ⟨dehnen⟩ kann keine lautliche Entsprechung haben und ist damit stumm. Viele Besonderheiten der Graphem-Phonem-Beziehungen ergeben sich also aus dem phonologischen System des Deutschen. Damit erscheint die Annahme von primären Graphem-Phonem-Beziehungen wie ⟨b⟩ – /p/, ⟨g⟩ – /g/, ⟨s⟩ – /S/ usw. sinnvoll.

**Graphem-Phonem-Bezug bei Vokalen** (kompakte Buchstaben): Hier hängt viel davon ab, wie die Vokale phonologisch beschrieben sind. Wenn weder Gespanntheit noch Länge distinktive Merkmale sind, es also phonologisch nur eine Vokalreihe gibt (s. Kap. I.4.3), dann sind die Graphem-Phonem-Bezüge eindeutig. Die jeweiligen Schreibungen ergeben sich dann aus dem Silbenschnitt – wir werden in Kapitel II.4.3 die graphematischen Folgen aus dieser phonologischen Annahme zeigen.

## Graphematik

**Bezug zur Phonologie: Phonem-Graphem-Korrespondenzen**

Wenn hingegen eine solche Distinktion auf der segmentalen Ebene angenommen wird (s. Kap. I.3.2), ergeben sich systematisch Doppeldeutigkeiten mit Ausnahme von <ie> (s. Vertiefungskasten).

(5)    <a> → /a aː/      <o> → /o ɔ/
       <e> → /e ɛ/      <u> → /u ʊ/
       <i> → /ɪ/         <ie> → /i/

<ie> ist dabei als Graphemverbindung zu lesen. Beide i-Varianten sind auf dieser Ebene eindeutig. Schreibungen wie <Biber> sind hochmarkiert; die ›richtige‹ Lesung ergibt sich aus dem Silbenschnitt (s. Kap. I.3.2.2).

---

**<ie> innerhalb der Minimalpaaranalyse**      *Zur Vertiefung*

Teils wird <ie> als Graphem angenommen (z. B. Eisenberg 2006), teils nicht (vgl. z. B. Primus 2010: 24). Beide Ansichten sind gut zu vertreten; es gibt für beide sowohl Pro- als auch Kontraargumente.

Zur Übung können wir verschiedene Szenarien durchspielen, denn es ist auffällig, dass sich <ie> häufiger durch einfache andere kompakte Grapheme ersetzen lässt, als nur einer der beiden Bestandteile. Wir finden also Reihen wie *lieben – laben, leben, loben* und eben keine wie *\*laeben – \*liaben*; bei beiden ahnen wir, dass es keine möglichen Wörter des Deutschen sind. Das Minimalpaar *Tier – Teer* steht etwas alleine da. Allerdings können wir das |e| durch nicht-kompakte Buchstaben ersetzen: *bieten – bitten, siezen – sitzen, wieder – wilder, Zwiebel – Zwirbel, Sieben – Silben*. Auch das <i> lässt sich durch andere Buchstaben ersetzen wie in *siechen – stechen, Sieg – Steg*.

Es spricht also einiges dafür, <ie> als Graphemverbindung anzunehmen. Es ist aber auch deutlich geworden, dass <ie> gut in den Phonem-Graphem-Beziehungen als Verschriftung von /i/ angenommen werden kann. Aber auch das wird nicht von allen Darstellungen angenommen (vgl. Primus 2010). Primus nimmt <ie> als markierte Schreibung für betonte Silben in Füßen (s. Kap. II.5.1) an; in Phonem-Graphem-Beziehungen erscheint die Schreibung also nicht. Das hat den Vorteil, dass Schreibungen wie <Militär> auch erfasst sind; bei unserer Beschränkung auf den Kernwortschatz fällt dies als Argument weg. Der Nachteil ist, dass <ie>, was ja sehr häufig vorkommt, als markierte (sekundäre) Schreibung angenommen wird.
Aus den Überlegungen ergeben sich zwei Fragen:
1. Ist <ie> ein Graphem?
2. Ist <ie> die primäre Schreibung für /i/? (im Sinne von Kap. I.3.2)

Wenn (1) mit ja beantwortet wird, ist die zweite Frage hinfällig, <ie> muss dann die primäre Schreibung sein. Wird (1) verneint, ergeben sich zwei Möglichkeiten: <ie> ist als Graphemverbindung die primäre Schreibung (die Lösung, die hier nahegelegt wird) oder sie ist die sekundäre (markierte) Schreibung.

## Grapheme

**Ergänzungen zu den Graphem-Phonem-Beziehungen:** Auf der Graphem-Phonem-Ebene wurden noch nicht alle Grapheme genannt. Einerseits gibt es Grapheme, die markierte Schreibungen von einfachen Phonemen sind (namentlich <v> für /f/) und andererseits solche, die keine Schreibung von einfachen Phonemen sind, sondern von Phonemverbindungen. Grapheme, die noch nicht in den Phonem-Graphem-Verbindungen auftraten, sind: <qu>, <z>, (<ß>), <x>, <v>.

Abb. 2: Vervollständigung der Graphem-Phonem-Beziehungen

| <v>  | → | /f/  | <x> | → | /ks/ |
|------|---|------|-----|---|------|
| <qu> | → | /kv/ | <z> | → | /ts/ |

**<v>** Im heutigen nativen Deutsch wird <v> zunächst als /f/ gelesen wie in *von*, *vier*, *verlieren*, *Vater*, *Vogel* usw. Die Lesung /v/ ist typisch für Fremdwörter wie *Vase*, *Villa*, *Vagina*, *Veranda*. Die Schreibung <v> für /f/ wird typischerweise im heutigen Deutsch gelernt. Es ist eine markierte Schreibung; sie ist also weder primär, noch kann sie vollständig durch andere Regularitäten hergeleitet werden. Der Bereich, in dem <v> stehen kann, kann stark eingeschränkt werden.

**<qu>** steht für /kv/. Das ist sicherlich eine auffällige Schreibung (für weitere Überlegungen s. Vertiefungskasten).

**Zur Vertiefung**

**Überlegungen zu <qu>**

In Niederländischen und ähnlich in den skandinavischen Sprachen wird für die Lautverbindung /kv/ eher <kw> geschrieben (oder <kv>), so für <Qualle> im Niederländischen <kwal>, für <Qual> im Niederländischen <kwelling>. Aus der Schreibung des Deutschen wurde <qu> hingegen im Laufe der Sprachgeschichte nicht verdrängt. Es ist allerdings beschränkt auf den Anfangsrand. Im Folgenden werden wir versuchen, diese Schreibung plausibel zu machen: Nehmen wir das Beispielwort *Quelle* – wird hier [kv] gesprochen oder kann der zweite Laut auch ein Gleitlaut sein, also [kʊ] oder gar [ku]?
Sie können das auf zweierlei Weise für sich testen:
1. Ist *Quelle* lautlich wie *Welle* ohne [k]?
2. Können Sie *Quelle* mit Lippenrundung artikulieren?

Wenn sich die Artikulation von *Quelle* und *Welle* unterscheidet, spricht das dafür, dass in *Quelle* der zweite Laut nicht eindeutig ein Frikativ ist (Frage 1). Wenn Sie *Quelle* mit gerundeten Lippen aussprechen können (Frage 2), zeigt sich eine Ähnlichkeit zu einem (unsilbisch) artikulierten [u]. Wenn es nun nicht eindeutig der Frikativ [v] ist, sondern möglicherweise eher ein Gleitlaut [ʊ] oder ein unsilbisches [u], ist die erste Verschriftung auch nicht <w>, sondern <u>. Schreibungen wie <Kuelle>, <kuer>, <kuatschen> (statt <Quelle>, <quer> und <quatschen>) wären dann zunächst plausibel, würden aber vermutlich primär mit einem silbischem [u] gelesen werden. Die Argumentation ist also

## Graphematik

**Bezug zur Phonologie: Phonem-Graphem-Korrespondenzen**

> die folgende: Der zweite Laut in *Quelle* usw. kann auch als unsilbisches [u] (bzw. Gleitlaut [ʊ]) realisiert werden, die primäre Verschriftung hierfür ist <u>. Da es sich bei <ue>, <ua> usw. nicht um feste Buchstabenverbindungen im Sinne der Schreibdiphthonge wie <ei>, <au> (s. Kap. II.4.3) handelt, muss verhindert werden, dass <u> als graphematischer Silbenkern gelesen wird. Daraus ergibt sich die Etablierung eines komplexen Graphems <qu>.
> 
> Der phonologische Silbenaufbau lässt beide Interpretationen zu: Im Deutschen kann zwischen dem /kv/ und dem Silbenkern nichts anderes stehen; im Deutschen gibt es keine Wörter wie *<Qurat>; damit verhält es sich nicht wie ein (typischer) Frikativ (*pfropf*). Dies ist ebenso ein Hinweis darauf, dass es sich sehr wohl um einen Gleitlaut handeln könnte.

<x> steht für die phonologische Konsonantenverbindung /ks/. In nativen Wörtern kommt sie ausschließlich im Silbenendrand (<Jux>) oder im Silbengelenk (<Nixe>, <Hexe>) vor und folgt typischerweise ungespannten Vokalen. Diese Eigenschaft führt dazu, dass <x> in Silbengelenkposition nicht verdoppelt wird. Die Korrespondenz mit <x> ist im nativen Bereich relativ selten belegt, wird aber extrem durch den Fremdwortbereich gestützt, hier sowohl aus dem Lateinischen (*ex-, Text, Sexte, Sexualität*) als auch aus dem Englischen (*Mix, Box, boxen, Fax, sexy*). Wörter, die mit <x> anfangen, sind Fremdwörter (und auch hier selten) wie *Xylophon*.

Nun wird aber umgekehrt die Konsonantenverbindung /ks/ nicht immer mit <x> verschriftet.

(6) a. Fuchs, Lachs, Luchs, Ochse, sechs, Wachs, wachsen, wechseln, Wuchs
    b. Axt, Haxe, Hexe, Nixe, verflixt
    c. Jux, lax, Text
    d. boxen, fix, Fixer, mixen
    e. Klecks, Knacks, Mucks, stracks, tricksen, zwecks
    f. Keks, Koks, links, murksen, staksen, verkorksen

In (6a) und (6b) finden sich native Schreibungen von morphologisch einfachen Wörtern. Eine Anfangsrandschreibung wie <chs> scheint nicht möglich. In (6c) und (6d) handelt es sich zwar um Fremdwörter, sie passen aber gut ins System der Schreibung, s. zu Etablierung von <x> als Graphem II.3.1. Die Schreibungen mit <cks> (6e) sind weitgehend morphologisch zu begründen, das heißt, zwischen <ck> und <s> ist eine morphologische Grenze (*zweck-s, trick-s-en, muck-en, kleck-er-n, knack-en*). Die eigentlich naheliegende Schreibung <ks> findet sich eher selten (6f). Dass *Keks* und *Koks* ungewöhnlich sind, ist phonologisch an der Gespanntheit des Vokals zu erkennen; beide Wörter sind aus dem Englischen entlehnt (*cakes, cokes*) und dort eigentlich Pluralformen. Auch *staksen* kann einen gespannten Vokal haben. In *links, murksen, verkorksen* folgt <ks> nicht direkt dem Silbenkern.

<z> ist im nativen Bereich die primäre Schreibung für eine Affrikate /ts/. Es ergeben sich mehrere Fragen:
1. Wie werden Affrikaten sonst geschrieben?
2. Wird /ts/ immer <z> geschrieben?
3. Und wenn ja – gibt es Gründe dafür?
4. Steht <z> immer für /ts/? (In einem kurzen Vergleich mit dem Englischen)

Im heutigen Deutschen werden als Affrikaten /pf/, /ts/ und /tʃ/ angenommen, wie in *Pferd, Topf, Zahn, Platz, Tschüß, Matsch*. Affrikaten sind homorgane Verbindungen aus Plosiven und Frikativen (s. Kap. I.3.3). In der Phonologie sind sie deswegen ausgezeichnet, weil sie gleichermaßen im Anfangsrand als auch im Endrand vorkommen. /pf/ und /tʃ/ werden gemäß ihrer Bestandteile geschrieben, nämlich <pf> und <tsch> (Frage 1).

Die vorrangige Schreibung von /ts/ als <z> ist vor diesem Hintergrund also außergewöhnlich. Sowohl im Anlaut (7a), als auch im Auslaut (7b) wird <z> geschrieben. Lediglich im Silbengelenk (7c) findet sich die Schreibung <tz> (s. Frage 2).

(7) a. Zahl, Zahn, zehn, Ziel, Zopf, zu, Zug, zwingen, zwei, zwischen
 b. Erz, ganz, Geiz, Glanz, Holz, Kiez, Kauz, Kreuz, Salz, schwarz, Sturz
 c. blitzen, platzen, protzen, schützen, sitzen – Blitz, Platz, Protz, Schutz, Sitz

Im Wortanfang findet sich die Schreibung <ts> ausschließlich im nichtnativen Bereich *Mao Tse-Tung, Tsatsiki* (auch *Zaziki*) und *Tsunami*. Im Endrand ist sie immer morphologisch zu interpretieren: *auswärt-s, nacht-s, nicht-s, recht-s* usw. (s. auch Kap. II.4.2).

In anderen Sprachen, zum Beispiel dem Englischen, bildet <z> mit <s> ein Paar in dem Sinne, dass sie jeweils regulär stimmlose und stimmhafte s-Varianten repräsentieren, z. B. <zone> – <soon>, <sone> (Frage 4). In Kapitel II.3.1 und I.4.4 wird gezeigt, dass im Deutschen die stimmlosen und die stimmhaften s-Varianten nur intersyllabisch phonematisch unterschieden werden, und hier hat sich als besondere Schreibung <ß> herausgebildet (*reisen – reißen*). Im Anlaut oder Auslaut werden sie nicht systematisch unterschieden, die Unterscheidung ist also auch phonematisch wenig belastet. Im Gegensatz zum Englischen ist also der Buchstabe |z| geradezu ›frei‹ (Frage 3). Für die graphematische Silbenstruktur scheint dieses Zusammenspiel geradezu günstig (s. Kap. II.4.2).

## Weiterführende Literatur

Mit Kohrt (1985) liegt eine Monographie zur Geschichte des Phonem- und Graphembegriffs vor. In Günther (1988) findet sich eine Reihe von interessanten Abgrenzungsdiskussionen. Instruktiv ist ein Vergleich der Phonem-Graphem-Beziehungen bei Nerius (2006) und Eisenberg (2013).

## Aufgaben

1. Finden Sie Minimalpaare für <b> vs. <s> und <n> vs. <l>.

2. Suchen Sie Minimalpaare für jedes Graphem der Wörter <Rat> und <Hau> (›Stelle, an der Holz geschlagen wird‹).

3. Sind |ä ö ü| einfache Grapheme, komplexe Grapheme oder Graphemverbindungen?

4. Plosive werden mit einer Länge verschriftet. Wenn man sich nun die Längen von |b p d k t g| ansieht, fällt |g| heraus: Alle anderen Buchstaben haben eine einfache, gerade Länge. Zeigt |g| möglicherweise ein auffälliges Verhalten in der Graphem-Phonem-Korrespondenz?

# 4. Graphematische Silbe

4.1 Allgemeines
4.2 Die Längenhierarchie
4.3 Allgemeines Graphematisches Silbenbaugesetz
4.4 Besonderheiten des Silbenkerns
4.5 Graphematische Silbe – Phonologische Silbe

## 4.1 | Allgemeines

Die graphematische Silbe ist eine Zwischeneinheit zwischen den Graphemen und den graphematischen Wörtern, die klar durch Leerzeichen beschränkt sind. In Kapitel II.5 wird als weitere Zwischeneinheit der graphematische Fuß eingeführt.

Die Grundbeobachtung ist, dass sich die Buchstaben mit Ober- und Unterlängen, die in Kapitel II.2 beschrieben wurden, um die kompakten Buchstaben herum gruppieren, und dass ein graphematisches Wort sich in eine oder mehrere solcher Buchstabengruppen einteilen lässt. Da sich die Buchstaben damit ähnlich verhalten wie die konsonantischen Laute einer phonologischen Silbe um die Vokale im Silbenkern, werden die entsprechenden Buchstabengruppen auch als **Schreibsilben** oder als **graphematische Silben** bezeichnet. Bei einsilbigen Wörtern ergibt sich häufig folgendes Bild:

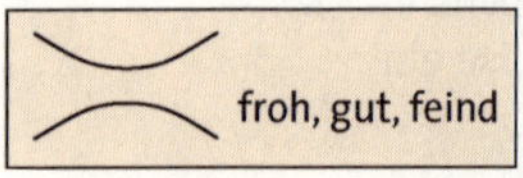

froh, gut, feind

Abb. 1: Schematische Darstellung der graphematischen Silbe

Die langköpfigen Buchstaben stehen dabei jeweils an den Rändern. Beobachtet wurde dies von Eisenberg (1989) und Naumann (1989). Mit der Buchstabenanalyse von Primus (2004, auf Deutsch 2006) ist dieses Konzept wieder aufgegriffen worden und führte zur Entwicklung der Längenhierarchie und des Allgemeinen Graphematischen Silbenbaugesetzes (vgl. Fuhrhop/Buchmann 2009).

**Zum Begriff**

> Die → **graphematische Silbe** ist eine Einheit zwischen den Graphemen und den graphematischen Wörtern. Sie ist die kleinste Einheit, die selbständig vorkommen kann, und somit ein graphematisches Wort oder ein graphematischer Satz sein kann.

Außerdem ist die graphematische Silbe die kleinste Einheit, über die Grammatikalitätsurteile abgegeben werden können – so ist die Graphemfolge <rt> keine wohlgeformte Silbe, die Graphemfolge <rot> schon.

Bei der phonologischen Silbe wurde deutlich, dass im Deutschen relativ viele Konsonanten sowohl im Anfangsrand als auch im Endrand aufeinander folgen können. Diese komplexen lautlichen Konsonantencluster spiegeln sich selbstredend auch in der Graphematik wieder.

## Die Längenhierarchie

**In Anfangsrand, Kern und Endrand** lässt sich auch die graphematische Silbe unterteilen.

**Der Kern** besteht aus einem oder zwei kompakten Buchstaben, kompakte Buchstaben stehen typischerweise für phonologische Vokale (s. Kap. II.2.3).

**Die Ränder** bestehen aus nicht-kompakten Buchstaben; in flektierten Formen können bis zu fünf Buchstaben auftauchen (*schimpfst*), sonst bis zu vier (*ernst*); die Reihenfolge dieser Buchstaben ist nicht zufällig.

Im Folgenden sind die Buchstaben nach der Form der Köpfe geordnet (s. Kap. II.2.2).

| lang | schräg | kurz | gebogen | kurz | schräg | lang | |
|---|---|---|---|---|---|---|---|
| | | | kompakt | | | | |
| k | r | a | n | | | k | krank |
| k | r | a | u | | s | | kraus |
| | | e | | r n | s | t | ernst |

Abb. 2: Die Grapheme im Wort in Zusammenhang mit ihren Köpfen

## 4.2 | Die Längenhierarchie

Abbildung 3 zeigt, dass die Grapheme innerhalb einer Silbe nach der Form der Köpfe (s. Kap. II.2.2) geordnet sind. Bei genauerer Betrachtung können die Köpfe nun auf einer Skala, zwischen den beiden Polen ›lang‹ und ›kompakt‹ geordnet werden. ›Kompaktheit‹ ist hier der Gegenbegriff zur Länge, es ist eben nicht ›Kürze‹. Die Buchstaben können nicht beliebig kurz sein, der Kopf muss das Mittelband ausfüllen und benötigt dazu eine gewisse Mindestlänge. Die langen Buchstaben sind quasi über mehrere Bänder ›gestreckt‹; die kompakten beschränken sich auf das Mittelband – besonders kompakt sind diejenigen, die eine Biegung im Mittelband aufweisen. Die Buchstaben mit den geraden Köpfen sind zusätzlich nach Anschluss der Koda in sich unterteilt, wie in Kapitel II.2.2 erläutert.

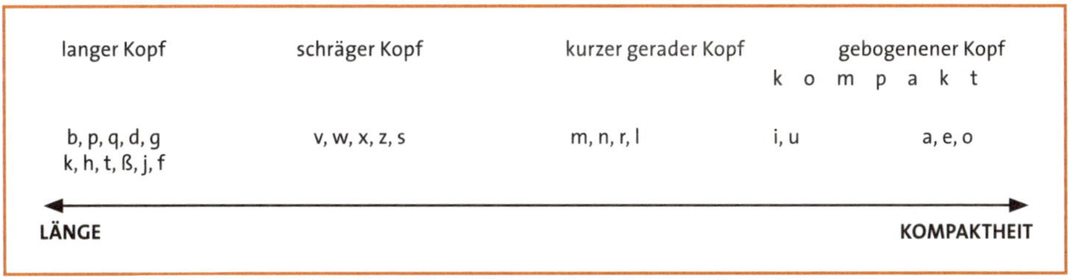

| langer Kopf | schräger Kopf | kurzer gerader Kopf | | gebogener Kopf |
|---|---|---|---|---|
| | | | k o m p a k t | |
| b, p, q, d, g k, h, t, ß, j, f | v, w, x, z, s | m, n, r, l | i, u | a, e, o |

LÄNGE ⟵⎯⎯⎯⎯⎯⎯⎯⎯⎯⎯⎯⎯⎯⎯⎯⎯⎯⟶ KOMPAKTHEIT

Sowohl Länge als auch Kompaktheit sind hier ›skalare‹ Begriffe. |a, e, o| sind die kompaktesten Buchstaben und am wenigsten lang. Buchstaben wie |b, d, f| sind hingegen besonders lang und wenig kompakt, |r| ist

Abb. 3: Die Längenhierarchie

**Graphematische Silbe**

kompakter als |h| und länger als |i| usw. Bei der reinen Betrachtung der Köpfe ergibt sich Folgendes: Von den langen Köpfen, über die schrägen, die kurzen geraden bis zu den im Mittelband gebogenen nimmt die Länge ab und die Kompaktheit zu.

Die Parallelität der Längenhierarchie zu der Sonoritätshierarchie (s. Kap. I.2.4) ist unverkennbar. Die Sonoritätshierarchie bewegt sich zwischen ›Sonorität‹ und ›konsonantischer‹ Stärke.

## 4.3 | Allgemeines Graphematisches Silbenbaugesetz

Mit Hilfe der Längenhierarchie kann das Allgemeine Graphematische Silbenbaugesetz formuliert werden, analog zum Allgemeinen Phonologischen Silbenbaugesetz (s. Kap. I.2.4):

---

**Zum Begriff**

Das → **Allgemeine Graphematische Silbenbaugesetz** besagt: Die Länge der Köpfe nimmt kontinuierlich zum Silbenkern hin ab, erreicht im Silbenkern mit der Kompaktheit ihr Minimum und nimmt dann wieder zu.

---

Die graphematische Silbe ist präferiert nach dem Allgemeinen Graphematischen Silbenbaugesetz aufgebaut. ›Präferiert‹ ist im Sinne von Präferenzgesetzen gemeint: Demnach ist eine graphematische Silbe, die dem Allgemeinen Silbenbaugesetz folgt, ›besser‹ als eine, die das nicht tut.

Das Allgemeine Graphematische Silbenbaugesetz gilt nicht nur für das Deutsche; so wird sein Wirken in Fuhrhop/Buchmann/Berg 2011 zum Beispiel für das Englische gezeigt. In beiden Sprachen finden sich Verstöße, für das Deutsche sind das die folgenden:

**Verstöße gegen das Allgemeine Graphematische Silbenbaugesetz**

1. Bei morphologisch einfachen Einsilbern gibt es im Deutschen relativ wenige Ausnahmen. Regelmäßig verstößt <s> gegen das Allgemeine Silbenbaugesetz, und zwar einerseits im **Anfangsrand** <s̲paren>, <s̲toßen>, <s̲chön> (<ch> gilt als ein Graphem und insgesamt als lang, s. Kap. II.3.2) als auch im **Endrand** <stets̲>. Im Endrand sind die Verstöße allerdings in den meisten Fällen morphologisch zu interpretieren, häufig liegen morphologische Einheiten wie in <sonntags>, <flugs>, <lebst> usw. vor. Hierzu sind einige Dinge zu sagen: Auch phonologisch verstoßen die s-Laute häufig gegen das Allgemeine Phonologische Silbenbaugesetz: Im Anfangsrand betrifft das wesentlich /ʃ/ (in *sparen, stoßen*), im Endrand /s/ wie in *sonntags, unterwegs, trägst* usw. Die Endrandfälle sind phonologisch und graphematisch analog. Während aber phonologisch zwei Phoneme gegen das entsprechende Gesetz verstoßen, handelt es sich graphematisch ausschließlich um <s>.
2. Ansonsten finden sich Verstöße gegen das Allgemeine Silbenbaugesetz systematisch bei <h> in flektierten Formen, z. B. <dehnst>, <zählst>,

**Graphematik**

Allgemeines Graphematisches Silbenbaugesetz

<Stuhls> usw. Die Verstöße in morphologisch komplexen Wörtern sind funktional: Sie zeigen, dass es sich um eine morphologisch komplexe Form handelt; die Wörter sind einsilbig (ihnen fehlt der zweite Silbenkern). Der Verstoß ist ein Hinweis, dass es verwandte zweisilbige Formen gibt (s. Kap. II.6.3).

> **Herleitung der Längenhierarchie und des Graphematischen Silbenbaugesetzes**
>
> Die Längenhierarchie ist eine neue Entdeckung, und sie ist – wie die gesamte Schriftgrammatik – noch nicht überall Lehrstoff. Die Längenhierarchie, wie sie hier dargestellt wurde, ist aufgrund der Wörter des heutigen Standarddeutschen ermittelt worden. Die Frage ist, ob es Einheiten gibt, die zwischen dem Buchstaben/Graphem und dem Wort sichtbar werden. Die Längenhierarchie ist mit Hilfe strukturalistischer Methoden ermittelt worden. Auch in der Phonologie ist die Sonoritätshierarchie (für das Deutsche vgl. Vennemann 1982) strukturalistisch hergeleitet worden und erst nachträglich artikulatorisch oder akustisch begründet worden. Artikulatorisch tauchen hier zwar bestimmte Klassen auf, eben die Artikulationsarten, aber das erklärt noch nicht, warum die Ordnung so ist (vgl. Butt 1992).

Zur Vertiefung

### Längenhierarchie und Silbenbaugesetz als Lesehilfe?

Eine These, warum sich die Buchstaben oder Grapheme nach dem Silbenbaugesetz auf Grundlage der Längenhierarchie ordnen, ist: **Die Silbenstruktur hilft beim Lesen**. So hat jede Schreibsilbe im (Standard-)Deutschen einen Silbenkern. Dieser Silbenkern ist ein ›kompakter‹ Buchstabe, also aus der Menge <e, o, a, i, e> (bzw. mit zusätzlichem Trema <ä, ö, ü>). Zu den Rändern der Silbe nimmt die Länge kontinuierlich zu. Die Schrift stellt damit sicher, dass Silben sofort erkannt werden, und zwar die Anzahl der Silben durch die Anzahl der (durch längere Grapheme voneinander getrennten) Silbenkerne. Damit gibt es drei Segmentierungen der Schrift, die beim Lesen helfen, weil sie deutlich sichtbar sind: die einzelnen Buchstaben, die graphematische Silbe und die graphematischen Wörter (abgetrennt durch Leerzeichen) (zu den graphematischen Füßen s. Kap. II.5).

> **Psycholinguistisches Experiment zum graphematischen Silbenbau**
>
> Dass die graphematischen Silben beim Lesen helfen, konnte in einem Experiment (Drews 2011) nachgewiesen werden: Probanden wurden Wörter und Pseudowörter präsentiert. Pseudowörter sind Buchstabenfolgen, die zwar dem Silbenbau des Deutschen folgen, die es aber im Deutschen nicht gibt wie *Hilm*, *Maun*. Die Probanden mussten

Beispiel

## II.4.3 Graphematik

**Graphematische Silbe**

schnellstmöglich entscheiden, ob es sich um ein Wort des Deutschen handelt oder nicht.

Das Ergebnis war: Bei ein- und zweisilbigen Wörtern konnte kein signifikanter Unterschied in der Reaktionszeit festgestellt werden. Bei drei- und viersilbigen Wörtern werden Wörter mit einer klaren Segmentierung der graphematischen Silben durch unterschiedliche Längen der Buchstaben signifikant schneller gelesen. Das ist das erste deutliche Ergebnis des Experiments.

Bei der Frage ›Handelt es sich um ein Wort des Deutschen?‹ konnte auch ›falsch‹ geantwortet werden – die Probanden sollten möglichst schnell antworten –, und hier findet sich der zweite Hinweis: Die Probanden haben bei den dreisilbigen Wörtern ohne klare Längensegmentierung sehr viel mehr Fehler gemacht, also zum Beispiel ein Pseudo-Wort als Wort des Deutschen eingestuft. Die Probanden lesen Wörter mit einer klaren Silbenstruktur nicht nur schneller, sie machen auch weniger Fehler.

Möglicherweise funktioniert die Schreibsilbenstruktur im Deutschen besonders gut: Durch die ausgeprägte Kompositionsmöglichkeit neigt das Deutsche zu besonders langen graphematischen Wörtern und da hilft die deutliche Segmentierung in Silben.

**Zur Vertiefung**

**Historische Profilierung der graphematischen Silbe im Deutschen**

Die Schreibung hat sich im Lauf der Jahrhunderte stark geändert. So kann man feststellen, dass |v| in früheren Schreibstufen sehr viel häufiger benutzt wurde, dass |ß| neu entstanden ist, dass |c| und |y| in früheren Sprachstufen ohne weiteres Grapheme des Deutschen waren. Im Folgenden werden diese Veränderungen gedeutet; sie alle dienen der Profilierung der graphematischen Silbe.

Für alle Sprachen, die mit dem lateinischen Alphabet geschrieben werden, hat sich die Minuskelschreibung als die normale herausgebildet. Nur Minuskeln können graphematische Silben in dem beschriebenen Sinn sichtbar machen; die Durchsetzung der Minuskeln kann also bereits als Profilierung der graphematischen Silbe gedeutet werden.

Grundsätzlich wirkte einschränkend, dass das lateinische Alphabet für verschiedene Sprachen genutzt wird und dass es auch daher zunächst einmal konservativ ist. Umso erstaunlicher sind folgende Änderungen (zu weiteren Fällen vgl. Fuhrhop/Schmidt Ms.):
1. Die Herausbildung von <ß> im Deutschen: Dieser Buchstabe taucht in morphologisch einfachen Wörtern an Silbengrenzen auf (*rei-ßen*); mit seiner Länge ist er ein guter Silbenrandmarkierer (s. auch Kap. II.5.3).
2. Sehr ähnlich ist das silbeninitiale <h> zu deuten, in *dre-hen* fungiert er als Silbenrandtrenner; in einsilbigen Wörtern hingegen zeigt er morphologische Komplexität; in *drehst* ist *st* ein Morphem.

> 3. Im heutigen Deutsch steht <v> ausschließlich vor kompakten Buchstaben, die einzige Ausnahme bildet <Vlies>, das aus dem Mittelniederdeutschen entlehnt wurde und nicht-nativ ist. Ansonsten finden sich Wörter wie *Vater, Vogel, vor, vier* usw. Im Mittelhochdeutschen gibt es Schreibungen wie *vleisch, vriunt* usw. Diese Wörter verstoßen keineswegs gegen das Allgemeine Graphematische Silbenbaugesetz, aber auch hier gilt: Ein Silbenrand ist umso besser, je stärker der Längenabfall hin zur Mitte ist (analog zur Phonologie vgl. Vennemann 1988).
> 4. <y> ist in den Fremdwortbereich gedrängt worden. Zu früheren Zeiten der deutschen Schriftsprache war <y> ein Buchstabe, der häufig in Silbenkernen (auch Diphthongen) auftrat wie in <hymel> bei Luther oder <bey> usw. bis ins 19. Jahrhundert. Im Sinne des Silbenbaugesetzes ist es aber ein ›schlechter‹ (nicht-präferierter) Silbenkern.
> 5. Wie gezeigt wurde, kommt |c| im heutigen Deutsch nicht alleine vor, sondern nur in Kombination mit <h> oder <k>. In früheren Sprachstufen war das anders; es finden sich Schreibungen wie <danc> und <tac>. Der Buchstabe |k| ist im lateinischen Alphabet ergänzt worden. <k> ist silbenstrukturell der ›bessere‹ Buchstabe – im Silbenrand mit einer Länge, die dem |c| fehlt.

## 4.4 | Besonderheiten des Silbenkerns

Bereits im phonologischen Teil wurden die Vokale, ihre distinktiven Merkmale und ihre Bedeutung für den Silbenschnitt ausführlich dargestellt. Insbesondere die Silbenschnittdiskussion korreliert mit dem Fakt, dass die Graphematik eindeutig nur *eine* Vokalreihe zur Verfügung stellt. Es haben sich einige Besonderheiten der Silbenkernschreibung im Deutschen herausgebildet, die im Folgenden thematisiert werden.

### Kombinationen von kompakten Buchstaben

Im Silbenkern stehen kompakte Buchstaben, also <a, e, o, i, u, ä, ö, ü>. Einige dieser kompakten Buchstaben können kombinieren wie in <neun>, <frei>, <Traum>. Dabei ergibt sich allerdings die Frage, ob sich Wörter wie <Duell> (aus I.3.2.2) und <neun> graphematisch grundsätzlich unterscheiden.

**Schreibdiphthonge** können Kombinationen aus zwei kompakten Buchstaben sein, die in einer graphematischen Silbe stehen. Der große Unterschied zur Phonologie ist, dass den kompakten Buchstaben in keiner Weise anzusehen ist, ob sie selber in einem bestimmten Sinn silbisch sind oder nicht.

Dennoch können wir einiges über Schreibdiphthonge im Deutschen sagen (bzw. über Silbenkerne, die aus zwei kompakten Buchstaben bestehen):

**Graphematische Silbe**

1. So sind die Kombinationsmöglichkeiten stark restringiert: Es treten <ai>, <ei>, <au>, <eu>, <äu>, <ie> auf und als Doppelschreibungen <aa>, <oo>, <ee> (mit Neef 2005: 153 sind das ›feste Buchstabenverbindungen‹). Bei anderen Kombinationen ergeben sich Morphemgrenzen: *zuunterst, woanders, Autounfall, beachten* usw.
2. Höchstens zwei kompakte Buchstaben bilden einen Silbenkern; bei drei kompakten Buchstaben handelt es sich immer um wenigstens zwei Silbenkerne, z. B. *Bebauung, teuer, Neuigkeit, bleiartig* etc.
3. Die Schreibung vom sogenannten silbeninitialen <h> kann genau so erfasst werden: Es steht zwischen einem kompakten Buchstaben und einem <e>. In <Ruhe> statt *<Rue>, <nahe>, <nähen>, <hohe>, <Mühe> usw. verdeutlicht das <h> jeweils die graphematische Zweisilbigkeit.
4. Das in (2) genannte Aufeinandertreffen von drei kompakten Buchstaben geschieht sehr häufig genau nach den genannten (möglichen) Schreibdiphthongen – das <h> wird hier nicht gesetzt: *bauen, Bauer, schreien, freuen, (ein-)bläuen, Maienzeit*.

Wir werden im Folgenden zeigen, dass Schreibdiphthonge innergraphematisch organisiert sind.

**Erst- und Zweitbestandteile von Schreibdiphthongen:** Nach Eisenberg (2013: 299) ergibt sich folgendes System: <äu> ist morphologisch bedingt; <eu> und <äu> sind analog zu <e> und <ä> zu sehen (s. Kap. II.6.1), <ä> wird auch hier aus morphologischen Gründen gewählt: *Haus – Häuser, Maus – Mäuse, Haut – Häute*. Bei den anderen vier Schreibdiphthongen zeigen sich zwei erste und zwei zweite Bestandteile, die vollständig miteinander kombinieren.

Der Bezug zur Lautstruktur stellt sich folgendermaßen dar: Die vier genannten Schreibdiphthonge, ebenso wie die morphologische Variante <äu>, stehen auch für phonologische Diphthonge. Aber sie korrespondieren nicht in der Art, dass man die lautliche Kombination direkt auf die graphematische beziehen kann, denn <eu> steht zum Beispiel für /ɔi/, weder der Erst- noch der Zweitbestandteil sind ableitbar. Hier zeigt sich, dass das Schriftsystem sich innergraphematisch organisiert, der Diphthong /ɔi/ wird <eu> oder <äu> geschrieben und gerade nicht <oi>; das kommt ausschließlich regionalsprachlich bei einzelnen Verschriftungen vor wie <moin> und <ahoi>.

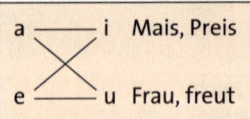

Abb. 4: Kombinatorik innerhalb der Schreibdiphthonge (nach Eisenberg 2013: 299)

**Schreib- und Sprechdiphthonge:** Damit ergibt sich auch, warum es für drei Sprechdiphthonge vier (fünf) Schreibdiphthonge gibt; die Kombinatorik wird ausgenutzt. Mit dem Sprechdiphthong /ai/ korrespondieren zwei Schreibdiphthonge, nämlich <ei> und <ai>. Deutlich häufiger kommt <ei> vor. Mit dem Sprechdiphthong /ɔi/ kombinieren ebenfalls zwei Schreibungen, nämlich <eu> und <äu>, aber <äu> ist in den allermeisten Fällen morphologisch bedingt.

Umgekehrt stellt sich die Frage, ob die Diphthongschreibungen eigentlich aufgrund der Phonem-Graphem-Korrespondenzen (phonographisch) herzuleiten sind: Phonographisch sind die Schreibungen, die mit |a| an-

## Besonderheiten des Silbenkerns

fangen, die mit |e| sind gerade nicht phonographisch. Diese Beobachtung weist auf ein Phänomen hin, das im Deutschen auch an anderer Stelle deutlich zu sehen ist: |e| dringt in den Silbenkern, ein Phänomen, das auch bei <ie> und der Schreibung von nicht-betonbaren Silben zu erkennen; in *Trottel, Segen, Atem* usw. ist der Silbenkern phonologisch ein silbischer Konsonant. In der Schreibung wird hier ein kompakter Silbenkernbuchstabe eingefügt. Der Form nach könnte |e| der optimale Silbenkern sein, er ist kompakt (gerundeter Kopf) und er ist deutlich zweigeteilt – die Koda unterscheidet sich deutlich vom Kopf.

Bei **<ie>** drängt |e| ebenfalls in den Silbenkern. Auch dies ist graphematisch zu verstehen: |i| ist von den kompakten Buchstaben in gewisser Weise der am wenigsten kompakte: Der Kopf ist nicht gebogen, sondern gerade. Im Gegensatz zu |u| ist er weniger breit. Wenn man sich die Verteilung von <i> und <ie> im heutigen Deutsch ansieht, ist Folgendes festzustellen: <i> ist als Silbenkern nicht der letzte Buchstabe im Einsilber im nativen Wortschatz. Entweder folgt <e> oder es folgt zumindest ein längerer, weniger kompakter Buchstabe, die Kompaktheit nimmt also wieder ab. Da aber ein kompakter Buchstabe vorhanden sein muss, wenn die Kompaktheit wieder abnimmt, wird die Sicht auf den kompakten Buchstaben verstärkt; <i> als Silbenkern bekommt Unterstützung, es ist als Silbenkern im Einsilber zu schwach.

(1) a. Licht, mit, bin, mich, in, frisch, nicht, Licht, lind, Wirt, riss, Fisch, Ritt, bist
 b. die, nie, sie, wie, Knie
 c. schrieb, lieb, Dieb, Krieg, Ziel, viel, vier, Tier, Ries, Biest, liegt, quietscht

**Verdopplungen wie *aa, ee, oo*** sind ein weiterer Typ der Kombinatorik von kompakten Buchstaben. Nur diese drei werden verdoppelt, ohne dass eine Morphemgrenze vorliegt (und natürlich auch keine Silbengrenze). Die Verdopplung von <i> und von <u> kommt im Deutschen ausschließlich an Morphemgrenzen vor (*Verdauung, Freiin*); sie umfasst auch eine Silbengrenze. In Bezug auf die Schreibdiphthonge kann hier eine Regelmäßigkeit festgestellt werden: Die ersten Bestandteile und zusätzlich <o> können verdoppelt werden, also faktisch alle kompakten Buchstaben, die *nicht* die typischen zweiten Bestandteile von Schreibdiphthongen sind. Diese Regularität zeigt sich auch im Englischen: Hier kann <a> sowohl Erst- als auch Zweitbestandteil sein (*boat, beat* vs. *brain, cause*) und entsprechend der Systematik (nicht-zweite Bestandteile) ›fehlt‹ <aa> im Englischen (vgl. Berg/Fuhrhop 2011). Umlautgrapheme <ä, ö, ü> werden ebenfalls nicht verdoppelt; komplexe Grapheme werden grundsätzlich im Schriftsystem des Deutschen nicht verdoppelt, so auch <x>, <ch> usw. (vgl. Primus 2010: 16).

**<aa> und <oo>** sind zwar systematisch möglich, aber äußerst selten. In Celex (Baayen et al. (1995) eine Datenbank mit 50.000 Wörtern des Deutschen) finden sich die folgenden:

**Graphematische Silbe**

(2) a. Aal, Aas, Baas, Haar, Maat, Paar, Saal, Saat, Staat, Waage
    b. Boot, doof, Moor, Moos, Zoo (*und in Fremdwörtern wie* Boom, Zoom, Scooter *usw.*)

Obwohl die Verdopplung von kompakten Buchstaben eine gute Markierung von gespannten Vokalen sein könnte, wird sie im Deutschen faktisch kaum genutzt.

<ee> ist hingegen einigermaßen häufig; hier geht es aber nicht um die primäre Markierung der Gespanntheit, sondern um die Sicherung der graphematischen Fußstruktur (wie in *Armee*; s. auch Kap. II.5).

(3) a. Beere, Beet, Heer, krakeelen, leer, Meer, Reeder, Reeperbahn, Seele
    b. Armee, Fee, Idee, Kaffee, Klee, Porree, Schnee, See, Tee

<ee> kommt (regelmäßig) in Wörtern vor, die mit (graphematisch) offenen prominenten Silben enden, also typischerweise Einsilber wie: *Tee*, *Schnee*, *Klee*, *Fee* (3b). Ein Wort wie *\*Kle* erscheint für das Deutsche als geschriebene Form geradezu unakzeptabel. Das ist leicht zu verstehen, wenn man auch die Strukturen der Komposita mitbedenkt:

(4) (ich) schreite – Schreitee (Babyschreitee), grünte – Grüntee, aufwachte – Aufwachtee, *Glücksfe – Glücksfee, *Neuschne – Neuschnee, *Kamillente – Kamillentee.

Gerade in einer Position, die nicht prominent ist (s. Kap. II.5.3) – typischerweise in Zusammenhang mit anderen Silben, die einen anderen kompakten Buchstaben enthalten – besteht die Gefahr, dass einfache e-Silben als Schwa-Silben gelesen werden und daher nicht lexikalisch interpretiert werden können. Bei <ee> besteht diese Gefahr nicht. <ee> dient dazu, die Silben ›schwer‹ zu machen. Die Funktion wurde auch für <ie> angenommen, auch hier steht ein <e> an zweiter Position. <e> an zweiter Position stärkt die Schwere der Silbe (s. Kap. II.5).

### <h>-Schreibungen

Wie wir bei der Verdopplung der kompakten Buchstaben gesehen haben, ist die sogenannte Dehnungsschreibung im Deutschen als solche nicht sehr systematisch, außer beim <ie> (s. Kap. II.2.3). Die Umgebungen, in denen <h> steht, sind sehr gut zu beschreiben. Sein Platz in der Silbe selbst ist umstritten: Gehört es zum Endrand (es ist ein nicht-kompakter Buchstabe) oder gehört es zum Kern (vgl. Primus 2000: 23 f.)? Diese Zwitterstellung hat damit zu tun, dass <h> sich einerseits wie andere, nicht-kompakte Buchstaben verhält (*sehen – lesen*), andererseits aber traditionell eine sogenannte Dehnungsgraphie ist. Vielleicht ist es angemessen, dem <h> eine Sonderstellung zu geben. Von der Systematik kann man zwei <h> unterscheiden: Das sogenannte Dehnungs-h und das silbeninitiale <h>.

### Besonderheiten des Silbenkerns

**Das silbeninitiale <h>** passt sehr gut in die hier vorgestellte Silbenschreibung, denn es steht, wenn zwei Silbenkerne (kompakte Buchstaben) aufeinandertreffen: *Ru-he*, *Se-her*, *Mü-he*. Verben sind in der Infinitivform grundsätzlich graphematisch zweisilbig: *dre-hen*, *se-hen*, *mü-hen*, *dro-hen*, *flie-hen*, *zie-hen*, *na-hen*, *nä-hen* usw. Es gibt genau zwei Ausnahmen, nämlich *sein* und *tun*. Das silbeninitiale <h> sichert die graphematische Zweisilbigkeit und die Systematik der Schreibungen ist genau so zu verstehen.

Das silbeninitiale <h> wird nicht gesetzt nach Diphthongen wie *freu-en*, *hau-en*, *Hai-e*, *Mai-en(zeit)*, offenbar reichen drei aufeinanderfolgende kompakte Buchstaben, um Zweisilbigkeit zu zeigen. Lediglich bei *ei* finden sich beide Möglichkeiten nebeneinander: *schreien*, *feiern*, *leiern*, *speien*, *schneien* – *leihen*, *weihen*, *(ver)zeihen*, *reihen*. Das Aufeinandertreffen von drei kompakten Buchstaben legt nahe, dass es sich um zwei Silben handelt; das konkrete Aufeinandertreffen lässt aber die Lage der Silbengrenze undeutlich: *ei-e* (wie *schrei-en*) oder *e-ie* (wie in *kre-ieren* als Fremdwort, ein entsprechendes natives Wort fehlt).

**Das Dehnungs-<h> als Blickfang-<h>** zeigt zwar Dehnung in dem Sinne, dass es nach gespannten/langen Vokalen steht oder eben in offenen Silben (s. Kap. I.4.4). Aber es ist offenbar so, dass es nicht immer steht, wenn es stehen könnte, so finden sich Minimalpaare wie <malen> – <mahlen> und <dehnen> – <denen>. Schon Roemheld (1955) hat für die optische Gewichtung des Wortes den Begriff »Blickfang-h« vorgeschlagen (ebd.: 79). Er geht davon aus, dass erstens ein ›Sinnwort‹ möglichst aus (wenigstens) vier Buchstaben bestehen soll und dass zweitens die Buchstaben |r, n, m| zu kurz sind und schnell übersehen werden; zu |l| fügt er eine Fußnote ein (s. auch Kap. II.2.2). Roemheld zeigt, dass die meisten Wörter, die ein solches <h> enthalten, einen einfachen Anfangsrand enthalten, wie in *kühl, wahr, Jahr, fehlen*, die mit einem komplexen Anfangsrand weisen eher kein <h> auf wie *Schule, Schale, Qual, Gram, Plan* usw. <h> dient also zur Verbreiterung des gesamten Wortes.

Wenn auch keine hundertprozentige Erfassung der <h>-Systematik möglich ist, so finden sich doch Regularitäten: Von 121 <h>-Schreibungen vor |l, m, n, r| in Celex haben nur 11 einen komplexen Anfangsrand und von diesen 11 beginnen 6 mit <st> (*stöhnen, stehlen, Strahl, Stahl, Stuhl, Strähne*). Das häufige Vorkommen von <st> am Wortanfangsrand in diesen Fällen mit <h> ist auffällig – möglicherweise hängt es damit zusammen, dass die Buchstabenfolge früher eine Ligatur war (zwei Buchstaben auf einer Drucktype); damit erscheint es weniger komplex als zwei Buchstaben. Von der phonologischen Silbenstruktur her ist das kaum zu interpretieren, da hier kein Fall von /ʃp/ auftritt; phonologisch sind beide Anfangsränder komplex, graphematisch unterscheiden (oder unterschieden) sie sich womöglich wegen der Ligatur. Daneben finden sich aber auch Fälle mit <st> ohne <h> wie *stur, Stil, Strom, Star, stören, Ster, Stör*. Offenbar ist es insgesamt so, dass ein einfacher Anfangsrand die Wahrscheinlichkeit für das Auftreten von <h> erhöht.

## II.4.4 Graphematik

**Graphematische Silbe**

**Zur Vertiefung**

### Das Blickfang-<h> bei Verben

In neueren Arbeiten (vgl. z. B. Eisenberg 2013: 302) wird darauf hingewiesen, dass <h> bei den Verben regulärer zu sein scheint als in anderen Fällen. Dies wird auch gut begründet: Weil die Flexion bei Verben unsilbisch sein kann, entsteht das Bedürfnis, die Vokalqualität/-quantität zu sichern: *er dehnt – er *dent*. Das Dehnungs-h weist darauf hin, dass es sich um eine morphologisch komplexe Form handelt. Aber daneben gibt es auch eine Reihe von Fällen, in denen ein <h> nach dieser Beschreibung erwartbar wäre, aber nicht geschrieben wird, wie *holen, malen, hören, gären*. Wenn wir nun die Komplexität des Anfangsrands zusätzlich betrachten, ergibt sich folgendes Bild:

| Verben | einfacher Anfangsrand | komplexer Anfangsrand | gesamt |
|---|---|---|---|
| mit h | 39: dehnen, fühlen, mahlen, kehren, wehren, fahren, buhlen etc. | 4: prahlen, stehlen, dröhnen, stöhnen | 43 |
| ohne h | 8(9): malen, holen, gären, mimen, nölen, tönen, hören, kören, (nören) | 25: stören, tränen, spülen, sparen, spüren, klären, frönen etc. | 33(34) |
| | | | 76(77) |

### Graphematisches Silbengelenk

**Zum Begriff**

> Die Silbengelenkposition ist phonologisch folgendermaßen zu beschreiben: Zwischen den Silbenkernen einer betonten und einer unbetonten Silbe steht genau ein Konsonant, und der Silbenkern der ersten Silbe ist kurz (und ungespannt). Dies führt graphematisch zu einer sogenannten → **Silbengelenkschreibung.**

In der Schreibung werden Silbengelenke ›linearisiert‹: In den meisten Fällen führt ein phonologisches Silbengelenk graphematisch zur **Verdopplung** der entsprechenden Buchstaben, z. B. <Robbe>, <Kelle>, <Hammer> und <Kanne>. Der Begriff des graphematischen Silbengelenks ist nicht unumstritten, genau wegen dieser Linearisierung – damit hat es nicht die gleiche Gelenkfunktion wie das phonologische Silbengelenk. Der Begriff wird hier dennoch benutzt: Die Schreibung ist deutlich hervorgehoben; die Verdopplung ist in vielen Fällen so zu interpretieren.

Einige Besonderheiten ergeben sich bei Betrachtung aller in dieser Position stehenden Grapheme, verdoppelt werden können:

(5)    bb, dd, ff, gg, ll, mm, nn, pp, rr, ss, tt, ww

Bei folgenden nicht-kompakten Graphemen kommt keine Verdopplung vor:

(6)   c, h, j, k, q, ß, v, x, z

|c| kommt alleine nur in Fremdwörtern und Eigennamen vor, dann auch verdoppelt wie in *Prosecco, Rebecca.*
‹h› hat nach dem Silbenkern eine völlig andere Funktion; es ist hier keine phonographische Schreibung, phonologisch kommt kein /h/ vor, folglich auch nicht als Silbengelenk.
‹j› kommt in der Position nicht vor; mit Ausnahme von *Koje, Boje* steht es im nativen Wortschatz ausschließlich alleine am Wortanfang. Und in *Koje, Boje* handelt es sich jeweils um gespannte Vokale.
|q| nur in Verbindung mit |u| und auch nur silbeninitial.
‹ß› wird seit der Rechtschreibreform 1996 nur noch nach gespannten Vokalen und Diphthongen geschrieben; eine Silbengelenkposition ist damit faktisch ausgeschlossen.
‹v› kommt nativ nur am Anfangsrand vor.
‹x› ist nach Primus (2006) ein komplexes Graphem und wird daher nicht verdoppelt.
‹k› und ‹z›: Besonders interessant sind hier ‹k› und ‹z›. Für beide finden sich besondere Gelenkschreibungen, und zwar ‹ck› und ‹tz›:

(7)   a.   backen, Ecke, kleckern, Nacken, packen, Recke, Schrecken, stecken, wecken, Zucker
       b.   blitzen, Katze, Nutzen, platzen, schwatzen, schwitzen, setzen, sitzen, stützen

Wenn ein Phonem mit einem komplexen Graphem korrespondiert, gibt es keine spezielle Silbengelenkverschriftung, also ‹ch›, ‹sch› ‹ng›: *Wache, waschen, singen*, nicht *\*Wachche, \*waschschen, \*singngen*.

> **‹ng› als Silbengelenkschreibung**
>
> Je nachdem, wie der velare Nasal in der Phonologie eingeordnet wird, ergeben sich unterschiedliche Beschreibungen in der Graphematik. Offenbar wird der velare Nasal genau dann als ‹ng› verschriftet, wenn er ein Silbengelenk ist oder morphologisch mit einem solchen in Verbindung steht (s. Kap. II.6) wie in ‹singen›, ‹Sänger› usw.
> Damit wäre es eine Silbengelenkschreibung. Es wäre dann gewissermaßen eine ›zweite‹ Silbengelenkvariante für ‹n›: ‹nn› und ‹ng›.

**Zur Vertiefung**

## 4.5 | Graphematische Silbe – Phonologische Silbe

Zwischen phonologischen und graphematischen Silben gibt es zahlreiche Verbindungen und Parallelitäten. So sind die Silben in Wörtern wie *legen* graphematisch und phonologisch ähnlich: <legen> – /leɡən/ bzw. mit einem silbischen /n/ in der phonologischen Form. Sie sind zweisilbig, die Silbenkerne und Silbenränder sind eindeutig. Interessant ist die Frage nach der Silbengrenze – wenn man die Trennung am Zeilenende zugrunde legt, wäre hier auch graphematisch <le-gen> anzunehmen, analog phonologisch. Graphematisch haben alle Silben einen kompakten Kern, also einen Buchstaben bestimmten Typs. Aber phonologisch haben nicht alle Silben einen Vokal; bei den nicht-betonbaren gibt es auch eine Reihe von Silben, die als Kern einen (silbischen) Sonoranten haben. Außerdem können graphematische Silben mit einem kompakten Kern beginnen; eine Entsprechung in der Phonologie ist wegen des glottalen Verschlusslautes, wie in Kap. I.5.3 gezeigt, umstritten: <arm>, <am>, <entdecken>, <unentschlossen>.

In der Graphematik hingegen werden zweite Silben eher ›bedeckt‹ als in der Phonologie wie in <Ru-he> (die Bezeichnung ›silbeninitiales <h>‹ suggeriert eine solche Segmentierung): Phonologisch ist hier kein Konsonant, graphematisch findet sich ein nicht-kompakter Buchstabe.

### Weiterführende Literatur

Die Idee der graphematischen Silbe wurde von Eisenberg (1989), Naumann (1989) und Eisenberg/Butt (1990) eingeführt. Primus (2003) beschreibt die Silbe mediumübergreifend (Schrift-, Laut- und Gebärdensprache). Fuhrhop/Buchmann (2009) entwickeln die Längenhierarchie als Grundlegung eines Allgemeinen Graphematischen Silbenbaugesetzes anhand des Deutschen, Fuhrhop/Buchmann/Berg (2011) nehmen das Englische hinzu.

### Aufgaben

1. <i> und <u> sind als weniger kompakt eingeordnet. Es wird suggeriert, dass sie weniger gute Silbenkerne sind als <a, e, o>. Gibt es dafür im Deutschen Evidenz?

2. Begründen Sie die Schreibung *Eier*. Vergleichen Sie es mit einer Transkription dieses Wortes.

3. In Schulbüchern können Sie bis heute lesen, dass man die Konsonanten verdoppeln soll, wenn davor ein ungespannter bzw. kurzer Vokal steht. Das führt bei manchen Schülern leider zu Schreibungen wie *Hunnd, biss (zum Montag), zumm, abb, Walld, Lammpe* usw. Wie können Sie die Generierung solcher Schreibungen verhindern?

# 5. Graphematischer Fuß

5.1 Schwere und nicht-schwere graphematische Silben
5.2 Graphematische Fußstrukturen
5.3 Graphematische und phonologische Füße

> **Zum Begriff**
>
> Der → **graphematische Fuß** ist eine Folge von graphematischen Silben, die genau eine prominente Silbe umfasst und optional eine oder mehrere nicht-prominente.

Der graphematische Fuß ist unter den in diesem Buch besprochenen Einheiten diejenige, die bisher am wenigsten etabliert ist; Primus (2010), Evertz/Primus (2013) und Schmidt (2012) haben erste Modelle vorgelegt. Diese gehen zunächst von einem phonologischen Modell aus, das in die Graphematik übertragen wird. Wir werden im Folgenden fragen, inwieweit Füße in der Graphematik ›zu sehen‹ sind; im Endeffekt wird sich zeigen, dass die graphematische Fußstruktur sowohl phonologisch als auch morphologisch interpretiert werden kann.

Zunächst einmal stellt der graphematische Fuß eine Ebene zwischen der graphematischen Silbe und dem graphematischen Wort dar. Es geht also – wie in der Definition gesagt – um eine Folge von mehreren graphematischen Silben. Mit der graphematischen Wortgrenze, dem Leerzeichen, endet auch der Fuß. Bei der Betrachtung des graphematischen Fußes dürfte folgende Sicht hilfreich sein: In der Phonologie ist der Fuß die deutlichere Struktur, in der Graphematik ist es das Wort.

Voraussetzung für den Fuß in der Phonologie, so wie er für das Deutsche angenommen wird, ist das Vorhandensein von Silben verschiedenen Typs, die sich zu Füßen gruppieren (s. Kap. I.5.1), insbesondere betonbare und nicht-betonbare. Nur die betonbaren können auch prominente Silben sein. Daraus ergeben sich die zwei folgenden Fragen für die Graphematik:
1. Gibt es in der Graphematik Silben unterschiedlichen Typs?
2. Gruppieren sich diese – so es sie denn gibt – zueinander?

## 5.1 | Schwere und nicht-schwere graphematische Silben

Zur Annäherung an den Begriff des graphematischen Fußes seien noch einmal vergleichbare phonologische Grundlagen in Erinnerung gerufen. So sind in der Phonologie (s. Kap. I.5.1) nicht-betonbare von betonbaren

## II.5.1 Graphematik

**Graphematischer Fuß**

Silben kategorial zu unterscheiden, zwischen beiden gibt es keine Schnittmenge. Bei den nicht-betonbaren Silben ist entweder Schwa oder ein silbischer Konsonant der Silbenkern, bei den betonbaren Silben ist ein Vollvokal der Silbenkern.

Neben der Unterteilung ›betonbar vs. nicht-betonbar‹ stellt die Phonologie auch die Unterteilung ›betont vs. unbetont‹ zur Verfügung. Diese letztere Unterteilung ist eine relationale Unterteilung: Ob eine (grundsätzlich betonbare) Silbe betont oder unbetont ist, hängt von der Position der Silbe im Fuß ab. In *nis-ten* ist die Silbe *nis* betont, in *Bildnis* ist die Silbe nicht-betont, in beiden Fällen handelt es sich aber um die gleiche, grundsätzlich betonbare Silbe [nɪs].

In der Schreibung des Deutschen gibt es kein Äquivalent für betonbare und nicht-betonbare Silben: Für Schwa (bzw. die silbischen Sonoranten) bietet das deutsche Schriftsystem kein eigenes Graphem. Phonologisch unterscheidet sich die zweite Silbe von [di.zl̩] *(Diesel)* und die erste Silbe von [zɛl.tn̩] *(sel-ten)* deutlich: [zl̩] ist nicht-betonbar, [zɛl] hingegen ist betonbar, sie sind kategorial verschieden. Graphematisch hingegen ist die entsprechende Silbe in beiden Fällen <sel>: <Die-sel> und <sel-ten>.

Allerdings haben die graphematischen Silben, die mit den phonologisch nicht-betonbaren korrespondieren, ein <e> als Silbenkern. Dies ist eine notwendige aber keine hinreichende Bedingung: In Wörtern wie <lesen> beinhalten beide Silben als Kern lediglich ein <e>, aber nur die zweite (also <sen>) hat eine nicht-betonbare lautliche Entsprechung. Im Deutschen findet sich eine Schreibung wie <Dirndl>; dies ist eine Dialektschreibung. In der Verschriftung des Bayerischen sind solche Schreibungen häufiger; für das Standarddeutsche sind sie fremd. Standarddeutsche Schreibungen für Silben mit einem silbischen [l̩] sind <Trottel>, <Beutel> und <Feudel>.

Dem kategorialen Unterschied zwischen betonbaren und nicht-betonbaren Silben der Phonologie entspricht kein solcher in der Graphematik. Gibt es aber überhaupt kategorial unterschiedliche graphematische Silben?

**Kategorial unterschiedliche graphematische Silben:** Jede graphematische Silbe im Standarddeutschen hat einen graphematischen Silbenkern und enthält wenigstens einen kompakten Buchstaben, also eine der folgenden: <a, e, i, o, u, ä, ö, ü>. In Kapitel II.4.4 wurde thematisiert, dass der Silbenkern höchstens zwei kompakte Buchstaben enthält; bei dreien ergibt sich eine neue graphematische Silbe (*freuen, schreien, Bauer* usw. sind graphematisch zweisilbig). Dort wurden auch einige Schreibungen thematisiert, die traditionell als ›Dehnungsschreibungen‹ gelten. Es sind solche Schreibungen, die sich nicht aus Phonem-Graphem-Korrespondenzen ergeben und die in gewisser Weise auch redundant sind.

(1) a. Miete, lieben
    b. fahren, lehnen
    c. Seele, Moos(e), Haar(e)
    d. Tee, See, Schnee

Für die Wörter in (1) ist die zusätzliche Markierung redundant in dem Sinne, dass auch Wörter wie *<Mite, liben, faren, lenen, Sele, Mose, Hare, Te, Se, Schne> jeweils mit den gespannten, langen Vokalen gelesen werden würden. Etwas anders sieht es aus bei der bereits in Kapitel II.4.4 erwähnten <ee>-Schreibung des Typs

(2)   Kaffee, Armee, Exposee

Wenn diese Wörter *<Kaffe, Arme, Expose> geschrieben werden würden, wäre eine Lesung mit Schwa in der zweiten Silbe die naheliegende. Es scheint also wichtig, dass sie jeweils mit <ee> (oder alternativ mit <é> wie in <Exposé>) geschrieben werden.

**Schwere graphematische Silben:** Die Silbenkerne <ee>, <ie>, <aa>, <oo>, <_h> (=kompakter Buchstabe, gefolgt von <h>) sind offenbar herausgehoben; solche Silben bezeichnet man als graphematisch schwer – das ist offenbar eine innergraphematische Bestimmung. Die jeweiligen ›stummen‹ (zweiten) Buchstaben machen den graphematischen Silbenkern schwer, und schwere Silbenkerne führen zu einer schweren Silbe. Die Unterscheidung zwischen schweren und nicht-schweren graphematischen Silben ist ein kategorialer Unterschied innerhalb der graphematischen Silben.

Neben den aufgezählten Silbenkernen kann es noch weitere Merkmale von schweren Silben geben. So scheint es sinnvoll, besonders komplexe Silbenränder als ›Schwerekennzeichner‹ zu identifizieren; hierzu ist aber weitere Forschung nötig. Auf weitere Silbenkerne gehen wir hingegen im Folgenden ein.

---

**<ä> als Schwergewicht?**

Bei der Buchstabenanalyse wurden <ä, ö, ü> als komplexe Buchstaben bezeichnet. Dabei ist <ä> eine Schreibung, die sich häufig nicht aus den primären Phonem-Graphem-Korrespondenzen ergibt. In Kapitel II.6.1 werden wir sehen, dass im nativen Wortschatz in den meisten Fällen die Schreibung von <ä> morphologisch bedingt ist (*Apfel - Äpfel, Kamm - Kämme*). Nun kommt das Graphem <ä> aber auch in Fremdwörtern vor, und dort ist die Schreibung weder morphologisch noch von den Phonem-Graphem-Beziehungen her bedingt. Es muss also einen weiteren Grund für die Schreibung geben und die These ist: <ä> macht im Gegensatz zu einfachem <e> die Silben schwer in Wörtern wie *vulgär, Volontär, regulär* usw. (Schmidt 2012); unten wird gezeigt, dass hier Endbetonungen vorliegen. Auch bei der Endung *-ität* könnte die <ä>-Schreibung so begründet sein; aus Französisch *-ité* hat sich nicht die Schreibung *-itet* ergeben; die graphematische Schwere von <ä> könnte ein Grund für die Schreibung <ä> sein; phonologisch gehört dieses Suffix zu den akzenttragenden.

**Graphematischer Fuß**

Nach diesen Betrachtungen ist es sicherlich sinnvoll, auch die anderen komplexen Silbenkerne als Schwerekennzeichner anzunehmen, also <ei>, <ai>, <au>, <eu>, <äu> (s. Kap. II.4.4). Und ebenso wie <ä> auch <ö> und <ü>.

**Schwere Silben – prominente Silben:** Schwere Silben sind prominent, und um diese Silben können sich im Fuß weniger prominente Silben gruppieren. Aber nicht jede prominente Silbe muss schwer sein. Schwere ist also eine hinreichende Bedingung für Prominenz, aber keine notwendige: Längst nicht in jedem graphematischen Wort kommt eine solche Silbe vor (*lesen, jeder, Buch, Lampe* usw.). Kommen hingegen zwei schwere Silben vor, handelt es sich entsprechend um zwei graphematische Füße.

## 5.2 | Graphematische Fußstrukturen

Im Folgenden geht es um die Frage, ob auch unabhängig von schweren Silben graphematische Fußstrukturen anzunehmen sind. Die Argumentation geht wie folgt:
1. Füße sind eine Strukturdimension zwischen der Silbe und dem Wort.
2. Jeder Fuß enthält eine prominente Silbe.
3. Es gibt die Kategorie der graphematisch schweren Silben. Graphematisch schwere Silben sind graphematisch prominente Silben.
4. Nicht jedes Wort enthält aber graphematisch schwere Silben. Wenn es jedoch keine prominente Silbe in einem Wort gibt, kann es keinen Fuß geben. Wenn man alle Wörter aber als pedifiziert (›verfußt‹) annimmt, dann muss jedes graphematische Wort wenigstens eine prominente Silbe enthalten.
5. Welche nicht-schweren Silben sind also prominent und wie sind sie zu entdecken?

Ähnlich wie in der Phonologie ergibt sich damit die Frage, ob es möglicherweise feste Fußstrukturen gibt, die als solche deutlich zu erkennen sind.

**Graphematischer Trochäus:** Der häufigste prosodische Fuß im heutigen Deutsch ist der Trochäus (s. Kap. I.5.3). Wir gehen davon aus, dass der Trochäus auch graphematisch die bevorzugte Struktur des Deutschen ist, das heißt auch, dass ein Fuß, wenn er kein Trochäus ist, geradezu als Nicht-Trochäus (insbesondere als Jambus) markiert wird.

Ein Trochäus ist ein zweisilbiger Fuß, bei dem die erste Silbe die prominente ist. Das ist der Normalfall für das heutige Deutsch. Abweichungen von dem Normalfall (z. B. ein Jambus) werden markiert: Beispiel *Chemie* als Jambus vs. *Nazi* als Trochäus.

(3) a. Bau er  b. Bau.ern.hö fe

## Graphematische Fußstrukturen

In dem Beispiel (3) aus Kapitel I.5.1 zeigt (3a) einen einfachen Trochäus und (3b) eine Kombination aus zwei einfachen Trochäen. In den Beispielen ist die jeweils prominente Silbe gleichzeitig eine graphematisch schwere. Das stärkt die Sicht auf die prominenten Silben. Aber es finden sich natürlich auch viele Zweisilber, bei denen keine Silbe graphematisch schwer ist.

(4) a. le-ben, La-den, lo-ben, Bu-de, Kin-der
    b. Ki-no, O-ma, U-hu, Pul-li

In (4) handelt es sich durchweg um Zweisilber mit graphematischen Silben des gleichen kategorialen Typs; sie sind nicht-schwer. Nun ist die These, dass es sich dennoch eindeutig um graphematische Trochäen handelt, sofern keine andere Annahme nahegelegt wird.

Der Typ (4a) ist häufig, der Typ (4b) hingegen relativ selten, insbesondere im nativen Kernwortschatz. Evertz/Primus (2013) unterscheiden daher begrifflich zwei Trochäen: die mit zweiter <e>-Silbe als kanonische Trochäen, die anderen (*Kino* usw.) als nicht-kanonische Trochäen.

---

**Graphematische vs. phonologische Füße im Deutschen und Englischen** — *Zur Vertiefung*

Evertz/Primus (2013) entwickeln das Konzept des graphematischen Fußes am Deutschen und Englischen und interpretieren das ›stumme‹ <e> im Englischen wie in *like, make, made, rose* usw. als Anzeichen von graphematischen Füßen. Damit sind solche Wörter graphematisch zweisilbig; der Trochäus ist im geschriebenen Englisch deutlich verbreiteter als im gesprochenen Englisch. Evertz/Primus zeigen besonders überzeugend, dass eine hierarchische Struktur mehr erklären kann als eine lineare (also ohne Silben- und Fußstruktur). So ergeben sich durch das <e> graphematisch offene erste Silben (<li.ke>); die Lesung des kompakten Buchstabens entspricht dann der von offenen Silben ([laik]).

In der Lautung des Deutschen ergibt sich Zweisilbigkeit häufig durch die silbischen Sonoranten (*Onkel, Wagen, Atem*). Lautlich enthält die zweite Silbe keinen Vokal. In der Schreibung des (Standard-)Deutschen ist dies sehr anders: Graphematisch wird Zweisilbigkeit klar durch einen kompakten Buchstaben gekennzeichnet.

---

Nun ist natürlich zu fragen, was der graphematische Trochäus zeigen kann. Hierzu gibt es zwei Antworten: Erstens fallen sehr häufig graphematische Trochäen und phonologische Trochäen zusammen (das gilt auch für andere Füße). Zweitens werden wir in Kapitel II.6.3 zeigen, dass graphematische Füße Hinweise auf morphologische Strukturen geben, wie es auch phonologische Füße tun (s. Kap. I.5.3).

**Graphematischer Jambus:** Graphematische Jamben sind z. B. *Kaffee, Armee, Allee*. Durch die zweite schwere Silbe wird die (gegenüber dem Trochäus) markierte Struktur (›nicht-prominent – prominent‹) explizit gezeigt.

**Graphematischer Fuß**

Entgegen den sonstigen Gepflogenheiten in diesem Buch werden bei der jambischen Struktur Fremdwörter herangezogen, da die jambische Struktur im nativen Wortschatz des Deutschen eher selten vertreten ist. Außerdem ist mitunter zu sehen, dass gerade die Schreibung, wie sie im Fremdwortbereich des Deutschen praktiziert wird, nicht diejenige ist, die das Fremdwort aus der Herkunftssprache mitbringt. Die deutsche Schreibung reagiert hier geradezu auf die Anforderungen des Fremdwortbereichs.

(5) a. Chemie (mlat. chemia, chymia, gr. chemeía, chymeí), Manie (spätlat. mania, gr. mania)
   b. primär (frz. primaire), vulgär (frz. vulgaire), binär (frz. binaire)
   c. Klischee (frz. cliché), Karree (frz. carré)
   d. seriös (frz. sérieux), Likör (frz. liqueur)
   e. Parfüm (frz. parfum), Debüt (frz. début), Kostüm (frz. costume), Menü (frz. menu)

<ie> ist eine der möglichen Kennzeichnungen für schwere Silben; <Chemie> ist damit ein graphematischer Jambus, während <Fundi, Sozi, Sponti> graphematische Trochäen sind. Ein Beispiel mit <h> fehlt bei den morphologisch einfachen Zweisilbern; die vor der Rechtschreibreform übliche Schreibung <Känguruh> wäre hier ein entsprechendes Beispiel. Dass <h> auch diese Funktion übernehmen kann, zeigt das Experiment von Evertz/Primus 2013 (s.u. Vertiefungskasten).

Neben diesen für das Deutsche typischen Kennzeichnungen für schwere Silben kann auch das Akzentzeichen als zusätzlicher Gewichtgeber interpretiert werden, wie in <Café>. Bei allen Beispielen in (5) ist im Deutschen eine Schreibung eingeführt, die explizit die jambische Struktur zeigt. Schwere graphematische Silben korrespondieren häufig mit betonten phonologischen Silben. Das heißt aber nicht, dass dies bei allen Fremdwörtern so angezeigt wird, denn fremde Schreibungen können beibehalten werden. Hier besteht noch Forschungsbedarf.

**Graphematischer Daktylus:** Der graphematische Daktylus enthält – analog zum phonologischen Daktylus – eine prominente Silbe, gefolgt von zwei nicht-prominenten. Es ist der einzige dreisilbige Fuß, den wir zu diesem Zeitpunkt in Einklang mit dem Stand der Forschung annehmen. Der dreisilbige Fuß beginnt mit einer prominenten Silbe, die beiden folgenden Silben sind <e>-Silben. Beim graphematischen Daktylus muss die erste Silbe nicht schwer sein, aber die beiden folgenden enthalten ein <e>.

(6) Wanderer, höhere, muntere, segeltest, singende, gebende

Damit sind graphematische Daktylen eng definiert. In der zweiten und der dritten Silbe ist ausschließlich <e> als Silbenkern zugelassen.

**Unpedifizierte erste Silben** sind bisher noch nicht systematisch erfasst wie in (7).

Graphematische
Fußstrukturen

(7) a. gelogen, Erfinder, Entgelte
    b. zerreißen, entlaufen, genaues, genügend, gefühltes
    c. gelegenes, zerrissenes, gesungenes
    d. genauere, verschiedener, geschriebener, entlaufener

Ohne die jeweils erste Silbe ergeben sich bereits bekannte Strukturen: In (7a) und (7b) Trochäen, in (7c und d). Daktylen. Damit zeigt sich: Es gibt auch in der Graphematik unpedifizierte erste Silben, die also keinem Fuß zugeordnet werden. Offenbar gehören die Fälle zum Kernbereich des Deutschen. Die Silben, die unpedifiziert bleiben, sind auflistbar:

(8)   <ge->, <be->, <ver->, <ent->, <zer->, <er->

Diese Silben erhalten damit einen Sonderstatus. Von der Form her ist auffällig, dass sie alle ein <e> enthalten. Wenn diese Silben unpedifiziert bleiben, dann bleibt die Anzahl der möglichen Füße überschaubar.

Die Graphematik zeigt hier allerdings keine *eindeutigen* Strukturen. Die Silben in (8) sind an sich unmarkiert, sie sind kategorial nicht-schwer. Die gleichen Silben können in Trochäen an prominenter Position auftreten:

(9) a. <u>be</u>ten, <u>ge</u>ben, <u>er</u>ben
    b. <u>zer</u>ren, <u>En</u>te, <u>Ver</u>ben

Für die Einordnung als unpedifizierte erste Silben ist es offenbar eine notwendige Bedingung, dass es sich um eine Silbe aus der genannten Liste handelt, aber keine hinreichende. Diese Silben tragen kein Merkmal, das sie kategorial auszeichnet, sondern letztlich werden sie durch eine Verbindung von kategorialen (aus der Liste, enthalten ein <e>) und relationalen (erste Silbe in Mehrsilbern) Kriterien beschrieben.

**Der graphematische Einsilber:** In der Graphematik ist wie gesagt die Einheit ›Wort‹ gut gekennzeichnet, nämlich durch die umgebenen Leerzeichen. Solche Einheiten sind ohne Frage sehr häufig einsilbig wie <Fuß>, <Stuhl>, <man>, <bin> usw. Sie sind also graphematische Silben und zugleich graphematische Wörter. Gibt es entsprechend graphematisch einsilbige Füße? In der Graphematik erscheint es nicht sinnvoll, über die Leerzeichen hinweg zu pedifizieren. Daraus ergibt sich, dass einsilbige Füße sinnvoll sind – jedes Wort enthält eine prominente Silbe (s.o.); diese Silbe ist dann prominent. Auch diese (*sucht, liebt, tagt*) können dann mit unpedifizierten ersten Silben auftreten (*gesucht, verliebt, betagt*). Hier ergibt sich eine systematische, aber nicht störende Überlappung mit dem Jambus.

**Experiment zu graphematischen Füßen**

Zur Vertiefung

Evertz/Primus (2013) haben in einem Experiment mit Pseudowörtern nachgewiesen, dass abhängig vom <h> der jeweilige phonologische Akzent zugewiesen wird und also phonologische Füße gebildet werden.

**Graphematischer Fuß**

> Es wurden dreisilbige Pseudowortstrukturen getestet wie *Ranukoh - Ranuko*. Bei Lesung des Wortes mit <h> wird häufig ein zweiter phonologischer Fuß gebildet, bei dem ohne <h> nicht: ′Ranuˌkoh vs. Ra′nuko. Hier geht es um die Korrespondenz von graphematischen und phonologischen Füßen bzw. Silbenstrukturen.
>
> Bei der bisher angenommenen graphematischen Struktur wären es in jedem Fall zwei graphematische Füße, nämlich <Ranu> <ko/koh>. Das liegt eben daran, dass in den daktylischen Strukturen graphematisch zwei <e>-Silben nötig sind. Phonologisch kann es eher zur Abschwächung kommen.

## 5.3 | Graphematische und phonologische Füße

Der graphematische Fuß weist strukturelle Gemeinsamkeiten mit dem phonologischen Fuß auf, aber auch Unterschiede. Zu den **Gemeinsamkeiten** gehören:

1. Der graphematische Fuß lässt sich analog zum phonologischen Fuß als Silbenfolge auffassen, die obligatorisch eine prominente Silbe umfasst und fakultativ ein oder mehrere nicht-prominente Silben. Beim graphematischen Fuß wird dabei der in Kapitel II.4 eingeführte graphematische Silbenbegriff vorausgesetzt, beim phonologischen Fuß der in Kapitel I.4 eingeführte phonologische Silbenbegriff.
2. Im Bereich der Graphematik und im Bereich der Phonologie lassen sich vergleichbare Fußtypen unterscheiden. Auf beiden Ebenen scheint der Trochäus eine besondere Rolle zu spielen. Analytisch relevant sind in beiden Bereichen aber auch weitere Fußtypen wie der Daktylus und der Jambus.

Zu den wichtigsten **Unterschieden** gehören:

1. Die phonologisch wichtige Unterscheidung von betonten und nicht-betonbaren Silben hat keine Entsprechung in der Graphematik; lautlich enthalten die nicht-betonbaren keinen Vollvokal; graphematisch besteht zwischen den beiden Silben in *le-sen* kein kategorialer Unterschied.
2. Graphematisch wird nicht über Wortgrenzen hinweg pedifiziert. Das Beispiel *In der Kürze liegt die Würze* in Kapitel I.5.2 hat gezeigt, dass die phonologische Fußbildung auf Äußerungsebene Wortgrenzen überschreiten kann. So kann *in der* ebenso wie *Inder* einen trochäischen Fuß bilden. Die entsprechende Folge graphematischer Wörter <in der> kann hingegen keinen graphematischen Fuß bilden, da die Fußbildung sonst die Grenze eines graphematischen Wortes überschreiten würde.

### Zur Vertiefung

**leihste, inner, fürs – Konzeptionelle Mündlichkeit und mediale Schriftlichkeit**

Ein typisches Mittel für konzeptionelle Mündlichkeit sind durchaus Formen wie *leihste* (s. Kap. I.6.2), *inner* (*Kürze liegt die Würze*; s. Kap. I.5.2), in der die lautliche Verbindung zu einem Fuß auch graphematisch wiedergegeben wird. Dabei können einige Formen durchaus zunehmend auch in die konzeptionelle Schriftlichkeit übernommen werden, typische Beispiele sind die Verschmelzungen: *für das – für's – fürs, in das – in's – ins*. Die Apostrophform ist dabei geradezu eine ›Übergangsform‹ (zum Wortzeichen s. Kap. II.7.2).

Wenn die Einheiten ohne Leerzeichen geschrieben werden, sind sie graphematische Wörter (s. Kap. II.7) und können entsprechend auch ein graphematischer Fuß sein (*leihste* analog zu *Leiste*, *inner* mit Bezug auf *in der* analog zu *inner(en) Organe*).

## Weiterführende Literatur

Der Begriff des graphematischen Fußes ist relativ neu – bislang liegen Primus (2010), Evertz/Schmidt (2013) und Schmidt (2011) vor.

## Aufgaben

1. Bestimmen Sie in dem folgenden Text die Fußstrukturen, so wie sie bisher vorgeführt wurden. Nennen Sie zunächst alle mehrsilbigen Wörter; unter den zweisilbigen die Trochäen (kanonisch – nicht-kanonisch) und betrachten Sie anschließend die anderen mehrsilbigen Wörter. Der Text wird in Kapitel II.6 behandelt. Dort wird mit der hier erarbeiteten Struktur gearbeitet.

   Ich soll heute hier die Rede halten zum jährlichen Gedenktag für die Opfer des Nationalsozialismus. Doch nicht als Historiker spreche ich, sondern als ein Zeitzeuge, genauer: als Überlebender des Warschauer Ghettos. 1938 war ich aus Berlin nach Polen deportiert worden. Bis 1940 machten die Nationalsozialisten aus einem Warschauer Stadtteil den von ihnen später sogenannten »jüdischen Wohnbezirk«. Dort lebten meine Eltern, mein Bruder und schließlich ich selber. Dort habe ich meine Frau kennengelernt.

   Seit dem Frühjahr 1942 hatten sich Vorfälle, Maßnahmen und Gerüchte gehäuft, die von einer geplanten generellen Veränderung der Verhältnisse im Ghetto zeugten. Am 20. und 21. Juli war dann für jedermann klar, dass dem Ghetto Schlimmstes bevorstand: Zahlreiche Menschen wurden auf der Straße erschossen, viele als Geiseln verhaftet, darunter mehrere Mitglieder und Abteilungsleiter des »Judenrates«. Beliebt waren die Mitglieder des »Judenrates«, also die höchsten Amtspersonen im Ghetto, keineswegs. Gleichwohl war die Bevölkerung erschüt-

**Graphematischer Fuß**

tert: Die brutale Verhaftung hat man als ein düsteres Zeichen verstanden, das für alle galt, die hinter den Mauern lebten.
(Marcel Reich-Ranicki: Rede im Bundestag am 27. Januar 2012, http://www.bundestag.de/dokumente/textarchiv/2012/37432080_kw04_gedenkstunde/rede_ranicki.html – Zugriff 5.1.2013)

2. Überlegen Sie anhand von Paaren wie *Betten – beten, Lacke – Lake, lottern – Lote, Happen – hapern, offen – Ofen, lassen – lasen* (nach Primus 2010: 24), wie die Schreibung geregelt ist, wenn man nur eine Vokalreihe annimmt (also weder Gespanntheit noch Länge als distinktives Merkmal annimmt).

3. Bei Gallizismen (Wörter aus dem Französischen) besteht offenbar neben der Korrespondenz /y/ – <ü> auch /y/ – <u>: Interpretieren Sie im Sinne des Fußes Schreibungen wie *Bulletin, Duchesse, brulee (crème brûlée), Jury, Tutu* usw. Geben Sie Thesen für die Variantenschreibung von *Tutu* und überprüfen Sie diese Varianten im Internet (welche erscheinen Ihnen wahrscheinlicher als andere?).

4. *Gebet – gebet* unterscheiden sich phonologisch deutlich voneinander; die Wörter haben unterschiedliche phonologische Fußstrukturen. Sind diese auch in der Graphematik rekonstruierbar?

5. Bestimmen Sie die Fußstrukturen der folgenden Wörter: *beliebtes, Brillengläser, Siebenschläfer, gelungenes, gedacht*.

# 6. Morphologische Schreibungen

6.1 Stammkonstanz
6.2 Affixkonstanz
6.3 Graphematische Füße und Morphologie

Das Deutsche ist geprägt von seinen morphologischen Schreibungen. So sind in einem Beispielpaar wie *Mann – Männer* explizit wenigstens drei morphologische Schreibungen zu erkennen, von denen wenigstens zwei ausschließlich morphologisch zu erfassen sind: *Mann* würde nach den bisher erläuterten Prinzipien <man> geschrieben, *Männer* hingegen <menna>/<menner> – hier ist neben den Phonem-Graphem-Korrespondenzen die Silbengelenkschreibung (<nn>) berücksichtigt. Morphologische Schreibungen zeigen die Zusammengehörigkeit von Formen:
- Die Form <Mann> wird mit Doppel-n geschrieben wegen des morphologischen Bezugs auf die Pluralform, in der das Doppel-n silbisch bedingt ist.
- Die Pluralform selbst wird mit <ä> und nicht mit <e> geschrieben wegen des morphologischen Bezugs auf die Singularform mit <a>; <a> und <ä> sind graphematisch ähnlich.
- Die Endung wird <er> geschrieben – es handelt sich um eine Form der Affixkonstanz, das Pluralsuffix ist graphematisch <er>.

Von der Großschreibung handelt Kapitel II.8, sie wird in diesem Beispiel nicht beachtet. Die erwähnten Schreibungen werden im Einzelnen später erläutert. Es sollte aber bereits deutlich geworden sein, dass <Mann> – <Männer> eine morphologische Verwandtschaft zeigt, und zwar viel deutlicher als Schreibungen wie *<Man> – *<Menna>. Außerdem haben wir gesehen, dass **Morphemkonstanz** in ›beide‹ Richtungen wirken kann – von der Singular- auf die Pluralform und umgekehrt. – Im Folgenden unterteilen wir die Morphemkonstanz in zwei Unterprinzipien:
- **Stammkonstanz** für lexikalische Morpheme wie *tisch, stuhl, fühl, groß*
- **Affixkonstanz** für grammatische Affixe wie *-er, -ig, -lich* usw.

In beiden Fällen ist es möglich, zwischen einer ›**expliziten**‹ und einer ›**impliziten**‹ Wirkung zu unterscheiden. Beispiele für das explizite Wirken sind die oben genannten; die Schreibung von *Mann* mit <nn> ist ausschließlich morphologisch zu erfassen. Implizite Stammkonstanz findet sich bei *Tisch – Tische*: Hier werden die Stämme ebenfalls gleich geschrieben, aber die Schreibungen ergeben sich in diesem Fall auch so aus den Phonem-Graphem-Korrespondenzen. Dennoch ist es wichtig, auch das implizite Wirken der Morphemkonstanz zu sehen: Die morphologischen

**II.6.1**
Graphematik

**Morphologische Schreibungen**

Prinzipien gelten keineswegs nur für bestimmte Schreibungen, sondern sie wirken sehr weitreichend.

## 6.1 | Stammkonstanz

**Zum Begriff**

> Morphologische Stämme werden möglichst ähnlich geschrieben. Das Prinzip der → **Stammkonstanz** reicht so weit, wie die phonographischen Prinzipien es zulassen.

Explizit zeigt sich die Stammkonstanz in bestimmten <ä>-**Schreibungen** (*Männer*) sowie in der Übernahme von Schreibungen, die phonographisch im Zweisilber begründet sind und aus morphologischen Gründen in den Einsilber übernommen werden, wie die <h>-**Schreibungen** (*steht*), die <ß>-**Schreibungen** (*reißt*) und die **Silbengelenkschreibungen** (*Mann*). Die sogenannte **Auslautverhärtung** wird in der Schrift nicht übernommen, auch dieses Phänomen dient der Stammkonstanz (*Hund*) (s. Kap. I.4.4)

Dass phonographisch nichts dagegen sprechen darf, meint, dass die Schreibungen auch mit Berücksichtigung der Stammkonstanz zu der Lautung ›passen‹ muss. Ein übertriebenes Beispiel ist, dass eine Präteritumsform von *denken* nicht *\*denkte* (Prinzip der Stammkonstanz), sondern *dachte* (so wird die Form ›gesprochen‹) geschrieben wird.

### <ä>-Schreibungen

In Kapitel I.3.2.2 haben wir gezeigt, dass die Umlautung phonologisch zu einem Zusammenfall führt: Die Umlautung (Frontierung) des nichtvorderen, nicht-geschlossenen, nicht-gespannten Vokals /a/ fällt mit dem /ɛ/ zusammen, es gibt also keinen eigenen Vokal wie zum Beispiel bei der Umlautung des geschlossenen, nicht-vorderen, nicht-gespannten Vokals (/ʊ/- /y/). So gibt es ausschließlich bei der gespannten/langen Variante überhaupt die Möglichkeit der eindeutigen Identifizierung des umgelauteten Lautes, nämlich [æ].

**Gespanntes [æ]** kommt in einigen Regionen vor, allerdings nicht im Norddeutschen (s. Kap. I.3.2.3). So sagen manche Leute [kæːzə] und andere [keːzə] für *Käse*; analog [fæːtɐ] und [feːtɐ] für *Väter*. Distinktiv sind [æ] und [e] nur in sehr wenigen Fällen im Deutschen, nämlich bei den Konjunktivformen *er gebe – er gäbe*. Dabei ist allerdings noch nicht nachgewiesen, dass dieser Unterschied in der gesprochenen Sprache tatsächlich gemacht wird. Erstens sind diese Konjunktivformen in der gesprochenen Sprache selten, und zweitens ist häufig durch den Kontext klar, welche Form gemeint ist. Bei klarer Aussprache von [æ] ist die phonographische Herleitung von Schreibungen wie *Käse*, *Väter*, *gäbe* möglich. Bei den anderen Aussprachen sind zumindest für *Väter* und *gäbe* die Schreibungen morphologisch herzuleiten, durch den Bezug auf *Vater* und *gab*. Die Fälle, die nicht (auch) morphologisch herzuleiten sind, sind selten, z. B. *Bär* und *Käse*. Für Regionen wie Norddeutschland sind dies nicht-herleitbare Schreibungen; sie müssen faktisch auswendig gelernt werden.

**Ungespanntes [ɛ]** kommt sowohl im Plural von *Fall* als auch von *Fell* vor: [fɛlə]. Nach den phonographischen Schreibprinzipien würde in beiden Fällen <e> geschrieben; die Schreibung <Fälle> ist ausschließlich morphologisch zu begründen. Entsprechend ergeben sich Schreibungen wie *alt – älter, hatte – hätte, Fall – Fälle, Apfel – Äpfel*.

**Die Schreibung <äu>** ist ebenso in den allermeisten Fällen morphologisch zu begründen (s. Kap. II.3.2). Diese Schreibung funktioniert analog zur ä-Schreibung: *Baum – Bäume, Haus – Häuser, Maus – Mäuse*. Dazu gibt es nur wenige Ausnahmen wie *Knäuel, räufeln, räuspern, Säule, sträuben, träufeln* (vgl. Berg/Fuhrhop 2011). Auch diese sind etymologisch mit ihrer äu-Schreibung zu motivieren; synchron sind sie nicht motiviert.

In der **Flexionsmorphologie** ist die ä-Schreibung regelmäßig und häufig. In den folgenden Fällen kommt sie vor:
- bei der Pluralbildung von Substantiven (*Väter, Äpfel, Blätter, Hände, Wände*)
- bei der Adjektivkomparation (*älter, ärmer, näher*)
- in der Verbflexion (*fährt, käme, hätte*)

In der Verbflexion scheint es aber eine ›Richtung‹ zu geben, und zwar nicht vom Präteritum zum Präsens – so wird *helfen* nicht *hälfen* (wegen *halfen*), *sterben* nicht *\*stärben* (wegen *starb*). Mit Duden 4 (2009: 80) ist hier die Bedingung zu erkennen, dass Präsensformen nicht komplexer sein sollen als Präteritumsformen.

In der **Derivationsmorphologie** findet sich ebenfalls Stammkonstanz, so bei *backen – Bäcker, rauben – Räuber, Hass – hässlich*. Hier gibt es vereinzelte Fälle, die nicht regelmäßig sind; mit der Rechtschreibreform wurden einige Schreibungen geändert, so *Gämse* wegen *Gams* und *behände* wegen *Hand/Hände*. An *Eltern* wurde nichts geändert, der Bezug zu *alt* wurde also nicht verdeutlicht. Lexikalisierung ist in der Wortbildung grundsätzlich möglich und üblich, und das kann auch zur Konservierung von Schreibungen führen.

## <h>- Schreibungen, <ß>-Schreibungen

Die h-Schreibungen aus den Zweisilbern (*se-hen, deh-nen*; s. Kap. II.4.4) werden wegen des Prinzips der Stammkonstanz auch im Einsilber beibehalten, wenn phonographisch nichts dagegen spricht.

Die Beibehaltung gilt erstens für das silbeninitiale <h>, das im Einsilber natürlich nicht mehr ›silbeninitial‹ sein kann: *drehen, sehen, ruhen – drehst, sieht, ruht*. Dass auch dieses <h> im Prinzip als ›Dehnungsmarkierung‹ gelesen wird, ist an Fällen wie *stehen – stand, gehen – ging* zu erkennen, es steht ausschließlich nach gespannten/langen Vokalen. Phonographisch scheint eine Schreibung *<stahnd> für /ʃtant/ nicht möglich.

**Morphologische Schreibungen**

Auch für das Dehnungs- oder Schwere-h gilt die prinzipielle Beibehaltung: *dehnen, sehnen, fühlen, mahlen – dehnst, sehnt, fühlt, mahlt*. Hier steht ebenfalls die phonographische Beschränkung über der morphologischen, so bei *nehmen – nimmt*.

Ganz analog wird auch die im Zweisilber phonographisch begründete ß-Schreibung (s. Kap. II.2.2 und II.3.3) in den Einsilber übernommen: *reißen – reißt, heißer – heiß* usw. (zur ß-Schreibung in der alten Rechtschreibung s. Aufgabe 3).

### Silbengelenkschreibungen

Die Doppelkonsonanz in Einsilbern ist im heutigen Deutsch ausschließlich morphologisch bedingt. Im Deutschen wird *Mann* mit <nn> geschrieben wegen des Bezugs auf <Männer>, so auch *Fall – Fälle, Fell – Felle, kennt – kennen, Bett – Betten*.

**Zur Vertiefung**

*dass, wenn, wann, denn, dann*

Die Doppelkonsonantenschreibung ist in einigen wenigen Einsilbern synchron nicht morphologisch zu begründen. Das fällt besonders auf in Fällen wie *dass* und *wenn*, denn diese Wörter gehören zu den hochfrequenten.

Offenbar ist es im Deutschen für das Lesen relativ wichtig, *das* und *dass* unterscheiden zu können. Die Wörter unterscheiden sich lautlich nicht, aber grammatisch: *dass* ist eine Konjunktion mit dem entsprechenden grammatischen Verhalten. Folgende These lässt sich aufstellen: Bei der Unterscheidung von *dass* und *das*, *wen* und *wenn*, *den* und *denn* wirkt ein **Prinzip der ›Homographievermeidung‹**.

Alle diese Wörter sind sogenannte Funktionswörter, und sie kommen als solche zum Beispiel häufig in Zusammenhang mit einem Komma vor, also als Satz›beginner‹ (sowohl Satzeinleiter als auch als erstes Satzglied oder als erster Teil des ersten Satzgliedes).

Maria sieht, wen ihr Sohn vor dem Haus trifft.
Maria sieht, wenn ihr Sohn vor dem Haus trifft. (Marias Sohn spielt Fußball.)

Sie informierten das Gremium, das sie gewählt hatten.
Sie informierten das Gremium, dass sie gewählt hatten.
(nach Bredel/Fuhrhop/Noack 2011: 64)

Hintergrund: Häufig wird ›Homonymievermeidung‹ als Schreibprinzip angegeben. Dieses Prinzip ist aber kein systematisches, sonst müsste man zwei Wörter *Schloss* unterscheiden. In dem relativ kleinen Bereich von Funktionswörtern könnte es aber doch wirksam sein.

An zwei Stellen könnte allerdings das Stammprinzip wirken: Bei dem Wort *dann* könnte ein Bezug zu *dannen* (*von dannen ziehen*) hergestellt werden. Bei *dass* gibt es das Wort *dessen* – ein solcher Bezug würde aber erwarten lassen, dass nicht ausgerechnet die Konjunktion *dass* mit <ss> geschrieben wird, sondern vielmehr der Artikel, das Demonstrativpronomen.

## Keine Auslautverhärtung in der Schrift

Ein Prinzip der morphologischen Schreibung ist, dass Einsilber graphematisch auf <b d g> enden können, obwohl die Laute [b d g] phonologisch in Silbenendrändern im Deutschen nicht möglich sind. In der Phonologie gilt die Regel, dass keine stimmhaften Obstruenten (=Plosive und Frikative) im Silbenauslaut vorkommen (s. Kap. I.4.4). Die stimmhaften Obstruenten alternieren mit den stimmlosen bei Einsilbern und Zweisilbern wie in /hʊnt/ vs. /hʊndə/.

Bei der Verschriftung von Plosiven ist das ganz offensichtlich: *Hund, Tag, Lob.* Die Stammkonstanz zeigt auch hier morphologische Verwandtschaften; eine Schreibung wie <Hund> deutet darauf hin, dass es einen verwandten Zweisilber <Hunde> gibt.

Bei der Verschriftung von Frikativen ist das gar nicht so offensichtlich. Betrachten wir erneut die Frikativverschriftungen (s. Kap. II.3.3):

(1)   /f/  →  <f>
     /S/  →  <s>
     /z/  →  <s>
     /s/  →  <ß>
     /ʃ/  →  <sch>
     /ç/  →  <ch>
     /v/  →  <w>
     /j/  →  <j>

Bei der Auslautverhärtung werden im Prinzip Paare von stimmlosen und stimmhaften Lauten gebildet, und sie alternieren, je nachdem ob sie im Auslaut (der ersten Silbe) stehen (stimmlos) oder im Anlaut der (zweiten) Silbe. Offenbar gibt es aber bei bestimmten Frikativen diese Paarbildung im Deutschen nicht, so bei /ʃ/ und /ʒ/ und auch bei /ç/ und /j/ nicht. Diese Alternation findet sich bei den Frikativen lediglich bei /v/ und /f/ und bei /z/ und /s/.

**/f/ und /v/:** Diese Phoneme kommen an den erwähnten Stellen vor und verhalten sich auch entsprechend wie in /dof/ vs. /dovə/, /bʀaf/ vs. /bʀavə/ usw. zumindest in einer Varietät des Norddeutschen. Interessant ist hier die Schreibung: Erstens finden sich in diesen beiden Beispielen unterschiedliche Schreibungen, nämlich *doof* und *brav*. Zweitens müsste nach den angenommenen Phonem-Graphem-Korrespondenzen /v/ → <w> geschrieben werden, also entspricht keine der beiden gefundenen Schreibungen den Phonem-Graphem-Korrespondenzen. Es wären Schreibungen wie *\*doow, \*braw* zu erwarten; im Deutschen gibt es offenbar keine (nativen) Wörter, die mit <w> enden. Am Morphemende findet man <w> nur in den beiden Ausnahmefällen *Löw-chen, Möw-chen*. <w> scheint ausgeschlossen, <f> findet sich hingegen häufiger, und zwar auch dann, wenn lautlich im Zweisilber eine stimmhafte Variante auftritt (auch diese sind regional eingeschränkt):

(2)    doof – doofe, fünf – fünfe, elf – Elferrat, zwölf – zwölfe

**Morphologische Schreibungen**

Morphemkonstanz ist hier erhalten, da nicht unterschiedlich geschrieben wird, wie das zum Beispiel im Englischen der Fall ist (*wife – wives*). Aber die ausgewählte Schreibung ist eine andere, als sie nach der Betrachtung der Plosivschreibungen (bei den Plosiven wird jeweils die ›stimmhafte‹ Variante geschrieben wie <Hund>, <Tag>, <Lob>) zu erwarten wäre. Sie bleibt im System markiert, allerdings ist die Zahl der Wörter, die es betrifft, gering – von den vier Wörtern sind drei Zahlwörter.

Eine Schreibung mit <v> wird bei Fremdwörtern beibehalten wie in *brav* (frz. *brave*) *Lokomotive*, *Kurve* (spätlat. *curva*), *nerven*; die Schreibungen kommen jeweils aus den Ursprungssprachen. Im fremden System verhält sich insbesondere die Schreibung der Endung *-iv* systematisch (*aktiv – aktives, naiv – naiver, nativ – native, Substantiv – Substantive* usw.)

**/s/ und /z/** Dieses Paar wird phonematisch ausschließlich zwischensyllabisch unterschieden wie in *reisen – reißen, Muse – Muße*; ansonsten sind es positionsabhängige Varianten, zumindest in norddeutschen Varianten des Standarddeutschen: Im Anlaut findet sich im nativen Wortschatz ausschließlich stimmhaftes /z/ (wie in *Sahne*), im Auslaut stimmloses /s/ (*nachts*). In den Phonem-Graphem-Korrespondenzen wurde gezeigt, dass beide Varianten in der Unterspezifizierung als <s> geschrieben werden und dass lediglich in der Position, in der es einen phonematischen Unterschied gibt, <ß> geschrieben wird. Entsprechend wird die Morphemkonstanz offenbar gewahrt; allerdings in vielen Fällen nicht explizit, sondern implizit, weil der stimmhafte und der stimmlose Laut in den meisten Fällen die gleiche Korrespondenz haben (*Gras – Gräser, Fuß – Füße*).

## 6.2 | Affixkonstanz

Neben der Stammkonstanz ist es auch hilfreich, eine Affixkonstanz anzunehmen, also die konstante Schreibung von Affixen. (Dieses Thema beginnt sich erst in der Forschung zu etablieren). Im Folgenden wird das anhand von drei Beispielen erläutert:
1. *er* vs. *a*
2. *nis* und *in*
3. *Kollege, Colloquium, Kommission* (s. Vertiefungskasten)

Auch bei der Affixkonstanz gilt grundsätzlich, dass sie nur wirkt, wenn phonographisch nichts dagegen spricht. Deutlich sind hier zum Beispiel die Pluralsuffixe im Deutschen, wie *(e)n, -er, -s, -e*; sie werden gemäß ihres phonologischen Gehalts unterschiedlich geschrieben.

### *er* vs. *a*

Phonologisch gibt es möglicherweise keinen deutlichen Unterschied in der Endung zwischen *Sauna* und *Gauner*. Wann wird <er> und wann <a> geschrieben? Einen Großteil der Fälle kann man begründen. Das Suffix *-er* hat im Deutschen viele Funktionen:

## -er als Suffix

Komparativsuffix: *schön – schöner, schnell – schneller, glatt – glatter*
Pluralsuffix: *Schild – Schilder, Kind – Kinder, Wald – Wälder, Mann – Männer*
Wortbildungssuffix: *Lehr-er, Bäck-er, Les-er, Schreib-er, Spring-er*
Verwandtschaftsbezeichnungen enden häufig auf *-ter*, historisch war dies ein Suffix: *Mutter, Vater, Schwester, Tochter – Bruder* (stimmhafte Variante)

Eine Endung *-a* kommt insbesondere bei weiblichen Vornamen, in familiären Verwandtschaftsbezeichnungen und in fremden Wörtern vor:

(3) a. Petra, Franka, Jutta
    b. Opa, Oma, Mama, Papa
    c. Thema, Aura, Aula, Pasta, Sauna, Komma, Kobra, Koala

Dass die Endungen auch jenseits der Schrift gut unterschieden sind, ist an der Pluralbildung zu erkennen:
**Substantive mit einer Stammendung *-er*** bilden ihren Plural auf folgende Weise: Maskulina und Neutra endungslos (4a) oder mit Umlaut (4b), Feminina mit Umlaut (4c), oder mit *-n* (4d).

(4) a. die Computer, die Lehrer, die Bäcker
    b. Brüder, Väter
    c. Mütter, Töchter
    d. Leitern, Schwestern, Opern

**Substantive auf *-a*** bilden entweder einen *s*-Plural (5a), einen Stammplural (mit abgespaltener a-Endung, 5b) oder einen (eindeutig fremden) Plural auf *-ta* (5c).

(5) a. Omas, Opas, Goudas, Koalas, Kommas, Kobras, Petras, Frankas, Juttas
    b. Sauna – Saunen, Thema – Themen, Dogma – Dogmen
    c. Schema – Schemata, Komma – Kommata

## Mehr Affixkonstanz im Englischen

Die Affixkonstanz scheint im Deutschen eher marginal; Stammkonstanz scheint wichtiger. Im Englischen ist es umgekehrt: Stammkonstanz wird hier verletzt, besonders deutlich in Fällen wie *lady – ladies, thief – thieves*. Aber eine Affixkonstanz – oder eine ›grammatische Konstanz‹ – ist zu erkennen an den folgenden zwei Beispielen:

## Morphologische Schreibungen

1. ***-ed* bei schwachen Verben:** Beim Präteritum der schwachen Verben wird immer *-ed* geschrieben, unabhängig davon, ob phonologisch ein (weiterer) Silbenkern vorhanden ist und unabhängig davon, ob die Endung stimmlos oder stimmhaft gesprochen wird:
   *begged – booked, repeated – loaded*
   Die Affixkonstanz führt sogar in der phonologisch einsilbigen Form *begged* zu der typischen Buchstabenverdopplung (*to beg*).
2. **Affixsicherung von *-s*:** Hier muss man ein wenig um die Ecke denken. Offenbar ist es so, dass im Englischen Wörter graphematisch nicht mit <i> enden können; hier steht ein <y> wie in <lady> – *<ladi>. Im Plural wird wiederum <ladies> geschrieben, aber warum nicht *<ladis>? Wieso ein zusätzliches <e>? Die These ist: Durch das <e> in *ladies* wird die Segmentgrenze vor <s> gesichert, <ladie-s>. Auch ohne <s> handelt es sich um ein graphematisch mögliches englisches Wort.

### Besonderheit *-nis, -in*

Bei den beiden Suffixen *-nis* und *-in* gibt es die Besonderheit, dass die Konsonanten bei einem zusätzlichen Flexionssuffix verdoppelt werden: *Lehrerinnen, Hindernisse*. Die Verdopplung ist eigentlich völlig regulär; das Besondere an diesem Fall ist eher, dass nicht auch die nicht-flektierten Formen mit Doppelkonsonanten geschrieben werden: *\*Lehrerinn, \*Hinderniss*. Erklärt wird dies faktisch mit der phonologischen Fußstruktur: Durch die zusätzliche Endung entstehen hier zwei phonologische Füße, nämlich zwei Trochäen: *Hinder nisse*. Mit der graphematischen Fußstruktur ist dies noch nicht zu erklären; das liegt aber an der bisherigen Beschränktheit der Interpretation von schweren Silben auf Silbenkerne. Viel spricht dafür, die Doppelkonsonanten auch als Schweremarkierer zu beschreiben. Eine schwere Silbe wie in *\*Hinderniss* ist verhindert, entsprechend auch die Lesung als zwei phonologische Füße (s. auch *Ranukoh* in II.5.2).

**Zur Vertiefung**

### Besonderheit bei fremden Präfixen

Doppelkonsonantenschreibungen sind im Allgemeinen durch die Fußstruktur bedingt. Aber auch aus morphologischen Gründen kann es zu doppelten Konsonantenbuchstaben kommen (1a, b), wenn an der Morphemgrenze am Ende des ersten Bestandteils und am Anfang des zweiten (zufällig) der gleiche Buchstabe steht:

(1)   a.   ab-bauen, ab-brechen, auf-fressen, ent-tarnen, zer-reißen, ver-richten, un-natürlich
      b.   Fenster-rahmen, Laub-baum, Rosen-name, Fahr-rad

Im nativen System sind das Einzelfälle. Im **fremden Wortschatz** hingegen kommen solche Fälle wegen der Assimilierbarkeit bestimmter

Präfixe sehr häufig vor. So kann das Präfix *dis-* zu *dif-* werden, wenn der ›Stamm‹ mit einem <f> beginnt: *Dis-similation – Dif-ferenz*. Weitere Präfixe mit diesem Verhalten sind:

(2) a. ad: af-, ag-, ak-, al-, ap-, ar-: Adduktion, affirmieren, Aggression, Akklamation, Alliteration, appellieren, Arroganz
b. in: il-, im-, ir-: innovativ, illegal, immobil, irreal
c. kon: kol-, kom-, kor-: Konnotation, Kollege, Kommission, korrekt
d. ob: of-, ok-, op-: offensiv, Okkultismus, opportun
e. sub: suf-, sug-, suk-, sup-, sur-: Suffix, suggerieren, sukkulent, suppressiv, surreal
f. syn: syl-, sym-: Syllogismus, symmetrisch
(vgl. auch Eisenberg 2012: 346).

## 6.3 | Graphematische Füße und Morphologie

Wie in Kapitel I.5.2 und II.5.2 ausgeführt, ist der häufigste Fuß sowohl graphematisch als auch phonologisch der Trochäus, im Allgemeinen sogar der kanonische Trochäus, in dem der Silbenkern in der zweiten Silbe ein <e> ist wie *Wiese, dumme, Tulpe, Lehrer* usw. Um eine Idee davon zu bekommen, was die Schriftstruktur hier zeigt, analysieren wir den Beginn einer Rede, die Marcel Reich-Ranicki im Bundestag gehalten hat; es handelt sich um einen zeitgenössischen, nicht-literarischen Text. Alle graphematisch mehrsilbigen Wörter sind unterstrichen. Diesen Text sollten Sie bereits in Aufgabe 1 am Ende von Kapitel II.5 bearbeiten.

**Graphematisch mehrsilbige Wörter** *Beispiel*

Ich soll heute hier die Rede halten zum jährlichen Gedenktag für die Opfer des Nationalsozialismus. Doch nicht als Historiker spreche ich, sondern als ein Zeitzeuge, genauer: als Überlebender des Warschauer Ghettos. 1938 war ich aus Berlin nach Polen deportiert worden. Bis 1940 machten die Nationalsozialisten aus einem Warschauer Stadtteil den von ihnen später sogenannten »jüdischen Wohnbezirk«. Dort lebten meine Eltern, mein Bruder und schließlich ich selber. Dort habe ich meine Frau kennengelernt.
Seit dem Frühjahr 1942 hatten sich Vorfälle, Maßnahmen und Gerüchte gehäuft, die von einer geplanten generellen Veränderung der Verhältnisse im Ghetto zeugten. Am 20. und 21. Juli war dann für jedermann klar, dass dem Ghetto Schlimmstes bevorstand: Zahlreiche Menschen wurden auf der Straße erschossen, viele als Geiseln verhaftet, darunter mehrere Mitglieder und Abteilungsleiter des »Judenrates«. Beliebt waren die Mitglieder des »Judenrates«, also die höchsten Amtspersonen im Ghetto, keineswegs. Gleichwohl war die Bevölkerung erschüttert: Die

## II.6.3 Graphematik

**Morphologische Schreibungen**

> brutale Verhaftung hat man als ein düsteres Zeichen verstanden, das für alle galt, die hinter den Mauern lebten.
> Marcel Reich-Ranicki: Rede im Bundestag am 27. Januar 2012 http://www.bundestag.de/dokumente/textarchiv/2012/37432080_kw04_gedenkstunde/rede_ranicki.html (Zugriff 5. Januar 2013)

Der Text enthält 164 Wörter: 69 Einsilber, 44 Zweisilber und 51 Wörter mit mehr als zwei Silben.

Von den 44 Zweisilbern sind 35 kanonische Trochäen, 7 nicht-kanonische Trochäen und 2 Einsilber mit einer unpedifizierten Silbe (*gehäuft, beliebt*). Die Dreisilber, die sich aus den Fußstrukturen ergeben, sind zum einen Trochäen mit einer unpedifizierten Silbe (7: *genauer, Gerüchte, geplanten, verhaftet, erschossen, erschütterst, verstanden*) und Daktylen (2: *mehreren, düsteres*), 42 passen in keine Fußstruktur.

- **Einsilber** (69): Hier handelt es sich überwiegend um sogenannte Funktionswörter, die sich wiederholen wie *ich, die, des, den, dem, der, das, zum, ein, aus, von, und, dass, als* usw. Nur wenige der graphematischen Einsilber sind Verben (*war*), Adjektive (*klar*) und Substantive (*Frau*).
- **Die kanonischen Trochäen** (35 von 44 Zweisilbern) sind zum großen Teil flektierte Formen wie *einen, halten, spreche, worden, machten, ihnen, später, lebten, meine, habe* usw. Die nicht-kanonischen Trochäen (7) sind Fremdwörter (*Ghetto* stammt aus dem Italienischen und kommt in dem Text viermal vor) und Eigennamen (*Juli, Berlin*). Außerdem findet sich *also*, was etymologisch ein Kompositum ist (al(l)-so).
- **Die Daktylen** (2) sind ebenfalls Flexionsformen wie *mehreren, düsteren*.
- **Die Wörter mit den unpedifizierten Vorsilben** (sowohl bei den Zweisilbern als auch bei den Dreisilbern) enthalten die Vorsilben ge-, er-, be-, ver-. Es sind 2 Zweisilber und 7 Dreisilber.
- **42** der genannten Wörter passen damit in keine der genannten Fußstrukturen; sie sind weder Ein- noch Zweisilber und keine Dreisilber mit zwei <e>-Silben, wobei die vorangestellte <e>-Silbe zusätzlich eine der gelisteten Vorsilben sein muss. Bei diesen 42 Wörtern finden sich wesentlich Komposita (*Nationalsozialismus, Stadtteil, Wohnbezirk*) und Ableitungen wie *Überlebender, jährlichen, Vorfälle* usw. Wortbildungsmorphologisch einfache Wörter sind nicht dabei. Die graphematischen Füße zeigen hier direkt wortbildungsmorphologische Komplexität.

Grob ist daraus Folgendes zu schließen: Einsilber sind morphologisch einfach, häufig sind es sogenannte Funktionswörter. Kanonische Trochäen und Daktylen sind häufig flektierte Formen. Unpedifizierte erste Silben sind gelistet; es sind Präfixe. Besteht hingegen ein Wort aus mehreren Füßen, ist es wortbildungsmorphologisch komplex.

## Morphologische Segmentierung

Die Einsilber sind häufig morphologisch einfach, die Zweisilber – und hier insbesondere die kanonischen Trochäen – sind morphologisch komplex. Im Mehrsilber ergibt sich: Die **prominenten** Silben enthalten lexikalische Information, die **nicht-prominenten** grammatische. Die Grenze zwischen dem Stamm und dem grammatischen Affix fällt dabei nicht mit der Silbengrenze zusammen, sondern liegt vor dem Vokal der nicht-prominenten Silbe (also häufig vor dem <e> der nicht-ersten Silbe). Bredel (2010a: 17) hat das in einem Modell für Grundschüler den ›Trick mit dem Knick‹ genannt. Die Grundidee ist ganz einfach: In der nicht-prominenten Silbe ist eine Grenze vor dem Vokalbuchstaben anzunehmen.

(6) rufen – ruf-en, wohnen – wohn-en, zerren – zerr-en,
Kinder – Kind-er, schönes – schön-es,
Lehrer – Lehr-er

Schmidt (2012) nimmt an, dass der nicht-kompakte Buchstabe phonologisch zur zweiten Silbe und morphologisch zur ersten ›Silbe‹ (also dem Morphem) gehört; der nicht-kompakte Buchstabe ist eine ›relationale Silbengrenze‹. Das Modell zeigt, dass die Schrift Rückschlüsse sowohl auf phonologische als auch auf morphologische Strukturen gleichermaßen zulässt. Gerade für die gesamte Flexion ist diese Sichtweise sehr attraktiv, vor dem <e> der zweiten Silbe liegt mit großer Wahrscheinlichkeit eine Morphemgrenze.

## *tt, h* und weitere verdächtige Schreibungen

Zu Beginn dieses Kapitels hatten wir darauf hingewiesen, dass morphologische Schreibungen das Lesen erleichtern. Wir hatten das anhand der expliziten Stamm- und Affixkonstanz sehr deutlich gezeigt. Aber es ist noch deutlich mehr Morphologie in der Schrift kodiert.

In Einsilbern finden sich aufgrund der Stammkonstanz Schreibungen wie die Doppelkonsonanz, die h-Schreibungen, die ß-Schreibung und die b-, d-, g-Schreibungen im Silbenauslaut. Alle diese Schreibungen haben wir in der zweisilbigen Struktur systematisch herleiten können; die Stammkonstanz zeigt sich in diesen Fällen vom Zweisilber zum Einsilber. Entsprechend zeigen diese Schreibungen im Einsilber, dass es entsprechende zweisilbige Formen gibt.

(7) a. Bett, Gebiss, Kamm, Spross, Suff – Fuß, Strauß, Stoß – Steg, Lob, Lied, Hund, Rad
b. fromm, matt, platt, stramm, stumm – weiß, heiß, groß – lieb, grob, blöd
c. kann, muss, rennt, rollt, ritt, rennt – fließt, reißt, schmeißt – lobt, regt, lädt

**Morphologische Schreibungen**

In (7a) handelt es sich um Substantive, in (7b) um Adjektive, in (7c) um Verben. Dies sind die großen flektierenden Wortklassen im Deutschen. Bei konsequentem Weiterdenken führt dies dazu, dass diese Schreibungen geradezu wortartenspezifisch gedeutet werden könnten. Hinsichtlich der unsilbischen Flexionssuffixe, die ja insbesondere bei den Verben weit verbreitet sind, sichern diese Schreibungen aber auch die Segmentierbarkeit: eine Form wie *reißt* enthält mit Sicherheit nach *ß* eine morphologische Grenze.

**Weiterführende Literatur**

In Bredel/Noack/Plag (i. E.) wird sehr eindrücklich gezeigt, wie das Wissen über morphologische Strukturen beim Lesen hilft. Dieser Aufsatz kann als empirische Fortsetzung von Noack (2011) gelesen werden. Bredel/Fuhrhop/Noack (2011) zeigen grundlegende Strukturen in einem größeren Zusammenhang. Geilfuß-Wolfgang (2007) beschreibt die Morphemkonstanz des Deutschen innerhalb der Optimalitätstheorie.

**Aufgaben**

1. Transkribieren Sie das Wortpaar *Mann – Männer* und vergleichen Sie es mit der vorgelegten Schreibung. Welche zusätzlichen Informationen enthält die Schreibung, die sich bei der Lautung nicht unmittelbar ergeben?

2. Vergleichen Sie die Lautungsmöglichkeiten (insbesondere im Norddeutschen Raum) von *einzig – einzige, freundlich – freundliche*. Ergeben sich die jeweiligen Schreibungen aus den Prinzipien?

3. In der alten Rechtschreibung galt noch die Alternation *Küsse* vs. *Kuß, küssen – küßt*. Beschreiben Sie die Alternation.

# 7. Graphematisches Wort

7.1 Einfaches graphematisches Wort
7.2 Wortzeichen
7.3 Komplexes graphematische Wort

## 7.1 | Einfaches graphematisches Wort

> Das → **graphematische Wort** ist eine Graphemfolge, die durch Leerzeichen (Spatien) begrenzt ist und selbst keine internen Leerzeichen enthält.

**Zum Begriff**

Die Definition des graphematischen Worts unterscheidet sich stark von der des phonologischen Worts. Graphematische Wörter können sehr lang sein:

(1)   Fußballweltmeisterschaftsqualifikationsspiel

Phonologisch sind dies wenigstens drei Wörter, nämlich *Fußball*, *Weltmeisterschaft*, *Qualifikationsspiel*, graphematisch ist es eines.

Auf der anderen Seite gibt es auch kurze Wörter wie *Ei*, *an*, *in* usw. Auffälligerweise scheint es im Deutschen keine einbuchstabigen graphematischen Wörter zu geben. Die Ausnahme *O* in *O Tannenbaum* kann aus dem Lateinischen kommen (wie in *O domine*), ansonsten wird sogar die Interjektion *oh* mit <h> geschrieben.

---

**Eingraphemige Wörter in anderen Sprachen**

In Sprachen wie Englisch, Französisch und Niederländisch gibt es eingraphemige Wörter:

| | |
|---|---|
| Englisch | *I, a* |
| Französisch | *y, à, a* ›hat‹, *ô* (wie Deutsch *oh*) |
| Spanisch | *a, e, o, u* |
| Niederländisch | *u, o* (wie Deutsch *oh*) |

Allerdings ist auffällig, dass es sich um sogenannte Funktionswörter handelt, zum Beispiel Artikel, Pronomen, Präpositionen. Als Verbform erscheint nur im Französischen ›il a‹ – *a* wird häufig als Hilfsverb verwendet. Vollverben, Substantive und Adjektive erscheinen hier nicht. So wird Französisch /o/, wenn es ›Wasser‹ bedeutet, eben *eau* geschrieben.

**Zur Vertiefung**

**Graphematisches Wort**

> Systematisch ist das noch nicht untersucht worden, aber es scheint so zu sein, als hätten lexikalische Wörter über die Sprachen hinweg eine graphematische Mindestlänge. So wird im Englischen die Schreibung *egg* mit Doppel-g durch eine Drei-Buchstaben-Regel begründet (vgl. Jespersen 1928: §4.96).

Im Deutschen sind graphematische Wörter wenigstens zwei Grapheme/Buchstaben lang, eine Maximallänge hingegen scheint es nicht zu geben – *Fußballweltmeisterschaftsqualifikationsspiel* enthält 44 Buchstaben und 42 Grapheme (wegen <ch> und <qu>). Wörter können zwar durch einen Bindestrich gegliedert werden, eine große Korpusuntersuchung (Buchmann 2012) hat allerdings gezeigt, dass Länge (allein) systematisch kein Kriterium für die Setzung von Bindestrichen ist; entscheidender sind andere Kriterien wie ›graphematische Markiertheit‹ (*ABM-Stelle*) oder die ›Wahrung von Eigennamen‹ (*Goethe-Forschung*) (s. Kap. II.7.2).

## 7.2 | Wortzeichen

Das unmarkierte graphematische Wort besteht aus alphabetischen Graphemen, das **markierte graphematische Wort** enthält zusätzlich ein (oder mehrere) Wortzeichen.

**Zum Begriff**

> → **Wortzeichen** sind nicht-verbalisierbare Zeichen innerhalb des graphematischen Wortes. Die Wortzeichen des Deutschen sind:
> - das Apostroph,
> - der Divis (Bindestrich, Ergänzungsstrich, Trennstrich) und
> - der Abkürzungspunkt.

Zeichen wie zum Beispiel das Akzentzeichen in Wörtern wie *Exposé* sind **Diakritika**, sie operieren auf der Buchstabenebene und nicht auf der Wortebene (s. Kap. II.2).
**Interpunktionszeichen**, zu denen auch die Wortzeichen gehören, zeichnen sich dadurch aus, dass sie z. B. beim Vorlesen des Textes **nicht verbalisiert** werden müssen (Bredel 2008: 23). Am Beispiel des Schrägstriches kann man das gut erläutern: So kann *Student/innen* als ›Studenten und Studentinnen‹ gelesen werden, *Bach-/Mozartstraße* als ›Bach- Ecke Mozartstraße‹, der Schrägstrich kann also als ›und‹ oder ›Ecke‹ verbalisiert werden. Hingegen wird der Apostroph (*gibt's*) nicht verbalisiert (zu den Wortzeichen – auch das Folgende ist dem entnommen – vgl. Buchmann 2012).

Abb. 1: Die Wortzeichen im Deutschen

Bredel (seit 2008) hat in verschiedenen Arbeiten deutlich gezeigt, dass die Interpunktionszeichen insgesamt ein System bilden. In dieser Einführung werden zwei Teilsysteme erläutert: zum einen das System der Wortzeichen, zum anderen das System der ›syntaktischen‹ Zeichen (wie Punkt und Komma) (s. Kap. II.9).

Im Schreibbereich (analog zu den Buchstaben) verteilen sich die Wortzeichen systematisch im Mittelband und Oberband: unten (auf der Grundlinie), in der Mitte des Mittelbandes und hin zum Oberband. Auch die Ausbreitung ist systematisch: keine Ausbreitung (Punkt), minimal horizontal (Bindestrich), minimal vertikal (Apostroph). Die Wortzeichen sind also sowohl durch ihre Lage eindeutig zu identifizieren als auch durch ihre Ausbreitung – innerhalb des Systems der Wortzeichen (Buchmann 2012). Sie sind auch in ihren Operationsbereichen über das System verteilt (s. Abb 2; nach Buchmann 2012: 71):

- der Abkürzungspunkt operiert ausschließlich graphematisch;
- das Apostroph kann sowohl für phonologisch fehlendes Material stehen als auch für Morphemgrenzen;
- der Divis operiert auf allen Ebenen, bis hin zur syntaktischen.

| Graphematik | Phonologie | Morphologie | Syntax |
|---|---|---|---|
| Abkürzungspunkt | | | |
| Apostroph | | | |
| Divis | | | |

Abb. 2: Die Operationsbereiche der Wortzeichen

## Abkürzungspunkt

Die Wirkungsweise des Abkürzungspunktes lässt sich gut im Vergleich mit Kurzwörtern erklären: Abkürzungen werden mit Punkt geschrieben, Kurzwörter ohne.

**Kurzwörter** sind Wörter wie *Uni*, *Auto*, *Bus*. Es sind also Bestandteile von Wörtern, die stellvertretend für ein längeres Wort stehen können und häufig selbständig bestehen können: Sie entwickeln im Allgemeinen ihre eigene Flexion, so wird die Pluralform von *Universität* mit dem Suffix *-en* gebildet, die Pluralform von *Uni* aber mit dem Suffix *-s* (*Unis*); beide Wörter verhalten sich für das System völlig regulär.

Eine spezielle Form der Kurzwörter sind die **Initialkurzwörter** wie zum Beispiel *AG* für *Arbeitsgruppe*; auch hier ist die jeweilige Pluralbildung eine andere *AGs* vs. *Arbeitsgruppen*. Beide Typen von Kurzwörtern werden nicht mit Abkürzungspunkt geschrieben. Auch lautlich unterscheiden sich die Kurzwörter von den vermeintlichen Langformen.

**Abkürzungen** sind graphematisch Buchstaben oder Buchstabenfolgen mit Abkürzungspunkt. Solche Abkürzungen kommen ausschließlich auf der graphematischen Ebene vor <Abk.>, <vgl.>, <d.h.>. Abkürzungen können einen oder mehrere Abkürzungspunkte enthalten wie <d.h.>, <Abk.-Pkt.>. Der Abkürzungspunkt instruiert die Leser/innen, fehlendes Material zu ergänzen. Die Buchstabenfolgen können graphematisch wohlgeformte Silben sein wie <kaus.> für ›kausal‹ (›Abbruch‹); sie sind es aber auch häufig nicht wie <Lsg.> für ›Lösung‹ oder <Krzg.> für ›Kürzung‹/

›Kreuzung‹. In diesen Fällen fehlen die kompakten Buchstaben (›Zusammenziehung‹). Das führt auch dazu, dass Abkürzungen häufig keine graphematischen Silben sind; der Abkürzungspunkt lizenziert solche Schreibungen.

### Divis

Als Divis wird der kurze Querstrich bezeichnet, der traditionell mit drei verschiedenen Begriffen benannt wird:
- **Bindestrich** (z. B. *Baden-Württemberg*)
- **Ergänzungsstrich** (z. B. *be- und entladen*)
- **Trennstrich** am Zeilenende

Die Funktion ist am einfachsten im Vergleich mit dem Leerzeichen zu verstehen: Das Leerzeichen zeigt, dass das Wort beendet ist; es kann nun syntaktisch verarbeitet werden. Der Divis hingegen hält die syntaktische Verarbeitung noch auf; die Einheit verbleibt in der lexikalischen Verarbeitung, also auf der Wortebene.

Der Divis operiert auf allen Ebenen in Abbildung 2. Dass er ein einheitliches Zeichen ist, ist auch daran zu erkennen, dass er nicht verdoppelt werden kann: Wenn ein Bindestrich am Zeilenende steht, wird nicht zweimal der Divis geschrieben (dazu weiter Bredel 2011: 32 ff.). Bindestrich, Ergänzungsstrich und Trennstrich sind nach den jeweiligen Umgebungen zu unterscheiden: Beim Bindestrich stehen auf beiden Seiten Grapheme; den Ergänzungsstrich umgeben ein Graphem und ein Leerzeichen; der Trennstrich steht rechts von einem Graphem am Zeilenende.

**Der Trennstrich** steht bei Trennung am Zeilenende. Wie die Trennung am Zeilenende adäquat beschrieben werden kann und auch was eigentlich getrennt wird (Silben oder Wörter), wird immer wieder diskutiert (vgl. Eisenberg 2013: 305; Geilfuß-Wolfgang 2007; Neef 2008). Der Trennstrich operiert auf der graphematischen, der phonologischen und zum Teil auf der morphologischen Ebene.

Präfixe und Komposita werden an den morphologischen Grenzen abgetrennt, also *Fuß-ball*, *Blumen-strauß*, *ver-hindern*, *be-achten*. Bei Suffixen wird danach unterschieden, ob sie mit einem nicht-kompakten oder einem kompakten Buchstaben anfangen: *Frech-heit* vs. *Beschrei-bung* (morphologisch ist die Grenze vor *-ung*). Dies erinnert an die Diskussion, die bereits beim phonologischen Wort geführt wurde, ob nämlich vokalisch anlautende Suffixe grundsätzlich anders zu behandeln sind als konsonantisch anlautende (s. Kap. I.6.1).

Es werden grundsätzlich nur Silben getrennt, das heißt die Einheiten auf beiden Zeilen haben wenigstens einen Silbenkern. Die Einheit auf der neuen Zeile fängt, wenn möglich, mit einem nicht-kompakten Graphem an, hat also einen Silbenanfangsrand: *ste-hen*, *fin-den* usw. Wenn kein kompakter Buchstabe vorhanden ist, wird vor dem Silbenkern getrennt, also <Verdau-ung>. Der Silbenanfangsrand entspricht, wenn möglich, einem Wortanfangsrand. Nicht zu erfüllen ist diese Forderung zum Beispiel bei *reißen*; es gibt keine Wörter, die mit <ß> anfangen, dennoch ist <reißen> eine gute Trennung. Im Allgemeinen wird angenommen (so zum Beispiel Eisenberg 2013; Geilfuß-Wolfgang 2007), dass genau ein Graphem im Silbenanfangsrand in der nächsten Zeile erscheint, also ein nicht-kompaktes Graphem vor einem kompakten Graphem, dem Silbenkern.

Bei der Diskussion, ob <sch> ein Graphem ist oder ob es zwei sind (s. Kap. II.3.2), wurde bereits die Trennung am Zeilenende erwähnt. Möglicherweise liegt hier genau der Fall vor, in dem die lautliche Struktur ›gewinnt‹ – der Operationsbereich ›Phonologie‹ (s. Abb. 2).

**Der Ergänzungsstrich** wird typischerweise bei der ›Doppelnutzung‹ von Bestandteilen gesetzt. Also *be- und entladen*, *Damen- und Herrenoberbekleidung*. Häufig steht er in Koordinationen. Graphematisch sorgt er dafür, dass – obwohl ein Leerzeichen steht – nicht syntaktisch, sondern lexikalisch verknüpft wird. Es ist durchaus interessant zu überlegen, welche Einheiten eigentlich weggelassen bzw. übriggelassen werden können (s. Kap. I.6.1):

(2) a. be- und entladen
    b. verwert- und verwendbar
    c. Speditions- und Einzelhandelskaufmann
    d. Aktienein- und -verkäufe (Beispiele nach Smith 2000: 58)

Graphematisch sichert der Ergänzungsstrich die Vervollständigung des syntaktischen Wortes. Er zeigt, dass Teile von morphologisch komplexen Wörtern fehlen, die mithilfe der näheren Umgebung ergänzt werden können.

**Der Bindestrich** sichert die Interpretation von morphologischen Einheiten als ein syntaktisches Wort, es muss nicht gleichzeitig ein morphologisches Wort sein. Typische Beispiele für morphologische Wörter mit Bindestrich sind *ABM-Stelle*, *Alumni-Tag* und *Olympia-Gastgeber* (Buchmann 2012). Ein typisches Beispiel für ein syntaktisches Wort ist *das Um-den-Brei-Herumreden*. Eine Mischung zwischen beiden Typen ist *Rund-um-die-Uhr-Bereitschaft*.

Einige der genannten Beispiele können nicht alternativ zusammengeschrieben werden, und zwar die Komposita mit graphisch markiertem Material wie *ABM* (\**ABMstelle*) und die nicht-morphologischen wie \**Umdenbreiherumreden*. Bindestriche sind typisch für die Kompositionsmorphologie und für die Bereiche, in denen die Kompositionsmorphologie in die Syntax reicht. Sie machen einerseits graphisch markiertes Material graphematisch kompositionsfähig (*ABM-Stelle*), andererseits halten sie syntaktische Wörter zusammen.

## II.7.2 Graphematik

**Graphematisches Wort**

### Apostroph

Beim Apostroph werden typischerweise zwei Fälle unterschieden: das **Elisionsapostroph** wie in (3a) und das **Stammformapostroph** wie in (3b). In (3c) sind Fälle aufgelistet, die nicht normgerecht sind, aber durchaus vorkommen.

(3)  a.  gibt's, ich komm', auf'm Tisch
     b.  Carl's, Andreas'
     c.  CD's, recht's

**Elisionsapostroph:** Das Elisionsapostroph weist als Schriftzeichen darauf hin, dass hier phonologisch etwas ausgelassen wird, was aber sowohl lautlich als auch schriftlich ergänzbar wäre: *gibt es, ich komme, auf dem Tisch*.

**Stammformapostroph:** Bei den Fällen in (3b) kann nichts ergänzt werden. Während die Form *Carl's* auch als *Carls* eindeutig (und nach der Norm seit 1996 ebenso korrekt) ist, gilt dies für *Andreas* nicht – dies kann nicht der männliche Vorname im Genitiv sein. Während der Apostroph in *Carl's* eine morphologische Grenze zeigt, verrät er in *Andreas'*, dass morphologisch etwas fehlt – er ist also gleichermaßen Elisions- und Stammformapostroph. Nach Bunčić (2004) zeigen auch die Fälle in (3a) morphologische Grenzen. Damit ist auch deutlich, warum es *ein* Zeichen für vermeintlich *zwei* Bereiche gibt.

**Normverstöße beim Apostroph:** Das Apostroph ist heftiger Kritik ausgesetzt, weil es nicht immer normsprachlich benutzt wird. Allerdings hat Klein (2002) nachgewiesen, dass es überwiegend auch nicht-normsprachlich regulär benutzt wird, nämlich zum Beispiel an morphologischen Grenzen, insbesondere an flexionsmorphologischen Grenzen. So finden sich neben den inzwischen zugelassenen Fällen wie *Carl's* auch Fälle wie *CD's*. Bei der Analyse weiterer nicht normgerechter Fälle findet Klein Schreibungen wie *recht's*, aber kaum solche wie *Fuch's*. In *rechts* handelt es sich bei *-s* um eine abspaltbare Endung (*rechts – die rechte Hand/ \*die rechtse Hand*), in *Fuchs* nicht. Das Apostroph steht hier also ebenso wie bei *Carl's* an einer morphologischen Grenze.

**Zur Vertiefung**

#### Das Apostroph – der Apostroph

Möglicherweise wundern Sie sich darüber, dass wir *das Apostroph* schreiben. Wir hätten auch *der Apostroph* schreiben können, dann hätten sich andere gewundert. Im *Amtlichen Regelwerk zur deutschen Rechtschreibung* steht eindeutig *der Apostroph*, aber hier hat das *Amtliche Regelwerk* keine Regelkraft, denn Genus ist kein Gegenstand der amtlichen Rechtschreibregelung. Wir meinen, beobachtet zu haben, dass *das Apostroph* umgangssprachlich üblicher ist und haben uns für diese Form entschieden. Übrigens scheint das unterschiedliche Genus häufig mit einer Aussprachevariation einherzugehen, und zwar kann der letzte Vokal gespannt (maskulin) oder ungespannt (neutral) gesprochen werden.

## 7.3 | Komplexes graphematisches Wort

Im Folgenden geht es um die Schreibung von komplexen graphematischen Wörtern, faktisch also um die Fälle, die in der Getrennt- und Zusammenschreibung diskutiert werden. Viel zu oft wird der Bereich der Getrennt- und Zusammenschreibung ausschließlich an Randfällen beschrieben. Das ist aber ein grundsätzlicher Fehler, weil so niemals ein System zu verstehen ist. Daher wird zunächst der Kernbereich beschrieben.

### Getrennt- und Zusammenschreibung: Morphologisch und syntaktisch

Im Folgenden wird erläutert, wie die Leerzeichensetzung in der geschriebenen Sprache geregelt ist. Dabei geht es um die morphologische und syntaktische Fundierung. Nach Fuhrhop (2007) werden, in Anlehnung an Jacobs (2005), zwei Prinzipien (ein morphologisches und ein syntaktisches) angenommen, die zusammenwirken.

> → **Wortbildungsprinzip:** ›Verbindungen‹ aus zwei oder mehr Stämmen können zusammengeschrieben werden, wenn sie aufgrund einer Wortbildung miteinander verbunden sind.
> → **Relationsprinzip:** Einheiten, die syntaktisch analysierbar sind, das heißt insbesondere die in syntaktischer Relation zu anderen Einheiten in einem Satz stehen, sind syntaktisch selbständige Wörter. Sie werden getrennt geschrieben.

*Prinzipien der Getrennt- und Zusammenschreibung (Schreibersicht)*

Die Prinzipien sind vom Schreiben her formuliert, vom Lesen her sind es die folgenden:

> **Einheiten, die von Leerzeichen umgeben sind**, sind syntaktisch zu interpretieren.
> **Zusammengeschriebene Einheiten** (Zeichenfolgen ohne Leerzeichen) sind morphologisch zu interpretieren.

*Prinzipien der Getrennt- und Zusammenschreibung (Lesersicht)*

Ausgehend von den oben formulierten Schreibprinzipien (›Wortbildungsprinzip‹) kann auch der Möglichkeitsrahmen der Getrennt- und Zusammenschreibung abgesteckt werden. Zusammengeschrieben werden neben den morphologisch einfachen Wörtern morphologisch komplexe Wörter und hier insbesondere solche, die aus zwei (oder mehr) einfachen Stämmen bestehen. Beim Lesen muss man sich nicht zwischen zwei Möglichkeiten entscheiden, sondern bekommt eine geliefert, die interpretiert werden muss:

## II.7.3 Graphematik

**Graphematisches Wort**

**Beispiel** *Erbsensuppe* ist ohne Zweifel ein mögliches Wort, aber nicht immer, wenn die Einheiten *Erbsen* und *Suppe* nacheinander auftreten, ist das Wort *Erbsensuppe* gemeint:

a. Carl kocht Erbsensuppe.
b. Carl kocht aus Erbsen Suppe.

a. Sie verteilt Zeugnisnoten.
b. Sie schreibt auf das Zeugnis Noten.

Die Prinzipien wirken hier wie folgt: Das Wortbildungsprinzip erlaubt neben den morphologisch ›einfachen‹ Wörtern *Erbsen*, *Suppe*, *Zeugnis*, *Noten* jeweils Komposita wie *Erbsensuppe*, *Zeugnisnoten*. Zu den jeweilig passenden syntaktischen Analysen passt im Allgemeinen nur eine der beiden Schreibungen: Im ersten Satz der Paare ist das Kompositum das Objekt (*Erbsensuppe*, *Zeugnisnoten*), im zweiten jeweils nur das einfache Wort (*Suppe*, *Noten*). Morphologisch gäbe es beide Möglichkeiten; in einer möglichen Wörterliste würde man sowohl *Erbsensuppe* als auch *Zeugnisnoten* erwarten, aber für die jeweils zweiten Sätze hilft eine solche Information nicht weiter. Der Blick in die Wörterliste kann also kaum die Lösungsstrategie sein, auch wenn das immer wieder suggeriert wird (sehr ähnlich auch bei der Großschreibung, s. Kap. II.8).

Eine Wörterliste hilft übrigens auch aus einem anderen Grund nicht weiter: Die Komposition im heutigen Deutsch ist produktiv, neue Wörter können permanent gebildet werden. Wörter wie *Autobahnhonig*, *Rückrufaktion*, *Kleinstadtbahnhof* stehen weder in der Wörterliste des *Amtlichen Regelwerks* noch im aktuellen Duden, sind aber allesamt interpretierbar und werden auch benutzt.

### Morphologische Bildungsprozesse

Mögliche Wortbildungsprozesse sind im Deutschen insbesondere die Affigierung und die Komposition. Die Rückbildung ist quasi die umgedrehte Richtung zur Affigierung und muss hier mitgedacht werden. Als historischer Prozess ist die Univerbierung anzusehen. Die Konversion (affixlose Ableitung) ist für die Getrennt- und Zusammenschreibung nur am Rande interessant, wichtig wird sie bei der Groß- und Kleinschreibung (s. Kap. II.8).

**Affigierung:** Im Deutschen produktiv sind die Suffigierung (ein Suffix steht hinter dem Stamm wie *-heit* in *Frechheit*) und die Präfigierung (ein Präfix steht vor dem Stamm wie *be-* in *beschreiben*). Bei der Getrennt- und Zusammenschreibung sind Affigierungen eindeutig und auch wenig fehleranfällig: Die Affixe selbst sind unselbständige Einheiten, da sie syntaktisch nicht analysiert werden können.

**Komposition:** Bei der Komposition werden zwei (oder mehr) Stämme zu einem neuen Wort verbunden, wie *Haustür*, *Rotwein*, *moosgrün*, *halbstark*. Die genannten Fälle zeigen die vier möglichen Kombinationen für zweigliedrige Komposita bestehend aus Substantiven und Adjektiven. Als Erstglied sind Verben (als Stämme) in Komposita ebenfalls häufig wie in *Backform, waschecht*. Als Zweitglieder sind Verben in ihrem Status umstritten: *eislaufen, weichkochen, auffangen* (s. u.).

**Phrasenkomposita** werden separat aufgeführt, da sie nicht durch einen Wortbildungsprozess erzeugt wurden, sondern auf der Grenze zur Syntax stehen. Ein typisches Phrasenkompositum ist *Um-die-Ecke-Denken*. Hier wird das Verb *denken* substantivisch verwendet (diese Verwendung wird auch bei der Großschreibung behandelt, s. Kap. II.8). Die Ergänzungen des Verbs werden mitgenommen; typischerweise werden sie nicht einfach zusammengeschrieben, sondern mit dem Divis als Bindestrich (s. Kap. II.7.2).

**Rückbildung** ist der Gegenprozess zur oben genannten Affigierung. Aus einem Verbstamm *spar* wird das Substantiv *Sparer* gebildet; das Paar *spar – Sparer* ermöglicht den Rückschluss von einem Wort *Sparer* auf einen Verbstamm *spar*. Hinweise auf diesen Prozess bieten Fälle, in denen aus *Hammer*, das morphologisch eigentlich keine Ableitung ist, dennoch ein Verb *hamm(en)* gebildet wird – während des kindlichen Spracherwerbs sind solche Formen zu beobachten (*Bohrer – bohren*; *Hammer – hammen*).

Für die Getrennt- und Zusammenschreibung interessant wird es, wenn mit dem Substantiv Komposita gebildet werden und aus diesen Komposita dann Verben rückgebildet werden: Bei der Bildung *Sparer – Bausparer – bausparen* ergibt sich durch den Prozess die Zusammenschreibung (s.u.).

**Univerbierung:** wird sichtbar, wenn zwei vormals getrennt geschriebene Wörter zusammengeschrieben werden. Hierbei wachsen zwei (oder mehr) häufig gemeinsam gebrauchte Wörter zusammen. Insgesamt ist der Prozess eher selten (s. u.).

### Die unproblematischen Fälle

**Substantivische Komposition:** Die meisten Komposita im heutigen Deutsch sind Substantiv-Substantiv-Komposita. Sie sind meist gut zu erkennen – so ist zum Beispiel das Erstglied nicht zu verändern. Die Pluralform von *Haustür* ist weder *\*Häusertür* noch *\*Häusertüren*, sondern *Haustüren*. Bei *Erbsensuppe* sieht zwar das Erstglied wie eine Pluralform aus, insgesamt ist mit *Erbsensuppe* in der Form aber nur eine Suppe gemeint; analog *Kartoffelsuppe – Kartoffelsuppen – \*Kartoffelnsuppe*.

Bei **adjektivischen Erstgliedern** gibt im Allgemeinen die adjektivische Flexion einen guten Hinweis darauf, dass es sich um ein Kompositum handelt wie in *Rotwein – roter Wein*. Problematisch können nicht-flektierbare Adjektive sein wie *rosa, extra, super* und auch *Berliner, Oldenburger, Wiener* (die Großschreibung dieser Adjektive ist gesondert geregelt; der Nachweis über den adjektivischen Status der ›Stadtadjektive‹ findet sich in Fuhrhop 2003).

Außerdem führen Entlehnungen aus dem Englischen systematisch zunächst zu zwei Schreibungen: *Hot Dog – Hotdog, Soft Drink – Softdrink, Bad Bank – Badbank*. Die Unflektierbarkeit des Adjektivs, die aus dem

**Graphematisches Wort**

Englischen übernommen wird, führt offenbar nicht systematisch einfach zur Zusammenschreibung. Das Phänomen begegnet uns auch bei *ein super Auto – ein Superauto, eine extra Zeitung – eine Extrazeitung (ein Extrablatt)*.

Bei den Straßennamen mit den Stadtadjektiven ist die Getrenntschreibung explizit geregelt (AR 2006: §38); der Unterschied wird besonders deutlich beim Vergleich von *Französische Straße* und *Bremer Straße*. Die Stadtadjektive mit *-er* sind als solche unflektiert; sie könnten daher ein Kompositionserstglied sein. Bei *Französische Straße* ist das Adjektiv ein deutlich flektiertes, syntaktisch ist dies eine Nominalgruppe. Es kann kein Kompositum sein.

**Adjektivische Komposition:** Auch Adjektive bilden Komposita wie *moosgrün, kaufsüchtig, dunkelblau* (s. Aufgabe 1). Diese Komposita werden zusammengeschrieben. Nun können aber viele Partizipien (Partizip I *lesend*, Partizip II *überwacht, geschädigt*) adjektivisch genutzt werden, also zum Beispiel als Attribut zu Substantiven wie in *die lesenden Kinder, die geschädigten Geschäfte*. Den Partizipien liegt immer ein Verb zugrunde (*lesen, schädigen*). Damit zeigt sich das Zwitterwesen der Partizipien: Als Verben entwickeln sie eine syntaktische Valenz wie in *die Kinder lesen Bücher, der Diebstahl schädigt das Geschäft – das Geschäft ist vom Diebstahl geschädigt*. Als Adjektive hingegen können sie Komposita bilden.

(4)  a.  die Bücher lesenden Kinder, die bücherlesenden Kinder
     b.  das vom Diebstahl geschädigte Geschäft, das diebstahlsgeschädigte Geschäft

In (4a) handelt es sich um die ›gleichen‹ Einheiten, in (4b) nicht: Hier unterscheiden sich die Verbergänzung (*vom Diebstahl*) und das Kompositionserstglied eines adjektivischen Kompositum (*diebstahls-*) in der Form; es ergibt sich daraus folgend in Fällen wie (4b) nur jeweils eine mögliche Schreibung.

### Das grammatische Problem: Trennbare Verben

**Untrennbare und trennbare Partikelverben:** Bei den sogenannten Partikelverben gibt es untrennbare und trennbare.

**Untrennbar** sind z. B. *durchlaufen* (*er durchläuft den Parcours*), *übersetzen* (*sie übersetzt den Text*). Diese verhalten sich durchweg wie Komposita, sind also für die Schreibung unproblematisch.

**Trennbar** sind z. B. *ablehnen* (*sie lehnt den Antrag ab*), *auflisten* (*er listet die Probleme auf*) und *umwerfen* (*sie werfen die Laternen um*). Sie werden in Kontaktstellung zusammengeschrieben, wenn also Partikel und Verben nebeneinander stehen (*weil er die Probleme auflistet*). Morphologisch können sie als Komposita beschrieben werden, was hauptsächlich wegen ihrer Trennbarkeit nicht unumstritten ist (Wortbildungsprinzip). Die Erstglieder der genannten Verben sind allesamt Präpositionen – syntaktisch stehen Präpositionen vor Nominalen. In diesen Kontexten fungieren sie nicht als Präpositionen; syntaktisch werden sie an das Verb gebunden, sind also Verbpartikel und werden bei Kontaktstellung zusammengeschrieben (Relationsprinzip). Das morphologische Prinzip der Getrennt- und Zusammenschreibung ist also nicht ohne weiteres anzuwenden, wohl aber das syntaktische.

Diese Fälle sind in der Getrennt- und Zusammenschreibung im heutigen Deutsch relativ unproblematisch, also wenig fehleranfällig; es ist aber wichtig, sie hier zu betrachten, weil vergleichbare Konstruktionen als notorische Problemfälle der Getrennt- und Zusammenschreibung gelten.

**Substantiv-Verb-Verbindungen** zeigten vor der Rechtschreibreform 1996 folgendes Bild: *radfahren, eislaufen, brustschwimmen* wurden zunehmend zusammengeschrieben. Damit war eine Getrenntschreibung keineswegs ausgeschlossen, sondern es galt die Regel: Wenn etwas in der Wörterliste steht, kann es zusammengeschrieben werden. Diese Wörterliste war zwischen 1955 und 1996 faktisch der Duden. Getrenntschreibung war daneben selbstredend möglich. Mit der Rechtschreibreform wurde versucht, eine Einheitlichkeit zu etablieren. Tatsache ist aber, dass das Verhalten dieser Verbindungen nicht einheitlich ist, und zwar völlig unabhängig von vermeintlichen Problemen in der Schreibung.

Das uneinheitliche Verhalten kann man gut an einigen grammatischen Tests zeigen, und es wird besonders deutlich, wenn man sie mit ähnlichen Konstruktionen vergleicht. Vergleichbar sind auf der einen Seite Konstruktionen mit einem Verb und einem Stoffsubstantiv, weil Stoffsubstantive im Allgemeinen artikellos auftreten können (*er kauft Eis, er isst Kuchen, er kocht Suppe*) und auf der anderen Seite die besagten Partikelverben (*er schreibt ab*). Besonders instruktiv sind folgende Tests:

1. Trennbarkeit
2. Artikeltest – bestimmt und unbestimmt
3. Attributtest – adjektivisches Attribut
4. Negation – mit *nicht* und mit *kein*

Diese Tests operieren damit, dass Substantive normalerweise artikel- und attributfähig sind, dass Sätze mit indefinitem Substantiv mit *kein* negiert werden können und dass ansonsten *nicht* der Normalfall ist. Wenn Sie im Folgenden Grammatikalitätsurteile abgeben, dann sehen Sie bitte an diesem Punkt von der Großschreibung ab.

(5) **Test 1:** überhaupt trennbar?
    a. er kauft Eis, er isst Kuchen, er kocht Suppe
    b. er fährt Rad; er läuft Eis; er schwimmt Brust (alle grammatisch?)

    **Test 2a:** (definiter Artikel)
    a. er kauft das Eis, er isst den Kuchen, er kocht die Suppe
    b. er fährt das Rad, er läuft das Eis, er schwimmt die Brust (grammatisch?)
    c. *er schreibt der/die/das Ab

**Test 2b:** (indefiniter Artikel)
a. er kauft ein Eis, er isst einen Kuchen, er kocht eine Suppe
b. er fährt ein Rad, er läuft ein Eis, er schwimmt eine Brust (Grammatisch?)
c. *er schreibt ein Ab

**Test 3:** Adjektivisches Attribut
a. er kauft leckeres Eis, er isst trockenen Kuchen, er kocht feine Suppe
b. er fährt grünes Rad, er läuft glattes Eis, er schwimmt flache Brust (Grammatisch?)
c. *er schreibt leckeres ab

**Test 4:** Negation – *kein* oder *nicht*?
a. er kauft kein Eis, er isst keinen Kuchen, er kocht keine Suppe
er kauft nicht Eis, er isst nicht Kuchen, er kocht nicht Suppe (Kontextgebunden?)
b. er fährt kein Rad, er läuft kein Eis, er schwimmt kein/keine Brust (Grammatisch?)
er fährt nicht Rad, er läuft nicht Eis, er schwimmt nicht Brust (Grammatisch?)
c. er schreibt nicht ab

In den Fällen, in denen ›grammatisch?‹ hinter dem Beispiel steht, zweifeln durchaus einige Sprecher und Sprecherinnen deutlich an der Grammatikalität, für andere sind sie völlig in Ordnung oder sie sind unentschieden. Was zeigen die Tests?

**Der erste Test** prüft, ob die Substantiv-Verb-Verbindungen überhaupt trennbar sind. Wenn sie nicht trennbar sind, gibt es grammatisch keinen Grund, sie getrennt zu schreiben. Sie sind durch Rückbildung aus Substantivkomposita entstanden (*Radfahrer, Eislauf*; s.o.).

**Der zweite Test** untersucht, ob sich die Substantive in diesen Verbindungen so verhalten, wie sich Substantive sonst auch verhalten. Die Artikelfähigkeit zeigt ›Substantivität‹ (in diesem Sinne auch bei der Großschreibung, s. Kap. II.8).

**Der dritte Test** überprüft die Attributfähigkeit, und sie ist auch ein guter Hinweis für ›Substantivität‹.

**Der vierte Test** prüft die Negation: Beim Vorhandensein von indefiniten Substantiven sollte die Negation mit *kein* möglich sein, die Negation mit *nicht* ist auf den Kontrast beschränkt (deswegen oben ›kontextgebunden‹: ?*er kocht nicht Suppe* aber: *er kocht nicht Suppe, sondern Nudeln*). Auch dieser Test zeigt, dass die vermeintlichen Substantive (also *Eis* in *eislaufen* usw.) nur sehr eingeschränkt substantivisches Verhalten zeigen. Besonders interessant ist außerdem, dass bei *ich schwimme ›kein/e‹ Brust* mitunter *kein* besser bewertet wird als *keine* oder zumindest nicht schlechter. Es zeigt sich, dass das Substantiv *Brust*, das ohne Zweifel in allen anderen Kontexten feminin ist, hier nicht als feminin und damit nicht als selbständiges Substantiv wahrgenommen wird.

**Komplexes graphematisches Wort**

Es zeigt sich deutlich, dass sich die vermeintlichen Substantive in Verbindung mit den Verben nicht immer grammatisch gleich verhalten. Daher ist es nicht genuin die Schreibung, die hier ›uneinheitlich‹ ist, sondern es ist das grammatische Verhalten.

**Rückbildung:** Bisher wurde gezeigt, dass die vermeintlichen Substantive syntaktisch nicht gut zu interpretieren sind. Gibt das Wortbildungsprinzip hier einen Hinweis? Die Verbindungen sind nicht einfach durch Komposition entstanden, sondern durch eine Verbindung eines Kompositions- und eines Rückbildungsprozesses. Rückbildung bedeutet: Aus dem Verbstamm *fahr-* wird per normaler Ableitung das Substantiv *Fahrer* gebildet. Dieses Substantiv ist zugänglich für die normale Substantivkomposition, hier sogar ein klassisches Determinativkompositum in *Radfahrer* (die Menge der Radfahrer ist eine Teilmenge der Menge der Fahrer, das Erstglied bestimmt das Zweitglied näher). Dieses Wort *Radfahrer* wird nun rückgebildet, indem das Suffix *-er* zurückinterpretiert wird, es entsteht ein Verb *radfahren* (*). Der Asterisk in Klammern hinter dem Wort soll zeigen, dass diese Schreibung nach dem *Amtlichen Regelwerk* nicht erlaubt ist; aber eigentlich ist sie systemgerecht – also orthographisch falsch, graphematisch richtig.

Dass dies zwar eine gängige Analogiebildung ist, aber nicht immer ein erfolgreicher Wortbildungsprozess, ist daran zu erkennen, dass nicht immer vollwertige (vollflektierbare) Verben entstehen. Einige finden zwar *brustschwimmen* in Ordnung, aber *er schwimmt Brust* eher seltsam (*er schwimmt Rücken/ Delphin/ Schmetterling*); für die meisten ist *er will bausparen* in Ordnung, aber nicht **er spart bau*.

**Adjektiv-Verb-Verbindungen** zeigen deutliche Übergangsbereiche, die aber relativ gut zu benennen sind:

(6)  sie hat den Laden leergekauft – sie hat den Laden leer gekauft

Im ersten Fall hat sie so viele Dinge gekauft, dass der Laden hinterher (gefühlt) leer war; im zweiten Fall hat sie einen Laden gekauft, der leer war. Im ersten Fall besitzt sie hinterher Dinge, die man in einem Laden kaufen kann; im zweiten Fall besitzt sie einen Laden. Die Zusammensetzung verhält sich anders als die Wörter alleine; zum Beispiel kann man ein Auto ›leer kaufen‹, aber kaum ›leerkaufen‹.

Mit welchen Verben kombiniert *leer* noch? *Den Teller leeressen, das Glas leertrinken, den Schreibtisch leerarbeiten*? Aber weder kann man *das Glas leertragen*, noch *den Teller leerwaschen*, aber sehr wohl *das Glas leer tragen* und *den Teller leer waschen* (jeweils im ›leeren‹ Zustand). In dem einen Fall geht es um den Zustand, in dem sich etwas befindet (*leer* getrennt), in dem anderen darum, ob durch die Verbhandlung der Zustand erst herbeigeführt wird, im zweiten Fall handelt es sich um sogenannte ›Resultativkonstruktionen‹.

Es gibt offenbar einige (wenige) reihenbildende Adjektive, neben *leer*, zum Beispiel *voll* und *tot*. Mitunter haben die Verben und die Verb-Verbindungen eine unterschiedliche Valenz: *der Professor quatscht die Studenten voll* – *\*der Professor quatscht die Studenten*. Ein solches Verhalten zeigt, dass sich die Verbindung anders verhält als die Kombination der einzelnen Teile. Das spricht für die Intuition, die Adjektiv-Verb-Verbindungen dieses Typs zusammenschreiben zu wollen.

Das Adjektiv *tot* in diesen Verbindungen kommt von französisch *tout* (›alles‹). Viele der *tot*-Verben sind reflexiv, z. B. *sich totlachen, sich totarbeiten, sich totärgern*. Die französische Herkunft von *tout* könnte ›verstärkend‹ wirken (›jemand lacht sehr‹), aber das reflexive Verhalten (*sich totlachen*) könnte eben doch für eine Reinterpretation von *tout* als *tot* sprechen. Daneben gibt es Verben wie *totfahren, totkriegen*, die das genannte Resultativverhalten zeigen.

**Verb-Verb-Verbindungen** sind offenbar noch seltener. Mit *kennenlernen* ist ein Einzelfall geregelt worden, der sich aber auch besonders verhält. Wenn *lernen* mit anderen Verben kombiniert, gibt es zumindest alternativ die Möglichkeit, den Infinitiv mit *zu* zu benutzen: *er lernt tanzen – er lernt zu tanzen*. Diese Möglichkeit fehlt bei *kennenlernen: \*er lernt ihn zu kennen*. Zwischen *tanzen lernen* und *kennenlernen* gibt es also einen deutlichen grammatischen Unterschied, und die Schreibung macht ihn sichtbar.

### Univerbierungen

Bei Univerbierungen handelt es sich um das (historische) Zusammenwachsen zweier benachbarter Wörter (s.o.). Wahrscheinlich geht der heute produktive Kompositionsprozess auf Univerbierung zurück (*des Gottes Dienst – der Gottesdienst*). Univerbierung ist heute aber kein produktiver Wortbildungsprozess. Typische Vertreter für den eher ungewöhnlichen Fall sind:

(7) a. aufgrund, anhand, anstelle, infolge
 b. stattdessen, infolgedessen
 c. zuhause, nachhause

Auffällig ist, dass alle Beispiele Präpositionen enthalten. Präpositionen gelten als ›geschlossene‹ Klasse, das heißt es gibt keinen Wortbildungsprozess, der produktiv ist (und in größerem Umfang) neue Präpositionen liefert. Bei den Beispielen in (7a) handelt es sich wiederum um Präpositionen; die Beispiele in (7b) und (7c) ›sättigen‹ quasi ihre Präpositionen. Der Prozess, der in (7a) stattfindet, ist besonders interessant. So sind Präpositionen mit Substantiven zu neuen Präpositionen zusammengewachsen wie *anhand, aufgrund*. Dass es neue Präpositionen sind (und nicht weiterhin Präpositionen mit Substantiven), ist zum Beispiel daran zu erkennen, dass sie immer eine weitere Ergänzung fordern:

(8) a. anhand des Gutachtens ist die gerechte Bewertung zu erkennen – *anhand ist die gerechte Bewertung zu erkennen
 b. er läuft noch an der Hand seiner Mutter – er läuft noch an der Hand

**Komplexes graphematisches Wort**

Bei Substantiven kann eine Genitivergänzung stehen, muss aber nicht; bei Präpositionen muss die (Genitiv-)Ergänzung stehen.

Bei *stattdessen* ist die Ergänzung ›inkorporiert‹, die Präposition *statt* ist gesättigt; insgesamt ist das Wort keine Präposition mehr, sondern ein Adverb. Bei *infolgedessen* hat der Univerbierungsprozess zweimal stattgefunden: erst *in – folge* und dann *infolge – dessen*. (7c) zeigt wieder eine Besonderheit der Form: Erstens ›fehlt‹ ein Artikel (*zu dem Haus*, *zum Haus*), zweitens ist hier das veraltete Dativ-e erhalten; die Verbindung ist also nicht produktiv gebildet, sondern als Ganzes vorhanden – ein gutes Argument für die Zusammenschreibung.

### Graphematische Komposita

In Kapitel II.6 ging es um die Sichtbarkeit von Morphologie in der Schreibung. Hier stellt sich nun die Frage, ob die Schrift auch Kompositionsstrukturen zeigt. In jedem Fall sind graphematische Komposita zunächst einmal graphematische Wörter, die auch ziemlich lang sein können; hier besteht sicherlich noch Forschungsbedarf. Die Frage nach der Sichtbarkeit von Kompositionsstrukturen ergibt sich als logische Fortsetzung der Gedanken um den graphematischen Fuß.

Die Wörter, die mehr als zwei Silben haben, sind häufig morphologisch komplex, es kann sich sowohl um Ableitungen mit Affixen handeln als auch um Komposita. Gerade für die Komposita in der Phonologie gibt es gute Gründe, hier zwei (oder mehr) phonologische Wörter anzunehmen (s. Kap. I.6.2). In der Graphematik sind sie als ein Wort zusammengeschrieben.

**Fußstruktur:** Die Kompositumsstruktur kann über die Füße ermittelt werden:

(9) a. Hundekuchen, Lampenschirm, Feierabend, Himmelsstürmer
    b. Wetterbericht
    c. Bundeskanzleramt
    d. Sprachwissenschaft

Die in (9a) genannten Wörter enthalten jeweils zwei graphematische Füße; so sind die Erstglieder jeweils graphematische Trochäen (*Hunde*, *Lampen*, *Feier*, *Himmels*). In (9b) handelt es sich um einen Trochäus und einen einhebigen Fuß mit Auftakt. In (9c) um drei graphematische Füße: *Bundes kanzler amt*. In (9d) handelt es sich um einen einhebigen Fuß, gefolgt von einem Trochäus (*wissen*), dem wiederum ein einhebiger Fuß folgt (*schaft*).

**Ungewöhnliche Buchstabenverbindungen:** Komposita sind auch an ungewöhnlichen Buchstabenverbindungen zu erkennen. Folgen wie *llstr*, *hlb*, *nbr* wie in *Wollstrumpf*, *Stuhlbein*, *Beinbruch* müssen eine Wortgrenze enthalten (in diesem Sinn auch Schmidt 2012).

**Graphematisches Wort**

### Akzent und Zusammenschreibung

Es ist nicht zu verkennen, dass es bestimmte Zusammenhänge von Getrennt- und Zusammenschreibung und dem Akzent gibt. So unterscheiden sich viele Beispielpaare (*sie backt aus Weizenkorn Brote - sie backt aus Weizen Kornbrote*) sowohl in der Schreibung als auch in der Akzentuierung. Es ist hier wie sonst auch häufig in der Beziehung von Laut und Schrift in keiner Richtung von einem Abbildungsverhältnis auszugehen; der Zusammenhang ist aber vorhanden, indirekt über das morphologische und syntaktische System.

(10) a. Sie backt aus Weizenkorn Brote.
     b. Sie backt aus Weizen Kornbrote.

Die Schreibung hilft bei der Identifizierung der primären Wortakzentsilben und bei der Identifizierung derjenigen Silbe, die den Satzakzent (oder nuklearen Akzent; s. Kap. I.7.4) trägt. Bei einer neutralen Lesart der Beispiele in (10) ist dies jeweils die letzte primäre Wortakzentsilbe: in (10a) die Silbe *bro*, in (10b) die Silbe *korn*.

**Identifizierung der primären Wortakzentsilben:** In Kapitel I.6.1.1 wurde darauf hingewiesen, dass das phonologische Wort als Domäne für Wortakzentregeln im Deutschen fungiert. Bei Simplizia wird der primäre Wortakzent in der Regel der Kopfsilbe des letzten Fußes eines phonologischen Wortes zugewiesen. Das Wort *Brote* in (10a) weist nur einen trochäischen Fuß auf, folglich trägt *bro* den primären Wortakzent. Bei Komposita wird der primäre Wortakzent gewöhnlich der Kopfsilbe des letzten Fußes des ersten phonologischen Wortes zugewiesen. *Kornbrote* in (10b) ist als Folge zweier phonologischer Wörter analysierbar: (Korn)(brote). Folglich trägt *Korn* den primären Wortakzent. Die Getrennt- und Zusammenschreibung macht morphologische Wörter sichtbar, indem sie Formen von Komposita wie *Kornbrote* und Formen von Simplizia wie *Brote* als graphematische Wörter zwischen Leerzeichen (oder Leerzeichen und Satzzeichen) setzt. Sie kann ferner bei der Identifizierung der Morphemstruktur dieser Wörter helfen, wie in den vorangehenden Abschnitten gezeigt wurde.

**Identifizierung der Satzakzentsilben:** Die Zuweisung des Satzakzents ist regelhaft, wenn auch nicht immer einfach zu erfassen. Allgemein lässt sich jedoch festhalten: Satzakzente werden in der Regel primären Wortakzenten von Wörtern zugewiesen, die bestimmte syntaktische Eigenschaften aufweisen. Bei neutraler Lesart (dem sog. weiten Fokus) handelt es sich meist um Wörter, die den Kern der letzten Nominalgruppe bilden, wie *Brote* in (10a) und *Kornbrote* in (10b). Auch hier hilft die Getrennt- und Zusammenschreibung, denn eine Voraussetzung für die Anwendung syntaktisch basierter Akzentzuweisungsregeln ist die Identifizierung syntaktischer Einheiten, die durch die Verschriftung mittels graphematischer Wörter wesentlich erleichtert wird. Eine Verschriftung von (10a) und (10b) ohne Bezug auf graphematische Wörter wie <siebacktausweizenkornbrote> erschwert die syntaktische Analyse ungemein, weil die

## Graphematik

**Komplexes graphematisches Wort**

syntaktischen Einheiten nicht ›auf einen Blick‹ zu identifizieren sind. In diesem Fall ist bei Verzicht auf die graphematische Wortschreibung nicht einmal eine eindeutige Interpretation möglich, denn <siebacktausweizenkornbrote> kann sowohl im Sinne von (10a) als auch im Sinne von (10b) analysiert werden.

**Zur Vertiefung**

**Spezialfall? Der *zu*-Infinitiv**

Syntaktisch ist der *zu*-Infinitiv gar nicht so einfach zu beschreiben. Häufig wird er als ›eine‹ syntaktische Einheit betrachtet und dafür gibt es auch gute Gründe (vgl. Pafel 2011: 22 f.).

Peter hofft zu gewinnen.
Peter hofft, bei dem Fußballspiel in Kiew zu gewinnen.
Peter hofft, hoch zu gewinnen.
Er hat das Problem zu lösen – das Problem ist zu lösen.
Er hofft, Maria nicht zu stören – *er hofft, Maria zu nicht stören
(vgl. auch Pafel 2011: 22).

Syntaktisch ist der *zu*-Infinitiv nicht trennbar. Dennoch wird er nicht zusammengeschrieben *\*das Problem ist zulösen.* Pafel (2011: 22) geht sogar so weit, in der Getrenntschreibung des *zu*-Infinitivs eine reine Schreibkonvention zu sehen. Gegen die Annahme einer solchen Schreibkonvention spricht zum Beispiel, dass die Schreibung wenig fehleranfällig ist. Im Folgenden wird die Schreibung begründet.

Das Argument für die Getrenntschreibung findet sich unseres Erachtens genau in dem erwähnten ›Wortbildungsprinzip‹, das hier ausnahmsweise eine Schreibung nicht zulässt, die syntaktisch angemessen wäre. Das Wortbildungsprinzip lässt Zusammenschreibung bei Wortbildungen zu. Der *zu*-Infinitiv ist aber keine Wortbildung. Hier hat sich eine Konstruktion herausgebildet, die alle Eigenschaften von Flexion hat:
- Der *zu*-Infinitiv ist von jedem Verb bildbar.
- Er verändert nicht die Valenz.
- Er verändert nicht die lexikalische Bedeutung.
- Das *zu* verbleibt direkt beim Stamm.
- Es ist positionsfest, er steht ausschließlich vor dem Stamm.

Allerdings hat *zu* die Form eines selbständigen Wortes *und* es verhält sich auf die eben genannte Weise. Denn bei der analytischen Flexion (Flexion aus zwei oder mehr Wörtern) sind die Wörter nicht in dem Maße positionsfest und insbesondere nicht immer direkt benachbart. Analytische Verbformen wie *hat gelesen*, *wird lesen*, *wird gelesen* usw. können sowohl in der Reihenfolge variieren (*hat gelesen* vs. *gelesen hat*), und sie sind nicht zwangsläufig benachbart, sondern bilden im Gegenteil die typisch deutsche Verbalklammer *er hat das Buch neulich im Zug gelesen*). Die *zu*-Infinitivbildung wäre also ›Komposition in der Flexion‹, eine Zweiwortflexion mit fester Wortstellung und damit eine besondere Form.

## II.7.3 Graphematik

**Graphematisches Wort**

### Weiterführende Literatur

Für die Getrennt- und Zusammenschreibung liegen mit Jacobs (2005) und Fuhrhop (2007) zwei Monographien vor. Fuhrhop (2011) gibt in einem Handbuchartikel wesentliche Positionen wieder. Wegweisend für das ganze Gebiet ist Eisenberg (1981), hier geht es – entgegen der Erwartung im Titel – auch um Getrennt- und Zusammenschreibung, z. B. um Fälle wie *eislaufen* usw. In den verschiedenen Auflagen der Wortgrammatik von Eisenberg (2013) erscheint das Thema stets in Kapitel 8.

Das graphematische Wort ist grundlegend in Fuhrhop (2008) beschrieben; die Wortzeichen in Buchmann (2012).

### Aufgaben

1. Füllen Sie die folgende Tabelle mit Beispielen (Komposita) und stellen Sie Vermutungen darüber an, welche der Kombinationen häufig sind und welche eher selten.

| Zweitglied \ Erstglied | Substantiv | Adjektiv | Verb | Präposition | Adverb |
|---|---|---|---|---|---|
| Substantiv | | | | | |
| Adjektiv | | | | | |
| Verb | | | | | |

2. Überlegen Sie sich, ob auch Präpositionen und Adverbien möglicherweise als Zweitglieder vorkommen.

3. Betrachten Sie Ihre Reihe mit verbalen Zweitgliedern und überlegen Sie jeweils, ob es sich um trennbare oder nicht-trennbare Verben handelt. (Finden Sie zu den Formen auch Alternativen?)

4. Adjektivkomposita: Systematisch können zwei Adjektive auch in einem Attributverhältnis zueinander stehen. Es geht um Konstruktion wie *vollschlank – voll schlank; alleinerziehend – allein erziehend*. Versuchen Sie, die Fälle zu erfassen.

5. *zu*-Infinitiv: Es wurde argumentiert, dass sich die Getrenntschreibung des zu-Infinitivs aus den Prinzipien zur Getrennt- und Zusammenschreibung ergibt. Wie sieht es aus mit dem *zu*-Infinitiv der Partikelverben (*aufschließen, zuschließen, ablehnen*)?

# 8. Satzinterne Großschreibung

Unter der satzinternen Großschreibung wird das behandelt, was traditionell als ›Substantivgroßschreibung‹ bezeichnet wird. Hier wurde ein anderer als der häufig übliche Begriff bevorzugt, um zu verdeutlichen, dass die Großschreibung eben nicht lexikalisch, sondern vielmehr syntaktisch bedingt ist.

### Pseudowortdiktat — Beispiel

Beginnen wir mit einem Pseudowortdiktat aus Nünke/Günther (2005). Dem Pseudowortdiktat liegt ein echter Text zugrunde, bei dem Substantive, Verben und Adjektive durch Pseudowörter – also Wörter, die es im Deutschen nicht gibt, die aber durchaus aussehen wie deutsche Wörter – ersetzt wurden, die Funktionswörter wurden beibehalten (auch einige Verben sind beibehalten). Im Folgenden ist das konstruierte Pseudowortdiktat in konsequenter Kleinschreibung präsentiert. Überlegen Sie zunächst, welche Wörter Sie mit einer Majuskel beginnen lassen würden.

tom, der dippige jonki
tom ist ein bilker, tilsiger jonki. die dalledi, bei der er uckelt, wohnt in einem mill in einer droppelbull. zu dieser dalledi gehören: bakullen, kullen, lisa und ihr masen. da tom ein schuckeliger, tulliger jonki ist, hat er tecken in allen dolpen und talsen. leider hat das billebo ein malles droll: seine dippidell. häufig dippelt tom seinen muck oder kann sich nicht mehr an dolsen mit tecken erinnern. an einem ralken lullemull ockselt der jonki einen sappeldill. plötzlich dippelt er, wo sein damill ist. da findet lisa zusammen mit teckanen das dilpige billebo und dackt es zurück.

Haben Sie Großschreibung eingefügt? Und haben Sie sie auch jenseits von Satzanfängen eingefügt? Möglicherweise sind Sie zu folgender Schreibung gekommen:

Tom ist ein bilker, tilsiger Jonki. Die Dalledi, bei der er uckelt, wohnt in einem Mill in einer Droppelbull …

**Syntaktisch, nicht lexikalisch:** Mit diesem Experiment wird deutlich, dass die satzinterne Großschreibung nicht lexikalisch, sondern syntaktisch geregelt ist. Dass sie **nicht lexikalisch** erfolgt, ist daran zu sehen, dass unter den Wörtern, die Sie vermutlich großgeschrieben haben, keine tatsächlichen Wörter des Deutschen sind. Damit ist Folgendes klar: Der Blick in eine Wörterliste kann kaum der richtige Weg sein, denn in einer Wörterliste/in einem Wörterbuch finden Sie nicht ein einziges dieser Pseudowörter. **Syntaktisch** liegt die folgende Regel zugrunde: (Potentielle) Kerne von

## II.8 Graphematik

**Satzinterne Großschreibung**

Nominalgruppen werden großgeschrieben. Auch bei bekannten Wörtern des Deutschen können die verschiedensten ›lexikalischen‹ Wortarten als Kern der Nominalgruppe fungieren:

> **Beispiel** **Verschiedene Wortarten – als Kerne von Nominalgruppen**
>
> *das lyrische Ich* - Pronomen
> *das gehauchte Ach* - Interjektion
> *das schnelle Lesen* - Verb
> *das schöne Grün* - Adjektiv
> *dein ewiges Wenn und Aber* - Konjunktion
> *das ewige Auf und Ab* - Präposition/Partikel
> *das unglaubliche Gestern* - Adverb

**Prototypische Nominalgruppen** bestehen aus einem Artikel und einem Kern und können ein adjektivisches Attribut enthalten. Betrachten Sie folgenden Satz von Günther/Nünke (2005), der kein einziges lexikalisches Substantiv enthält (hier in konsequenter Kleinschreibung):

(1) *Zum tanzen trug sie das kleine schwarze nicht so gerne, weil es zu ihrem neuen ich nicht zu passen schien.

Wie lesen Sie diesen Satz? Möglicherweise schreiben Sie schon in Gedanken bestimmte Wörter groß, und zwar *Tanzen*, *Schwarze* und *Ich*.

(2) Zum Tanzen trug sie das kleine Schwarze nicht so gerne, weil es zu ihrem neuen Ich nicht zu passen schien.

**Kerne von Nominalgruppen:** *Das kleine Schwarze, ihrem neuen Ich* sind eindeutig Nominalgruppen. Zu ihnen gehören neben Artikeln oder artikelartigen Wörtern (hier das Possessivpronomen *ihrem*) auch (adjektivische, flektierte) Attribute (*kleine, neuem*). Dass auch *Tanzen* Kern einer Nominalgruppe sein kann, ist daran zu erkennen, dass es ebenfalls attributfähig ist, auch wenn es hier ohne Attribut auftaucht: *zum Tanzen in der Disco, zum Tanzen des langsamen Walzers*. Weil *zum* auftritt, enthält die Nominalgruppe keinen (weiteren) Artikel.

Die satzinterne Großschreibung ist eine **Lesehilfe** - sie zeigt den Lesenden den Kern der Nominalgruppe und legt damit eine syntaktische Analyse nahe. Sicherlich wäre das Schreiben einfacher, wenn man auf die satzinterne Großschreibung verzichten würde, aber das Lesen wäre nicht einfacher.

**Satzinterne Großschreibung**

**Zur Vertiefung**

**Satzinterne Großschreibung vs. Substantivgroßschreibung: Zur Begrifflichkeit**

Möglicherweise erscheint es umständlich, immer von satzinterner Großschreibung zu sprechen. Es geht aber um Folgendes: ›Satzinterne Großschreibung‹ bezieht sich als Begriff deutlich auf die Kontextabhängigkeit (vgl. Bredel 2010). Der Begriff ›Substantiv‹ dagegen meint eine Wortart und begünstigt möglicherweise die kontextunabhängige Sichtweise, die nicht angemessen ist. ›Satzinterne Großschreibung‹ als Begriff muss sicherlich erläutert werden. Substantivgroßschreibung suggeriert: Wenn man weiß, was ein Substantiv ist, dann weiß man auch, was großzuschreiben sei. Und genau das trifft eben nicht zu: Es geht um den Kern der Nominalgruppe. Sicherlich sind das häufig Substantive, aber ein häufiges Auftreten ist nicht das strukturell einzig mögliche.

Die syntaktischen Prozesse, die in Konstruktionen wie *das lyrische Ich*, *das schöne Grün* zum Tragen kommen, werden häufig als ›Substantivierung‹ bezeichnet, entsprechend kann *dank des Vorfalls* als ›Desubstantivierung‹ bezeichnet werden.

In *das lyrische Ich*, *das schöne Grün* usw. sind die Kerne der Nominalgruppen allerdings keine Substantive (im lexikalischen Sinn), und in *dank des Vorfalls* ist das vermeintliche ›Substantiv‹ *dank* nicht Kern einer Nominalgruppe, sondern es wird als Präposition benutzt. Die Schreibung orientiert sich also nicht an einer lexikalischen Wortart, sondern an der Funktion innerhalb des Satzes.

In modernen Grammatiktheorien werden Wortarten anhand morphologischer und syntaktischer Kriterien beschrieben. Das System der Wortarten ist erstens ein komplexes und zweitens ist es (relativ) offen. Modelliert entspricht es eher einer Prototypentheorie und keiner kategorialen Einteilung. Bei einer Beschreibung in dem Modell einer Prototypentheorie geht es darum, verschiedene Eigenschaften festzuhalten. In modernen Grammatiktheorien werden Substantive zum Beispiel mit folgenden Eigenschaften beschrieben: Sie flektieren nach Kasus und Numerus; sie verändern sich also nach Kasus und Numerus (*des Gefühls*, *die Gefühle*), und sie haben ein Genus (*Gefühl* ist Neutrum). Syntaktisch treten sie häufig als Kerne von Nominalgruppen auf. Semantisch ergibt sich folgende Aufteilung: Substantive referieren, Verben prädizieren, Adjektive modifizieren.

Zum Vergleich: Bei der Satzanfangsgroßschreibung ist die Kontextabhängigkeit schon im Begriff deutlich; ein Wort, das am Satzanfang (genauer in Zusammenhang mit bestimmten Interpunktionszeichen) benutzt wird, wird großgeschrieben.

In der Tat stehen in Kernen von Nominalgruppen häufig Substantive, und sie streben genau in diese Position. Aber auch andere Wortarten können hier stehen und werden großgeschrieben. Hingegen verlassen Substantive vereinzelt – für bestimmte Kontexte – diese Position und werden kleingeschrieben (*mir wird angst (und bange)*, *er ist schuld*, *es ist ihm recht*) oder historisch *heute abend* vs. seit 1996 *heute Abend*.

**Satzinterne Großschreibung**

›Substantivität‹ nur im Kern der Nominalgruppe? Wenn Substantive im Kern einer Nominalgruppe stehen, so entwickeln sie ihre prototypischen Eigenschaften (*die große Liebe, das schmutzige Fenster*), werden sie herausgedrängt, verlieren sie die prototypischen Eigenschaften (*er ist schuld/\*er ist die große Schuld, der Mann ist pleite ≠ der Mann ist eine große Pleite*). Andere Wortarten nehmen hingegen quasi substantivische Eigenschaften an, wenn sie Kerne von Nominalgruppen sind: So ist die Pluralform von *das lyrische Ich* eher *die lyrischen Ichs* als *\*die lyrischen Wir/ das lyrische Wir* – die Pluralform wird also substantivisch gebildet und nicht pronominal. Das Gleiche gilt für mögliche Genitivformen. In einem Pronominalparadigma wird die Genitivform von *ich* mit *meiner* angegeben (*er gedenkt meiner*); die genannte Nominalgruppe zeigt in einer Genitivkonstruktion aber die Form *Ichs* wie in *Perspektiven des lyrischen Ichs/ \*des lyrischen m/ Meiner*. Wenn Pronomen im Kern einer Nominalgruppe stehen, verhalten sie sich bezüglich Kasus- und Numerusflexion wie Substantive. Auch substantivische Infinitive können als Kern einer Nominalgruppe eine Genitivform bilden (*die Kunst*) *des Singens*; in einer Verbalgruppe (*will singen*) geht das nicht.

›Desubstantivierung‹: An den Beispielen *er ist schuld, er hat Schuld* und *er ist schuldig* soll in der folgenden Tabelle (1) gezeigt werden, dass mögliche Unterschiede in der Schreibung ein Reflex des unterschiedlichen grammatischen Verhaltens sind. Dabei kommt es an dieser Stelle gar nicht so sehr auf die Schreibung an, sondern vielmehr auf die sprachlichen Formen jenseits der Schreibung.

|        | allein   | definiter Artikel | indefiniter Artikel | adjektivisches Attribut | Negation mit *nicht* | Negation mit *kein* |
|--------|----------|-------------------|---------------------|-------------------------|----------------------|---------------------|
| er ist | schuld   | *die Schuld       | *eine Schuld        | *eine große Schuld      | nicht schuld         | ?keine schuld       |
| er hat | Schuld   | die Schuld        | eine Schuld         | eine große Schuld       | nicht Schuld         | keine Schuld        |
| er ist | schuldig | *die schuldig     | *eine schuldig      | *eine große schuldig    | nicht schuldig       | *kein schuldig      |

Tab. 1: Wie substantivisch verhält sich *S/schuld* in er ist *S/schuld*?

In der Tabelle sind Grammatikalitätsurteile angegeben. Es geht nicht darum, ob Sie persönlich eine der Konstruktionen *er ist schuld* oder *er ist schuldig* vorziehen, sondern es geht darum, ob Sie bestimmte Konstruktion als grammatisch oder ungrammatisch empfinden. An den gegebenen Grammatikalitätsurteilen ist deutlich zu sehen, dass sich *schuld* und *schuldig* im Kontext von *er ist* sehr ähnlich verhalten. Der einzige Unterschied findet sich bei *kein*; es handelt sich um einen Rest von substantivischem Verhalten; bei indefiniten Substantiven ist die Negation mit *kein* möglich und auch üblich. Die Konstruktion *er hat Schuld* zeigt hingegen, dass der Verlust der Substantivität nicht das Wort *Schuld* an und für sich betrifft, sondern ausschließlich *schuld* in Zusammenhang mit dem Verb *sein*. Ähnliche Fälle sind *pleite, angst und bange, gram*. Es wird in den

Beispielen deutlich, dass es nicht primär um die Schreibung geht; *schuld* usw. zeigt in dem Kontext von *sein* ein spezielles Verhalten.

Auch in dem Abschnitt zur Getrennt- und Zusammenschreibung wird thematisiert, dass sich bestimmte Substantive in Verbindung mit Verben nicht vollständig wie selbständige Substantive verhalten und dass es deswegen eine Tendenz zur Kleinschreibung bei Konstruktionen wie *er läuft eis* gibt (s. Kap. II.7.3.3).

## Substantivische Adjektive

Besonders schwierig scheint der adjektivische Bereich zu sein. Es fällt auf, dass die adjektivische Flexion beibehalten wird: *ein Kleiner, der Kleine*. Die folgenden Beispiele zeigen aber, wie sinnvoll es ist, den Unterschied in der Schreibung zu machen:

(5) a. Leo hat einen neuen Computer, der alte war ihm zu langsam.
 b. Der Alte ist nicht nachhause gekommen.
 c. Die verbeamteten Lehrer sind besser gestellt als die angestellten.
 d. Die Beamten sind besser gestellt als die Angestellten.

In (5a) handelt es sich um den sogenannten elliptischen Gebrauch. ›Der alte Computer‹ ist gemeint; die Nominalgruppe *der alte* ist zwar nicht vollständig, kann aber im Kontext ergänzt werden. In (5b) hingegen ist *der Alte* die vollständige Nominalgruppe. Analog dazu verhält es sich bei den Beispielen in (5c) und (5d). Sowohl *der Alte* in (5b) als auch *die Angestellten* in (5d) bezeichnen Personen.

**Neutrum:** Die oben genannten substantivischen Adjektive sind entweder Femininum oder Maskulinum (*die Angestellte, der Angestellte*). Daneben gibt es vergleichbare Konstruktionen mit Neutrum: *das Schöne, das Wahre, das Gute*. Diese haben eine abstrakte Bedeutung. Im *Amtlichen Regelwerk* werden folgende Hinweise für die Großschreibung gegeben: »Substantivierte Adjektive und adjektivisch gebrauchte Partizipien, besonders auch in Verbindungen mit Wörtern wie *alles, allerlei, etwas, genug, nichts, viel, wenig*« (§57, 1): *etwas Süßes, viel Gutes, nichts Abstraktes*. Diese Hinweise prüfen, ob die jeweilige Einheit quantifizierbar ist, ein erster Hinweis auf Substantivität.

**Quantitative Adjektive:** Wenn Adjektive selbst quantitativ sind, können sie sowohl groß- als auch kleingeschrieben werden: *das m/Meiste, das w/Wenige*. So führt zum Beispiel der eben erwähnte Test zu ungrammatischen Konstruktionen: *\*viel M/meistes, \*etwas W/weniges*. In diesem kleinen Bereich scheinen beide Schreibungen auch graphematisch angemessen.

**›Feste Verbindungen‹ mit Adjektiven:** Schwieriger wird es bei der Kombination von Präpositionen/Verschmelzungen mit (flektierten) Adjektiven. Das sind geradezu notorische Zweifelsfälle, und so lässt auch die aktuelle Regelung bis auf wenige Ausnahmen jeweils zwei Schreibungen zu:

**Satzinterne Großschreibung**

(6) a. bis auf w/Weiteres
 b. seit l/Langem
 c. binnen k/Kurzem
 d. im Allgemeinen, im Folgenden, im Wesentlichen
 e. aufs h/Herzlichste
 f. am besten / es fehlt ihnen am Nötigsten

In den ersten drei Fällen (6a-c) sind jeweils beide Schreibungen zugelassen, das ist der Sache auch überaus angemessen. In den Fällen (6d–f) gibt es weitere Bestimmungen. Der Unterschied zwischen der ersten Gruppe und der zweiten Gruppe ist der folgende: In (6a-c) handelt es sich jeweils um eine einfache Präposition und ein flektiertes Adjektiv, in (6a–f) handelt es sich um sogenannte Verschmelzungen, also um eine Präposition, die einen Artikelrest gleich mitbringt. Die Verschmelzung ist aber nicht in jedem Fall aufzulösen: *Im Allgemeinen* ist nicht zu ersetzen durch ?*in dem Allgemeinen*. Deswegen war die Kleinschreibung, die vor 1996 erlaubt war, durchaus angemessen. Besonders deutlich wird der Unterschied in (6f): *er singt am besten/ \*an dem Besten – \*es fehlt ihnen an dem Nötigsten*.

**Zur Vertiefung**

**Sind *am schnellsten* und *im Allgemeinen* grammatisch wirklich so unterschiedlich, wie die Schreibung (Rechtschreibung!) suggeriert?**

Beide Konstruktionen bestehen aus einer Verschmelzung, die ein Nicht-Femininum im Dativ suggeriert (*am – an der*) und einem im Dativ flektierten Adjektiv – *dem schnellsten Auto, dem allgemeinen Fall*. Das sind also die morphologischen Kriterien. Als nächstes ist zu betrachten, wie sie syntaktisch verwendet werden:

a. Er hat das im Allgemeinen für sich abgewogen.
b. Er hat das am schnellsten für sich abgewogen.

c. Das Konzept wird im Folgenden erläutert.
d. Das Konzept wird am besten erläutert.

e. Der Maastricht-Prozess ist im Wesentlichen symbolisch zu verstehen.
f. Der Maastricht-Prozess ist am besten/am einfachsten symbolisch zu verstehen.

In diesen Beispielen fungieren die benannten Gruppen als Adverbiale. Auch wenn einige Fälle ein wenig konstruiert wirken, so ist doch deutlich, dass beide die gleiche syntaktische Funktion einnehmen können.

Die sogenannte Superlativform ist eine besondere Flexionsform, die grammatikalisiert ist (und daher zu vergleichen mit dem *zu*-Infinitiv in Kap. II.7.3). Diese Interpretation lässt die Kleinschreibung dieser Formen, die im *Amtlichen Regelwerk* explizit festgelegt ist, als die einzig mögliche erscheinen. Aber auch die Unauflösbarkeit von *im* in diesen Fällen legt nahe, dass Kleinschreibung zumindest hätte zugelassen werden müssen.

> Wir empfehlen, sich diese Fälle einfach als Sonderfälle zu merken. Der Versuch, sie zu ›verstehen‹, muss scheitern. Insbesondere der Verweis darauf, die Form *im* sei doch ›eigentlich‹ eine Verschmelzung und enthalte einen Artikel, führt eben direkt zu der – nach dem *Amtlichen Regelwerk* falschen – Großschreibung *\*am Besten*.

## Weiterführende Literatur

Günther/Nünke (2005) und Günther (2007) zeigen sehr anschaulich, dass die satzinterne Großschreibung nicht lexikalisch geregelt ist. In Bredel (2006) wird die Entwicklung der satzinternen Großschreibung über die verschiedenen Sprachebenen nachgezeichnet (von pragmatischer Eigennamengroßschreibung hin zu der heutigen syntaktischen Großschreibung), was in Bredel (2010) didaktisch interpretiert wird. Wegweisend ist/war Eisenberg (1981).

## Aufgaben

1. Bilden Sie die Pluralformen von Gruppen wie *das lyrische Ich, das schöne Grün, ein lautes Ach*. Welche Plurale sind das typischerweise?

2. In Kapitel 7 ging es um substantivische Eigenschaften von *Rad* in *Rad fahren*, *Brust* in *brustschwimmen* usw. Konstruieren Sie Kontexte, in denen Pluralformen denkbar wären. Sind sie hier auch zu verwenden?

3. Erläutern Sie, warum *angst* in *mir ist angst und bange* kleingeschrieben wird.

## 9. Die syntaktischen Zeichen

9.1 Das Inventar der syntaktischen Zeichen
9.2 Das Komma im *Amtlichen Regelwerk*
9.3 Die Kommaregel – ein linguistisches Fazit

Im Folgenden widmen wir uns einem Teilbereich der Interpunktionszeichen, den syntaktischen Zeichen: also Punkt, Komma, Doppelpunkt und Semikolon (für die Wortzeichen s. Kap. II.7.2). Im Gegensatz zu Buchstaben werden die syntaktischen Zeichen nicht verbalisiert; sie füllen formal nicht das Mittelband aus.

**Zum Begriff**

> Formal berühren → **syntaktische Zeichen** die Grundlinie und gehen nicht über das Mittelband hinaus. Funktional unterbrechen sie den ansonsten stattfindenden Strukturaufbau. Syntaktische Zeichen sind Punkt, Komma, Semikolon und Doppelpunkt.

Bereits in Kapitel II.7.2 wurde gezeigt, dass Interpunktionszeichen Hinweise zur Verarbeitung geben. Wir wollen das an dem Beispiel des Punktes kurz erläutern. Der Punkt wird im Allgemeinen als ›Satzabschlusszeichen‹ (so auch im *Amtlichen Regelwerk* AR 2006: 73) bezeichnet. Folgende Beispiele für den Punkt als Kennzeichnung für den ›Ganzsatz‹ werden hier genannt:

(1)   Niemand kannte ihn. Auch der Gärtner nicht. (AR 2006: 73)

*Auch der Gärtner nicht.* kann kaum als ein ›syntaktischer Satz‹ interpretiert werden; ihm fehlt das Prädikat als Zentrum des Satzes. Bredel (2008, 2011) führt in diesem Zusammenhang die Online-Sicht in die Interpunktionsforschung ein.
   **Online- und Offline-Perspektive:** Die Interpunktion wird in den meisten Arbeiten und auch im *Amtlichen Regelwerk* ›offline‹ betrachtet, das heißt, es werden die Konstruktionen beschrieben, bei denen bestimmte Interpunktionszeichen gesetzt werden. Diese Sichtweise scheitert aber bei den einfachsten Konstruktionen, eben an dem Beispiel *Auch der Gärtner nicht*. Von den Bestandteilen her ist es kaum möglich, diese Konstruktion als eine zu beschreiben, die den Punkt generiert. Der Punkt hat hier aber eine deutliche Funktion; er gibt nämlich die Anweisung an die Leser/innen: Leere den syntaktischen Arbeitsspeicher. Was vor dem Punkt steht, soll von einer syntaktischen zu einer textuellen Sprachverarbeitung weitergereicht werden.

**Die syntaktischen Zeichen**

Eine Offline-Perspektive müsste also beschreiben, welchen Satzbegriff sie zugrunde legt – in *Auch der Gärtner nicht.* fehlt das Verb, das in der Grammatik typischerweise als Zentrum des Satzes gesehen wird. Die Online-Perspektive betrachtet hingegen die Verarbeitungsinstruktionen. Während bisher ein syntaktisch unvollständiger Satz thematisiert wurde, wird in dem nächsten Paar gezeigt, dass der Punkt nicht unbedingt dann gesetzt wird, sobald der Satz vollständig ist.

(2)  Hans wäscht. Hans wäscht seine Socken.

Der Punkt zeigt hier jeweils, bis zu welchem Wort die Struktur aufgebaut werden soll, ehe der syntaktische Arbeitsspeicher geleert werden soll. Im zweiten Satz wäre ein Abbruch nach ›wäscht‹ möglich – es handelt sich um einen grammatisch vollständigen Satz. Weil aber kein Punkt steht, weiß der Leser, dass die syntaktische Verarbeitung fortzusetzen ist.

**Andere potentielle Satzschlusszeichen** sind das Fragezeichen und das Ausrufezeichen. Auch beim Abkürzungspunkt und bei Auslassungspunkten folgt kein weiterer Satzpunkt; der graphematische Satzschluss ist also wie auch beim einfachen Punkt immer genau dann erkennbar, wenn danach entweder Satzanfangsgroßschreibung folgt oder der Text zuende ist. Interessanterweise ›enthalten‹ alle diese Satzzeichen einen Punkt auf der Grundlinie.

(3)
»Wann kommst Du?«, fragte Pia.   Pia fragte: »Wann kommst Du?« **D**amit...
»Ich habe Hunger!«, rief Leo.   Leo rief: »Ich habe Hunger!« **D**amit...
Er hat Käse, Butter usw. **e**ingekauft.   Er kauft Käse, Butter usw. **D**amit ...
Er hatte Wein getrunken... **u**nd ließ   Er hatte Wein getrunken... **D**amit...
  das Auto stehen.

**Leser-Schreiber-Perspektive:** Gemeinhin gilt das Komma als schwieriges Satzzeichen, die anderen Satzzeichen gelten als leicht und sind wenig fehleranfällig. Das gilt, obwohl die Konstruktionen, wie beim Punkt gezeigt, gar nicht einfach zu beschreiben sind. Was erscheint also beim Komma als schwierig? Kommas zu setzen, ist schwierig, Kommas zu lesen ist nicht schwierig. Texte ohne Interpunktionszeichen sind schwieriger zu lesen. Interpunktionszeichen sind Lesehilfen, sie sind beim Lesen auf eine bestimmte Weise zu interpretieren. Entsprechend müssen sie beim Schreiben so gesetzt werden, wie sie beim Lesen verarbeitet werden sollen. Damit bieten sie den Schreibenden die Möglichkeit, eine bestimmte Lesart zu generieren. Wir werden uns im Folgenden mit einer Auswahl der Interpunktionszeichen beschäftigen. Für eine Beschäftigung mit dem System insgesamt sei Bredel (2011) empfohlen.

Die syntaktischen Zeichen

## 9.1 | Das Inventar der syntaktischen Zeichen

Zunächst geht es um das Verhältnis der syntaktischen Zeichen zueinander. Auf dem Buchdeckel von Bredel (2011) sind die folgenden vier Beispiele genannt:

(4)  Der Mensch denkt. Gott lenkt.
     Der Mensch denkt, Gott lenkt.
     Der Mensch denkt; Gott lenkt.
     Der Mensch denkt: Gott lenkt.

Die Beispiele sind alle grammatisch. Sie sind aber in der Bedeutung sehr unterschiedlich. Der Doppelpunkt zeigt, dass *Gott lenkt* der Inhalt des Denkens ist. Auch beim Komma ist diese ›integrative‹ Lesart denkbar. Das Komma kann aber ebenso koordinativ gelesen werden ›der Mensch denkt und Gott lenkt‹. Diese Lesart ist für das Semikolon die einzige. Beim Punkt wird keine der Lesarten nahegelegt. Mit Bredel (2008: 176) ergibt sich das folgende System.

|             | Komma | Semikolon | Doppelpunkt | Punkt |
|-------------|-------|-----------|-------------|-------|
| koordinativ | +     | +         | –           | –     |
| integrativ  | +     | –         | +           | –     |

Tab. 1: Lesarten der syntaktischen Zeichen

Die Beispiele zeigen, dass jedes Satzzeichen eine eigene Funktion hat. Sie stehen nicht in einer Alternationsbeziehung, sondern jedes Zeichen hat seine eigene Funktionalität.

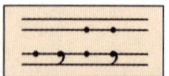

Abb. 1: Die syntaktischen Zeichen

**Formale Beschreibung der syntaktischen Zeichen:** Die Menge der syntaktischen Zeichen kann formal und funktional begründet werden.

Die **syntaktischen** Zeichen berühren alle die Grundlinie, sie gehen nicht über das Mittelband hinaus und haben – wenn sie überhaupt eine Ausdehnung haben – nur eine vertikale und keine horizontale. Damit sind die syntaktischen Interpunktionszeichen sowohl von den Buchstaben als auch von den anderen Interpunktionszeichen unterschieden: So berühren zum Beispiel Apostroph und Gedankenstrich im Gegensatz zu den syntaktischen Zeichen nicht die Grundlinie; Ausrufe- und Fragezeichen sind nicht auf das Mittelband beschränkt. Der Zusammenfall der Systeme von Wortzeichen und syntaktischen Zeichen findet sich im Punkt (Abkürzungspunkt und Satzpunkt). Diese können durch weitere Kriterien beschrieben werden, so steht nach dem Satzpunkt ein Leerzeichen, nach dem Abkürzungspunkt nicht immer (z. B. *Abk.-Punkt*).

**Funktional** dienen die syntaktischen Zeichen dazu, die syntaktische Verknüpfung von Wörtern (die durch Leerzeichen getrennt sind) zu steuern. Bei der Online-Sicht geht es um den Strukturaufbau; bestimmte

**Graphematik**

Das Inventar der syntaktischen Zeichen

Wörter verlangen quasi bestimmte weitere Wörter. Bei einer Präposition erwartet man nachfolgend eine Nominalgruppe:

(5)　auf das Buch　- *wie in:*　er schreibt die Wörter auf das Buch

Der Strukturaufbau geschieht unauffällig, wenn das Erwartete kommt. Die syntaktischen Zeichen können diesen Strukturaufbau unterbrechen wie in:

(6)　Er schreibt die Wörter auf; das Buch war weg.

Durch das Auftreten des Semikolons wird deutlich, dass nach *auf* keine Nominalgruppe folgt; es muss also anders interpretiert werden, nämlich als Verbpartikel (*aufschreiben*). Syntaktische Zeichen intervenieren also beim Strukturaufbau. Hier gibt es nach Bredel zwei Möglichkeiten: Entweder sie blockieren den weiteren Strukturaufbau oder sie blockieren den Strukturabgleich (s.u.). Bredel (2011: 89) hat das in der folgenden Tabelle dargestellt:

|  | temporär reversibel | permanent irreversibel | resultierende Konstruktion |
|---|---|---|---|
| Aufbaublockade | , | ; | Koordination |
| Abgleichblockade | , | : | Herausstellung |
| Aufbau- und Abgleichblockade | , | . | Satzgrenze |

Tab. 2: Funktionen der syntaktischen Zeichen

**Der Doppelpunkt** öffnet typischerweise eine Stelle, die besetzt werden muss. Damit wird mit dem Doppelpunkt weiterhin Struktur aufgebaut. Aber die Strukturen selbst sind unabhängig voneinander – der Strukturabgleich findet nicht statt. Wir wählen einen Fall angelehnt an Bredel (2011: 86):

(7)　a.　Er hatte eine Hoffnung: das Spiel zu gewinnen.
　　　b.　Er hatte die Hoffnung, das Spiel zu gewinnen.
　　　c.　*Er hatte eine Hoffnung, das Spiel zu gewinnen.

Beispiel (7c) ist ungrammatisch, weil Substantive ihre Valenz nicht in Kombination mit dem indefiniten Artikel entfalten können. In (7a) zeigt sich, dass nach dem Doppelpunkt neu verrechnet wird; formal muss die Einheit nach dem Doppelpunkt nicht zu der sonstigen syntaktischen Konstruktion ›passen‹, das ist mit fehlendem Strukturabgleich gemeint.

**Das Semikolon** hingegen steht häufig als Verknüpfung zweier Sätze, die inhaltlich zusammenhängen.

(8)   Der Mensch denkt; Gott lenkt.

Hier könnte auch ein *und* stehen: *Der Mensch denkt und Gott lenkt*. Das ist beim Doppelpunkt völlig ausgeschlossen, so beim dem Beispiel von oben \**Er hatte eine Hoffnung und das Spiel zu gewinnen*. Das Semikolon hingegen unterbricht den Strukturaufbau; Bredel (2011: 82) zeigt das an dem deutlichen Beispiel

(9)   a.   Franz wäscht; Max rasiert und Hanna kämmt sich.
      b.   Franz wäscht, Max rasiert und Hanna kämmt sich.

Im ersten Satz wäscht Franz irgendetwas (oder irgendwen), aber nicht sich selbst, im zweiten Satz wäscht Franz sich selbst. Der Strukturaufbau ist durch das Semikolon unterbrochen.

**Der Punkt** verhindert sowohl den weiteren Aufbau als auch den Abgleich; eine Sinneinheit ist (mit dem Punkt) ›fertig‹; mit dem Punkt wird der syntaktische Aufbau abgeschlossen und in die Textaufbauebene weitergereicht.

**Das Komma** hingegen kann sowohl den Strukturaufbau als auch den Strukturabgleich unterbrechen. Die Unterbrechung ist aber nur vorübergehend und reversibel. Wir möchten das an einer Nebensatzkonstruktion veranschaulichen:

(10)   Er hofft, dass er das Spiel gewinnt.

Nach *hofft* wird ein Abbruch signalisiert. Zunächst wird die Konstruktion *dass er das Spiel gewinnt* zu einem Satz zusammengefügt, der dann insgesamt in die Struktur eingebaut wird.

## 9.2 | Das Komma im *Amtlichen Regelwerk*

Die Kommaregeln sind der am häufigsten herangezogene Abschnitt des *Amtlichen Regelwerks*. Wir werden hier zeigen, dass das System von Bredel (2011) alle geforderten Kommas erfasst.

Die Kommaregeln sind im *Amtlichen Regelwerk* per se offline formuliert. Da das Komma dasjenige Zeichen ist, das am besten syntaktisch erfassbar ist, scheint eine Offline-Beschreibung bei den Kommas durchaus möglich. Die Offline-Beschreibung birgt allerdings die Gefahr, dass das Komma nicht innerhalb des Systems der Interpunktionszeichen verstanden wird und auch nicht mit einer Kommaregel erfasst wird.

Wir werden also weiterhin die Online-Sicht vertreten und prüfen, ob es einen Widerspruch zwischen den offiziellen Kommaregeln und den Kommastellen gibt, die Bredel aufgrund des Systems herausgearbeitet hat.

Das *Amtliche Regelwerk* von 2006 enthält neun Paragraphen, die das Komma regeln. Sie sind als Festlegungen zu lesen und nicht als Erklärung. Als solche müssen sie dem normalen Leser unsystematisch und vielleicht auch ein wenig zufällig erscheinen.

Im Folgenden werden zunächst ausschließlich die Paragraphen zitiert, nur im Paragraphen 75 wird explizit in der Regel auf »eine der folgenden Bedingungen« verwiesen; die Bedingungen werden hier entsprechend genannt.

> **Kommaregeln im *Amtlichen Regelwerk***
>
> § 71 Gleichrangige (nebengeordnete) Teilsätze, Wortgruppen oder Wörter grenzt man mit Komma voneinander ab.
> § 72 Sind die gleichrangigen Teilsätze, Wortgruppen oder Wörter durch *und, oder, beziehungsweise/bzw., sowie (=und), wie (=und), entweder ... oder, nicht ... noch, sowohl ... als (auch), sowohl ... wie (auch)* oder durch *weder ... noch* verbunden, so setzt man kein Komma.
> § 73 Bei der Reihung von selbständigen Sätzen, die durch *und, oder, beziehungsweise/bzw., entweder – oder, nicht – noch* oder durch *weder – noch* verbunden sind, kann man ein Komma setzen, um die Gliederung des Ganzsatzes deutlich zu machen.
> § 74 Nebensätze grenzt man mit Komma ab; sind sie eingeschoben, so schließt man sie mit paarigem Komma ein.
> § 75 Infinitivgruppen grenzt man mit Komma ab, wenn eine der folgenden Bedingungen erfüllt ist:
>    (1) die Infinitivgruppe ist mit *um, ohne, statt, anstatt, außer, als* eingeleitet [...].
>    (2) die Infinitivgruppe hängt von einem Substantiv ab [...].
>    (3) die Infinitivgruppe hängt von einem Korrelat oder einem Verweiswort ab [...].
> § 76 Bei formelhaften Nebensätzen kann man das Komma weglassen.
> § 77 Zusätze oder Nachträge grenzt man mit Komma ab; sind sie eingeschoben, so schließt man sie mit paarigem Komma ein.
> § 78 Oft liegt es im Ermessen des Schreibenden, ob er etwas mit Komma als Zusatz oder Nachtrag kennzeichnen will oder nicht.
> § 79 Anreden, Ausrufe oder Ausdrücke einer Stellungnahme, die besonders hervorgehoben werden sollen, grenzt man mit Komma ab; sind sie eingeschoben, so schließt man sie mit paarigem Komma ein.

Die Regeln sind relativ geordnet, und es ergeben sich durchaus Zuordnungen zu Bredels drei kommarelevanten Stellen (s. Tab. 2 oben):
   § 71–73: Koordination
   § 74–76: Satzgrenzen
   § 77–79: Herausstellungen

### Koordination

Die Koordination wird entweder durch eine echte koordinierende Konjunktion gezeigt oder durch ein Komma. Nach einer Koordination erwartet man z. B. ein Satzglied gleichen Typs. Wenn die Koordination fehlt, erwartet man etwas Anderes. Daher ist ein Komma nötig, um diesen Strukturaufbau (vorübergehend) zu unterbrechen.

(11) a. Der Nachbar hatte versprochen den Briefkasten zu leeren, die Blumen zu gießen, hin und wieder zu lüften. (AR 2006: 78)
b. Die Buchstaben *x, y, z* bilden den Schluss des Alphabets. (AR 2006: 78)
c. Busfahrer, Bäcker, Lehrer und Eisverkäufer sind wichtige Personen im Leben eines Kindes.

Nach einem Substantiv wie *Busfahrer* zu Beginn eines Satzes wäre zum Beispiel ein finites Verb zu erwarten. Durch das Komma wird deutlich, dass nicht das Erwartete kommt, hier liegt eine vorübergehende Unterbrechung im Strukturaufbau vor. Eine echt-koordinierende Konjunktion führt diese Struktur weiter, ohne dass neue Satzglieder hinzukommen.

Primus (1993) hat in Einklang mit Behrens (1989) in ihrer Kommaregel echt koordinierende Konjunktionen (also *und, oder* usw.) von den nicht-echt koordinierenden Konjunktionen unterschieden: Echt koordinierende Konjunktionen sind zum Beispiel wiederholbar (*ein Auto oder ein Roller oder ein Fahrrad* vs. *kein Auto, sondern ein Fahrrad, \*sondern ein Roller*). Mit einem solchen Kriterium erübrigt sich die Aufzählung von Wörtern, wie sie in § 73 des *Amtlichen Regelwerks* vorgenommen ist.

### Satzgrenzen

In § 74 und 76 sind ›Nebensätze‹ thematisiert, in § 75 Infinitivkonstruktionen.

**Zu § 74:** Nebensätze sind als Sätze vollständig, sie involvieren also eine syntaktische Grenze und, wenn sie eingeschoben sind, ergeben sich zwei syntaktische Grenzen (in der Regel ist dies explizit mit dem »paarigen Komma« erwähnt). Sowohl Primus (1993) als auch Bredel (2011) lehnen das Konzept eines paarigen Kommas ab, weil das erste Komma in solchen Fällen genauso zu begründen ist wie das zweite; es bedarf keiner besonderen Regel; ein eingeschobener Satz hat zwei interne Satzgrenzen, was zu zwei Kommas führt: *Das Buch, das ich mitgebracht habe, liegt auf dem Tisch.* (AR 2006:81).

Der Begriff des ›Nebensatzes‹ ist in der Regelung nicht näher bestimmt; daher weiten wir den Begriff auf ›Sätze‹ und ›Satzgrenzen‹ aus: Dann sind in jedem Fall auch Konstruktionen wie *Sie sagte, sie komme morgen.* (AR 2006: 81) erfasst.

**Zu § 75:** Dieser Paragraph listet zusätzlich die Bedingungen auf, unter denen eine Infinitivgruppe ein Komma generiert.

1. Die erste Bedingung beschreibt eingeleitete Infinitivgruppen mit *um, ohne, statt* usw. Hier verbirgt sich ein grammatischer Unterschied: Eingeleitete Infinitivgruppen sind im Allgemeinen Adverbiale/Adjunkte und keine Komplemente wie nicht-eingeleitete Infinitivgruppen (*er glaubt zu gewinnen*); die vermeintliche Formbeschreibung beinhaltet also einen funktionalen Unterschied.
2. Die zweite Bedingung beschreibt Infinitivgruppen als Attribute (»hängt von einem Substantiv ab«): *Er wurde bei dem Versuch, den Tresor zu knacken, überrascht.* (AR 2006: 82).
3. Die dritte Bedingung beschreibt faktisch eine Herausstellung; das Korrelat oder ›Verweiswort‹ (s.o.) ist der formale Platzhalter innerhalb des Satzes: *Anita liebt es, lange auszuschlafen. Lange auszuschlafen, das liebt Anita sehr.* (AR 2006: 83).

Infinitivkonstruktionen werden grammatisch im Allgemeinen als ›satzwertig‹ bezeichnet. Typischerweise hat das Verb alle Ergänzungen, die es sonst auch hat, außer dem Subjekt – deswegen ist das Verb infinit (also nicht nach Person und Numerus flektiert). Die Person- und Numerusflexion hängt mit dem jeweiligen Subjekt zusammen, das bei Infinitivkonstruktionen fehlt. Alle Infinitivgruppen *können* nach der Neuregelung kommatiert werden; die genannten Fälle (Adverbial, Attribut, Herausstellung) *müssen* kommatiert werden. Faktisch werden mit der Neuregelung die Infinitivgruppen obligatorisch kommatiert, die für den Rest des Satzes grammatisch nicht notwendig sind (Attribute, Adverbiale, Korrelat›ergänzungen‹).

Es können aber alle Infinitivgruppen kommatiert werden. Dies ist systemgerechter und ist im Sinne der Online-Sicht von Bredel bildlich so zu verstehen: Der Strukturaufbau wird vorübergehend unterbrochen, um zunächst intern die Infinitivgruppe zu ›bauen‹, die dann mit dem Rest des Satzes verknüpft wird. Die Infinitivgruppen sind den Nebensatzkonstruktionen sehr ähnlich, und sie verhalten sich bzgl. des Kommas gleich. Das gilt für alle Infinitivgruppen und nicht nur für die drei ausgezeichneten; systematischer wäre, alle Infinitivgruppen obligatorisch und nicht nur fakultativ zu kommatieren. Das System ist also durch die Reform empfindlich gestört worden.

**§ 76 (formelhafte Nebensätze):** Beispiele dafür sind *wie bereits gesagt* und *wenn nötig*. Beides sind keine Nebensätze in einem grammatischen Sinn, *wie bereits gesagt* ist eine Partizipialgruppe und wäre in § 75 deutlich besser aufgehoben oder in § 77 (hier wird die Konstruktion sowieso schon genannt wie auch *wenn nötig*, nämlich als ›Zusatz‹ oder ›Nachtrag‹). Dieser Paragraph ist also wenig aussagekräftig.

## Herausstellungen – Parenthesen

Herausgestellt wird nach links oder rechts; und es ist naheliegend, sogenannte Parenthesen als ›eingeschobene Herausstellungen‹ zu begreifen. Die Formen von Herausstellungen und Parenthesen können sehr unterschiedlich sein, gemeinsam ist ihnen, dass Herausstellungen und Parenthesen syntaktisch für den Satz nicht notwendig sind. In vielen Fällen sind sie syntaktisch gar nicht integrierbar wie auch in den Beispielen aus dem *Amtlichen Regelwerk*:

(12)  Eines Tages, es war mitten im Sommer, hagelte es. (AR 2006: 83)

Die Unterbrechung im Strukturaufbau ist deutlich. Hier liegen typische Kommastellen vor.

**Zu § 79:** Hier werden Anreden zwar gesondert behandelt; syntaktisch sind Anreden aber auch als Herausstellungen zu betrachten.

(13)  a.   Hört doch mal zu, Kinder.
      b.   Kommst du mit ins Kino, Klaus-Dieter? (AR 2006: 88)

Bei beiden Beispielen ist die Herausstellung eigentlich schon an der Form zu erkennen. *Du* und *Klaus-Dieter* referieren auf die gleiche Person in der realen Welt, aber das Prädikat *kommst* kongruiert ausschließlich mit *du* oder anders ausgedrückt: Wäre *Klaus-Dieter* das Subjekt, müsste das Prädikat *kommt* heißen.

## 9.3 | Die Kommaregel – ein linguistisches Fazit

Primus (2010: 35 f.) zeigt, dass das Komma ein einheitliches Satzzeichen ist und formuliert eine Regel, die die Kommasetzung insgesamt erfasst.

> **Kommaregel nach Primus**
>
> Ein Komma steht zwischen zwei (einfachen oder komplexen) sprachlichen Ausdrücken genau dann, wenn (a) und (b) oder (a) und (c) zutreffen:
> (a) Die Ausdrücke stehen in derselben kommunikativen Einheit (demselben ›Satz‹ im weitesten Sinn).
> (b) Die Ausdrücke sind nicht-subordinativ miteinander verknüpft.
> (c) Die Ausdrücke sind durch eine Satzgrenze getrennt.

(a) macht klar, dass die Kommaregeln innerhalb eines Satzes beschrieben werden, dass also Satzgrenzen durch Großschreibung und einen Satzpunkt gegeben sind. (b) nennt die Möglichkeit der koordinativen Verknüpfung oder die Herausstellung, die syntaktisch nicht integriert ist. (c) beinhaltet die Möglichkeit einer ›internen‹ Satzgrenze, also zum Beispiel eines Nebensatzes.

Wir haben die syntaktischen Zeichen am Beispiel des Kommas illustriert – gerade, weil das Komma häufig als ›uneinheitlich‹ gilt. Aber: So wie das Komma eine einheitliche, wenn auch abstrakte, Funktion hat, so haben die anderen Interpunktionszeichen jeweils auch einheitliche Funktionen.

## Weiterführende Literatur

Bredel (2008) hat das System aller Interpunktionszeichen beschrieben, und zwar im Sinne einer Online-Sicht, der Sprachverarbeitung. Sie hat damit eine Reihe von vorhandenen Problemen gelöst. Bredel (2011) bietet das Lehrbuch dazu. Zum Komma hat Primus gearbeitet, (1993) ist der erste grundlegende Aufsatz dazu erschienen, mit (Primus 2010) liegt die neueste Fassung vor, die aber nicht nur das Komma behandelt und daher bezüglich der Kommaregel weniger ausführlich ist. Empfohlen sei daher insbesondere auch der ›Dialog‹, den Bredel und Primus (2007) führen – in Platon'scher Weise werden hier verschiedene Positionen sehr deutlich herausgearbeitet.

## Aufgaben

1. Setzen Sie in folgendem Text (Beginn von Franz Kafkas *Die Verwandlung*, hier ohne Satzzeichen und ohne Satzanfangsgroßschreibung) Interpunktionszeichen und begründen Sie sie:

   als Gregor Samsa eines Morgens aus unruhigen Träumen erwachte fand er sich in seinem Bett zu einem ungeheueren Ungeziefer verwandelt er lag auf seinem panzerartig harten Rücken und sah wenn er den Kopf ein wenig hob seinen gewölbten braunen von bogenförmigen Versteifungen geteilten Bauch auf dessen Höhe sich die Bettdecke zum gänzlichen Niedergleiten bereit kaum noch erhalten konnte seine vielen im Vergleich zu seinem sonstigen Umfang kläglich dünnen Beine flimmerten ihm hilflos vor den Augen

2. Setzen Sie in folgenden Sätzen Interpunktionszeichen und begründen Sie sie.
   1. Karl liest auf dem Sofa liegt ein Hund
   2. Die Kinder spielen Monopoly ist ein langwieriges Spiel
   3. Hans kocht Kartoffeln mag Helga gar nicht

3. Interpretieren Sie die in Aufgabe 2 gesetzten Satzzeichen online.

## III. Anhang

# 1. Literaturverzeichnis

Altmann, H. (Hrsg.) (1988): *Intonationsforschungen*. Tübingen.
Altmann, H./Batliner, A./Oppenrieder, W. (Hrsg.) (1989): *Zur Intonation von Modus und Fokus im Deutschen*. Tübingen.
Amtliche Regelung (2006). http://www.rechtschreibrat.com (letzter Zugriff: 11.1.13).
Auer, Peter (1994): »Einige Argumente gegen die Silbe als universale phonologische Hauptkategorie«. In: Karl-Heinz Ramers/Heinz Vater/Henning Wode (Hrsg.): *Universale phonologische Strukturen und Prozesse*. Tübingen, 55–78.
Auer, Peter/Gilles, Peter/Spiekermann, Helmut (2002): *Silbenschnitt und Tonakzente*. Tübingen.
Barth-Weingarten, Dagmar/Reber, Elisabeth/Selting, Margret (Hrsg.) (2010): *Prosody in Interaction*. Amsterdam.
Becker, Thomas (1998): *Das Vokalsystem der deutschen Standardsprache*. Frankfurt a.M.
Beckman, Mary E./Ayers, G.E. (1997): *Guidelines for ToBI labelling (version 3.0, March 1997)*. The Ohio State University Foundation (http://ling.ohio-state.edu/Phonetics/ToBI/ToBi_homepage.html).
Beckman, Mary E./Pierrehumbert, Janet B. (1986): »Intonational structure in Japanese and English«. In: *Phonology Yearbook* 3, 15–70.
Behrens, Ulrike (1989): *Wenn nicht alle Zeichen trügen. Interpunktion als Markierung syntaktischer Konstruktionen*. Frankfurt a.M. u.a.
Berg, Kristian/Fuhrhop, Nanna (2011): »Komplexe Silbenkernschreibungen im Englischen im Vergleich mit dem Deutschen«. In: *Linguistische Berichte* 228, 443–466.
Bolinger, Dwight (1958): »A theory of pitch accent in English«. In: *Word* 14, 109–149.
Bollwage, Max (2010): *Buchstabengeschichte(n)*. Graz.
Bredel, Ursula (2006): »Die Herausbildung des syntaktischen Prinzips in der Historiogenese und in der Ontogenese der Schrift«. In: Ursula Bredel/ Hartmut Günther (Hrsg.): *Orthographietheorie und Rechtschreibunterricht*. Tübingen, 139–164.
Bredel, Ursula (2008): *Die Interpunktion des Deutschen*. Tübingen.
Bredel, Ursula (2010): »Die satzinterne Großschreibung – System und Erwerb«. In: Ursula Bredel/Gabriele Hinney/Astrid Müller (Hrsg.): *Schriftsystem und Schrifterwerb*. Berlin, 217–234.
Bredel, Ursula (2010a): »Der Schrift vertrauen«. In: *Praxis Deutsch* 221, 14–21.
Bredel, Ursula (2011): *Interpunktion*. Heidelberg.
Bredel, Ursula/Fuhrhop, Nanna/Noack, Christina (2011): *Wie Kinder lesen und schreiben lernen*. Tübingen.
Bredel, Ursula/Hinney, Gabriele/Müller, Astrid (Hrsg.) (2010): *Schriftkompetenz und Schriftsystem: linguistisch, empirisch, didaktisch*. Tübingen.
Bredel, Ursula/Noack, Christina/Plag, Ingo (i.E.): Morphologie lesen. Stammkonstanzschreibung und Leseverstehen bei starken und schwachen Leser/innen. In: Carmen Scherer (Hrsg.): *Die Schnittstellen von Morphologie und geschriebener Sprache*. Berlin.
Bredel, Ursula/Primus, Beatrice (2007): »Komma & Co: Zwiegespräch zwischen Grammatik und Performanz«. In: *Zeitschrift für Sprachwissenschaft* 26, 81–131.
Brekle, Herbert E. (1994): »Die Buchstabenformen westlicher Alphabetschriften in ihrer historischen Entwicklung«. In: Hartmut Günther/Otto Ludwig: *Handbücher zur Sprach- und Kommunikationswissenschaft* 10/1, 171–204.
Bremer, Otto (1927): »Der Schleifton im Nordniedersächsischen«. In: *Niederdeutsches Jahrbuch* 53, 1–32.
Brockhaus, Wiebke (1995): *Final Devoicing in the Phonology of German*. Tübingen.
Bruce, Gösta (1977): *Swedish Word Accents in Sentence Perspective*. Lund.
Buchmann, Franziska (2012): *Die Wortzeichen im Deutschen*. Dissertation. Universität Oldenburg.

Bunčić, Daniel (2004): »The apostrophe. A neglected and misunderstood reading aid«. In: *Written Language and Literacy* 7/2, 185–204.
Butt, Matthias (1992): »Sonority and the Explanation of Syllable Structure«. *Linguistische Berichte* 137, 45–67.
Butt, Matthias/Eisenberg, Peter (1990): »Schreibsilbe und Sprechsilbe«. In: Christian Stetter (Hrsg.): *Zu einer Theorie der Orthographie. Interdisziplinäre Aspekte gegenwärtiger Schrift- und Orthographieforschung*. Tübingen, 34–64.
Catford, John C. (2001): *A Practical Introduction to Phonetics*. 2nd ed. Oxford.
CELEX Baayen, R. Harald/Piepenbrock, Richard/Gulikers, Leon (1995): *The CELEX lexical database* (CD-ROM). University of Pennsylvania, Philadelphia, PA: Linguistic Data Consortium.
Chomsky, Noam/Halle, Morris (1968): *The Sound Pattern of English*. New York.
Clements, George N./Keyser, Samuel J. (1983): *CV Phonology: A Generative Theory of the Syllable*. Cambridge.
Cruttenden, Alan (1995): *Intonation*. Cambridge.
Drews, Catharina (2011): *Werden längenhaltige Wörter schneller gelesen als längenlose?* Masterarbeit Universität Oldenburg.
Duden, Konrad (1880): Vollständiges *Orthographisches Wörterbuch der deutschen Sprache*. Faksimile der Originalausgabe. Mannheim: Bibliographisches Institut (Faksimile 1980).
Duden (1980): *Die Rechtschreibung*. 18. Aufl. Mannheim.
Duden 4 (2009): *Die Grammatik*. 8. Aufl. Mannheim.
Duden. Aussprachewörterbuch (2005). Bearb. von Max Mangold in Zusammenarbeit mit der Dudenredaktion. 6., überarb. u. aktual. Aufl. Mannheim.
Dürscheid, Christa (2012): *Einführung in die Schriftlinguistik*. 4. Aufl. Göttingen.
Dürscheid, Christa/Brommer, Sarah/Wagner, Franc (2010): *Wie Jugendliche schreiben: Schreibkompetenz und Neue Medien*. Berlin: de Gruyter.
Eisenberg, Peter (1981): Substantiv oder Eigenname? Über die Prinzipien unserer Regeln zur Groß- und Kleinschreibung. In: *Linguistische Berichte* 72, 77–101.
Eisenberg, Peter (1983): »Orthografie und Schriftsystem«. In: Klaus B. Günther/Hartmut Günther (Hrsg.): *Schrift, Schreiben und Schriftlichkeit. Arbeiten zur Struktur, Funktion und Entwicklung schriftlicher Sprache*. Tübingen:, 41–68.
Eisenberg, Peter (1989): Die Schreibsilbe im Deutschen. In: Peter Eisenberg/Hartmut Günther (Hrsg.): *Schriftsystem und Orthographie*. Tübingen, 57–84.
Eisenberg, Peter (1991): »Syllabische Struktur und Wortakzent: Prinzipien der Prosodik deutscher Wörter«. In: *Zeitschrift für Sprachwissenschaft* 10, 37–64.
Eisenberg, Peter (2006): *Grundriss der deutschen Grammatik. Das Wort.* 3., überarb. Auflage. Stuttgart/Weimar.
Eisenberg, Peter (2009): »Phonem und Graphem«. In: *Duden – Die Grammatik*, Kap. 2. 8., neu bearb. Aufl. Mannheim, 19–94.
Eisenberg, Peter (2012): *Das Fremdwort im Deutschen*. 2. Aufl. Berlin.
Eisenberg, Peter (2013): *Grundriss der deutschen Grammatik. Das Wort.* 4., überarb. Aufl. Stuttgart/Weimar.
Eisenberg, Peter/Ramers, Karl H./Vater, Heinz (1992): *Silbenphonologie des Deutschen*. Tübingen.
Evertz, Martin/Primus, Beatrice (2013): *The Graphematic Foot in English and German*. Writing Systems Research 2013, http://dx.doi.org/10.1080/17586801.2013.765356.
Fant, Gunnar (1960): *Acoustic Theory of Speech Production*. The Hague.
Féry, Caroline (1993): *German Intonational Patterns*. Tübingen.
Fox, Anthony (1984): *German Intonation. An Outline*. Oxford.
Fuhrhop, Nanna (2003): »›Berliner‹ Luft und ›Potsdamer‹ Bürgermeister: Zur Grammatik der Stadtadjektive«. In: *Linguistische Berichte* 193, 91–108.
Fuhrhop, Nanna (2007): *Zwischen Wort und Syntagma. Zur syntaktischen Fundierung der Getrennt- und Zusammenschreibung*. Tübingen.
Fuhrhop, Nanna (2008): »Das graphematische Wort (im Deutschen): Eine erste Annäherung«. In: *Zeitschrift für Sprachwissenschaft* 27/2, 189–228.
Fuhrhop, Nanna (2009): *Orthografie*. 3. Aufl. Heidelberg.

Fuhrhop, Nanna (2011): »System der Getrennt- und Zusammenschreibung«. In: Ursula Bredel/Thilo Reißig (Hrsg.): Weiterführender *Orthographieunterricht*. DTP 5. Baltmannsweiler, 107–128.

Fuhrhop, Nanna/Buchmann, Franziska (2009): »Die Längenhierarchie. Zum Bau der graphematischen Silbe«. In: *Linguistische Berichte* 218, 127–155.

Fuhrhop, Nanna/Buchmann, Franziska/Berg, Kristian (2011): »The Length Hierarchy and the Graphematic Syllable: Evidence from German and English«. In: *Written Language & Literacy* 14/2, 275–292.

Fuhrhop, Nanna/Schmidt, Karsten (Ms.): *Die zunehmende Profilierung der Schreibsilbe in der Geschichte des Deutschen*. Ms. Oldenburg.

Gebhardt, August (1907): *Grammatik der Nürnberger Mundart*. Leipzig.

Geilfuß-Wolfgang, Jochen (2007): *Worttrennung am Zeilenende. Über die deutschen Worttrennungsregeln, ihr Erlernen in der Grundschule und das Lesen getrennter Wörter*. Tübingen.

Geilfuß-Wolfgang, Jochen (2007a): »Stammkonstanz ohne Stützformen«. In: *Zeitschrift für Sprachwissenschaft* 26, 133–154.

Giegerich, Heinz J. (1985): *Metrical Phonology and Phonological Structure: German and English*. Cambridge.

Gilles, Peter (2001): »Regionale Intonation. Die Intonation der Weiterweisung im Hamburgischen und Berlinischen«. In: *Zeitschrift für Germanistische Linguistik* 29, 40–69.

Goldsmith, John A. (1976): *Autosegmental Phonology*. PhD thesis, MIT, published 1979 by Garland Press, New York.

Goldsmith, John A. (1990): *Autosegmental and Metrical Phonology*. Oxford.

Grabe, Esther (1998): *Comparative Intonational Phonology: English and German*. Wageningen. Diss. University of Nijmegen.

Grice, Martine/Baumann, Stefan (2002): »Deutsche Intonation und GToBI«. In: *Linguistische Berichte* 191, 267–298.

Grice, Martine/Baumann, Stefan/Benzmüller, Ralf (2005): »German intonation in Autosegmental-Metrical Phonology«. In: Jun Sun-Ah (Hrsg.): *Prosodic Typology. The Phonology of Intonation and Phrasing*. Oxford, 55–83.

Grice, Martine/Ladd, D. Robert/Arvaniti, Amalia (2000): »On the place of phrase accents in intonational phonology«. In: *Phonology* 17, 143–185.

Günther, Hartmut (1988): *Schriftliche Sprache: Strukturen geschriebener Wörter und ihre Verarbeitung beim Lesen*. Tübingen.

Günther, Hartmut (2007): »Der Vistembor brehlte dem Luhr Knotten auf den bänken Leuster – Wie sich die Fähigkeit zur satzinternen Großschreibung entwickelt«. In: *Zeitschrift für Sprachwissenschaft* 26, 155–179.

Günther, Hartmut/Ludwig, Otto (1994): *Schrift und Schriftlichkeit*. Handbücher zur Sprach- und Kommunikationswissenschaft 10. 2 Bände. Berlin.

Günther, Hartmut/Nünke, Ellen (2005): »Warum das Kleine groß geschrieben wird, wie man das lernt und wie man das lehrt«. *Kölner Beiträge zur Sprachdidaktik* 1. http://www.koebes.uni-koeln.de/guenther_nuenke.pdf (letzter Zugriff:11.1.13).

Gussenhoven, Carlos (1984): *On the Grammar and Semantics of Sentence Accents*. Dordrecht.

Gussenhoven, Carlos (2004): *The Phonology of tone and Intonation*. Cambridge.

Gussenhoven, Carlos/Rietveld, Anthony C.M./Kerkhoff, Joop/Terken, Jacques (2002): *ToDI: Transcription of Dutch Intonation, Second Edition*. http://todi.let.kun.nl/ToDI/home.htm.

Hall, T. Alan (1992): *Syllable Structure and Syllable Related Processes in German*. Tübingen.

Hall, T. Alan (1999a): »The phonological word: A review«. In: T. Alan Hall/Ursula Kleinhenz (Hrsg.): *Studies on the Phonological Word*. Amsterdam/Philadelphia, 1–22.

Hall, T. Alan (1999b): »Phonotactics and the prosodic structure of German function words«. In: T. Alan Hall/Ursula Kleinhenz (Hrsg.): *Studies on the Phonological Word*. Amsterdam/Philadelphia, 99–131.

Hall, T. Alan (2011): *Phonologie. Eine Einführung*. 2., überarb. Aufl. Berlin u. a.

Hall, T. Alan/Kleinhenz, Ursula (Hrsg.) (1999): *Studies on the Phonological Word*. Amsterdam/Philadelphia.

Halliday, Michael A.K. (1967): *Intonation and Grammar in British English*. The Hague.

*Handbook of the International Phonetic Association. A Guide to the Use of the International Phonetic Alphabet* (1999). Cambridge.
Hartmann, Silvia (1999): *Fraktur oder Antiqua. Der Schriftstreit von 1881 bis 1941*. 2. Aufl. Frankfurt a.M.
Hayes, Bruce (1995): *Metrical Stress Theory: Principles and Case Studies*. Chicago.
Hulst, Harry van der/Smith, Norval (1982): »An overview of autosegmental and metrical phonology«. In Harry van der Hulst/Norval Smith (Hrsg.): *The Structure of Phonological Representations (Parts I)*. Dordrecht, 2–45.
Jacobs, Joachim (2005): *Spatien. Zum System der Getrennt- und Zusammenschreibung im heutigen Deutsch*. Berlin/New York.
Jakobson, Roman (1929): *Remarques sur l'évolution phonologique du russe comparée à celle des autres langues slaves*. Prag.
Jakobson, Roman/Fant, Gunnar/Halle, Morris (1952): *Preliminaries to Speech Analysis*. Cambridge.
Jespersen, Otto (1926): *Lehrbuch der Phonetik*. 4. Aufl. Leipzig/Berlin.
Jespersen, Otto (1928): *A modern English Grammar I: Sounds and Spellings*. 4. Aufl. Heidelberg.
Jessen, Michael (1999): »German«. In: Harry van der Hulst (Hrsg.): *Word Prosodic Systems in the Languages of Europe*. Berlin/New York, 515–545.
Johnson, Keith (2012): *Acoustic and Auditory Phonetics*. 3rd ed. Malden, MA.
Kahn, Daniel (1976): *Syllable Based Generalizations in English Phonology*. Dissertation. MIT.
Kenstowicz, Michael (1994): *Phonology in Generative Grammar*. Cambridge.
Kingston, John/Diehl, Randy L. (1994): »Phonetic Knowledge«. In: *Language* 70, 419–454.
Klein, Wolf Peter (2002): »Der Apostroph in der deutschen Gegenwartssprache. Logographische Gebrauchserweiterungen auf phonographischer Basis«. In: *Zeitschrift für germanistische Linguistik* 30, 169–197.
Kloeke, W. van Lessen (1982): *Deutsche Phonologie und Morphologie. Merkmale und Markiertheit*. Tübingen.
Koch, Peter/Oesterreicher, Wulf (1985): »Sprache der Nähe – Sprache der Distanz. Mündlichkeit und Schriftlichkeit im Spannungsfeld von Sprachtheorie und Sprachgeschichte«. In: *Romanistisches Jahrbuch* 36. Berlin/New York, 15–43.
Kohler, Klaus J. (1990a): »German«. In: *Journal of the Phonetic Association* 20, 48–50.
Kohler, Klaus J. (1990b): »Comment on German«. In: *Journal of the Phonetic Association* 20, 44–46.
Kohler, Klaus J. (1991a): »A model of German intonation«. In: Klaus J. Kohler (Hrsg.): *Studies in German Intonation*. AIPUK 25, 295–360.
Kohler, Klaus J. (1991b): »Terminal intonation patterns in single-accent utterances of German: phonetics, phonology and semantics. In: *AIPUK* 25, 117–185.
Kohler, Klaus J. (1995): *Einführung in die Phonetik des Deutschen*. 2., neubearb. Aufl. Berlin.
Kohler, Klaus J. (2003): »Neglected categories in the modelling of prosody: pitch timing and non-pitch accents«. In: *Proc. 15th ICPhS*. Barcelona, 2925–2928.
Kohrt, Manfred (1985): *Problemgeschichte des Graphembegriffs und des frühen Phonembegriffs*. Tübingen.
König, Werner (1989): *Atlas zur Aussprache des Schriftdeutschen in der Bundesrepublik Deutschland*. 2 Bände. Ismaning.
Krech, Eva-Maria/Stock, Eberhard/Hirschfeld, Ursula/Anders, Lutz C. (2009): *Deutsches Aussprachewörterbuch*. Berlin.
Ladd, D. Robert (2008): *Intonational Phonology*. 2nd rev. ed. Cambridge.
Ladefoged, Peter/Johnson, Keith (2011): *A Course in Phonetics*. 6th ed. Boston, MA.
Laver, John (1994): *Principles of Phonetics*. Cambridge.
Leben, William R. (1973): *Suprasegmental Phonology*. PHD thesis, MIT. Published 1980 by Garland Press, New York.
Lee, Hyun Bok (1999): »Korean«. In: *Handbook of the International Phonetic Association*. Cambridge, 120–122.
Lehiste, Ilse (1970): *Suprasegmentals*. Cambridge.
Liberman, Mark (1975): *The Intonational System of English*. PhD thesis, MIT, published 1979 by Garland Press, New York.

Liberman, Mark/Prince, Alan (1977): »On stress and linguistic rhythm«. In: *Linguistic Inquiry* 8, 249–336.
Lieb, Hans-Heinrich (1985): »Zum Begriff des Wortakzents«. In: Thomas Ballmer/Roland Posner (Hrsg.): *Nach-Chomskysche Linguistik: Neuere Arbeiten von Berliner Linguisten*. Berlin, 275–283.
Lieb, Hans-Heinrich (1999): »Was ist Wortakzent? Eine Untersuchung am Beispiel des Deutschen«. In: Wolfgang Schindler/Jürgen Untermann (Hrsg.): *Grippe, Kamm und Eulenspiegel: Festschrift für Elmar Seebold zum 65. Geburtstag*. Berlin/New York, 225–261.
Lüdtke, Helmut (1969): »Die Alphabetschrift und das Problem der Lautsegmentierung«. In: *Phonetica* 20, 147–176.
Maas, Utz (1992): *Grundzüge der deutschen Orthographie*. Tübingen: Niemeyer.
Maas, Utz (2006): *Phonologie. Einführung in die funktionale Phonetik des Deutschen*. 2., überarb. Aufl. Göttingen.
Meinhold, Gottfried/Stock, Eberhard (1982): *Phonologie der deutschen Gegenwartssprache*. Leipzig.
Mihm, Arend (2007): »Die deutsche Auslautverhärtung im Spannungsverhältnis zwischen Normsetzung, linguistischer Theoriebildung und Sprachwirklichkeit«. In: *Deutsche Sprache* 35, 95–118.
Moulton, William G. (1962): *The Sounds of English and German*. Chicago/London.
Musan, Renate (2010): *Informationsstruktur*. Heidelberg.
Naumann, Carl-Ludwig (1989): *Gesprochenes Deutsch und Orthographie*. Frankfurt a.M.
Neef, Martin (2005): *Die Graphematik des Deutschen*. Tübingen.
Neef, Martin (2008): »Worttrennung am Zeilenende: Überlegungen zur Bewertung und Analyse von orthographischen Daten«. In: *Zeitschrift für Germanistische Linguistik* 35/3, 283–314.
Nerius, Dieter et al. (2006): *Deutsche Orthographie*. 4. Aufl. Hildsheim.
Nespor, Marina/Vogel, Irene (2007): *Prosodic phonology*. 2nd rev. ed. Dordrecht.
Niebuhr, Oliver (2010): »On the phonetics of intensifying emphasis in German«. In: *Phonetica* 67, 170–198.
Noack, Christina (2011): »Orthographische Strukturen beim Lesen nutzen«. In: Ursula Bredel/Thilo Reißig (Hrsg.): *Weiterführender Orthographieunterricht*. DTP 5. Baltmannsweiler, 374–391.
Nottbusch, Guido/Grimm, Angela/Weingarten, Rüdiger/Will, Udo (2005): »Syllabic structures in typing. Evidence from deaf writers«. In: *Reading and Writing* 18, 497–526.
O'Connor, Joseph D./Arnold, Gordon F. (1973): *Intonation of Colloquial English*. 2nd rev. ed. London.
Pafel, Jürgen (2011): *Einführung in die Syntax*. Stuttgart/Weimar.
Peperkamp, Sharon (1997): *Prosodic Words*. Den Haag.
Peters, Jörg (2006a): *Intonation deutscher Regionalsprachen*. Berlin/New York.
Peters, Jörg (2006b): »Syntactic and prosodic parenthesis«. In: *Proceedings of the International Conference on Speech Prosody*, 2.–5. Mai 2006, Dresden.
Peters, Jörg (2009): »Intonation«. In: *Duden – Die Grammatik*. Kap. 2.; 8., neu bearb. Aufl. Mannheim, 95–128.
Pheby, John (1980): »Phonologie: Intonation«. In: Karl E. Heidolph/Walter Flämig/Wolfgang Motsch (Hrsg.): *Grundzüge einer deutschen Grammatik*. Kap. 6. Berlin, 839–897.
Pierrehumbert, Janet B. (1980): *The Phonology and Phonetics of English Intonation*. PhD thesis, MIT, published 1980 by Indiana University Linguistics Club, Bloomington, Indiana.
Pierrehumbert, Janet B./Hirschberg, Julia (1990): »The meaning of intonational contours in the interpretation of discourse«. In: Philip R. Cohen/Jerry Morgan/Martha E. Pollack (Hrsg.): *Intentions in Communication*. Cambridge, 271–311.
Pompino-Marschall, Bernd (2009): *Einführung in die Phonetik*. 3. Aufl. Berlin.
Primus, Beatrice (1993): »Sprachnorm und Sprachregularität: Das Komma im Deutschen«. In: *Deutsche Sprache* 21, 244–263.
Primus, Beatrice (2000): »Suprasegmentale Graphematik und Phonologie: Die Dehnungszeichen im Deutschen«. In: *Linguistische Berichte* 181, 9–34.

Primus, Beatrice (2004): »A featural analysis of the Modern Roman Alphabet«. In: *Written Language and Literacy* 7/2, 235–274.
Primus, Beatrice (2006): »Buchstabenkomponenten und ihre Grammatik«. In: Ursula Bredel/Hartmut Günther (Hrsg.): *Orthographietheorie und Rechtschreibunterricht*. Tübingen, 5–43.
Primus, Beatrice (2010): »Schriftstrukturelle Grundlagen des deutschen Sprachsystems«. In: Ursula Bredel/Gabriele Hinney/Astrid Müller (Hrsg.): *Schriftsystem und Schrifterwerb*. Berlin, 9–45.
Ramers, Karl-Heinz (1998): *Einführung in die Phonologie*. München.
Rausch, Arsen (1972): »Untersuchungen zur Vokalartikulation im Deutschen«. In: *Beiträge zur Phonetik von Heinrich Kelz und Arsen Rausch. IPK-Forschungsberichte (Bonn)* 30. Hamburg, 35–82.
Reetz, Henning (2003): *Artikulatorische und akustische Phonetik*. Trier.
Rezec, Oliver (2009): *Zur Struktur des deutschen Schriftsystems*. Diss. LMU München.
Roemheld, Friedrich (1955): »Die Längenbezeichnungen in der deutschen Rechtschreibung«. In: *Der Deutschunterricht. Beiträge zu seiner Praxis und wissenschaftlichen Grundlegung* 7, 71–82.
Schegloff, Emanuel A./Sacks, Harvey/Jefferson, Gail (1977): »The preference for self-correction in the organization of repair in conversation«. In: *Language* 53, 361–382.
Schmidt, Jürgen E./Herrgen, Joachim (2011): *Sprachdynamik: Eine Einführung in die moderne Regionalsprachenforschung*. Berlin.
Schmidt, Karsten (2012): *Wie viel Morphologie kodiert das Schriftsystem des Deutschen? Eine Untersuchung im Rahmen einer nicht-linearen Graphematik*. Masterarbeit Universität Oldenburg.
Selkirk, Elisabeth (1984): *Phonology and Syntax*. Cambridge.
Selkirk, Elisabeth (1980): *On Prosodic Structure and its Relation to Syntactic Structure*. Bloomington, Indiana.
Selting, Marget (1995): *Prosodie im Gespräch. Aspekte einer interaktionalen Phonologie der Konversation*. Tübingen.
Selting, Margret/Auer, Peter/Barth-Weingarten, Dagmar/Bergmann, Jörg/Bergmann, Pia/Birkner, Karin/Couper-Kuhlen, Elizabeth/Deppermann, Arnulf/Gilles, Peter/Günthner, Susanne/Hartung, Martin/Kern, Friederike/Mertzlufft, Christine/Meyer, Christian/Morek, Miriam/Oberzaucher, Frank/Peters, Jörg/Quasthoff, Uta/Schütte, Wilfried/Stukenbrock, Anja/Uhmann, Susanne (2009): »Gesprächsanalytisches Transkriptionssystem 2 (GAT 2)«. In: *Gesprächsforschung* 10, 353–402.
Siebs, Theodor (1969): *Deutsche Aussprache. Reine und gemäßigte Hochlautung mit Aussprachewörterbuch*. Hrsg. von Helmut de Boor/Hugo Moser/Christian Winkler. 19. Aufl. Berlin.
Sievers, Eduard (1876): *Grundzüge der Lautphysiologie*. Leipzig.
Smith, George (2000): »Word Remnants and Coordination«. In: Rolf Thieroff/Matthias Tamrat/Nanna Fuhrhop/Oliver Teuber (Hrsg.): *Deutsche Grammatik in Theorie und Praxis*. Tübingen, 57–68.
Smith, George (2003): *Phonological Words and Derivation in German*. Hildesheim.
Steinhauer, Anja (2005): *Das Wörterbuch der Abkürzungen*. 5. Aufl. Mannheim u. a.
Stock, Eberhard (1996): *Deutsche Intonation*. Leipzig u. a.
Ternes, Elmar (1999): *Einführung in die Phonologie*. 2. Aufl. Darmstadt.
Teuchert, Hermann (1924/25): »Lautschrift des Teuthonista«. In: *Teuthonista* 1, 5.
Trubetzkoy, Nikolai S. (1989): *Grundzüge der Phonologie* [Prag 1939]. 7. Aufl. Göttingen.
Uhmann, Susanne (1991): *Fokusphonologie. Eine Analyse deutscher Intonationskonturen im Rahmen der nicht-linearen Phonologie*. Tübingen.
Vennemann, Theo (1982): »Zur Silbenstruktur der deutschen Standardsprache«. In: Theo Vennemann (Hrsg.): *Silben, Segmente, Akzente*. Tübingen, 261–305.
Vennemann, Theo (1986): *Neuere Entwicklungen in der Phonologie*. Berlin.
Vennemann, Theo (1988): *Preference Laws for Syllable Structure and the Explanation of Sound Change: With Special Reference to German, Germanic, Italian, and Latin*. Berlin.
Vennemann, Theo (1991): »Syllable structure and syllable cut prosodies in modern Standard German«. In: Piermarco Bertinetto/Michael Kenstowicz/Michele Loporcaro

## Literaturverzeichnis

(Hrsg.): *Certamen Phonologicum II: Papers from the 1990 Cortona Phonology Meeting 1990*. Turin, 211–245.

Vennemann, Theo (1994): »Universelle Nuklearphonologie mit epiphänomenaler Silbenstruktur«. In: Karl-Heinz Ramers/Heinz Vater/Henning Wode (Hrsg.): *Universale phonologische Prozesse und Strukturen*. Linguistische Arbeiten 310. Tübingen, 7–54.

Wells, John C. (2006): *English Intonation. An Introduction*. Cambridge.

Werner, Otmar (1972): *Phonemik des Deutschen*. Stuttgart.

Wichmann, Anne (2000): *Intonation in Text and Discourse*. London.

Wiebelt, Alexandra (2003): »Die Entwicklung der Symmetrie in der Schrift«. In: *Linguistische Berichte* 195, 295–323.

Wiese, Richard (2000): *The Phonology of German*. Oxford.

Wurzel, Wolfgang U. (1970): *Studien zur Deutschen Lautstruktur*. Studia Grammatica VIII. Berlin.

Yu, Si-Taek (1992): *Unterspezifikation in der Phonologie des Deutschen*. Tübingen.

# 2. Sachregister

<ä>-Schreibung 240
<h>-Schreibung 224, 240 f.
- Blickfang-<h> 225 f.
- Dehnungs-<h> 225
- silbeninitiales <h> 225
<ß>-Schreibung 240 f.

Abkürzung 253
- Abkürzungspunkt 253
Adjektiv-Verb-Verbindung 263
Affigierung 258
Affrikate *siehe* Konsonant
Akzent 5
- Akzentzuweisung 137
- bitonaler Akzent 136
- emphatischer Akzent 141
- Fokusakzent 139
- Hauptakzent 112
- linksköpfiger Akzent 136
- monotonaler Akzent 136
- nuklearer Akzent 142
- phonologischer Akzent 140
- Phrasenakzent 135
- pränuklearer Akzent 142
- rechtsköpfiger Akzent 136
- Satzakzent 102, 108, 139
- syntaktischer Akzent 102, 139
- Tonhöhenakzent 2, 4, 7, 136
- Wortakzent 78, 103 f., 138
    - fester Wortakzent 104
    - freier Wortakzent 104
    - primärer Wortakzent 78, 109, 138
    - sekundärer Wortakzent 78, 109, 138
Akzentstruktur 140
- phonologische Akzentstruktur 141
- syntaktische Akzentstruktur 141
- Wortakzentstruktur 102, 141
Akzentuierung
- kontrastive Akzentuierung 103
- neutrale Akzentuierung 103
- Reduktionsvokal 58
Allgemeines Graphematisches Silbenbaugesetz 218
Allgemeines Phonologisches Silbenbaugesetz 92
Allograph 207
Allophon 43
- fakultative Varianten 44
- freie Variation 43
- kombinatorische Varianten 44
- komplementäre Verteilung 44

Anschlusskorrelation 86
- fester Anschluss 86
- loser Anschluss 86
Apokope 72
Apostroph 256
- Elisionsapostroph 256
- Stammformapostroph 256
Artikulation 17
Artikulationsart 30, 65, 70
- Approximant 31
- Flap 31
- Frikativ 31
- lateraler Approximant 31
- lateraler Frikativ 31
- Nasal 30
- Plosiv 30
- Tap 31
- Vibrant 30
Artikulationsorgan *siehe* Artikulator
Artikulationsort 65, 70
- alveoar 30
- bilabial 29
- dental 30
- glottal 14 f., 30
- labiodental 29
- palatal 30, 33
- pharyngal 30
- postalveolar 30
- retroflex 30
- uvular 30, 33
- velar 30, 33
Artikulator 13, 17, 33, 65
- apikal 67
- dorsal 33, 65
- eng gerillt 67
- Gaumensegel 18
- glottal 33, 65
- Hinterzunge 33
- Kehlkopf 18
- koronal 33, 65
- labial 33, 65
- laminal 67
- Lippe 17
- post-dorsal 17
- prä-dorsal 17
- Rachen 18
- Stellknorpel 16
- Stimmlippen 15, 18, 33
    - abduziert 16
    - adduziert 16
- Stimmritze 15

## Sachregister

- Unterkiefer 18
- Velum 15
- weit gerillt 67
- Zäpfchen 18
- Zunge 17
- Zungenblatt 17, 33
- Zungenkranz 17
- Zungenrücken 17
- Zungenspitze 17, 33
- Zungenwurzel 17

Artikulatorische Phonetik
- Ansatzrohr 13, 20
- Initiation 15
- Kehlkopf 13
- laryngales System 13 f.
- Luftröhre 13
- Lunge 13
- Mundhöhle 13
- Nasenhöhle 13
- pulmonal 15
- Rachenhöhle 13
- respiratorisches System 13 f.
- Rohschall 14
- Stimmritze 13 f.
- subglottal 14
- sublaryngal 14
- supraglottal 14
- supralaryngal 14
- Vokaltrakt 13
- Zwerchfell 13

Assimilation 70, 118
- Fernassimilation 71
- Kontaktassimilation 71
- Nasalassimilation 119
- partielle Assimilation 71
- progressive Assimilation 71
- regressive Assimilation 71
- totale Assimilation 71

Auslautverhärtung 73, 240, 243

Äußerung
- mündliche Äußerung 10
- phonologische Äußerung 168
- schriftliche Äußerung 10
- sprachliche Äußerung 10

Äußerungsphrase 4, 7, 168, 171, 173

Aussprache
- Explizitlautung XII
- Orthoepie XIII
- Standardlautung XI
- Überlautung 56

Autosegment 134
autosegmental 134

Bedeutung
- grammatische 39
- lexikalische 39

Betonbarkeit 78, 99, 104
- Betonbarkeitsstruktur 102

Betonung 58, 78, 98, 100
- Betontheit 13
- Betonungsstruktur 98, 102, 141

Bindestrich 254 f.

Buchstabe 191
- Buchstabenraum 192
- Buchstabensegmente 191
- ungewöhnliche Buchstabenverbindungen 265

Deklination 134, 163
- Supra-Deklination 174

Diakritikum 192, 252

Diphthong *siehe* Vokal
- Schreibdiphthong 221 f.

Dissimilation 72

Distinktivität 39
- distinktives Merkmal 2, 41, 46
- distinktives Tonhöhenmerkmal 132

Divis 254

Doppelpunkt 279

Downstep 163, 166
- akzentueller 151, 167
- phrasaler Downstep 166

Enklise 124
Epenthese 73
Ergänzungsstrich 254 f.
Erzählerposition 245

Flüstern 17
Flüstersprache 91, 131

Fokus
- Fokus-Hintergrund-Gliederung 139
- Fokusprojektion 139
- korrektiver Fokus 58 f., 124

Formant 21, 23
- Formant-Transitionen 12

Fremdwortmarker 204

Frikativ
- dorsaler Frikativ 118
- koronale Frikative 67

Fuß, graphematischer 229, 233
- graphematische Fußstruktur 265
- graphematischer Daktylus 234, 248
- graphematischer Einsilber 235
- graphematischer Jambus 233
- graphematischer kanonischer Trochäus 248
- graphematischer Trochäus 232

Fuß, phonologischer 3, 7, 106, 109
- degenerierter Fuß 107 f.
- Fußtypen 106
- Kopf 106

## Sachregister

- linksköpfiger Fuß 106
- Pedifizierung 107
- rechtsköpfiger Fuß 106

Gehalt 41
- phonetischer Gehalt 41
- phonologischer Gehalt 41
Geräusch 18
- Knall 18
- Rauschen 18
Gespanntheit 26, 101
Graphem 202
- graphematisch 203
- Graphembestimmung 202
- graphemisch 203
- komplexes Graphem 204
Graphematik IX, 180f., 186
graphematisches Wort 251f.
Graphetik 182f.
- graphetische Eigenschaft 11
- Legerische Graphetik 182
- Skriberische Graphetik 182
- Skript-Graphetik 183
Graphologie 185
Großschreibung 208
- Anredegroßschreibung 208
- Eigennamengroßschreibung 208
- Satzanfangsgroßschreibung 208
- satzinterne Großschreibung 208, 271
- Substantivgroßschreibung 271
Grundfrequenz (f0) 130 *siehe* Klang
Grundton *siehe* Klang

Handschrift 185
- handschriftlicher Text 183
- individuelle Handschrift 185
harmonisch *siehe* Klang
Homographievermeidung 242
homorgan 69

Internationales Phonetisches Alphabet (IPA) 21
Interpunktionszeichen 252
Intonation 129
- Früher Gipfel 153
- Intonationskontur 2, 4, 7, 132
    - Fallende Kontur 144
    - Fallend-Steigende Kontur 144
    - Hoch-Steigende Kontur 145
    - Hutkontur 149
    - nukleare Kontur 142
    - Plateaukontur 143, 146
    - pränukleare Kontur 142, 148
    - Rufkontur 154
    - Tief-Steigende Kontur 146
    - Zweifach-Steigende Kontur 145

- Intonationsphonologie 132
- Intonationsphrase 4, 7, 135, 157ff.
- Intonationssemantik 147
- klitische Intonationsphrase 161
- Konturwahl 137
- Phrasierung 137
- Später Gipfel 152
- Upstep-Regel 143

Kapitälchen 190
Kern *siehe* Silbenkern
Klang 18
- Grundfrequenz (f0) 19
- Grundton 19
- harmonischer Klang 19
- Klanggemisch 19
- musikalischer Klang 19
- Oberton 19
- Partialton 18
- Teilton 18
Knall *siehe* Geräusch
Koartikulation 12
Koda, graphematische 192
- gerundete Koda 196
- Koda als kurzer horizontaler Strich 196
- Koda als Punkt 196
- Koda als Spazierstock 196
- Koda als Verdopplung 196
Kodierung 180
- Kodierrichtung 181
- Rekodierung 180f.
Komma 280
- Kommaregeln 281
Komposition 258
- adjektivische Komposition 260
- Phrasenkompositum 259
- substantivische Komposition 259
Konsonant 29, 32
- Affrikate 69, 84
- Artikulationsart 29
- Artikulationsort 29
- extrasilbischer Konsonant 84, 93
- Fortis 32, 67
- Gleitlaut 57
- Klicklaut 15
- konsonantische Stärke 61, 91
- Lenis 32, 67
- Liquid 66
- Obstruent 31, 68
- Schnalzlaut *siehe* Klicklaut
- silbischer Konsonant 80
- Sonorant 68f.
- Stimmhaftigkeit 29, 31
- Verschlusslaut 30
Kontrast 40
Konversationsanalyse 159

## Sachregister

Kopf, graphematischer 192
- gerundeter Kopf 201
- im Mittelband gebogener Kopf 195
- kompakter Kopf 201
- kurzer, gerader Kopf 194
- langer Kopf 194
- schräger Kopf 194, 200

Kopf-Koda-Unterscheidung 193
Kurzwort 253
- Initialkurzwort 253

Länge 100
- Längenausgleich 89
Längenhierarchie 219
lateinische Alphabetschrift 190
Laut 2
- Allophon 44, 62
- Archiphonem 74
- a-Schwa 57 f.
- binäres Merkmal 51, 53
- distinktives Merkmal 50
- egressiver Laut 15
- Gleitlaut 82
- glottaler Verschlusslaut 112
- heterosyllabischer Laut 57
- ingressiver Laut 15
- Konsonant *siehe* Konsonant
- kontinuierlicher Laut 68
- lautbasierte Einheit 6
- lautliche Eigenschaft 11
- nicht-kontinuierlicher Laut 68
- oral initiiert 15
- Phon 38, 40
- Phonem 3, 38 ff., 43
  - Notation 52
- phonetische Ähnlichkeit 45
- phonetischer Laut 3, 38, 40, 42
- phonologische Prozesse 77
- phonologischer Gehalt 41
- phonologischer Laut 3, 7, 38 ff., 42
- privatives Merkmal 53
- Segmentierung 12
- stimmhafter Laut 16
- stimmloser Laut 17
- Vibrant 17
- Vokal *siehe* Vokal

Liquid *siehe* Konsonant

Majuskel 190
metrisch 134
- Extrametrizität 107
- metrischer Baum 109 f.
- metrisches Gitter 110
Minimalpaar 39
Minuskel 190
Monophthong 46 *siehe* Vokal
More 8, 101, 123

Morphemkonstanz 239
- Affixkonstanz 239, 244
- Stammkonstanz 239 f.
Mündlichkeit und Schriftlichkeit
- konzeptionelle X
- mediale X

natürliche Klasse 53
Neutralisierung 71, 73
Nominalgruppe 270
- Kern von Nominalgruppen 270
- prototypische Nominalgruppen 270

Oberton *siehe* Klang
Obstruent *siehe* Konsonant
Offline-Perspektive 276
Online-Perspektive 276
Opposition 40

paradigmatische Relation 40
Paragraph 174
- Paragraphengrenze 175
- Paragraphenintonation 173
- prosodischer Paragraph 5, 7, 173
Parenthese
- Einschub 164
- Mischtyp 165
- prosodische Inkorporation 165
- prosodische Parataxe 165
- prosodische Parenthese 164 f.
- syntaktische Parenthese 164
Partialton *siehe* Klang
Partikelverben 260
- trennbare Partikelverben 260
- untrennbare Partikelverben 260
Phon *siehe* Laut
Phonation 15
- Glottisverschluss 16
- Phonationsart 16
Phonem *siehe* Laut
Phonem-Graphem-Korrespondenz 200, 209
Phonetik 2, 11
- Akustische Phonetik 11
- Artikulatorische Phonetik 11, 13
- Auditive Phonetik 11
- phonetische Eigenschaft 11
Phonologie IX, 2
- Autosegmental-Metrische Phonologie 4, 133
- CV-Phonologie 81
- lautbezogene Phonologie 6 f.
- metrische Phonologie 98
- nichtlineare Phonologie 79, 134
- prosodische Phonologie 5
- segmentale Phonologie 5
- suprasegmentale Phonologie 5
- tonale Phonologie 6 f., 132

phonologische Phrase 3, 7, 126
phonologische Prozesse 70, 118
phrasenfinale Dehnung 160
Phrasierung 170
Prinzip der Onset-Maximierung 94
Proklise 124
Prominenz 108
- metrische Prominenz 108
- Prominenzabstufung 109
Prosodie 5
- prosodische Eigenschaft 12
- prosodische Einheit 12

quantitatives Adjektiv 273
Quantitätssprache 52
Quelle-Filter-Modell 20

Rauschen *siehe* Geräusch
Regelwerk 187
Relationsprinzip 257
Reparatur 172
Rohschall 20
Rückbildung 259, 263

Satzpunkt 280
Schreibung
- Orthographie XIII
Schriftart 189
- Antiqua-Schrift 189
- Frakturschrift 189
- Serifenschrift 190
segmental 5
Semikolon 279
Silbe, graphematische 216, 230
- graphematischer Einsilber 248
- nicht-prominente Silbe 249
- prominente Silbe 232, 249
- Schreibsilbe 216
- schwere graphematische Silbe 231
- schwere Silbe 232
- Silbengelenkschreibung 226 f., 240, 242
- Silbenkern 217
- Silbenrand 217
- unpedifizierte Silbe 234, 248
Silbe, phonologische 2 f., 7, 76, 79
- ambisilbisch 95
- Anfangsrand 79 f.
  - einfach 88
  - komplex 88
- Auftaktsilbe 107
- betonbare Silbe 99
- Betonung 52
- CV-Modell 79
- dominierte Silbe 110
- Endrand 79 f.
- extrametrische Silbe 107

- geschlossene Silbe 88
- Hauptsilbe 78
- Kern 79
- Koda 79
- Konstituentenmodell 79
- leichte Silbe 100
- Nebensilbe 78, 84
- nicht-betonbare Silbe 99
- Nukleus 79
- offene Silbe 88
- Onset 79
- phonetische Silbe 76
- Phonotaktik 77, 88, 90 f., 93
- Reduktionssilbe 77, 99
- Satzakzentsilbe 266
- schwere Silbe 100
- Silbenbauschema 90
- Silbengelenk 95
- Silbengewicht 100, 104
- Silbengipfel 79
- Silbengrenze 93
- Silbenkern 79
- Silbenkörper 81
- Silbenposition 105
- Silbenrand 80
- Silbenreim 80
- Silbenschale 81
- Silbenschnitt 50, 86
  - sanfter Silbenschnitt 50, 86
  - scharfer Silbenschnitt 50, 86
- Silbifizierung 93 f., 120 f.
- Sonorität 91
- Vollsilbe 77
Sonorant *siehe* Konsonant
Sprechmelodie 129
Sprechschall 10, 14, 20
Stimmhaftigkeit 65 f.
Substantiv-Verb-Verbindung 261
suprasegmental 5 f.
Synkope 72
syntagmatische Relation 40

Teilton *siehe* Klang
Ton 2, 18
- Akzentton 135
- Begleitton 135
- Folgeton 135
- Grenzton
  - finaler Grenzton 135
  - initialer Grenzton 135, 150
- Hochton 133
- Leitton 135
- musikalischer Ton 19
- phonetischer Zielpunkt 133
- phonologischer 7
- phonologischer Ton 4, 133
- Phrasenton 135

## Sachregister

- Tiefton 133
- tonale Struktur 163
- tonal unterspezifiziert 134
- Tonausbreitung 137
- tonbasierte Einheit 6
- Tonbasierte Hierarchie 9
- Tonhöhenverlauf 130
- Tonsequenzmodell 133

Transkription
- diakritisches Zeichen 36
- engere Transkription 35
- IPA 35
- phonetische Transkription 35
- Phonetische Transkription 34
- Transkriptionssysteme 36
- weitere Transkription 35

Trema 192
Trennstrich 254

Univerbierung 259, 264

Variation
- intonatorische Variation 131
- mikroprosodische Variation 131

Verb-Verb-Verbindung 264
Versalschrift 190, 208
Voice Onset Time 31
Vokal 21
- a-Schwa 26
- Diphthong 27, 55, 83
   - diphonematischer 45, 55
   - fallender Diphthong 28, 83
   - monophonematischer 45, 55
   - öffnender Diphthong 27
   - phonemischer Diphthong 54
   - phonetischer Diphthong 55
   - phonologischer Gehalt 56
   - schließender Diphthong 27
   - steigender Diphthong 28, 56f., 83
   - zentralisierender Diphthong 27
- Gerundetheit 22, 46, 48
- geschlossener Vokal 22
- gespannter Vokal 26, 49
- Gespanntheit 48f.
- Gleitlaut 57

- halb-geschlossener Vokal 22
- halbhoher Vokal 22
- halb-offener Vokal 22
- halb-tieferVokal 22
- hinterer Vokal 22
- hoher Vokal 22
- Kardinalvokal 24
- Monophthong 27
- nasalierter Vokal 27
- offener Vokal 22
- Öffnungsgrad 46
- palataler Vokal 22, 54
- Reduktionsvokal 26, 45, 58
- Schwa 26, 58 ff.
- tiefer Vokal 22
- Triphthong 27
- ungespannter Vokal 26, 49
- Vokaldauer 26, 52
- Vokalviereck 21, 23
- Vollvokal 26, 45, 86
- vorderer Vokal 22
- zentraler Vokal 22
- zentralisierter Vokal 47
- Zungenhöhe 22, 46
- Zungenlage 22, 46f.

Wort
- klitisches Wort 124, 138
- morphologisch einfaches Wort 94
- morphologisch komplexes Wort 89
- phonologisches Wort 3, 7, 117f.
- prosodisches Wort 117
- schwache Form 124

Wortbildungsprinzip 257
Wortform *siehe* Wort
Wortschatz
- fremder Wortschatz *siehe* nicht-nativer Wortschatz
- Fremdwort XIV
- Fremdwortschatz 106
- Kernwortschatz XIVf., 106
- nativer Wortschatz XIVf.
- nicht-nativer Wortschatz 246

*zu*-Infinitiv 267

# Pflichtlektüre für Studium und Examen

Meibauer u. a.
**Einführung in die germanistische Linguistik**
2., aktual. Ausgabe 2007.
380 S., 81 s/w Abb., 46 Tab. Kart. € 19,95
ISBN 978-3-476-02141-0

Für jeden Einsteiger gut verständlich vermitteln die Autoren das Grundlagenwissen der fünf linguistischen Kerngebiete Morphologie, Phonologie, Syntax, Semantik und Pragmatik. Ebenfalls im Fokus: die für Prüfungen und das allgemeine Verständnis wichtigen Themen „linguistische Theoriebildung", „Spracherwerb" und „Sprachwandel". Die übersichtliche Gliederung, Glossar, Sachregister und vertiefende Literaturhinweise helfen, sich systematisch einzuarbeiten.

▶ Mit vielen Übungen, einem internationalen Phonetischen Alphabet und ausgewählten Internet-Adressen

Bequem bestellen:
www.metzlerverlag.de
info@metzlerverlag.de

**Weitere Basistitel unter**
www.metzlerverlag.de/Basiswissen_Germanistik

**J.B.METZLER**